江苏商务发展

2023

主编 ◎ 陈 涛

东南大学出版社
SOUTHEAST UNIVERSITY PRESS
·南京·

图书在版编目(CIP)数据

江苏商务发展.2023 / 陈涛主编. — 南京：东南大学出版社，2024.8. — ISBN 978-7-5766-1527-2

I. F727.53

中国国家版本馆 CIP 数据核字第 2024HM0890 号

责任编辑：魏晓平　　责任校对：子雪莲　　封面设计：毕　真　　责任印制：周荣虎

江苏商务发展 2023
Jiangsu Shangwu Fazhan 2023

主　　编	陈　涛
出版发行	东南大学出版社
出 版 人	白云飞
社　　址	南京市四牌楼 2 号（邮编：210096　电话：025-83793330）
经　　销	全国各地新华书店
印　　刷	南京玉河印刷厂
开　　本	700 mm×1 000 mm　1/16
印　　张	29.25
字　　数	476 千字
版　　次	2024 年 8 月第 1 版
印　　次	2024 年 8 月第 1 次印刷
书　　号	ISBN 978-7-5766-1527-2
定　　价	99.00 元

本社图书若有印装质量问题，请直接与营销部联系，电话：025-83791830。

《江苏商务发展2023》编委会

主　　　　任	陈　涛
副　主　任	姜　昕　吴海云　孙　津　周晓阳　郝建祥
	倪海清　汤大军　朱益民　王　存
编　　　委	（按姓氏笔画为序）

王煜晶　卞益斌　方　斌　邢　冲　朱卫东
朱宝荣　刘小卉　孙　洁　李汉春　李　俊
李晓东　吴　炜　邱俊波　何剑波　陈晓冬
金玉梅　赵厚军　胡伟静　骆　兵　顾　明
徐干松　徐　燕　黄　楗　程　哲　楼海中
甄莉萍　颜迎来　潘宇驰　戴宏慧　魏　巍
濮方正

主　　　编	陈　涛
副　主　编	倪海清
编辑室负责人	邢　冲
编　　　辑	刘舒亚　李嘉佳　徐朝晖　范良成　薛　雪
	倪　蓉　董燕萍　张　贤　王晓凤　伍　玲
	王瑞丰
编 写 人 员	（按姓氏笔画为序）

万　洁　王　一　毛　劼　叶　晴　吕　璐
朱婷婷　刘　征　刘征(女)　刘　莉　闫方伦
吴　迪　沈渡洋　张　凯　张　浩　张惟佳
陈　琛　陈　超　周凡琛　於璐瑶　居　婷
孟　梁　胡　韬　秦锐文　夏悦灵　徐楷行
殷平仪　翁侨宏　郭亚鹏　郭　霄　曹华云
常小朋　彭　程　葛艳霞　臧曼煜

目录 CONTENTS

第一部分 江苏省商务发展情况

2023年江苏省商务运行情况 …………………………………（2）
2023年江苏省消费品市场运行和促进情况 …………………（5）
2023年江苏省商贸流通情况 …………………………………（9）
2023年江苏省商务系统市场体系建设情况 …………………（21）
2023年江苏省对外贸易运行情况 ……………………………（27）
2023年江苏省服务贸易运行情况 ……………………………（36）
2023年江苏省电子商务发展情况 ……………………………（40）
2023年江苏省利用外资情况 …………………………………（43）
2023年江苏省对外经济技术合作情况 ………………………（50）
2023年江苏省开发区建设发展情况 …………………………（55）
2023年江苏省口岸运行和开放情况 …………………………（61）
2023年江苏省进出口公平贸易情况 …………………………（69）
2023年江苏自贸试验区建设发展情况 ………………………（72）
2023年江苏省商务重点领域改革工作情况 …………………（80）

2023年江苏省商务领域政务改革情况 …………………………（87）

2023年江苏省商务厅机关党建工作情况 ………………………（90）

第二部分　各设区市及直管县(市)商务发展情况

南京市 ……………………………………………………………（102）

无锡市 ……………………………………………………………（109）

徐州市 ……………………………………………………………（113）

常州市 ……………………………………………………………（117）

苏州市 ……………………………………………………………（123）

南通市 ……………………………………………………………（129）

连云港市 …………………………………………………………（135）

淮安市 ……………………………………………………………（140）

盐城市 ……………………………………………………………（147）

扬州市 ……………………………………………………………（151）

镇江市 ……………………………………………………………（156）

泰州市 ……………………………………………………………（161）

宿迁市 ……………………………………………………………（167）

昆山市 ……………………………………………………………（172）

泰兴市 ……………………………………………………………（177）

沭阳县 ……………………………………………………………（181）

第三部分　工作经验交流

江苏自贸试验区加快打造具有世界影响的生物医药产业集群取得新成效
　　………………………………………………………………………… (186)

江苏省高质量实施 RCEP 工作取得积极成效 ………………… (193)

江苏省深化"一带一路"重点区域经贸合作取得实效 ………… (201)

江苏省促进跨境贸易便利化专项行动取得阶段性成效 ………… (206)

江苏省县域商业体系建设工作取得积极成效 …………………… (212)

徐州市积极开展国家试点示范　着力推动商贸流通高质量发展 …… (217)

统筹把握"时与势"　科学有序"走出去"
　　——常州市企业全球化布局路径和策略研究 ………………… (220)

苏州市创新思路　多措并举努力增创利用外资新优势 ………… (231)

连云港市创新单用途商业预付卡信用监管 ……………………… (236)

扬州市多措并举推动消费恢复性增长　社零增幅连续 15 个月列全省第一
　　………………………………………………………………………… (238)

第四部分　调查研究报告

进一步释放消费潜力　促进江苏省消费持续加快恢复的对策研究
　　………………………………………………………………………… (246)

关于"促进全省电子口岸发展"专题调研报告 ………………… (257)

发挥江苏省产业优势　服务"一带一路"绿色发展 ……………… (269)

以新质生产力推进江苏省开放型经济更高质量发展 ……………… (276)

RCEP 和中新 FTA 升级版双驱动下苏新经贸合作迎来三大新机遇

………………………………………………………………………… (285)

碳边境调节机制及其应对

　　——南京市的实践与展望 ……………………………………… (300)

无锡市电动车跨境电商产业带融合发展研究 …………………… (306)

徐州市打造区域高水平双向开放高地的路径探索 ……………… (313)

南通市加快建设更具活力的区域消费中心城市的研究与思考 ……… (321)

加快三方物流仓配集聚　凸显"四最"营商环境 ………………… (330)

"纸黄金"助力企业"走出去"

　　——从优惠原产地证书签发看盐城市出口市场 ……………… (337)

加快发展外贸新业态　推动镇江市外贸转型升级 ……………… (345)

泰州市预制菜产业发展路径思考 ………………………………… (351)

省级开发区与乡镇特色园"一区多园"协同发展实践与思考 ……… (359)

附　录

2023 年江苏商务重要文件索引 …………………………………… (368)

2023 年江苏商务发展大事记 ……………………………………… (370)

2023 年江苏省相关经贸数据 ……………………………………… (450)

第一部分
江苏省商务发展情况

江苏商务发展2023

Jiangsu Commerce Development 2023

2023年江苏省商务运行情况

2023年是全面贯彻落实党的二十大精神的开局之年，是三年新冠疫情防控转段后经济恢复发展的一年。面对前所未有的压力和挑战，江苏省商务系统坚持以习近平新时代中国特色社会主义思想为指导，全面贯彻落实党中央、国务院决策部署和江苏省委、省政府各项要求，全力以赴稳外贸、稳外资、扩消费，建设现代商贸流通体系，推进高水平制度型开放，全省商务高质量发展迈上新台阶。

一 社零消费加快复苏回暖

2023年，江苏省实现社会消费品零售（以下简称"社零"）总额45 547.5亿元，同比增长6.5%，社零总量占全国总规模的9.7%，位居全国第二。

江苏省社零消费主要特点：一是商品零售回升向好。江苏省限额以上18类主要商品零售类别中，有14类同比正增长，其中，饮料类、通讯器材类、体育娱乐用品类表现抢眼，分别同比增长19.9%、19.2%、12.2%。二是消费升级

趋势加快。江苏省限额以上智能手机、智能家用电器和音像器材、可穿戴智能设备增幅较大，分别同比增长39.0%、18.0%、15.5%。三是重点消费稳步提升。江苏省限额以上石油及制品类商品零售额同比增长7.3%，汽车类商品零售额同比增长5.0%，其中新能源汽车销售持续火爆，同比增长49.3%。四是服务消费快速增长。江苏省持续开展"江苏味道"餐饮促消费系列活动，全省限额以上餐饮收入1 261.5亿元，同比增长20.4%。

二 外贸进出口逐步回稳向好

2023年，江苏省进出口总额52 493.8亿元，同比下降3.2%，规模连续21年居全国第二，占全国比重为12.6%。其中，出口额33 719.1亿元，同比下降2.5%；进口额18 774.6亿元，同比下降4.3%。

江苏省外贸进出口主要特点：一是结构调整实现新突破。民营企业进出口额、出口额、进口额均创历史新高，其中出口占比49.7%，首超外资企业成为第一大出口主体；东盟首超欧盟成为江苏省第一大贸易伙伴，首超韩国成为江苏省第一大进口来源地。二是经营主体稳步扩大。外贸主体数量提升，江苏省有进出口实绩企业突破8.8万家，比往年增加超5 000家；有出口实绩企业近7.7万家，比往年增加超4 000家。三是出口制造动能增强。江苏省"新三样"产品出口规模全国第一；《区域全面经济伙伴关系协定》（RCEP）签证出口货值居全国首位；船舶、汽车等高附加值产品出口高速增长。

三 外资规模保持全国首位

江苏省实际使用外资总额253.4亿美元，同比下降16.9%，占全国比重为15.5%，规模继续保持全国首位。

江苏省使用外资主要特点：一是高技术产业外资占比提升。高技术产业实际使用外资额95.6亿美元，占全省比重提升3个百分点至37.7%。二是外资利润再投资快速增长。江苏省外资企业利润74.4亿美元，同比增长25.8%，占全省实际使用外资总额的29.4%，规模保持全国第一。三是欧洲主要国家对江苏省投资增长较快。瑞士、荷兰、英国等欧洲国家对江苏省实际投资分别同比增长174.3%、132.4%和72.6%。四是外资总部数量提升。外资总部经济加快发展,新增培育跨国公司地区总部和功能性机构29家,累计达395家。

四 对外投资稳健有序

江苏省新增对外投资项目1 242个,同比增长46.1%;中方协议投资额111.6亿美元,同比增长15.5%。

江苏省对外投资主要特点:一是大项目增长较快。江苏省新增超5 000万美元的项目49个,中方协议投资额70.1亿美元,占全省总量的62.8%;超1亿美元的项目17个,中方协议投资额45.8亿美元,占全省总量的41.0%。二是对重点合作区域投资增长迅速。江苏省在共建"一带一路"国家新增中方协议投资额66.8亿美元,同比增长72.0%,占全省总量的59.9%;在《区域全面经济伙伴关系协定》(RCEP)成员国新增中方协议投资额62.0亿美元,同比增长53.3%,占全省总量的55.6%。三是民营企业投资增长较快。江苏省民营企业新增中方协议投资额79.0亿美元,同比增长65.0%,占全省总量的70.8%。

五 开放平台载体支撑有力

自由贸易试验区建设迈出新步伐,2023年中国(江苏)自由贸易试验区新增设立企业1.7万家,同比增长8.9%,完成外贸进出口额4 679.5亿元,占全省总量的8.9%;实际使用外资额17.4亿美元,占全省总量的6.9%,开放型经济指标位居全国同批自由贸易试验区前列。总体方案113项改革试点任务落地实施率超98%,累计探索形成379项制度创新经验案例,其中25项在国家层面复制推广、137项在省内复制推广。开发区创新提升深入推进,印发区域评估第二批11个实践案例,9家开发区位列2023年国家级经济技术开发区综合考核评价前30位、数量全国第一,其中苏州工业园区实现"八连冠"。

江苏省商务厅综合处

2023年江苏省消费品市场运行和促进情况

2023年,在江苏省委、省政府坚强领导下,江苏省商务系统全力贯彻落实中央经济工作会议把恢复和扩大消费摆在优先位置的重大要求,抢抓消费恢复关键期,全力以赴稳增长、稳主体、稳预期,多措并举保供给、畅流通、挖潜力,坚持"省市县、政银企、线上下、内外贸"四个联动,持续提升"苏新消费"品牌影响力,推动消费市场回升向好。江苏省消费增长完成目标任务,社零贡献率保持全国前列,体现出较强的韧性与活力。

一 全省消费品市场运行主要特点

2023年,江苏省实现社零总额45 547.5亿元,同比增长6.5%,低于全国0.7个百分点,高于广东0.7个百分点,分别低于上海、山东6.1个、2.2个百分点。江苏省社零总量占全国总规模的9.7%,与上年持平,居全国第二(表1)。消费市场整体呈现"前高、中低、后稳"的发展态势。

表 1 2023 年全国及重点省市社零额情况表　　　　金额单位：亿元

位次	全国及重点省市	社零额	同比(%)	占比(%)	贡献率(%)
	全　国	471 495.2	7.2	100.0	100.0
1	广东省	47 494.9	5.8	10.1	8.1
2	江苏省	45 547.5	6.5	9.7	8.8
3	山东省	36 141.8	8.7	7.7	9.3
4	浙江省	32 550.2	6.8	6.9	6.5
5	上海市	18 515.5	12.6	3.9	6.9

（一）商品零售回升向好

2023 年，江苏省限额以上 18 类主要商品零售类别中，有 14 类商品呈现同比正增长，4 类商品呈现同比负增长（表 2）。其中，饮料类、通讯器材类、体育娱乐用品类表现抢眼，分别同比增长 19.9%、19.2%、12.2%。建筑及装潢材料类、日用品类分别同比下降 8.9%、8.7%。

表 2 2023 年江苏省限上（十大）商品类值零售表　　　　金额单位：亿元

类值名称	零售额	增速(%)	占比(%)
限额以上总计	16 906.7	4.8	100.0
汽车类	4 918.2	5.0	29.1
石油及制品类	2 122.0	7.3	12.6
粮油、食品类	1 961.9	7.9	11.6
服装、鞋帽、针纺织品类	1 520.7	8.1	9.0
家用电器和音像器材类	1 060.8	−3.0	6.3
日用品类	773.1	−8.7	4.6
中西药品类	641.6	4.9	3.8
通讯器材类	599.2	19.2	3.5
烟酒类	543.3	8.3	3.2
文化办公用品类	449.1	0.5	2.7

（二）消费升级趋势加快

随着市场供给不断优化和居民精品消费意识不断提升，智能型商品增长显著。2023年，江苏省限额以上智能手机、智能家用电器和音像器材、可穿戴智能设备增幅较大，分别同比增长39.0%、18.0%、15.5%。

（三）重点消费稳步提升

2023年，受出行和油价支撑，江苏省限额以上石油及制品类商品零售额同比增长7.3%；汽车类商品零售额同比增长5.0%，其中新能源汽车销售持续火爆，同比增长49.3%，拉动江苏省限额以上零售额增长2.4个百分点。

（四）服务消费快速增长

江苏省商务系统加快打造消费新场景，持续开展"江苏味道"餐饮促消费系列活动，江苏省服务消费支出增加，餐饮、交通、旅游消费增长较快。2023年，江苏省限额以上餐饮收入1 261.5亿元，同比增长20.4%。

（五）区域恢复存在"温差"

2023年，江苏省13个设区市社零总额恢复程度不一。其中，扬州、镇江、徐州、宿迁增速保持前列，分别同比增长9.3%、8.6%、8.3%、8.3%。部分重点城市增长较慢，拉低了江苏省平均增幅，其中南京、苏州分别低于江苏省1.8、0.1个百分点。

二 市场运行和消费促进下一步重点工作

2024年，江苏省商务部门将深入贯彻中央和江苏省委经济工作会议精神，坚持供需两端协同发力，持续推动消费从疫后恢复转向持续扩大，以"苏新消费"四季系列主题促消费活动为牵引，多措并举激发消费活力，进一步促进江苏省消费市场回升向好。

（一）抓消费活动，持续创新消费场景

深入拓展"苏新消费"四季系列主题促消费活动，举办"一市一主题"特色活动。持续打造"江苏味道"品牌，高标准打造"江苏电商直播节"、江苏电子商务大会，积极组织参与"江苏网上年货节""双品网购节"，推动网络消费提质扩容。加快推进丝路电商，扩大电子商务领域开放。

（二）抓重点商品，不断提升品质供给

开展汽车、家电、家居等消费品以旧换新，谋划金融助力促消费活动，针对汽车、家居、油品等大宗消费，开发金融产品和服务，激发消费活力。发挥中国国际进口博览会（以下简称"进博会"）、中国国际消费品博览会（以下简称"消博会"）、进口贸易促进创新示范区等展会平台作用，积极扩大优质消费品进口，满足群众对品牌品质的需求。

（三）抓载体平台，完善现代商贸流通体系

继续开展现代商贸流通体系示范创建，加快示范步行街、一刻钟便民生活圈建设，丰富店外经营场景，全年争创全国示范步行街1条，新认定省级示范步行街5条以上，建设改造城市一刻钟便民生活圈60个以上；实施县域商业领跑行动三年计划，建设改造乡镇商贸中心30个以上、农贸（集贸）市场80个以上，争创全国县域"领跑县"10个左右。加强县域电商产业集聚建设，指导各集聚区加快多业态多模式融合，推动"数商兴农"。

（四）抓市场主体，提升企业发展能力

开展新一轮"消费竞赛活动"，对社零贡献率高的企业进行激励。梯度培育现代商贸流通企业，推动龙头企业提升竞争力。促进中小微商贸企业创特色、创品质、创品牌。深入实施老字号"五新行动"，深化"有进有出"动态管理机制，新认定江苏老字号80家以上。大力推进商贸企业"升规入统"，积极引导在库商贸企业做大规模、做优品质、做强品牌，提高在库企业的稳定性和数据质量。

江苏省商务厅市场运行和消费促进处

2023年江苏省商贸流通情况

2023年是全面贯彻落实党的二十大精神开局之年，是推进中国式现代化江苏新实践的起步之年，也是三年新冠疫情防控转段后经济恢复发展的一年。江苏省商务厅流通业发展处围绕江苏省商务厅中心工作，积极践行新发展理念，注重系统思维、统筹推进、协调发展，加快建设具有江苏特色的网络健全、主体多元、开放创新、绿色高效的现代商贸流通体系，各项工作任务进展顺利，取得较好成效。

一 全省商贸流通总体情况

（一）商贸流通情况

江苏省实现社零总额45 547.5亿元，规模稳居全国第二，同比增长6.5%，较上年提升6.4个百分点。

(二) 拍卖行业经营统计分析

按照商务部"全国拍卖统一业务平台"中企业自主申报的数据,江苏省2023年拍卖行业经营统计分析如下:

1. 行业基本情况

2023年江苏省共有注册拍卖企业932家,注册拍卖师950人,拍卖从业人员2 222人。江苏省在"全国拍卖统一业务平台"上正常申报经营报表的企业有492家,其中有176家零申报,未申报经营报表的企业有440家(图1)。

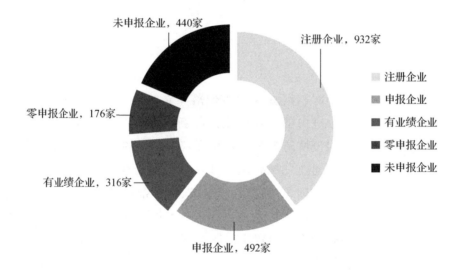

图1　2023年江苏省注册拍卖企业申报情况比较图

2. 拍卖成交情况

2023年江苏省共举办各类拍卖会13 395场,同比上升58.8%;全年总成交额235.1亿元,同比上升21.8%。江苏省拍卖企业成交额超亿元的企业有61家,这61家企业的成交总额为193亿元,占总成交额的82.1%(图2)。由此可见,江苏省大部分企业成交额较少,还有大部分拍卖企业处于歇业状态。根据平台显示,大部分新设立的拍卖企业没有成交记录。

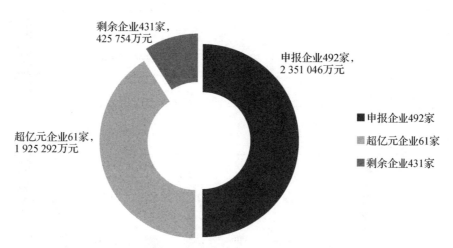

图 2　2023 年江苏省拍卖企业成交额情况比较图

3. 标的成交情况

2023 年房地产成交额 91.6 亿元,占总成交额的 39.0%,同比上升了 30.6%;股权债权成交额 73.1 亿元,占总成交额的 31.1%,同比上升了 30.4%(表 1,图 3)。房地产成交额和股权债权成交额所占的比重都很大。

表 1　2023 年江苏省拍卖行业标的成交情况分析　　　单位:万元

分类	房地产	土地使用权	机动车	农副产品	股权债权	无形资产	文物艺术品	其他	合计
占比(%)	39.0	2.2	4.8	0.04	31.1	6.7	1.4	14.7	100
成交额(万元)	916 302	52 855	112 097	990	731 014	158 305	33 654	345 829	2 351 046
同比增长率(%)	30.6	226.9	44.4	−89	30.4	70.2	99.1	−24.2	21.8

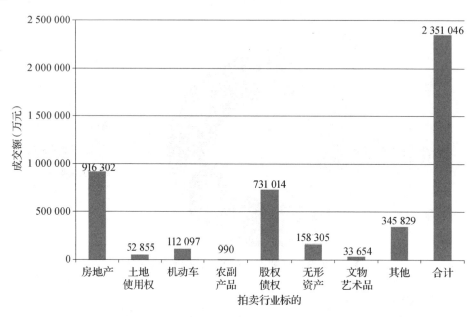

图3 2023年江苏省拍卖行业标的成交比较图

4. 委托对象成交情况

2023年其他机构委托成交额121.0亿元,占总成交额的51.5%,同比上升了56.2%,其他机构委托独占鳌头,没有可比性(表2,图4)。

表2 2023年江苏省拍卖行业委托成交情况分析 金额单位:万元

分类 占比(%)	法院 1.6	政府 部门 16.1	金融 机构 20.8	破产 清算 0.9	其他 机构 51.5	个人 9.1	合计 100
成交额 (万元)	37 588	378 817	487 714	21 199	1 210 412	215 316	2 351 046
同比 增长率 (%)	30.1	−11.8	−12.3	90	56.2	64.7	21.8

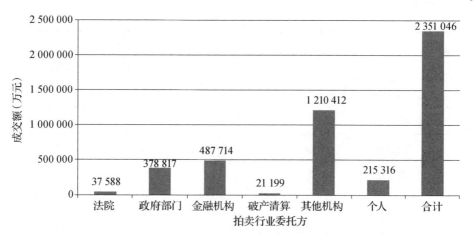

图 4　2023 年江苏省拍卖行业委托成交比较图

5. 效益情况

2023 年江苏省拍卖企业主营业务收入 2.5 亿元,同比上升了 147.0%。从标的看:房地产拍卖成交额达 1 亿元,占总成交额的 40.0%;从委托对象看:其他机构委托成交额达 1 亿元,占总成交额的 40.0%。佣金收入超过百万元的企业有 78 家,这 78 家总收入 2 亿元,占总收入的 80.0%。

6. 各市拍卖成交情况

2023 年江苏省各市拍卖成交额前四的城市为:苏州市、无锡市、南通市、南京市,而苏州市快速稳步走在行业前列。各市拍卖经营情况具体见表 3,图 5 分析。

表 3　2023 年江苏省各市拍卖经营增长、下降表　　　金额单位:万元

序	地区	本期值	比值(%)	同比增长	
				去年同期值	增长率(%)
	江苏省	2 351 046	100	1 930 985.5	21.8
1	南京市	202 053.8	8.6	380 271.9	−46.9
2	无锡市	389 341.2	16.6	222 450.5	75.0
3	徐州市	119 350.2	5.1	131 273.3	−9.1
4	常州市	88 583.6	3.8	60 108.2	47.4

续表

序	地区	本期值	比值(%)	同比增长	
				去年同期值	增长率(%)
5	苏州市	888 132.7	37.8	540 438.9	64.3
6	南通市	326 759.5	13.9	261 765.3	24.8
7	连云港市	25 393.9	1.1	8 611.9	194.9
8	淮安市	39 766.6	1.7	50 198.3	−20.8
9	盐城市	47 586.7	2.0	39 365.7	20.9
10	扬州市	76 362.6	3.3	21 692.4	252.0
11	镇江市	38 670.6	1.6	74 309.0	−48.0
12	泰州市	49 575.8	2.1	78 624.4	−37.0
13	宿迁市	59 469.0	2.5	61 875.7	−4.0

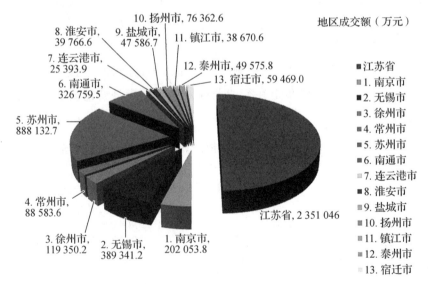

图5 2023年江苏省各市拍卖成交额比较图

二 商贸流通业发展促进工作

（一）全面推进现代商贸流通体系建设

聚焦 5 个"全省现代商贸流通体系建设示范区"和 8 个"示范创建区"，围绕现代商贸流通体系建设"一个行动，九个工程"，召开示范创建现场交流会，发布典型经验，由点及面带动重点区域、重点产业、重点企业更优、更快发展，示范创建工作取得积极成效。加强对纳入监测范围的商圈、商店的日常监测和监督管理，指导各商圈、商店为消费者提供便捷舒适、多元融合、放心安全的消费环境，徐州市彭城广场商圈入选第二批全国示范智慧商圈。修改完善《江苏省省级步行街改造提升试点评价指标》，评选认定 7 条"江苏省示范步行街"。支持鼓励步行街规范特色发展店外经营，相关情况的报告得到江苏省政府主要领导肯定性批示。

（二）促进内外贸一体化发展

向商务部报送《江苏省内外贸一体化试点工作实施方案》和《江苏省2023年内外贸一体化试点工作台账》。在江苏省开放型经济工作领导小组下建立江苏省内外贸一体化协调机制和商务厅内部内外贸一体化工作推进专班。切实担起全国首批试点地区重任，牵头会同江苏省发展和改革委员会等 20 部门以省政府办公厅名义转发《江苏省内外贸一体化试点工作实施方案》，全面开展试点工作。赴浙江省和江苏省内各地开展专题调研，深入基层和内外贸一体化试点企业，详细了解试点进展情况，形成《扎实开展试点工作加快推动江苏内外贸一体化发展》调研报告。召开国内贸易信用险政策支持工作座谈会，会同紫金财产保险股份有限公司、中国出口信用保险公司等保险机构开展国内贸易信用保险研究，拟定《江苏省省级财政支出事前绩效评估报告（内外贸一体化）》和《支持内外贸一体化企业投保国内贸易信用保险项目实施方案》。继续做好 175 家内外贸一体化试点企业培育工作，在江苏省范围内征集内外贸一体化企业典型案例,发挥典型示范引领作用。推进棉纺织产业内外贸一体化工作,组织南通家纺产业园区重点企业赴乌鲁木齐参加棉纺织产销对接活动,会同南通市政府、中国家用纺织品行业协会共同承办"全国家纺消费节"。

(三)促进商贸流通主体多元

与山姆、盒马等知名品牌零售企业对接,在江苏省现代商贸流通体系示范创建现场会进行现场推介,为地方内贸招商引资活动提供支持。加强对重点商贸流通载体、企业的数据收集和统计分析,委托第三方机构编制2022年度江苏省零售行业统计分析报告。加强重点零售企业联系,支持龙头企业持续优化智慧设施、智慧场景和智慧管理,3家商场入选第二批全国示范智慧商店,江苏省新开业一万平方米以上购物中心45家,数量和体量均居全国第二。指导支持全国示范步行街、江苏省示范步行街和全国示范智慧商圈(商店),积极参与促消费、商贸流通企业品牌宣传推广、数字人民币应用场景推广等活动。

(四)推动老字号创新发展

开展江苏省中华老字号示范创建工作,高质量完成已有96家中华老字号复核,坚持"优中选优",推荐20家企业申报新一轮中华老字号。印发《江苏老字号建设管理办法》,建立"有进有出"的动态管理机制,进一步发挥老字号示范引领作用。组织23家老字号企业参加第六届进博会人文交流活动,围绕"江河风物 美好如苏"的主题,展现守正创新的江苏老字号品牌形象,成为第六届进博会传播影响力(人文交流活动)TOP5上榜单位。指导举办第五届中国(江苏)老字号博览会,以"数说老字号、WU动新国潮"为主题,组织省内外500余家老字号企业参展,展会规模和展会影响力超过往届。指导各地举办老字号年货节、嘉年华等促消费活动,支持老字号"三进三促"活动。以文创设计赋能老字号,做好"紫金奖"文化创意设计大赛"老字号企业定制设计赛"相关工作,征集作品近千件,评定获奖作品42件,江苏省商务厅再次

荣获大赛"组织促进奖"。邀请淘宝、苏宁易购、美团三大电商平台以及百度AI数字人江苏运营中心为近500家老字号企业现场授课，多维度助力老字号企业数智化转型发展。

（五）推动商贸物流高质量发展

组织各地申报2023年全国商贸物流重点联系企业，向商务部流通业发展司推荐35家商贸物流企业作为候选对象，最终18家商贸物流企业成功入选，数量位居全国第二。组织各地商务主管部门和典型仓储配送企业代表，参加商务部组织的仓储配送统计调查线上培训。配合江苏省有关部门积极推进城市绿色货运配送示范工程创建工作，参加城市绿色货运配送示范工程建设工作督导，指导南京、无锡、南通接受交通运输部、公安部、商务部组织的试点验收工作，3个城市全部验收合格，督促徐州、连云港加快示范工程建设进度。

（六）推进商贸流通标准化工作

推进国家级服务业标准化试点（商贸流通专项）建设，会同江苏省市场监管局、江苏省质量和标准化研究院赴南京、徐州、扬州开展试点工作督导，江苏省11家试点单位已完成试点建设，全部验收合格，徐州市在商务部召开的全国会议上作经验介绍，孩子王儿童用品股份有限公司等4家试点单位经验做法被商务部、市场监管总局列入国家级服务业标准化试点典型案例集，并印发全国复制推广。专报信息《江苏省商贸流通标准化国家级专项试点取得积极成效》，在《江苏商务发展参考》（2023年第20期）刊登，商务部周强司长作出批示。组织做好2023年江苏省商务领域企业标准"领跑者"活动有关工作，指导各地商务主管部门组织企业申报2023年商务领域行业标准和江苏省地方标准项目，2个标准草案进入商务领域行业标准项目计划，3个标准草案进入江苏省地方标准项目计划。

（七）促进商贸流通绿色发展

对2016—2022年绿色商场创建单位基本信息进行更新，督促绿色商场按季度报送创建成效数据。部署开展2023年绿色商场创建工作，委托第三方(中国商业联合会)开展创建评审，并协助中国商业联合会在南京举办第六期绿色商场创建评审员培训班。向商务部流通业发展司报送南京、无锡、徐州废旧物资循环利用体系建设有关工作中期评估情况，委托江苏省再生资源回收利用协会对9家商务部重点联系再生资源回收企业年度绩效数据进行汇总分析。指导督促各地做好商务领域经营者使用、报告一次性塑料制品有关工作，会同江苏省工业和信息化厅(以下简称"省工信厅")、江苏省卫生健康委员会(以下简称"省卫健委")公布江苏省第四批输液瓶(袋)回收利用企业名单。

（八）推进商务信用体系建设

指导淮安、盐城、连云港等3个试点地区加快推进商务信用监管试点，组织专家赴试点地区开展总结验收，梳理形成商务信用监管试点典型经验做法并宣传推广。组织2023年"诚信兴商"典型案例推荐工作，江苏省共征集到25个典型案例，经初审和信用核查，推荐中国叠石桥国际家纺城等7家单位申报2023年全国"诚信兴商"典型案例，最终4家企业(金陵饭店、德基广场、叠石桥国际家纺城、徐州天勤餐饮)入选全国"诚信兴商"典型案例。落实江苏省政府"一部门一系统"要求，依法依规推进江苏省商务诚信公众服务平台优化整合工作，委托第三方会计师事务所开展运营项目专项审计，与运营商终止了运营合同并向江苏省财政厅退回运营余款，在江苏省政务服务管理办公室、江苏省公安厅支持下按程序注销了诚信平台。

（九）做好单用途商业预付卡监管服务

春节前组织开展江苏省单用途商业预付卡专项监督检查，开展"双随机、一公开"监管，对发卡企业对外公示情况、"三项制度"执行情况、资金管理和业务报告情况进行全面检查，规范企业发卡行为，防范兑付风险。于2023年7月，组织开展2023年江苏省单用途商业预付卡"双随机、一公开"监督检查。持续关注家乐福预付卡有关情况，与企业建立沟通联系机制，每日调度预付卡兑付情况,及时约谈企业高管,要求企业落实主体责任,积极回应消费者诉求,切实维护消费者合法权益。指导各地商务部门积极通过不同形式加强宣传力度,教育引导经营者诚信规范发行预付卡,提示消费者加强风险防范,提升自我保护意识。

(十)做好药品流通供应保障工作

建立商务部门药品供应保障工作机制,选取62家药品市场监测样本和6家药品保供企业。配合省卫健委开展新一轮省级短缺药品承储企业遴选工作,选取南京医药股份有限公司、江苏省医药有限公司和国药控股江苏有限公司3家企业为新一轮短缺药品承储企业。

(十一)做好商务领域市场监管工作

会同江苏省商务厅相关处室梳理"互联网＋监管""双随机、一公开"监管两个监管事项清单、工作流程和工作计划,制定了厅机关两个监管工作方案,召开专项工作推进会。按要求对两个监管事项清单进行关联,组织申报跨部门综合监管第二批清单。"互联网＋监管"20个事项监管主项已经完成,主项覆盖率达到100％,其中4个事项由省本级检查,1个事项由省市共同检查,15个事项由市级检查。有序开展单部门和跨部门"双随机、一公开"抽查工作,单部门随机抽查5个事项和部门联合随机抽查2个事项全部完成,双随机抽查完成率达到100％。

(十二)做好商务领域安全生产和消防安全工作

组织召开4次商务厅安委会工作会议、2次商务厅安委会工作会议和3次商务领域安全生产电视电话会议,制定印发《2023年全省商务领域安全生产工作要点》《省商务厅领导班子成员2023安全生产重点工作清单》。编印《2023年安全生产月中心组理论学习资料汇编》《2023年全省商务领域安全生产检查调研宣讲参阅资料》,发给每位厅领导和处室主要负责同志,加强安全生产宣传。周密组织实施全国两会期间安全防范工作、"安全生产月"活动、中秋国庆及杭州亚运会期间安全生产工作,结合商务领域实际部署开展"三大行动",高标准完成了国务院安委会对江苏省考核相关迎检工作。截至目前,江苏省商务系统共计派出检查督查组7 000多组次,检查企业(单位)数量超12万家,较好完成了商务部、江苏省委省政府和江苏省安委办、江苏省消防安全委员会办公室部署的安全生产和消防安全各项工作。

江苏省商务厅流通业发展处

2023年江苏省商务系统市场体系建设情况

2023年以来，江苏省市场体系建设条线认真落实商务部和江苏省委、省政府决策部署，扎实开展城市一刻钟便民生活圈试点建设，深入推进县域商业体系建设，多举措促进汽车流通及促消费，积极推动商品市场优化升级和农产品流通体系建设，取得较好成效。

一、一刻钟便民生活圈建设率先实现国家试点城市全覆盖

一是申报第三批国家试点。按照国家通知要求，在前期省级试点的基础上，指导推荐江苏省连云港等6个省级一刻钟便民生活圈试点城市积极申报第三批国家试点城市，最终6市成功入选，率先实现国家试点全覆盖。二是持续深入推进试点工作。将一刻钟便民生活圈建设作为省级商务发展资金支持方向，加快试点建设进度；目前，全省已完成建设一刻钟便民生活圈396个，数量位居全国第一。三是建立考核评价体系。立足江苏实际，按照因地制宜、分

类指导、遴选先进原则,从网点布局规划和引导、业态的配置和优化、创新工作举措和成效等方面,制定出台了《江苏省一刻钟便民生活圈建设评价标准指引》,指导各试点城市按标准指引建设。四是开展试点验收评估。对首批试点城市南京、苏州开展验收评估,并将评估报告报商务部,两市均被评为优秀等次;组织其他试点地区商务主管部门,对建设完成的便民生活圈进行分型自评,全面总结试点经验和成效,形成自评报告。五是加强经验总结和复制推广。江苏省12个案例入选商务部《城市一刻钟便民生活圈典型案例集》,占全国五分之一,成为全国入选案例数量最多的省份;在南京组织召开全国城市一刻钟便民生活圈建设东部沿海六省市经验交流会,先后参加全国城市市场体系建设暨便民一刻钟生活圈工作推进会和全国一刻钟便民生活圈建设培训会,并在会议上做典型经验交流。

二 县域商业体系建设成效显著

全年共支持各地建设改造乡镇商贸中心39个、乡镇农贸(集贸)市场57个、县城农贸市场(菜市场)45个、县级物流配送中心30个、乡镇快递物流站点27个、农产品产地集配中心项目63个、农产品批发市场项目12个等。通过项目建设,进一步完善了全省县域商业网络体系和物流配送体系,增强了农产品上行动能。

一是强化绩效评价。委托第三方机构对各设区市2022年度县域商业体系建设进行绩效评价,并在扬州召开现场评价对接会,绩效评价发现的问题在各相关设区市已完成整改。二是加强工作调研。会同江苏省财政厅赴徐州调研县域商业建设并进行座谈交流,了解项目建设情况并听取意见建议;按照专题调研安排,分别赴常州、镇江、连云港、盐城等市7个县区就县域商业建设进行调研并座谈交流,为制定申报指南打下良好基础。三是完善制度建设。制定加强县域商业体系建设项目管理工作的通知并下发,组织各地摸排上报2023年县域商业体系建设项目;制定县域商业体系建设项目申报通知,并召开视频会进行政策解读,指导各地按要求做好项目申报工作,委托第

三方机构对各地申报项目进行评审,确定支持项目。四是加强工作指导。召开全省市场体系建设工作会议和专题视频会,以及全省县域商业体系建设工作推进现场会,就县域商业体系建设相关工作进行部署,指导督促各地加强项目摸排,严格项目审核,完善管理机制,抓好项目建设,明确相关工作要求。五是强化任务考核。将县域商业体系建设任务纳入年度乡村振兴战略考核指标,通过考核指挥棒,推动各地加强县域商业项目建设。六是实施领跑三年行动。根据商务部等部门工作部署,牵头制定了《江苏省县域商业领跑行动三年计划(2023—2025年)》,组织开展县域商业体系建设分型县验收,并推荐达到"提升型"的县(市、涉农区)申报全国县域商业"领跑县",全省13个县(市、涉农区)入选首批全国县域商业"领跑县"典型案例。

三 汽车流通行业全链条推动

一是进一步完善搞活汽车流通举措。持续贯彻落实《江苏省商务厅等17部门关于搞活汽车流通 扩大汽车消费若干举措的通知》(苏商规〔2022〕2号),从新车销售、二手车流通、报废车回收等全链条促进汽车流通;联合江苏省工业和信息化厅、交通运输厅、文化和旅游厅、体育局等8家单位转发《商务部等9部门关于推动汽车后市场高质量发展的指导意见》(苏商建〔2023〕517号),并结合江苏实际,制定了4个方面具体举措,推动政策落实;优化营商环境,将报废机动车回收企业专家现场验收评审委托下放各区市组织实施。二是大力开展汽车促消费活动。配合制定"消费促进品牌提升专班重点工作清单",年内指导举办5场重点汽车促销活动,包括"苏新消费 汽车享购全省行"无锡春季车展、"苏新消费——五一国际车展""2023第十六届中国(南京)国际汽车博览会暨新能源·智能汽车展""苏新消费·惠在邗城——2023首届江苏(扬州)二手车消费节",举办"2023苏新消费·东部沿海(连云港)汽车博览会暨江苏汽车流通行业发展大会"。三是便利二手车交易。推广应用江苏省汽车流通信息服务(二手车)系统,目前全省备案的309家二手车交易市场,除无锡用自采系统与二手车信息服务系统进行对接外,其他地区市场都已安装该系统,覆盖全省 2.1 万家二手车经营户,累计有 208 万辆二手车通过该系统实现交易过户。四是促进报废车行业高质量发展。根据商务部统一要求,2023 年 3 月统一注销了 12 家未重新通过资质认定的报废车企业;发布产能预警,提示企业投资风险;印发通知要求各地加强行业监管和发展引导,根据当地实际制定行业发展规划或指导意见,促进报废车回收行业高质量发展。从 2021 年至今,全省通过评审企业 51 家,地理分布上各设区市全覆盖。

截至 2023 年 11 月底,根据税务统计,全省机动车新车(含乘用车、货车、摩托车等)销售 311.8 万辆,与去年同期相比基本持平,销售额微增 0.5％;新能源车销售 65.3 万辆,同比增长 37.0％;二手车开票 212.7 万辆,同比增长 3.5％;资质企业回收报废机动车 22.2 万辆,同比增长 41.4％。

四 积极开展商品交易市场转型升级

一是指导推进试点工作。2021 年以来,江苏省商务厅积极指导无锡、苏州两个试点城市围绕实施方案推动试点工作,以全国试点为契机,沿着平台化、国际化、品牌化发展方向,加大对重点领域商品市场转型升级和发展平台经济的指导,培育一批产商融合产业集群和平台经济龙头企业。2023 年下半年,按照商务部要求,江苏省商务厅对无锡、苏州两个商品市场优化升级国家试点城市进行验收评估,完成《商品市场优化升级试点工作绩效评价报告》并报商务部。二是推动数字化转型和内外贸融合发展。将商品市场转型升级纳入厅"数字化转型专班"和"内外贸一体化发展工作专班",整合各方面工作力量,健全服务保障、推动试点实施。全省 4 家企业被评为国家供应链创新与应用示范企业,较好地完成了年度目标任务。三是引导农产品批发市场数字化改造。推动重点农产品批发市场应用电子结算系统,建立完善产销综合服务平台,实现加工、物流、支付、交易、监管、追溯的一体化的智能经营模式,加强人、车、物监管及信息化、智慧化改造升级。今年通过县域商业建设资金支持农产品批发市场改造升级项目 12 个。四是做好日常管理。密切与

商务部和上海、浙江、安徽商务主管部门的联系,加强工作调研,重视商品市场新业态发展,及时协调解决市场发展过程中的问题和困难,营造良好的企业发展环境,加快推进商品市场的数字化、品牌化、专业化、国际化、绿色化发展,提升商品市场的全国辐射力和国际影响力。

五 推动农产品流通体系建设

一是完善标准体系建设。在江苏省商务厅前期出台的农产品市场建设指导意见的基础上,会同行业协会研究制定农产品批发市场数字化建设标准指引,结合县域商业体系建设,指导各地推动农产品批发市场数字化转型升级、建设改造冷链物流设施,目前农产品批发市场数字化建设标准指引已征求相关行业专家的意见。二是加强农产品产销对接。组织企业赴青海、西藏地区,与当地农产品流通企业开展对接交流,并参加中国西藏旅游文化国际博览会;组织企业参加东西部对口支援展销会;支持徐州举办全国农商互联暨乡村振兴产销对接大会,组织全省130多家优质农产品企业参展,150多家农批市场、大型商超、餐饮企业、电商平台等到会采购洽谈;首次通过线上线下同步开展,举办家乡好物"土特产"直播带货活动,活动期间,现场直播带货销售近1000万元。三是推进农贸市场"平价菜摊"建设。将"平价菜摊"建设作为省级商务发展资金支持内容,并会同发改部门到苏州、南京开展工作调研,目前各市已在180家农贸市场完成618个"平价菜摊"建设。

六 安全生产工作常抓不懈。

持续巩固安全生产整治成果,提升行业本质安全生产水平。一是加强报废机动车回收行业管理。在企业资质认定现场验收评审中明确安全生产工作要求,严把企业准入关;顺利完成未重新获得资质企业过渡期收尾工作,于3月1日统一注销相关企业资质,实现平稳过渡;发布产能预警和促进行业高质量发展通知,要求各地严格落实安全生产监管责任;在全省报废车回收行业工作会议中专门安排消防部门做培训，就安全生产专门提出要求。二是明确业务条线安全生产要求。在《2023年全省市场体系建设工作要点》中，强调要统筹好发展与安全，按照"三管三必须"要求，树牢安全发展理念，强化风险分析研判，根据部门职责分工，做好报废机动车回收等领域安全生产监管工作，配合有关部门落实环保督察整治。三是开展检查督导。结合主题教育调研工作，江苏省商务厅市场体系建设处同期开展安全生产督导检查，先后赴南京、常州、镇江、南通、连云港、盐城等城市进行调研和督导。落实"安全生产月"活动要求，2023年6月初吴海云副厅长带队赴盐城开展商务领域安全生产专项检查，宣传安全生产政策要求。2023年7月6日，吴海云副厅长陪同商务部市场运作和消费促进司徐兴锋司长赴无锡对报废机动车回收企业进行调研并开展安全生产检查。2023年9月20日，吴海云副厅长带队赴扬州开展安全生产检查。

江苏省商务厅市场体系建设处

2023年江苏省对外贸易运行情况

2023年,面对复杂严峻的外部形势和艰巨繁重的稳住外贸基本盘任务,江苏省商务系统认真贯彻党中央、国务院和江苏省委、省政府的决策部署,积极作为、攻坚克难,全力以赴推动外贸稳规模优结构,千方百计稳住外贸基本盘,为推动全省外贸高质量发展作出重要贡献。

一 全省外贸运行情况

(一)进出口总体低开稳走,降幅与全国差距持续收窄

据海关统计,2023年,江苏省累计进出口总额7 461.3亿美元,同比(下同)下降8.4%。其中,出口额4 794.4亿美元,下降7.7%;进口额2 666.9亿美元,下降9.6%。按人民币计,2023年,江苏省累计进出口总额52 493.8亿元,下降3.2%。其中,出口额33 719.1亿元,下降2.5%;进口额18 774.6亿元,下降4.3%。

2023年,江苏省进出口总体低开稳走,逐步回稳向好,

规模逐季抬升(图1、图2),增速与全国差距从第一季度10.7个百分点大幅收窄至全年3.4个百分点。第四季度向好态势明显,当季规模创历史次高,同比增长5.3%,高于全国水平7.1个百分点,增量居全国第一。进出口规模连续21年居全国第二位,占全国比重为12.6%。

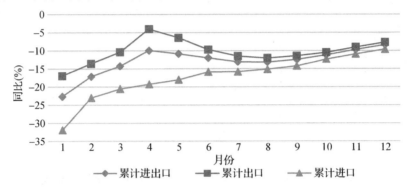

图1 2023年江苏省进出口趋势

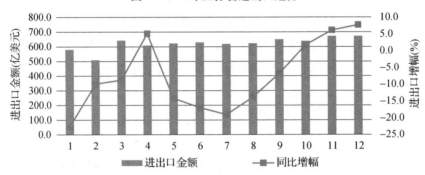

图2 2023年江苏省月度进出口趋势

(二)东盟跃居第一大贸易伙伴和进口来源地,"一带一路"沿线市场占比提升

江苏省与东盟、欧盟、美国、韩国和日本前五大贸易伙伴分别进出口1 157.6亿美元、1 122.2亿美元、976.4亿美元、721.4亿美元和556.5亿美元,分别下降6.0%、10.0%、9.4%、15.5%和14.7%,合计下降10.8%,占全省总量的60.8%。东盟首超欧盟成为江苏省第一大贸易伙伴。

从出口市场看,对欧盟、美国、东盟、韩国和日本前五大市场分别出口

826.7亿美元、797.8亿美元、711.4亿美元、328.0亿美元和294.0亿美元，分别下降12.3%、9.9%、5.3%、9.3%和12.6%，合计下降10.3%，占比61.7%（图3）。对新兴市场出口下降4.4%，占比53.1%，提升2.1个百分点。对"一带一路"沿线市场出口下降1.0%，占比32.0%，提升2.3个百分点。对RCEP成员国出口下降9.1%，占比30.3%。

从进口来源地看，自东盟、韩国、中国台湾、欧盟和日本前五大进口来源地分别进口446.2亿美元、393.4亿美元、352.0亿美元、295.5亿美元和262.5亿美元，分别下降7.1%、20.1%、14.9%、3.1%和16.9%，合计下降12.8%，占比65.6%（图4）。东盟首超韩国成为江苏省第一大进口来源地。

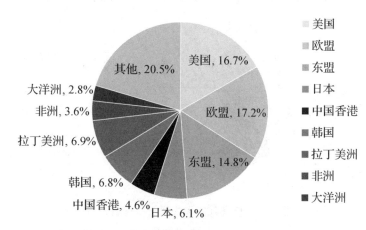

图3 2023年江苏省主要出口市场分布图

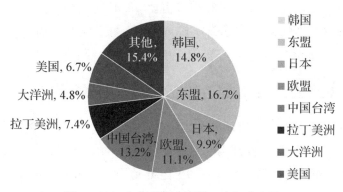

图4 2023年江苏省主要进口市场分布图

(三)"新三样"出口全国领先,大宗商品进口价格低迷

机电产品出口 3 265.9 亿美元,下降 4.9%,占比 68.1%,提升 1.9 个百分点。高新技术产品出口 1 610.3 亿美元,下降 11.0%,占比 33.6%,下降 1.1 个百分点。重点电子产品中,手机出口增长 60.6%,集成电路出口下降 27.1%,笔记本电脑出口下降 18.4%。"新三样"累计出口 277.9 亿美元,合计增长 6.7%,规模居全国首位;其中新能源汽车出口增长 3.5 倍,锂电池出口增长 20.9%,太阳能电池出口下降 11.9%。七大类劳动密集型产品出口合计下降 10.8%,占比 14.4%,其中纺织服装出口下降 14.0%(图 5)。

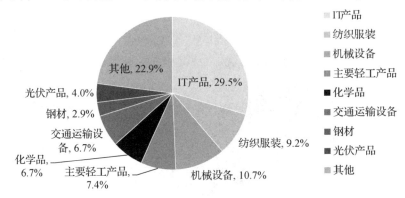

图 5　2023 年江苏省主要出口行业分布

机电产品进口 1 426.3 亿美元,下降 12.4%,占比 53.5%。高新技术产品进口 1 023.2 亿美元,下降 13.1%,占比 38.4%;其中集成电路进口下降 17.9%。20 种大宗商品进口合计下降 3.6%,占比 24.2%,提升 1.6 个百分点,其中 18 种商品进口价格下降,11 种商品进口数量上涨。

(四)民营企业逆势增长,外资企业降幅持续收窄

民营企业进出口总额 3 368.4 亿美元,增长 2.8%,拉动全省进出口 0.7 个百分点,占比 45.1%,提升 4.6 个百分点;其中,出口增长 0.6%,进口增长 8.6%。外资企业进出口总额 3 468.5 亿美元,下降 15.7%,8 月以来降幅持续收窄,占比 46.5%,下降 3.8 个百分点;其中,出口、进口分别下降 13.5%

和18.7%。国有企业进出口624.0亿美元,下降17.2%,占比8.4%;其中,出口、进口分别下降20.7%和12.9%(表1)。

表1　2023江苏省各类企业进出口情况　　金额单位:万美元

企业性质	出口			进口		
	累计出口	同比(%)	占比(%)	累计进口	同比(%)	占比(%)
内资企业	27 122 869	−3.7	56.6	12 804 810	2.7	48.1
国有企业	3 321 628	−20.7	6.9	2 918 078	−12.9	10.9
民营企业	23 800 254	0.6	49.7	9 883 589	8.6	37.1
外资企业	20 820 866	−13.5	43.4	13 864 365	−18.7	51.9

(五)一般贸易总体平稳,加工贸易持续回稳

一般贸易进出口总额4 276.8亿美元,下降8.3%,占比57.3%;其中,出口、进口分别下降8.0%和8.9%。加工贸易进出口总额2 355.4亿美元,下降7.3%,第四季度单月进出口保持两位数增长,占比31.6%,提升0.5个百分点;其中,出口、进口分别下降4.2%和12.8%。保税物流进出口下降12.9%;其中,出口、进口分别下降20.9%和3.2%(图6)。

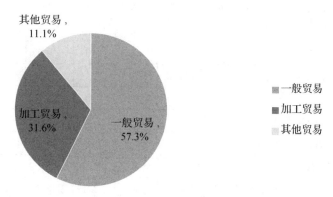

图6　2023年江苏省进出口贸易方式分布

(六) 4市进出口实现正增长,苏北进出口增速领跑

9个设区市进出口下降,连云港、淮安、宿迁和盐城进出口分别增长20.1%、19.7%、9.2%和1.7%。苏州、无锡、南京、南通和常州5个外贸大市进出口合计下降10.2%,占比83.7%。苏南、苏中进出口分别下降10.2%、8.0%,占比78.9%、11.2%。苏北进出口增长3.8%,占比9.9%,提升1.2个百分点(表2)。

表2 2023年江苏省各设区市及地区进出口情况 金额单位:亿美元

名称	进出口			出口			进口		
	累计	同比(%)	占比(%)	累计	同比(%)	占比(%)	累计	同比(%)	占比(%)
全省	7 461.3	-8.4	100.0	4 794.4	-7.7	100.0	2 666.9	-9.6	100.0
苏州市	3 482.7	-9.9	46.7	2 143.3	-7.7	44.7	1 339.4	-13.1	50.2
无锡市	1 004.2	-9.2	13.5	662.2	-8.9	13.8	342.0	-9.7	12.8
南京市	805.8	-13.9	10.8	474.4	-16.2	9.9	331.4	-10.4	12.4
南通市	497.6	-9.4	6.7	325.5	-7.7	6.8	172.2	-12.3	6.5
常州市	453.0	-6.5	6.1	355.5	-5.6	7.4	97.5	-9.8	3.7
盐城市	206.7	1.7	2.8	144.7	6.6	3.0	62.1	-8.1	2.3
连云港市	192.5	20.1	2.6	51.1	-13.7	1.1	141.4	39.8	5.3
泰州市	191.2	-2.6	2.6	133.5	-0.7	2.8	57.7	-6.7	2.2
徐州市	172.1	-3.3	2.3	142.2	-5.9	3.0	29.9	11.0	1.1
扬州市	150.3	-9.1	2.0	121.2	-7.3	2.5	29.1	-15.9	1.1
镇江市	140.4	-10.1	1.9	105.5	-9.4	2.2	35.0	-12.1	1.3
宿迁市	88.1	9.2	1.2	79.3	9.9	1.7	8.8	3.6	0.3
淮安市	76.7	19.7	1.0	56.1	16.8	1.2	20.6	28.4	0.8
苏南	5 886.1	-10.2	78.9	3 740.9	-9.2	78.0	2 145.2	-12.0	80.4
苏中	839.1	-8.0	11.2	580.2	-6.2	12.1	258.9	-11.7	9.7
苏北	736.1	3.8	9.9	473.4	-3.2	9.9	262.8	19.4	9.9

注:按各市进出口规模排序。

（七）有进出口实绩的企业数超过 8.8 万家

2023 年,江苏省有进出口实绩的企业 88 337 家,增加 5 142 家。其中,有出口实绩的企业 76 786 家,增加 4 373 家;有进口实绩的企业 40 406 家,增加 3 376 家。立臻精密智造(昆山)有限公司、世硕电子(昆山)有限公司、立臻科技(昆山)有限公司进出口超百亿美元。

二 主要工作举措及成效

（一）落实落细政策保障,强化监测保障服务

江苏省政府专题召开外贸企业座谈会、全省外贸工作会议暨跨境电商培训会、稳外贸工作电视电话会议,高位推动全省外贸稳规模优结构工作。贯彻落实江苏省政府"推动经济运行率先整体好转 42 条""促进经济持续回升向好 28 条",报请出台"推动外贸稳规模优结构 14 条",提请江苏省政府转发"跨境电商高质量发展三年行动计划"。累计拨付 8.6 亿元专项支持外贸企业开拓市场、争取总部订单、发展新业态,稳定企业信心和预期。建立 706 家省级重点外贸企业跟踪服务机制和稳存量扩增量"两张清单",强化"一企一策"精准服务和用工、用能、融资、物流、通关等要素和政策保障。

（二）突出展会平台作用,全力开拓国际市场

组织开展"百展万企拓市场"行动,省市联动支持超 4 000 家企业参加约 340 余场境外展会,统筹各级专项资金对企业参展的展位费、展品运输费及人员商旅费等予以支持,助力企业出海。组织 6 000 多家次企业参加第 133 届、134 届中国进出口商品交易会(以下简称"广交会"),第 31 届华东进出口商品交易会(以下简称"华交会")等展会拓市场稳订单,参展企业数、展位数均创新高。推动约 4 000 家企业入驻"江苏优品"线上专区展销。持续开展 RCEP 等自贸协定培训,帮助企业抓住新机遇、拓展新商机,2023 年以来,江

苏省 RCEP 出口签证货值继续居全国首位。

(三) 发挥载体平台优势,提升进口平台建设水平

出台积极扩大进口的 8 项工作举措,加大进口促进力度,发挥进口对产业和消费升级的积极作用。加快 4 个国家级进口贸易促进创新示范区建设,推动大宗商品交易中心、汽车整车进口口岸、电子元器件国际分拨中心等平台载体建设。用足用好国家进口贴息政策,鼓励先进技术、装备和关键零部件进口,今年 396 家企业获得国家进口贴息资金,贴息资金 6.36 亿元,为历年来最高,继续位居全国首位。帮助盛虹炼化(连云港)有限公司获批原油非国营贸易进口资格,扩大资源产品进口。积极承接进博会溢出效应,优化进口结构,深化经贸合作。

(四) 推动外贸转型升级,加快品牌基地发展

2023 年,15 家国家外贸转型升级基地通过商务部考核,截至目前,省级以上外贸转型升级基地 79 个,其中国家级基地 45 个,基地数量和发展质量保持全国领先。开展第八轮"江苏省重点培育和发展的国际知名品牌"评选,共认定 474 个江苏省重点培育和发展的国际知名品牌和首批 26 个江苏省重点培育和发展的跨境电商知名品牌。太阳能电池、锂电池和新能源汽车"新三样"出口增势良好,2023 年"新三样"出口 1 949 亿元,增长 12.3%,规模居全国首位。支持南京市二手车出口业务扩大规模,推动苏州市二手车出口业务落地,全年两地合计出口二手车约 3 800 台,出口金额约 3.5 亿美元。

(五) 培育外贸新动能,打造新业态新引擎

实施《跨境电商高质量发展三年行动计划》,持续推动 13 个跨境电商综试区加快"六体系两平台"建设,力促跨境电商提速发展。推进"产业带+跨境电商"发展,与亚马逊全球开店、阿里巴巴"1688"、焦点科技股份有限公司"中国制造网外贸电商平台"等知名跨境电商平台合作开展产业带跨境出海活动,推动各地举办培训推广以及创新创业大赛等活动,支持无锡、南通举办

跨境电商交易会、选品会。探索跨境电商进口业态创新，在苏州、南京等地开展跨境电商"网购保税进口＋实体新零售"模式试点。2023年，据海关统计，全省跨境电商进出口增长13.4％。对24家省级公共海外仓开展综合评估，目前共有省级公共海外仓32家。积极推广市场采购贸易"江苏模式"，目前累计服务中小企业1.5万家，全年出口增长37.7％。积极争取将切合江苏企业需求的电子信息、医疗器械、航空等产品列入综合保税区维修产品目录。

（六）强化服务保障，优化外贸发展环境

组织全省符合条件的企业向商务部申报各类商品资质和配额，做好贸管商品的业务指导、政策咨询和调研服务工作，主动协调全省各有关部门帮助重点企业解决实际困难。2023年，累计完成1 209个机电产品国际招标项目，中标金额33.8亿美元，新增35家招标机构，目前全省共有193家机电产品国际招标代理机构。进一步做好机电产品国际招标事中事后监管工作，完成本年度"双随机、一公开"监管工作，推动机电产品国际招投标行业健康稳定发展。

江苏省商务厅对外贸易处

2023年江苏省服务贸易运行情况

2023年,江苏省商务厅服务贸易和商贸服务业处加强横向联动、上下协同,改革创新深入推进,开放合作持续深化,公共服务平台和经贸促进平台等保障支撑更加有力,有力推动服务贸易提质扩量。

一 服务贸易运行总体情况

(一)服务贸易运行情况

2023年江苏省服务进出口总额648.5亿美元,同比增长13.6%,占全国比重为7.0%,位列全国第五。总的来看,2023年江苏省服务贸易稳中有进,规模创历史新高,结构优于全国及沿海兄弟省市。一是知识密集型服务占比高。2023年,江苏省知识密集型服务进出口总额334.8亿美元,连续两年超过浙江省位居全国第4,同比增长8.9%,高于全国5.4个百分点,占全国服务贸易比重51.6%,高于全国8.2个百分点,同时增速和占比也高于上海、北京、浙

江。二是服务出口增速和占比高。全年服务出口316.9亿美元,同比增长7.7％,高于全国17.8个百分点,也是东部沿海省市中唯一出口呈正增长的省份,出口占比达47.7％,高于全国6.9个百分点。三是区域发展更加协调。苏南地区服务贸易发挥"压舱石"作用,稳住了江苏省基本盘,其进出口总额占江苏省比重仍超八成。苏中、苏北地区服务贸易加快发展,其进出口总额占江苏省比重提高1.9个百分点,南通、淮安、盐城、扬州、泰州、宿迁服务贸易进出口总额增长均超两位数。

(二)服务外包运行情况。

一是产业规模再创新高。2023年,江苏省实现服务外包执行额796.90亿美元,其中离岸执行额412.17亿美元,同比增长22.70％,较全国高12.1个百分点,服务外包执行额、离岸执行额等主要业务数据约占全国1/4,离岸业务总量连续15年居全国首位。二是示范城市支撑更加牢固。中国服务外包示范城市无锡、南京分列江苏省离岸执行额总量1、2位,分别为87.55亿美元、82.93亿美元,南通离岸执行额首度突破66亿美元,实现能级提升。苏州、镇江、徐州离岸执行额也均实现增长,分别为62.60亿美元、16.18亿美元、15.78亿美元,同比分别增长7.59％、20.50％、19.40％。此外,常州作为江苏省服务外包示范城市,2023年以来紧抓数字化机遇,全年完成离岸执行额44.22亿美元,位列江苏省第五,实现了同比88.07％的高速增长。三是新一代信息技术开发应用服务发展较快。江苏省新一代信息技术开发应用服务离岸执行额7.47亿美元,增速为45.10％。近年来,江苏省多家服务贸易重点企业抓住数字贸易发展机遇,在云计算、人工智能、大数据等领域不断创新开发,拓展业务领域。凌志软件股份有限公司正式加入飞桨技术伙伴计划,推动"AI+金融"在垂直领域的应用场景落地。江苏欣网视讯软件技术有限公司自主研发了DataCore数据中台,帮助企业整合、处理、分析和应用各类数据。四是高端业务持续增长。知识密集、附加值较高的知识流程外包(KPO)离岸业务214.22亿美元,同比增长36.09％。五是主要发包市场业务稳定,美国市场增速回升。美国依然是江苏省最大离岸业务发包地区,业务增长9.9%，同时与中国香港、欧盟占据江苏省离岸发包市场的前3位，分别占比17.46%、17.42%、13.26%。共建"一带一路"国家业务呈上升态势，RCEP成员国市场增长迅速。江苏省承接共建"一带一路"国家服务外包合同额100.47亿美元，同比增长46.74%，服务外包执行额81.41亿美元，同比增长40.07%，增幅比去年同期高近20个百分点。六是吸纳就业作用突出。截至2023年年底，江苏省服务外包企业累计吸纳就业人数287.35万，较2022年底增加超14万人。

二 服务贸易运行主要工作及成效

（一）开放平台能级提升

服务贸易创新发展第三轮试点顺利收官，121项涵盖制度型开放、贸易便利化等试点政策在南京、苏州落地，外汇收支便利化等部分试点政策扩面至江苏省，本轮试点10个案例在全国推广。会同两地完成国家服务贸易创新发展示范区完成申创答辩。促成苏州工业园区承接《数字经济伙伴关系协定》（DEPA）项下中国和新加坡两国数字贸易合作试点，相关试点工作有序推进并取得部分成果。打造数字贸易高端对话平台，举办虹桥国际经济论坛分论坛暨中新合作服务贸易创新论坛，提升江苏服务贸易全球影响力。数据跨境流动管理体系和安全评估机制走在全国前列，焦点科技股份有限公司、企查查科技股份有限公司分别成为全国首家跨境电商领域和企业信用信息查询领域数据合规出境案例。

（二）促进平台实现突破

举办首个服务贸易类境外自办展会。吸引来自马来西亚、新加坡、印度等10多个国家的3 217名专业客商、近5 000人次到场参观。服务贸易部、省、市三级联动促进机制进一步健全。组织企业参加境内外30场服务贸易展会。打造数字贸易高端对话平台，举办虹桥国际经济论坛分论坛暨中新合

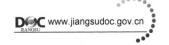

作服务贸易创新论坛。

（三）公共服务平台上线运行

"单一窗口"数字贸易版块上线运行,首次实现省级"单一窗口"与商务部业务直报系统数据联通,为数据本地化运用以及未来加载更多服务功能打下良好基础。遴选首批12个数字贸易平台、6家平台型数字贸易龙头企业。

（四）载体主体培育持续推进

中国服务外包示范城市综合评价中,南京继续位列全国第二,无锡、苏州、南通、镇江位次整体前移,常州在新申请城市中排名首位。32家企业、6个项目入围2023—2024年度国家文化出口重点企业和重点项目。4家企业入选国家信息技术外包和制造业融合发展企业。遴选第四批省级服务贸易基地、重点企业。江苏省服务贸易共有6个中国服务外包示范城市、9个国家级特色服务出口基地、47个服务外包示范区、46个省级服务贸易基地、243家省级服务贸易重点企业形成主体载体矩阵,集聚发展、引领发展的作用进一步增强。

江苏省商务厅服务贸易和商贸服务业处

2023年江苏省电子商务发展情况

2023年,江苏省电子商务保持平稳发展,商务领域数字化转型持续深化,电商公共服务体系不断完善,在扩流通、促消费、稳就业、保民生等方面发挥了积极作用。据国家统计局数据,2023年,江苏省实现网络零售额1.3万亿元,同比增长9.5%。

一 电商促消活动不断激发消费活力

一是统筹组织参加全国"网上年货节"和"双品网购节"。在"2023全国网上年货节"及第五届"双品网购节"江苏系列活动期间,江苏省分别实现网络零售额875.9亿元、521.6亿元。各地踊跃组织开展特色网络促消费活动,推动企业运用"新零售、新业态"积极拓展线上营销渠道,推动线上线下消费融合发展,助力形成全覆盖、多层次、常态化消费促进机制。二是高水准举办"苏'新'直播 当'燃'由我"为主题的2023江苏电商直播节。采用省市共办的方式,江苏省商务厅分别在徐州市举办启动仪式,在盐城市举

办助农专场，在宿迁市举办直播技能大赛，并且与江苏省广播电视总台联办"我为江苏代言"公益直播。助农专场组织平台企业、农产品供应链企业、农产品经纪人、多频道网络（MCN）机构、网红主播代表等开展线下产销对接交流活动，优选40多家特色农产品和老字号企业开展户外直播；"我为江苏代言"深入产业带源头，汇集优质供应链，邀请知名主持人和首届江苏电商直播技能大赛十强选手共同为江苏优品代言。据浪潮大数据，电商直播节期间，江苏省实现网络零售额1 102.6亿元，同比增长10.1%；江苏省带货主播2.3万人，直播62.7万场，吸引56.7亿人次消费者观看，直播商品上架2 102万次，参与直播的商品实现网络零售额94亿元。

二 电商产业持续做优做强

一是电商示范主体建设成绩优良。经商务部反馈，在年度国家电子商务示范基地、示范企业综合评价中，江苏省20家参评的基地（电商集聚区）全部获得B（良好）以上成绩，其中6家获得A（优秀），在全国居于前列；经商务部确认，江苏省共计12家企业获批国家级电子商务示范企业，数量位居全国第三。组织开展2024—2025年度江苏省电子商务示范企业创建工作，124家企业被确认为江苏省电商示范企业，数字商务普及应用不断扩大，创新示范能力显著增强。二是产业电商实现特色发展。依托实体产业优势，通过推动产业带数字化转型、培育"专精特新"小巨人企业，着力推动传统产业与垂直电商平台深度融合，发掘一批特色垂直平台予以重点培育，实现产业电商错位发展。据不完全统计，2023年，江苏省70余家B2B（商对商）平台实现交易额超5 000亿元，一批涵盖机械设备、轻纺、物流、新能源等多行业的垂直电商平台取得国内外行业领先地位，多家涉及体育运动、隐形眼镜、汽车后市场、服饰美妆等领域的电商应用赛道冠军、链主企业脱颖而出，带动产业链上下游及中小微企业共同发展。

三　营造良好行业发展氛围

一是举办江苏电子商务大会。在昆山举办2023中国江苏电子商务大会，同期举办2023长三角电商交易会；农产品、纺织服装、美妆个护、户外用品等行业的130家企业进行现场展销。二是积极推动电商公共服务惠民惠企。在邳州、灌南、常熟、泉山、海门、江阴等地先后举办六站"电商公共服务江苏省行"活动，组织天猫、抖音、快手、苏宁易购、汇通达等电商平台服务下沉，开展电商直播讲座和选品对接，推动优质服务资源共享，共吸引电商行业专家及各类企业代表近千人积极参与。三是加强电商人才培养。江苏省电子商务线上培训平台累计举办20场、超7 000人次的针对不同层次、不同人群、不同类别的电商培训，提升各类群体参与电商产业创业就业能力。

四　农村电商持续快速发展

一是电商进农村综合示范项目建设加快推进。贯彻落实国家电子商务进农村综合示范工作的有关要求，认真开展商务部示范县绩效评价"回头看"问题专项整改工作，江苏省各有关县（市）加快电子商务进农村综合示范项目建设，持续完善农村电子商务三级物流体系，推动农产品产业仓、冷链物流、"仓配一体"物流中心建设，提升农产品物流配送、分拣加工等电子商务基础设施数字化、网络化、智能化水平，完善农村电商综合服务网络。二是县域电商集聚能力拓展强化。进一步扩大集聚区建设规模，新评选出第三批省级县域电商产业集聚区11家，进一步加快推进县域电商集聚发展，推动产业集群与电商深度融合。常熟服装、南通家纺、睢宁家具、沭阳花木、盱眙龙虾、东海水晶特色电商品牌持续发展，有效促进江苏优质网销产品"卖全球"。

江苏省商务厅电子商务和信息化处

2023 年江苏省利用外资情况

2023年,面对严峻复杂的外部经济环境,江苏省商务厅在江苏省委、省政府坚强领导下,紧紧围绕"更大力度吸引和利用外资"总体要求,多措并举稳存量、扩增量、提质量、优服务,全力以赴推动利用外资稳中提质。

一 外资规模领先

据商务部统计,2023年,江苏省实际使用外资253.4亿美元,同比下降16.9%,占全国比重为15.5%,规模继续保持全国首位。

从行业看,江苏省制造业实际使用外资93.8亿美元,同比下降21.8%,占全省总量的37.0%。服务业实际使用外资150.2亿美元,同比下降13.7%,占全省总量的59.3%。高技术产业实际使用外资95.6亿美元,同比下降9.8%,占全省总量的37.7%。

从资金来源地看,对江苏省实际投资前十的国家和地区中,中国香港地区在江苏省实际投资177.7亿美元,同比下降14.0%,占比70.1%。瑞士、荷兰、英国等欧洲国家对江苏省实际投资分别同比增长174.3%、132.4%和72.6%。

从到资类型看,现汇及跨境人民币169.7亿美元,同比下降26.2%,占比77.0%;利润再投资74.4亿美元,同比增长25.8%,占比29.4%。

从区域分布看,苏南地区实际使用外资184.5亿美元,同比下降5.3%,占比72.9%;苏中地区实际使用外资41.4亿美元,同比下降26.5%,占比16.3%;苏北地区实际使用外资27.5亿美元,同比下降49.0%,占比10.8%。

二 聚焦稳定存量外资

(一)进一步完善外资高质量发展政策体系

一是提请江苏省人民代表大会常务委员会(以下简称"人大常委会")出台《江苏省促进和保护外商投资条例》。聚焦江苏开放型经济更高水平、更高质量发展,进一步优化江苏外商投资环境,提高利用外资质量和水平,为促进江苏经济高质量发展提供法治支撑。二是推动出台鼓励支持外商投资设立和发展研发中心的若干措施。省商务厅、省科技厅《关于鼓励支持外商投资设立和发展研发中心的若干措施》,鼓励外商结合江苏省产业发展方向设立外资研发中心。省商务厅、省科技厅出台《江苏省外资研发中心推进工作实施办法》,明确外资研发中心核定标准,推动各地开展外资研发中心培育和核定工作。三是配合江苏省发展和改革委员会出台制造业外资政策措施。江苏省发展和改革委员会等部门联合印发《关于以制造业为重点促进外资稳中提质的若干政策措施》的通知,更好发挥外资在促进江苏省制造业高质量发展中的积极作用。

(二)进一步稳住外资产业链供应链

一是做好产业链工作专班相关工作。会同江苏省商务厅内相关处室,共同制定外资补链延链强链专班2023年工作计划,将各项重点工作进行详细

分解，明确工作职责和进度要求，按要求汇总并督查各项工作落实情况。二是加强存量外资企业运营情况检测。每月组织江苏省708家重点外资企业填报营收、利润、用工及对未来预期等情况，及时掌握企业运营困难诉求，通过外贸外资协调机制反馈至江苏省有关部门协调解决。

（三）进一步促进外资企业未分配利润再投资

继续推动实施外资企业利润再投资三年行动计划，联合国家外汇管理局江苏省分局、国家税务总局江苏省税务局等部门，宣介政策内容。联合国家税务总局江苏省税务局撰写《江苏省利润再投资实际使用外资居全国首位五年稳外资规模超千亿》，得到江苏省领导肯定。全年陆续组织开展利润再投资专项调研，召开江苏省外资企业利润再投资座谈会、利润再投资现场工作推进会。

三 聚焦扩大增量外资

（一）积极组织境内外重大经贸活动

一是举办产业链供应链国际合作交流会暨企业家太湖论坛。2023年6月28日，以"深化合作互利共赢共同推动高质量发展"为主题的产业链供应链国际合作交流会暨企业家太湖论坛在苏州举行。论坛期间，举办"投资中国年"江苏专场活动。此次论坛充分发挥江苏省与跨国公司产业合作基础扎实优势，进一步深化和提升了国际产业链供应链的稳定性和竞争力。二是配合举办境外重大经贸活动。会同对外合作交流处、对外投资和经济合作处等有关处室分别做好江苏省委、省政府主要领导出访和访问相关工作，在德国、哈萨克斯坦、中国香港、新加坡等国家（地区）举办重大经贸活动。通过配合主要领导出访和访问举办重大经贸活动，有效扩大了江苏省在这些国家或地区的知名度与影响力，宣传江苏省在持续扩大对外开放方面的最新政策，畅谈合作共赢的新机遇。三是举办"投资中国年"系列活动——技术装备外资企业圆桌会议暨2023江苏开放创新发展国际咨询会议。现场听取外资企业在华问题诉求及意见建议,进一步帮助外资企业了解中国对外开放举措和营商环境,搭建跨国公司与各级政府部门高层级对话平台,共同探讨推动技术装备制造外资企业在江苏实现更高水平互利共赢。

(二)积极推动外资项目加快落地

充分发挥省级外贸外资协调机制和重点外资项目工作专班作用,建立江苏省重点外资项目清单、江苏省重大经贸活动集中签约项目清单、利润再投资目标企业清单,对江苏省重点外资项目实施清单式管理。江苏省重点外资项目清单方面,梳理出江苏省100个重点外资项目,积极推荐制造业项目纳入国家重点项目清单,对国家和省重大外资项目,特别是国家制造业领域标志性外资项目,进一步加强服务调度,提供全方位要素保障,推动制造业领域标志性外资项目加快落地建设。江苏省重大经贸活动集中签约项目清单方面,汇总企业家太湖论坛以及江苏省委、省政府主要领导出访期间在境外重大经贸活动签约的99个外资项目,持续跟进各项目进展及到资等相关情况,加强项目督导,积极推动已签约项目加快建设。利润再投资目标企业清单方面,会同江苏省税务局梳理未分配利润重点外资企业,加强与企业沟通,加大递延纳税政策宣讲力度,积极争取企业将未分配利润转增为注册资本。

(三)加强与重点跨国公司的合作

一是推动与韩国SK集团战略合作。加强与SK集团的密切沟通对接,协调有关部门和有关设区市与SK集团全方位战略合作。2023年12月,组织召开江苏省与韩国SK集团战略合作机制第四次会议,交流各小组工作推进情况,初步就续签战略合作框架协议达成共识。二是推动与英国阿斯利康战略合作。2023年3月,江苏省人民政府与阿斯利康签署战略合作框架协议,许昆林省长及阿斯利康全球首席执行官苏博科见证签约。双方将在国家化发展、研发创新、投资生产、园区建设、社会价值等方面加强合作交流。

四 聚焦提高外资质量

（一）大力推动外资总部经济发展

一是完成第 14 批跨国公司地区总部和功能性机构的认定。经企业申报、市级初审、第三方材料真实性复审、信用审查、集中评审、实地核查、党组会审议、网上公示等流程，新认定 29 家地区总部和功能性机构。二是加强外资总部经济集聚区建设。会同苏州市商务局、苏州工业园区共同确定了 2023 年外资总部经济集聚区重点建设任务，加强指导，继续推动外资总部经济集聚区建设。

（二）着力促进外资开展研发活动

一是落实国家外资研发中心鼓励政策。会同江苏省财政厅、南京海关、国家税务总局江苏省税务局完成 2023 年两批次外资研发中心进口税收政策资格认定复核工作，共有 72 家外资研发中心通过核定和复核。同时，根据国家关于外资研发中心采购国产设备退税政策要求，会同江苏省财政厅、国家税务总局江苏省税务局拟定江苏省操作办法，并核定 7 家外资研发中心享受政策。二是推进外资研发中心发展。组织各设区市建立外资研发中心培育库，开展外资研发中心核定工作，2023 年江苏省共有 293 家外资研发中心通过核定、713 家外资企业纳入培育库。三是加强政策宣讲。2023 年 11 月，江苏省商务厅举办江苏省外资研发中心业务培训，介绍江苏省外资研发中心发展情况、江苏省外资研发中心推进建设总体考虑，以及鼓励支持外资企业开展研发活动的相关政策内容。

（三）合力推进南京开展服务业扩大开放综合试点工作

推动南京市印发《南京市服务业扩大开放综合试点实施方案》，明确具体 104 项改革试点任务的实施路径、具体分工等。推动南京市建立服务业扩大开放综合试点领导小组,市委书记任第一组长,市长任组长。依托境内外重大经贸活动,举办10多场服务业扩大开放专题推介活动。出台并实施全球数字服务商计划,对接吸引更多服务业项目落地南京。2023年12月,会同南京市政府开展服务业扩大开放专题调研,梳理南京市服务业扩大开放综合试点工作开展情况以及初步成效,研究北京深化国家服务业扩大开放综合示范区建设工作方案,形成专项调研报告并上报江苏省政府。

五 聚焦优化外企服务

(一)优化外商投资企业的营商环境

认真落实《江苏省优化营商环境条例》中的相关规定,牵头汇总半年度和全年江苏省商务厅营商环境工作开展情况及下一步工作打算,落实江苏省营商环境改革事项等,协助中国人民政治协商会议江苏省委员会(以下简称"省政协")完成"优化外商投资环境"民主监督性调研,积极推进江苏省涉外营商环境优化。在2023年初日本、韩国签证暂停的特殊时期,做好外籍重点经贸人员来华邀请工作,为SK集团、起亚、LG集团等重点外资企业外籍必要经贸人员约300人办理邀请函。

(二)建立健全常态化政企沟通交流机制

加强与外资企业、外国商协会常态化沟通交流,及时了解企业困难问题和相关诉求,积极宣传已出台的外资政策措施,做好外资企业服务工作,依法保护外商投资权益,提振外商投资江苏信心。全年共举办外资企业圆桌会议4场,"外企与部门面对面"系列活动7场。相关工作得到外资企业的广泛认可,嘉吉、米其林等跨国公司送来锦旗和感谢信。

(三)做好外商投资投诉调解工作

落实《江苏省外商投资企业投诉工作办法》,发挥省、市、县三级工作网络

作用,做好投诉调解工作。根据全国外商投资企业投诉中心要求,报送江苏省外商投诉工作机制运行情况,定期报送江苏省外商投资企业投诉接诉工作分类台账。2023年共处理信访件6起、投诉5起。

江苏省商务厅外国投资管理处

2023年江苏省对外经济技术合作情况

2023年,江苏省坚持以习近平新时代中国特色社会主义思想为指导,全面贯彻落实党中央、国务院决策部署,着力统筹发展与安全,支持和引导有条件的企业提高国际化经营水平和风险防范能力,更好地整合国内国际两个市场、两种资源,积极服务高质量共建"一带一路",深度参与全球分工合作,扎实推进对外投资合作稳中有序、稳中提质发展。

一 对外投资

2023年,江苏省新增对外投资项目1 242个,同比增长46.1%;中方协议投资额111.6亿美元,同比增长15.5%,中方实际投资额68.1亿美元,同比增长1.9%,列全国第六。截至2023年12月底,江苏省累计对外投资项目10 207个,中方协议投资额1 102.0亿美元,实际投资存量704.0亿美元。江苏省对外投资主要呈现以下特点:

（一）大项目成为亮点

2023年,江苏省超1 000万美元的项目159个,中方协议投资额97.8亿美元,占全省总量的87.6%;超5 000万美元的项目49个,中方协议投资额70.1亿美元,占全省总量的62.8%;超1亿美元的项目17个,中方协议投资额45.8亿美元,占全省总量的41.0%,其中过半数集中在新能源领域,其余分布在生物医药研发、半导体、计算机及通信设备零部件、汽车零部件和商务服务业领域。

（二）对美国、泰国、新加坡投资较为集中

2023年,江苏省对美国投资16.8亿美元,同比增长142.0%,占全省总量的15.1%;对泰国投资16.7亿美元,同比增长137.0%,占全省总量的14.9%;对新加坡投资12.7亿美元,同比增长69.7%,占全省总量的11.4%。2023年,江苏省对外投资排名前五的国家依次是美国、泰国、新加坡、越南和德国。

（三）苏南地区优势突出

2023年,苏南地区对外投资82.7亿美元,同比下降3.2%,占江苏省比重为74.1%。苏中地区对外投资11.3亿美元,同比增长92.9%,占江苏省比重为10.1%。苏北地区对外投资17.6亿美元,同比增长226.0%,占江苏省比重为15.8%。其中,苏州对外投资27.0亿美元,领跑江苏省,无锡对外投资26.6亿美元,常州对外投资15.0亿美元,分列第二、三位。

（四）第三产业投资增长较快

2023年,江苏省对外投资流向第二产业72.2亿美元,同比增长11.6%,占全省总量的64.67%。第二产业中以制造业为主(占全省总量的57.2%),排名前三的行业分别是通信设备、计算机及其他电子设备制造业(占全省总量的12.6%),电气机械及器材制造业(占全省总量的10.9%)以及交通运输设备制造业(占全省总量的6.1%)。流向第三产业39.1亿美元,同比增长25.3%,占全省总量的35.21%。第三产业中排名前三的行业分别是科学研究、技术服务和地质勘查业(占全省总量的18.6%),批发和零售业(占江苏

省总量的9.6%)以及租赁和商务服务业(占江苏省总量的4.3%)。第一产业仅2 550.0万美元。

(五)对重点合作区域投资增长迅速

2023年,江苏省在共建"一带一路"国家新增对外投资项目647个,同比增长107%;中方协议投资额66.8亿美元,同比增长72%;中方实际投资额22.2亿美元,同比下降9.4%。在RCEP成员国新增对外投资项目612个,同比增长109%;中方协议投资额62.0亿美元,同比增长83.5%;中方实际投资额21.1亿美元,同比增长12.2%。

(六)过半设区市实际投资增长

2023年,13个设区市中,有7个设区市实际投资增长,其中宿迁、徐州和镇江增幅较大;无锡、常州、南通、连云港、淮安和盐城六市负增长。

(七)民营企业投资占比较大

2023年,江苏省民营企业对外投资项目1 053个,中方协议投资额79.0亿美元,占江苏省总量的70.8%;外资企业对外投资项目121个,中方协议投资额27.1亿美元,占江苏省总量的24.3%;国有及集体企业对外投资项目68个,中方协议投资额5.5亿美元,占江苏省总量的4.7%。

(八)以非贸易型投资为主

2023年,江苏省对外投资流向非贸易型项目96.6亿美元,占江苏省总量的86.6%。

二 对外承包工程

2023年,江苏省对外承包工程新签合同额84.3亿美元,同比增长96.3%,占全国的3.2%,列全国第七(位于广东、湖北、上海、北京、四川、山东

之后);完成营业额为61.6亿美元,同比增长9.9%,占全国的3.8%,列全国第六(位于广东、山东、上海、湖北、浙江之后)。江苏省对外承包工程主要呈现以下特点:

(一)大项目支撑作用明显

2023年,大项目对业绩贡献明显,新签合同额超过5 000万美元的大项目有35个,累计58.5亿美元,占全省总量的69.4%。其中,惠生(南通)重工有限公司在刚果(布)海域的海上浮式液化天然气工程建造项目新签合同额达17.7亿美元,为全年单体规模最大的新签项目。

(二)共建"一带一路"国家为主要市场

2023年,江苏省在共建"一带一路"国家对外承包工程新签合同额78.4亿美元,完成营业额52.3亿美元,占江苏省的比重分别为93.0%和84.9%。其中,刚果共和国、沙特阿拉伯、菲律宾、越南、伊拉克为全年江苏省在共建"一带一路"国家新签合同额前5位国别。

(三)领域分布较为广泛

2023年,江苏省对外承包工程项目涉及石油化工、工业建设、房屋建筑、电力工程、制造加工建设等多个领域。其中,石油化工、工业建设、房屋建筑项目新签合同额分别占比33.8%、20.9%和17.6%。

三 对外劳务合作

2023年,江苏省对外劳务合作新签劳务人员合同工资总额5.8亿美元,同比增长85.3%;劳务人员实际收入总额5.7亿美元,同比增长30.0%;派出各类劳务人员20 466人(含海员),同比增加8 743人;期末在外各类劳务人员27 707人,同比减少1 591人。江苏省在外劳务人员分布的主要国家(地区)为:印度尼西亚、新加坡、以色列、中国香港、巴拿马、日本。江苏省现有对外劳务合作企业 120 家。

四 境外园区

截至 2023 年 12 月底,江苏省在 5 个国家建有 6 家境外经贸合作区。其中 2 家境外经贸合作区通过商务部和财政部确认:柬埔寨西哈努克港经济特区(以下简称"西港特区")、埃塞俄比亚东方工业园;4 家省级境外经贸合作区:印度尼西亚东加里曼丹岛农工贸经济合作区、江苏—新阳嘎农工贸现代产业园、印度尼西亚吉打邦农林生态产业园、徐工巴西工业园。6 家境外经贸合作区累计占地面积 1 218 平方公里,投资 41.2 亿美元,入区企业 351 家,总产值 105.9 亿美元,在东道国纳税 5.1 亿美元,为当地创造就业岗位近 6 万个。2023 年,西港特区内企业实现进出口总额 33.6 亿美元,同比增长 35.0%,占柬埔寨全国进出口贸易总额的 7.2%。

江苏省商务厅对外投资和经济合作处

2023年江苏省开发区建设发展情况

2023年,在江苏省商务厅党组的领导下,进一步深入贯彻落实国家关于促进开发区转型升级创新发展的决策部署和江苏省委、省政府的工作要求,不断推进江苏省开发区开放创新、科技创新、制度创新,加快打造改革开放新高地。

一 全省开发区建设基本情况

(一)总体建设发展水平全国领先

江苏省省级以上开发区创造了江苏省50%的经济总量和一般公共预算收入,60%的固定资产投资,70%的工业增加值,80%的实际使用外资和外贸进出口。商务部国家级经开区考核评价显示,苏州工业园区实现八连冠;排名前30位的经济技术开发区经开区中江苏省占9个,数量位居全国第一。

（二）产业特色发展成效明显

江苏省重点培育的新型电力和新能源装备、高端电子和新材料等 16 个制造业集群，"531"产业链递进培育工程中的 50 条重点产业链、30 条优势产业链、10 条卓越产业链主要集中在开发区。

（三）自主创新能力持续增强

江苏省开发区内高新技术企业超过 34 000 家，年度 PCT 专利申请量、发明专利授权量分别占全省的 70%、50% 以上。区内集聚各类省级以上领军人才超过 8 100 人，智能车间超过 1 700 个，智能车间、智能工厂数量占全省的 80% 以上。

（四）外资外贸"压舱石"作用明显

江苏省开发区实际使用外资占全省的 85% 左右，新批外商投资企业占全省比重超过 80%，区内引进跨国公司总部和功能性机构超过 360 家，占全省比重超过 90%。开发区实现进出口总额超过全省的 80%，其中高新技术产品进出口额占全省比重超过 85%。

（五）绿色低碳集约发展

江苏省开发区大力发展循环经济，加快构建绿色低碳发展技术创新体系，积极走绿色低碳发展道路，污染防治力度不断加大，节能减排成效显著，全区规上工业企业碳排放量同比下降超 20%。江苏省获批建设国家级生态工业示范园区 28 家，在资源、能源循环利用和污染物减排方面取得明显成效。

二 开发区建设主要工作

（一）加强对开发区高质量发展的宏观指导

会同省有关部门联合印发《关于支持国家级经济技术开发区创新提升更

好发挥示范作用若干举措的通知》,提出16条工作举措支持国家级经济技术开发区加强实体经济发展,推动制造业转型升级。

(二)强化考核引导作用

注重对后进开发区的督促指导,对2022年商务部考评综合排名下滑20位以上的国家级经济技术开发区、江苏省考评列最后5位的省级经济技术开发区和重点指标(外资、进出口等)列最后3位的省级技术经济开发区进行约谈,通报相关情况,提出整改要求。

(三)推动开发区体制机制创新

贯彻落实中共中央办公厅、国务院办公厅关于深化开发区管理体制改革、推动高质量发展的有关文件精神,研究制定江苏省实施意见,坚持改革方向、问题导向,对开发区深化体制机制改革、健全完善管理制度、推进产业转型升级、提升开放型经济质量、加强要素保障和资源集约节约利用等方面提出17条政策措施。目前,实施意见(代拟稿)已报江苏省委办公厅审核。

(四)深化区域评估改革

印发2023年度区域评估工作要点,组织江苏省发展和改革委员会、工业和信息化厅、自然资源厅、生态环境厅、水利厅、政务服务管理办公室、文物局、地震局、气象局等有关部门召开区域评估工作推进会,发挥区域评估工作先进地区典型示范引领作用,印发第二批11个区域评估实践案例,推进江苏省开发区进一步加大评估成果应用力度、创新成果应用模式。

(五)稳步推动特色园区建设

多措并举提高开发区特色化、智能化、国际化建设发展水平。开展江苏省特色创新产业园调研,了解园区建设情况和产业链发展情况。深化中韩(盐城)产业园、中以常州创新园、中德(太仓)中小企业合作示范区等省级国际合作园区建设。开展国际合作园区发展跟踪调研,编写江苏省国际合作园区发展情况调研报告。分类梳理9个国际合作园区经验做法，编制江苏省国际合作园区发展典型案例，会同江苏省开发区协会编印《江苏开发区——国际合作园区专刊》。组织开展江苏省国际合作园区综合评估工作，对园区发展规模、工作进展、发展成效进行全面评估。加强与江苏省工业和信息化厅等部门的沟通协调，积极推动园区低碳化转型。支持有条件的开发区发展数字经济，鼓励园区数字化发展。

（六）全力提升开发区经济发展主阵地作用

在商务部2023年国家级经济技术开发区综合发展水平考核评价中，江苏省有9家经济技术开发区位列前30名，其中苏州工业园区实现八连冠；3家经济技术开发区位列实际使用外资前10名；3家经济技术开发区位列进出口总额前10名。江苏省开发区作为高水平对外开放平台，积极推进经济高质量发展，外贸外资主力军作用得到进一步巩固，呈现出总量扩大、质量提升、开放带动作用进一步增强的良好发展态势。

（七）做好苏州工业园区深化开放创新综合试验对上争取工作

按照江苏省领导批示要求，牵头成立省、市、区三级联动的"苏州工业园区深化开放创新综合试验工作专班"，与商务部外国投资管理司加强沟通，协调省相关部门，支持苏州工业园区加快研究梳理开放创新工作升级版政策措施，力求体现园区引领带动全国开发区高质量发展的责任担当。目前，编制形成6个方面、22条工作举措的《苏州工业园区深化开放创新综合试验工作方案（2024—2028年）》，并已提请江苏省政府行文报商务部。

（八）支持开发区提升产业链竞争力

支持开发区重点围绕16个先进制造业集群和"531"产业链递进培育工程持续发力。配合商务部和江苏省政府成功举办"投资中国年"国家级经济技术开发区专场推介暨第十届"开发区对话500强"活动，聚焦数字经济、绿色低碳和新能源汽车领域举办三场产业项目对接会，为外资企业和国家级经

济技术开发区等各方搭建沟通交流平台。推动南京经济技术开发区、苏州工业园区、连云港经济技术开发区医药制造业成功入选商务部第二批外经贸提质增效示范项目,支持鼓励开发区外经贸项目提升。

(九)有序开展开发区合作共建工作

配合有关部门推进省级南北共建创新试点园区和特色园区建设。认真贯彻国家及江苏省部署要求,推动江苏省开发区与西藏、新疆、青海、陕西、辽宁等对口地区开发区开展支援协作合作工作,举办对口地区开发区管理人员培训班,组织各类产业项目对接活动,持续推进苏陕协作共建"区中园",以及江苏省国家级经济技术开发区与广西、云南边境合作区合作共建等一批省际共建园区建设。截至目前,江苏、陕西合作共建10家"区中园",引进项目128个,总投资243.54亿元,累计到位资金163.3亿元。通过江苏、陕西协作共吸纳就业7 944人次,吸纳农村劳动力就业6 156人次,带动脱贫劳动力数848人次。

(十)积极推进经济技术开发区安全生产工作

牢固树立安全发展理念,强化底线思维和红线意识,积极会同省有关部门,紧盯重点行业、重点领域、重点企业和重点环节,了解掌握经济技术开发区风险隐患排查与整治、主要工作任务落实情况等,推动隐患见底、措施到底、整治彻底。持续指导督促经济技术开发区开展隐患排查整治。督促各经济技术开发区切实履行好安全生产属地管理责任,夯实夯牢企业安全生产主体责任,坚决克服麻痹和松懈思想。推动经济技术开发区提高集约化、可视化安全监管信息共享平台建设水平,督促经济技术开发区结合产业特点,综合利用电子标签、大数据、人工智能等技术,提高安全监管信息共享平台建设水平,进一步提升经济技术开发区本质安全水平。

2024年,坚持以习近平新时代中国特色社会主义思想为指导,全面贯彻党的二十大、二十届二中全会精神和习近平总书记对江苏工作重要讲话指示精神,认真落实中共中央、国务院关于开发区的工作要求和江苏省委、省政府关于开发区的工作部署,按照江苏省委十四届五次全会要求,完整、准确、全面贯彻新发展理念,加快服务构建新发展格局,锚定高质量发展的首要任务,统筹发展和安全,推动开发区聚焦产业发展、打造集群优势、提升创新能力、激发内生动力,提升开放能级、加快绿色转型,继续发挥在江苏省经济社会发展大局中的主阵地作用,主要指标稳中求进,占比稳中有升,努力将开发区建设成为具有全球影响力的产业科技创新中心、实体经济高质量发展示范区和引领区,推动江苏省开发区高质量发展取得新成效、开创新局面。

江苏省商务厅开发区处

2023年江苏省口岸运行和开放情况

2023年,江苏口岸工作坚持以习近平新时代中国特色社会主义思想为指导,全面贯彻党的二十大、二十届二中全会精神和习近平总书记对江苏工作重要讲话重要指示精神,按照省委、省政府和国家口岸管理办公室工作要求,坚持稳字当头、稳中求进,完整、准确、全面贯彻新发展理念,服务构建新发展格局,适应疫情防控新阶段,更好统筹发展和安全,落实《国家"十四五"口岸发展规划》,深化口岸扩大开放,营造市场化、法治化、国际化一流口岸营商环境,促进口岸数字化转型,加强口岸运行管理,稳步推进平安、效能、智慧、法治、绿色"五型"口岸建设,奋力推进江苏口岸高水平开放、高质量发展。

一 全省口岸基本情况

(一)口岸概况

江苏省拥有海岸线954公里,分布在连云港、盐城和南通3市,约占全国海岸线的1/10;长江江苏段全长418公里,素有长江"黄金水道"之称。丰富的海岸线和得天独厚的长江岸线,为江苏开设口岸、发展经济提供了优越的自然条件。全省拥有26个口岸,形成了全方位、立体式口岸对外开放格局,不仅为全省大部分货物出入境提供服务,同时也为中西部地区对外贸易提供优良通道。

(二)口岸分布

截至2023年年底,江苏省共有26个口岸,其中空运口岸9个,水运口岸17个。水运口岸中,海港口岸5个,河港口岸12个(表1)。

表1 2023年江苏省口岸分布情况表

口岸(26)	空运口岸(9)		南京空运口岸(禄口国际机场)、无锡空运口岸(硕放国际机场)、徐州空运口岸(观音国际机场)、常州空运口岸(奔牛国际机场)、南通空运口岸(兴东国际机场)、连云港空运口岸(白塔埠国际机场)、淮安空运口岸(涟水国际机场)、盐城空运口岸(南洋国际机场)、扬泰空运口岸(扬泰国际机场)
	水运口岸(17)	海港口岸(5)	南通如东水运口岸、南通启东水运口岸、连云港水运口岸、盐城大丰水运口岸、盐城水运口岸
		河港口岸(12)	南京水运口岸、无锡江阴水运口岸、常州水运口岸、苏州张家港水运口岸、苏州太仓水运口岸、苏州常熟水运口岸、南通水运口岸、南通如皋水运口岸、扬州水运口岸、镇江水运口岸、泰州水运口岸、泰州靖江水运口岸

(三)口岸运行

2023年,江苏省空运口岸出入境旅客1 989 017人次,同比增长1 106.25%;外贸货邮量82 238吨,同比下降6.45%(表2)。水运口岸共完成外贸货运量61 025.57万吨,同比增长13.47%;外贸集装箱运量达到11 005 472.5标箱,同比增长8.17%(表3)。

表 2　2023 年江苏省空运口岸出入境旅客及外贸货邮量情况表

	出入境旅客		外贸货邮量	
	自年初累计（人次）	同比（%）	自年初累计（吨）	同比（%）
江苏省合计	1 989 017	1 106.25	82 238	－6.45
南京空运口岸	1 433 961	850.20	62 491	－4.64
无锡空运口岸	353 304	23 532.37	13 329	－10.64
徐州空运口岸	0	—	0	—
常州空运口岸	136 157	1 260.07	65	3 150.00
南通空运口岸	55 549	2 144.40	5 772	－22.63
连云港空运口岸	25	—	—	—
淮安空运口岸	26	—	0	—
盐城空运口岸	5 082		581	
扬泰空运口岸	4 913		0	

表 3　2023 年江苏省水运口岸外贸货运量和外贸集装箱运量情况表

	外贸货运量		外贸集装箱运量	
	自年初累计（万吨）	同比（%）	自年初累计（标箱）	同比（%）
江苏省合计	61 025.57	13.47	11 005 472.5	8.17
南通如东水运(海港)口岸	665.25	－7.06	—	
南通启东水运(海港)口岸	320.54	－11.81	2 385	—
连云港水运(海港)口岸	15 850.36	18.22	3 210 397	11.49
盐城大丰水运(海港)口岸	743.40	19.20	24 615	－11.5
盐城水运(海港)口岸滨海港区	442.00	211.27	—	
南京水运(河港)口岸	3 342.10	26.30	995 000	13.40
无锡江阴水运(河港)口岸	6 328.55	－0.56	23 436	－12.62
常州水运(河港)口岸	1 239.90	7.84	132 507	8.05
苏州张家港水运(河港)口岸	7 043.49	9.58	631 062	12.68
苏州太仓水运(河港)口岸	11 064.71	13.64	5 075 032.75	5.76

续表

	外贸货运量		外贸集装箱运量	
	自年初累计（万吨）	同比（%）	自年初累计（标箱）	同比（%）
苏州常熟水运(河港)口岸	1 362.70	18.12	219 110	60.71
南通水运(河港)口岸	2 445.33	1.70	244 676.75	−5.78
南通如皋水运(河港)口岸	1 011.60	13.15	69 126	15.11
扬州水运(河港)口岸	1 413.01	2.64	250 153	53.22
镇江水运(河港)口岸	4 818.65	22.07	143 580	−5.36
泰州水运(河港)口岸	1 366.00	0.72	127 972	16.83
泰州靖江水运(河港)口岸	1 567.98	41.53	—	—

（四）码头（泊位）开放

2023年，江苏省新获批对外开放的码头（泊位）1个（表4）。

表4　2023年新获批对外开放的口岸和码头（泊位）

序号	新获批项目
1	江苏省煤炭物流靖江基地项目二期工程配套码头10万吨级煤炭卸船泊位

二　扎实有序地推进口岸协调、开放和管理工作

（一）江苏省口岸工作统筹推进

一是召开江苏省口岸办主任座谈会。2023年3月召开江苏省口岸办主任座谈会，回顾总结2022年江苏省口岸工作，分析研判面临形势，谋划安排2023年重点任务。二是印发《2023年江苏省口岸工作要点》。2023年4月以江苏省口岸工作领导小组名义印发工作要点，从统筹加强口岸开放运行管理、全力服务开放型经济发展、稳步推进口岸数字化转型、持续营造一流口岸营商环境、继续强化口岸工作组织领导等五个方面部署江苏省口岸工作，稳

步推进"五型"口岸建设。三是召开江苏省口岸工作领导小组全体会议。2023年5月召开会议,通报江苏省口岸工作情况,进一步推动口岸工作由重开放向开放与管理并重转变;落实海关总署2023年促进跨境贸易便利化专项行动部署动员会精神,部署实施江苏省跨境贸易便利化专项行动。

（二）口岸运行管理持续强化

一是开展口岸发展规划中期评估。根据国家口岸管理办公室通知要求,开展《国家"十四五"口岸发展规划》中期评估工作。协助国家口岸管理办公室在南京召开规划中期评估动员部署会。组织省市相关单位,全面梳理江苏省落实《国家"十四五"口岸发展规划》相关情况,总结工作成效,认真进行中期评估。二是开展2022年度江苏省口岸运行情况评估。落实国家口岸管理办公室通知要求,按照各地口岸自评、省级层面初评、重点调研督导、形成评估报告等步骤,评估口岸运量达标情况,总结工作成效,分析存在问题,提出下一步工作举措,形成评估报告。三是强化口岸规范化管理。坚持"布局合理、特色明显、服务一流、运转高效"的总目标,进一步推动江苏省口岸工作由重开放向开放与管理并重转变,重点支持服务国家、省重大战略,服务高水平对外开放口岸发展,优化口岸功能布局,鼓励长江沿线口岸进行资源整合,提高口岸开放整体效益。在国家颁布的口岸开放相关管理规定的框架下,按程序稳妥推进江苏省码头（泊位）开放、验收、退出的管理规范,牵头起草完成《江苏省水运口岸码头泊位开放管理服务办法（试行）》,现已提交江苏省人民政府常务会议审议;探索开展码头运营管理绩效评价,在规范口岸码头（泊位）开放各项工作的同时,进一步加强码头（泊位）开放后的评估管理,以此给予差别化政策支持,不断激发市场活力。四是持续完善江苏省口岸运行情况分析机制。在掌握口岸运行数据的基础上,指导江苏省电子口岸有限公司不断提高数据增量,提升口岸运行情况分析质量,每季度多方位、多角度研判口岸运行情况和发展趋势,为加强对各口岸的针对性指导提供重要参考依据。五是开展专题调研。结合主题教育,积极开展大调研活动。立足江苏省水运口岸建设发展实际,牢牢把握高质量发展的首要任务,聚焦基层、企业的所需所盼,学习兄弟省市关于先进经验,力求切实解决制约江苏省水运口岸发展的痛点、难点、堵点,促进江苏省水运口岸高水平开放、高质量发展,为加快建设具有世界聚合力的双向开放枢纽贡献力量。开展促进江苏省电子口岸发展专题调研,学习借鉴兄弟省市关于电子口岸和"单一窗口"的先进经验,摸排省内电子口岸建设发展规划及进展,分析查摆江苏省电子口岸和"单一窗口"发展存在的问题及原因,进而提出下一步工作建议。

(三)口岸功能拓展不断深化

一是口岸扩大对外开放方面。积极对接国家口岸管理办公室,协调省级查验单位,督促相关地方口岸管理部门积极推动相关工作,2023年连云港港徐圩港区、如东洋口港、启东港口岸扩大开放均获国务院批复,盐城港响水港区、射阳港区口岸扩大开放顺利通过国家验收;南通港通州湾港区口岸扩大开放验收筹备工作稳步推进。连云港航空口岸扩大开放通过省级预验收。二是口岸临时开放方面。协调推进连云港花果山机场获批临时对外开放,获得国家口岸管理办公室的批准,保障了哈萨克斯坦第一副总理等政要专机顺利从连云港花果山机场临时进出境,参加中欧班列国际合作论坛。三是开放港口范围内码头对外开放方面。严格按照《江苏省港口口岸码头开放管理规定》,积极协调省级查验单位,开展6个码头对外开放的验收、报批等相关工作。其中,已获江苏省政府批复正式对外开放的码头有1个。四是开放港口范围内码头(泊位)临时启用方面。为支持地方经济发展和企业生产经营,对还不具备正式开放条件的码头(泊位),按照相关文件规定要求,全年共开展19批次码头(泊位)临时启用的征求意见、审查、审批工作,截至目前已全部批复。五是非开放港口范围内码头(泊位)临时对外开放方面。按照相关文件规定要求,2023年共开展5批次码头(泊位)临时开放的征求意见、审查、上报工作,均已获批。

(四)口岸营商环境进一步优化

贯彻落实海关总署2023年促进跨境贸易便利化专项行动部署,积极开

展江苏省促进跨境贸易便利化专项行动,密切关注进展动态,及时开展总结分析。2023年江苏省以南京、无锡入选全国跨境贸易便利化试点城市为契机,省政府高位推动、江苏省覆盖,制定出台《2023年促进跨境贸易便利化专项行动实施方案》,做到"规定动作"有落实,"自选动作"有创新,有力优化了江苏省口岸营商环境,为迎接新一轮世界银行营商环境评估打下了坚实基础,在国家口岸管理办公室关于2023年促进跨境贸易便利化专项行动工作情况通报中,江苏省的9方面做法和南京的3项经验、无锡的2项经验受到肯定。围绕深化智慧口岸建设、持续优化通关改革、促进外贸保稳提质、服务长三角一体化、畅通内外物流等重点,持续压减进出口合规时间,压降合规成本。同时,2023年根据党中央、国务院决策部署和江苏省委、省政府关于世界银行营商环境新评估体系相关工作要求,会同南京海关等组织开展世界银行营商环境新评估体系"国际贸易"指标政策宣讲活动,切实提升政策知晓度,不断增强企业满意度和获得感。

(五)口岸信息化建设扎实推进

一是系统谋划江苏省口岸数字化转型顶层设计。2023年6月,江苏省出台了《关于促进全省口岸数字化转型的实施意见》,推进了江苏省口岸信息化建设,构建全流程、智慧化的口岸运行体系,鼓励各地口岸突出特色、先行先试、精准施策,推动形成以点带面、分类推进、持续提升的发展局面,为平安、效能、智慧、法治、绿色"五型"口岸建设提供有力支撑。二是太仓和连云港水运口岸获批成为国家首批智慧口岸试点。以落实国家口岸管理办公室《关于在全国开展智慧口岸试点建设的通知》要求为抓手,指导太仓、连云港科学编制两地智慧口岸试点建设方案,积极争取国家口岸管理办公室指导支持,成功推动太仓、连云港水运口岸于2023年12月获批成为国家首批智慧口岸试点。三是积极推进建设江苏特色电子口岸。建成江苏"单一窗口"中欧班列、服务(数字)贸易等专区;依托江苏国际贸易"单一窗口"开发的全国第一个连接商务部中国国际电子商务(EDI)系统的服贸综合平台,南京、苏州企业已切换至江苏平台申报数据。升级改造运输工具申报系统,完成运输工具2.0系统对外接口开发工作并发布接口标准,南通、连云港等地已开展系统联调工作。提高江苏省电子口岸云平台服务能级,完成南京、常州、扬州电子口岸门户网站升级改版,打造集运行监测、贸易分析、口岸管理等一体化云服务,推动地方口岸数字化转型。四是持续推广应用国际贸易"单一窗口"。推广应用国际贸易"单一窗口",持续做好建设运维。完成海运口岸通关物流全程评估系统上行报送数据通道调试,实现试点口岸测试数据上报。按照国家口岸管理办公室部署,推广海关监管货物仓储企业注册、特殊物品出入境卫生检疫审批等"单一窗口"标准版服务功能。截至 2023 年 12 月,通过中国(江苏)国际贸易"单一窗口"累计为 13.85 万家企业提供服务,提供各类申报服务超过 1.26 亿单。五是推进长三角"单一窗口"合作共建。实现长三角地区客服工单一体化,为异地江苏企业申报业务提供便利。在第五届长三角一体化发展高层论坛期间,参与推进签订了"单一窗口"《沪-新国际贸易便利化措施长三角共享合作协议》。

江苏省商务厅陆路空港口岸处、海港口岸处

2023年江苏省进出口公平贸易情况

2023年,江苏省商务厅认真贯彻落实党中央和江苏省委、省政府的部署要求,与省级各有关部门、各地商务主管部门通力协作,与各省级工作站密切联系,围绕中心,服务大局,多措并举应对国外不合理贸易限制措施,全力以赴维护企业合法权益,维护产业链供应链安全稳定。

一 全省进出口公平贸易基本情况

2023年,江苏省遭遇国外新发起的贸易救济调查84起,同比增加90.9%;涉案金额38.6亿美元,同比增加528.3%。从案件类型看,国外对我国发起12起反补贴调查,江苏省全部涉及。从行业看,江苏省遭遇的贸易救济调查主要集中在化工、金属制品、电气、专用设备等17个行业。从发起国家(地区)看,江苏省遭遇的贸易救济调查来自21个国家(地区),其中发展中国家(地区)共发起调查58起,占总比重近七成。印度仍是对我国发起贸易救济调查数量最多的国家。

2023年，江苏省企业代表全行业参与发起1起贸易救济原审调查，即江苏省化工行业协会对原产于美国的进口丙酸发起的反倾销调查；4起贸易救济复审调查，分别是苏州市罗森助剂有限公司对原产于印度的进口邻氯对硝基苯胺发起的反倾销期终复审调查，江苏利士德化工有限公司等对原产于韩国、中国台湾地区和美国的进口苯乙烯发起的反倾销期终复审调查，江苏亨通光导新材料有限公司、中天科技精密材料有限公司等对原产于日本和美国的进口光纤预制棒发起的反倾销期终复审调查，江苏斯尔邦石化有限公司等对原产于美国、沙特阿拉伯、马来西亚和泰国的进口乙醇胺发起的反倾销期终复审调查。

2023年，江苏省新增18家实体被美国管制制裁。其中，10家被列入美国商务部"实体清单"，1家被列入美国商务部"未经验证清单"，7家被列入美国财政部"特别指定国民清单"。

二 进出口公平贸易主要工作与成效

（一）全力做好清单移除，维护供应链稳定

对最终用户访问受访企业进行"一对一"合规辅导，协调地方政府部门、企业积极配合，确保中国、美国两国商务部最终用户访问顺利进行。2023年，江苏省内4家企业从美国商务部"未经验证清单"中移除，为企业恢复供应链稳定提供有力保障。

（二）多主体协同应对贸易摩擦，维护出口市场份额

针对大案要案，组织江苏省内重点涉案企业参与案件应诉协调会30场。指导省级部门及设区市人民政府填答8次国外反补贴调查问卷，积极配合企业应诉。2023年，在国外对华贸易救济调查作出终裁的案件中，江苏省内企业通过积极应诉并获得胜诉的案件27起，有效维护约13亿美元海外市场份额。

（三）坚持依法依规主动作为，统筹发展与安全

及时宣传解读国家出口管制政策，指导企业合规经营，严格遵守我国出口管制法，维护国家安全。配合商务部开展贸易救济和贸易壁垒调查，对省内相关企业摸排梳理，赴实地调研，提供相关素材，维护产业安全。

（四）积极履行世贸组织承诺，营造良好外部环境

推动江苏省各部门、设区市全面梳理补贴政策，按时保质完成2021—2022年地方补贴政策整理上报工作及农业补贴通报相关工作。全年共对省级层面7份新制定的贸易政策出具合规评估意见。

（五）不断完善工作职能，营造良好公平贸易环境

2023年经考核确认通过的省级进出口公平贸易工作站28家。印发《公平竞争审查制度政策汇编（2023版）》，对21个涉及市场主体经济活动的规范性文件进行公平竞争审查。

江苏省商务厅进出口公平贸易处

2023年江苏自贸试验区建设发展情况

2023年,中国(江苏)自由贸易试验区(以下简称"自贸试验区")深入学习贯彻党的二十大精神和习近平总书记就深入推进自贸试验区建设以及对江苏工作的重要讲话、重要指示精神,认真落实党中央、国务院决策部署和江苏省委、省政府工作要求,坚持以高水平开放为引领,以制度创新为核心,扎实推进自贸试验区提升战略落实,推动江苏自贸试验区建设取得积极成效。截至2023年年底,江苏自贸试验区共总结形成300余项制度创新经验案例,其中25项在国家层面复制推广,137项在江苏省内复制推广。2023年江苏自贸试验区新增设立企业1.7万家,同比增长8.9%;完成外贸进出口总额4 679.5亿元,占全省总量的8.9%;实际使用外资额17.4亿美元,占全省总量的6.9%;开放型经济指标位居全国同批自贸试验区前列。

一 加强统筹协调，扎实推进重点任务落实

（一）加强组织领导

坚持党对自贸试验区建设的统一领导，充分发挥中国（江苏）自由贸易试验区工作领导小组作用，强化统筹协调和组织动员，研究解决自贸试验区建设中的重大问题。2023年6月16日，中国（江苏）自由贸易试验区工作领导小组召开第五次会议，省委书记、领导小组第一组长信长星主持会议并讲话，江苏省省长、领导小组组长许昆林就具体工作作安排。会议强调，要深入学习贯彻习近平总书记关于自贸试验区建设的重要指示精神，围绕实施自贸试验区提升战略，更大力度推进深层次改革和高水平开放，提升自贸试验区制度型开放牵引力、外贸外资吸引力、实体经济支撑力、营商环境影响力，加快建成具有国际影响力和竞争力的自由贸易园区，为构建新发展格局、推动高质量发展注入强劲动力。

（二）强化政策支撑

经中国（江苏）自由贸易试验区工作领导小组第五次会议审议通过，制定出台《中国（江苏）自由贸易试验区实施提升战略三年行动方案（2023—2025年）》，围绕实施自贸试验区提升战略，系统谋划未来三年江苏自贸试验区建设的目标思路和重点任务，包括提升开放型经济能级、提升产业集群竞争力、提升资源要素集聚力、提升营商环境影响力、提升服务重大战略能力等5个方面、23项重点任务。印发实施《中国（江苏）自由贸易试验区2023年工作要点》，明确6个方面、43项重点任务。扎实推动《关于进一步支持中国（江苏）自由贸易试验区联动创新发展的若干措施》落实，支持自贸试验区与江苏省内57个国家级开发区、综合保税区、国际合作园区等省内重点开放平台联动发展。

（三）完善督导考核机制

制定实施《中国（江苏）自由贸易试验区重点任务督导推进工作办法(试行)》，进一步加大自贸试验区重点任务督促指导、协调推进力度，持续深化首创性、集成化、差别化改革探索。会同江苏省有关部门根据工作需要，对中国（江苏）自由贸易试验区南京片区、苏州片区、连云港片区开展常态化督促指导，协调推进重点任务落实，研究解决工作中存在的困难问题。为做好全国自贸试验区高质量考核评估准备工作，率先开展全省自贸片区考核预评估，围绕5大类、17项考核指标，制定实施方案，成立工作专班，细化量化指标，逐项评估分析，为片区迎考奠定基础。

二 开展先行先试，积极探索高水平制度型开放

（一）主动对接高标准国际经贸规则

对接《全面与进步跨太平洋伙伴关系协定》（CPTPP）、《数字经济伙伴关系协定》（DEPA）等高标准国际规则，依托自贸试验区稳步扩大规则、规制、管理、标准等制度型开放。抓好江苏自贸试验区对标高标准国际经贸规则、探索高水平制度型开放38项政策措施落细落实，其中超过2/3已经落地见效。学习借鉴国务院支持有条件的自贸试验区及海南自由贸易港对接高标准国际经贸规则、开展制度型开放先行先试的36项政策举措，逐项开展研究梳理，研究江苏自贸试验区贯彻落实对策建议。

（二）提升贸易投资便利化水平

加快建设国际贸易"单一窗口"，创新优化货物通关监管，实施快件易腐货物6小时内放行、普通货物48小时放行，支持进出自贸试验区港口的大型国际航行船舶"直进直靠、直离直出"，提升船舶、货物通关便利化水平。创新实施"空运直通港"，节约企业物流成本15%—25%。指导自贸片区上线全国

首个自由贸易协定（FTA）惠企"一键通"智慧平台，实现关税优惠一键查询、原产地规则一键判定。持续放宽市场准入，推进港澳台律师事务所与自贸试验区律师事务所合伙联营试点，提升外资金融机构审批备案效率。

（三）探索数据跨境流动

对标 CPTPP 等高标准国际经贸规则，梳理我国在数据跨境方面的法规政策、管理机制，结合赴各片区实地走访调研，摸清企业当前数据出境主要场景、合规渠道、监管模式和存在的障碍难题，梳理形成《中国（江苏）自由贸易试验区探索便利化数据跨境流动安全管理调研报告》，江苏省政府主要领导作出肯定性批示。支持南京片区、苏州片区打造数据出境公共服务平台载体，指导片区积极开展数据出境安全评估，南京片区焦点科技股份有限公司"中国制造网外贸电商平台"成为跨境电商领域数据合规出境的首个典型案例，苏州片区"企业信用信息境外查询平台"成为企业信用信息查询领域全国首个数据合规出境案例。目前，共有 6 家企业获批数据出境安全评估，数量居全国前列。

三 强化系统集成，加快推动全产业链开放创新发展

（一）积极争取支持

持续加强对上汇报沟通，争取国家支持全省开展生物医药全产业链开放创新发展试点，得到中央全面深化改革委员会办公室、商务部、国家药品监督管理局等部门积极支持。2023 年 12 月 25 日，江苏省委全面深化改革委员会专门听取生物医药全产业链开放创新发展试点情况汇报，强调要坚持开放引领、创新赋能、协同联动，打造具有世界影响力的生物医药产业集群。组织南京片区、苏州片区、连云港片区 3 个片区成立工作专班，进一步充实完善试点方案，梳理形成 40 项先行先试改革举措，逐项与商务部对口司局进行汇报沟通，得到支持认可。

（二）持续深化改革

聚焦"研发—制造—流通—使用—保障—安全"全产业链条持续深化制度创新,部门协同推进省级层面22项政策举措全部落地见效。聚焦企业难点堵点问题"靶向"用力,不断增强企业获得感和满意度。推动自贸试验区首家外商独资医疗机构落户运营。提升研发用物品通关便利化水平,探索开展进口未注册医疗器械分级分类管理试点,23家企业、73个研发项目完成进口产品备案,贝朗医疗的透析机等一批创新医疗器械获批上市。实施研发用物品进口"白名单"制度试点,2家企业、6种研发用物品不用申报《药品进口通关单》即可完成通关进口,第二批试点工作正在加快推进。生物医药全产业链改革创新示范引领作用初步彰显,10余项试点经验在全国和全省复制推广。

（三）推动创新发展

支持自贸试验区开展关键核心技术研发攻关,加快建设国家生物药技术创新中心,自贸试验区入选工业和信息化部先进制造业集群、科学技术部国家级创新型产业集群培育建设。在自贸试验区改革创新和政策带动下,生物医药产业实现快速发展。产业规模方面,南京片区、苏州片区、连云港片区3个片区2023年生物医药产值达到2 500亿元左右,其中苏州片区超过1 300亿元。创新产品方面,艾瑞利、福可苏、信必乐等一批自贸试验区创新药获批上市,2023年前三季度全省获批9个一类创新药,其中5个来自自贸试验区。

四 深化科技创新,加快集聚优质要素资源

（一）大力培育战略科技力量

立项支持苏州实验室预研建设材料科学综合研究设施,开展光刻胶原材料共性关键技术和重点产品攻关,苏州实验室桑田科学岛总部基地正式开工

建设,与国内26所高校签订战略合作协议。连云港片区高效低碳燃气轮机试验装置燃烧室试验平台建成并启动相关试验。苏州片区纳米真空互联实验站二期通过验收,建成203米全球最长的超高真空管道。支持苏州片区国家生物药技术创新中心推进实施36项核酸药物"揭榜挂帅"重大科研攻关任务,建成核酸药物公共技术平台。国家第三代半导体技术创新中心(苏州)加快推进材料生长和器件工艺平台建设,在同质外延技术、Micro-LED器件等领域取得突破性成果。南京片区国家集成电路设计自动化技术创新中心揭牌。

(二)加强产业关键技术研发攻关

支持芯华章科技股份有限公司、苏州同元软控信息技术有限公司、江苏赛腾医疗科技有限公司等自贸试验区创新主体实施"面向高端装备的数字化协同建模与仿真平台研发及产业化"等16项关键核心技术研发和重大科技成果转化项目。在体外膜肺氧合(ECMO)系统等重大攻关任务中探索"赛马制"+"里程碑"考核。支持中国科学院苏州纳米技术与纳米仿生研究所、北京大学分子医学南京转化研究院等单位顶尖科学家实施10余项前沿引领技术重大基础研究项目,加快解决产业前沿科学问题。加快建设国家新一代人工智能创新发展试验区,发布3批次26项应用场景清单,语言计算国家新一代人工智能开放创新平台累计完成开放核心技术64项。

(三)深化科技管理体制改革

推动南京片区南京工业大学深化职务科技成果赋权改革试点,新获批承担"科技成果转化尽职免责机制"国家全面创新改革任务;研究制定《赋予科研人员职务科技成果所有权或长期使用权试点工作指引》,支持南京信息工程大学等省级试点。支持思必驰科技股份有限公司等片区科技企业申报新一轮江苏省创新联合体建设试点。加大高新技术企业培育力度,自贸试验区高新技术企业数量超4 000家。

（四）深化金融开放创新

截至 2023 年三季度末，自贸试验区内共设立银行保险分支机构 307 家，较设立之初新增 48 家。推动金融服务创新，辖内银行保险机构为自贸试验区内企业发放科技金融贷款 578 亿元，提供科技保险保障 1 739 亿元。深化知识产权金融创新，支持南京片区、苏州片区开展知识产权证券化试点，累计发布知识产权证券化产品 5 笔，累计储架规模超 15 亿元。

五 加快转变职能，打造市场化、法治化、国际化一流营商环境

（一）深化"证照分离"改革全覆盖

发布《实行告知承诺制的涉企经营许可事项指导目录》35 项，推动电子证照共享互认，苏州片区实现 500 余项业务、1 300 余项材料免交。实施"一业一证"改革，苏州片区制定特色"一件事"清单，实现"人才租房"等 71 个"一件事一次办"。南京片区实现"企业全生命周期""开办运输企业"等 24 个"一件事"场景常态化办理。

（二）强化竞争政策基础性地位

实施公平竞争审查第三方评估。建立健全劳动人事争议调解仲裁多元处理机制，支持自贸试验区劳动人事争议仲裁机构规范、及时以书面形式向当事人提供仲裁裁决并依法公开相关信息。支持自贸试验区围绕特色产业开展重点群体薪酬调查，指导企业完善人力资源管理。

（三）促进国际商事争议多元化解

支持南京片区、苏州片区、连云港片区 3 个片区成立自贸法庭，设立苏州国际商事法庭、南京国际商事法庭，近两年受理自贸试验区涉外商事案件 268 件、审结 209 件。"苏州国际商事法庭构建涉外商事多元纠纷解决新模式"入

选最高人民法院"人民法院服务保障自由贸易试验区建设亮点举措"。支持设立江苏(南京)国际商事仲裁中心、苏州片区国际商事仲裁院、连云港国际商事仲裁院,研究制定自贸区仲裁规则。南京片区、苏州片区分别成立南京片区宁港国际商事调解中心、南京片区蓝海商事调解中心、苏州工业园区银十金融调解中心等新型调解组织。

六、加强日常管理,支持自贸试验区与综合保税区联动发展

(一)做好综合保税区管理工作

会同南京海关牵头省级有关部门完成2022年全省综合保税区绩效评估材料报送。根据省政府统一部署,督促有关地区按照海关总署要求,制定绩效评估整改方案并抓好贯彻落实。配合南京海关向上沟通,密切跟踪全省有关综合保税区规划面积调整工作进展。参与南京海关组织的淮安、南通和盐城综合保税区封关验收。支持张家港保税港区转型升级,会同南京海关、江苏省自然资源厅等共同做好指导服务。

(二)支持保税维修业务发展

制定出台《中国(江苏)自由贸易试验区开展保税维修业务实施方案》,支持自贸试验区内企业开展"两头在外"的保税维修业务,推动建立省、自贸片区两级联合工作机制。督促指导苏州片区开展先行先试,片区重点企业天弘(苏州)科技有限公司、伟创力电子技术(苏州)有限公司和佰电科技(苏州)有限公司等提交申请材料,其中天弘科技经苏州片区相关部门审核批准已经具备开展保税维修业务资质,成为继飞利浦(苏州)医疗有限公司后第二家在自贸试验区内综合保税区外开展保税维修业务的企业。

江苏省商务厅自由贸易试验区综合协调处、自由贸易试验区制度创新处

2023年江苏省商务重点领域改革工作情况

2023年,在江苏省委、省政府坚强领导下,江苏省商务厅全面系统学习贯彻习近平总书记关于全面深化改革的重要论述,认真落实党中央、国务院改革决策部署和江苏省委、省政府改革工作要求,扎实做好商务领域深化改革工作。江苏省委全面深化改革领导小组办公室(以下简称"改革办")明确由江苏省商务厅牵头推进的9项任务均已全部落实。

社零消费加快回暖。全年实现社零总额45 547.5亿元,规模居全国第二,"苏新消费"四季系列主题促消费活动、绿色节能家电促消费活动先后获江苏省政府主要领导3次肯定性批示,商务部分管领导2次肯定性批示,"四个联动"消费促进经验做法获评全国十大最佳案例。"2023全国网上年货节""第五届双品网购节"江苏系列活动获商务部专刊推广。实际使用外资规模居全国第一。全年实际使用外资总额253.4亿美元,制造业外资、高技术外资、外资利润再投资规模均居全国第一,新增9个项目列入商务部重点外资项目清单、3个项目入选全国制造业领域标志性外资项目清单,数量居全国前列。外贸进出口居全国第二。全年货物贸易进出口总额52 493.8亿元,跨境电商平台进出口和市场采购贸易出口增速达13.4％、22.8％。"新三样"等绿色低碳产品出口规模居全国第一。RCEP区域签证出口货值居全国第一。可数字化交付服务贸易发展增速持续高于全国。国家级平台载体全国领先,新增6个国家级一刻钟便民生活圈,率先实现设区市全覆盖。新增5项自贸试验区改革经验在全国复制推广,数量居全国前列;成为全国首个实现在综合保税区外、自贸试验区内开展保税维修业务的省份。江苏省促进跨境贸易便利化专项行动工作经验做法获国家口岸管理办公室通报肯定。

一 切实加强对商务改革工作的系统推进

(一)强化组织领导

江苏省商务厅主要负责同志带领厅领导班子在厅党组会、厅长办公会上深入学习中央全面深化改革委员会会议精神、江苏省委全面深化改革委员会会议精神,进一步准确把握新征程上推进全面深化改革的重要要求。结合主题教育深入开展调查研究,聚焦外贸新业态、制度型开放、自贸试验区建设等列入省委重点改革工作事项,对标广东、浙江等先进地区,查找江苏省短板弱项,梳理形成问题清单、责任清单、任务清单,进一步以深层次改革推动高质量发展。江苏省商务厅两次召开商务领域改革工作会议,听取商务领域列入江苏省委重点改革任务进展情况,部署阶段性工作。

(二)强化政策支撑

一是扩内需促消费方面。推动出台《江苏省促进家居消费工作实施方案》《江苏省县域商业领跑行动三年计划(2023—2025)》《江苏省内外贸一体化试点工作实施方案》等。二是高水平开放方面。报请出台《建设具有世界聚合力的双向开放枢纽行动方案》,成为未来一段时期江苏省塑造开放型经济新优势的总抓手。研究出台《关于推动外贸稳规模优结构的若干措施》《关于以制造业为重点促进外资稳中提质的若干政策措施》《关于鼓励支持外商投资设立和发展研发中心的若干措施》《中国（江苏）自由贸易试验区开展保税维修业务实施方案》《江苏省推进跨境电商高质量发展行动计划（2023—2025）》等，加快修订新一轮外资总部政策。研究制定江苏省自贸试验区实施提升战略三年行动方案、营商环境优化提升实施方案、《关于支持国家级经济技术开发区创新提升更好发挥示范作用若干措施的通知》《江苏省口岸数字化转型的实施意见》等一批政策举措，不断夯实商务领域改革工作的政策支撑。

（三）强化总结宣传

加强对商务领域改革经验的总结宣传，江苏省"四个联动"消费促进经验做法获评全国十大最佳案例。12个案例入选商务部《城市一刻钟便民生活圈典型案例集》，占全国五分之一，数量全国最多。县域商业体系建设典型案例入选全国县域商业"领跑县"典型案例。内外贸一体化工作经验做法被商务部转发。总结推荐2家老字号案例入选商务部全国守正创新典型案例、4家单位经验做法入选国家级服务业标准化试点典型案例，在全国复制推广。"苏新消费"四季主题购物节、自贸试验区等工作做法被新闻联播、央视等报道6次。

二 商务改革工作进展成效

（一）持续深化内贸流通领域改革

坚持供需两端发力，内贸流通体系不断完善，"苏新消费"四季系列主题促消费活动成效明显，消费潜力持续释放。江苏省实现社零总额45 547.5亿元，同比增长6.5%，社零总量占全国总规模的9.7%，位居全国第二。

一是精心办好"苏新消费"四季主题系列促消费活动。累计开展19项省级活动、6 000余场"一市一主题"活动，超10万家商家参与，工作成效获江苏

省政府主要领导、商务部分管领导肯定性批示。开展绿色节能家电促消费专项活动,拉动家电销售 27.2 亿元。举办"2023 江苏电商直播节",带动网络零售额 1 102.6 亿元,同比增长 10.1%。推动老字号创新发展,举办第五届中国(江苏)老字号博览会。二是加快建设现代商贸流通载体。推进城市商业建设,新增 6 个城市入选国家一刻钟便民生活圈试点,成为全国首个设区市全覆盖的省份;发挥南京新街口全国智慧商圈示范作用,支持徐州彭城广场商圈入选全国第二批示范智慧商圈;新培育认定 7 条江苏省示范步行街。实施县域商业建设行动,累计支持各地建设改造乡镇商贸中心 69 个、农产品产地集配中心项目 78 个,农贸(集贸)市场 180 个。开展 6 场"电商公共服务江苏省行"活动,助力农村商贸流通网络数字化建设。三是强化商贸流通主体培育。推动商贸主体智慧化转型,3 家商场入选全国第二批示范智慧商店。18 家企业入选全国商贸物流重点联系企业,数量居全国前列。新增 12 家企业入选国家电子商务示范企业。

(二)着力推动外贸创新发展

2023 年,江苏省外贸进出口总额 52 493.8 亿元,规模居全国第二。新业态新模式发展成效明显,跨境电商平台进出口和市场采购贸易出口增速分别达 13.4%、22.8%,可数字化交付的服务贸易占比达 53.5%,占比和增速均高于全国。

一是加快货物贸易新业态新模式发展。出台实施《江苏省推进跨境电商高质量发展行动计划(2023—2025 年)》,省政府主要领导召开江苏省跨境电商培训会,召开外贸新业态、新模式工作推进会,总结推广各地 13 项创新做法,首次探索认定 26 个重点培育的省级跨境电商知名品牌。在全国前五批 105 个中国跨境电子商务综合试验区(以下简称"跨电综试区")考核评估中,苏州入选全国前 10 强。"市采通"平台全年出口增长 37.7%,累计服务中小企业 1.5 万家。"新三样"等绿色低碳产品出口规模居全国第一。二是促进服务贸易创新发展。全面深化服务贸易创新发展试点 121 项任务全部完成,新增 6 项试点经验案例在全国推广,总数达 23 个,居全国前列。三是大力发展数字贸易。积极争取并促成苏州工业园区承接 DEPA 项下中国和新加坡两国数字贸易合作试点。省级数字贸易公共服务平台上线运行。建设运行国际贸易"单一窗口"数字贸易板块,率先实现与商务部监测系统直连。中国(南京)软件谷入选国家数字服务出口基地首批实践案例,4 家企业入选国家首批信息技术外包和制造业融合发展重点企业。

(三)更大力度吸引和利用外资

创新利用外资方式,开展"走进跨国公司总部"行动,实施外资企业利润再投资三年行动计划,江苏省实际使用外资额 253.4 亿美元,规模保持全国第一;制造业外资和外资利润再投规模均居全国首位,入选国家重大外资项目数量居全国前列。

一是强化招商引资。江苏省委、省政府主要领导亲自率团出访,推进签约 75 个外资产业项目。开展"走进跨国公司总部"行动,累计走访对接跨国公司海外总部、境外商协会 110 余家,着力提升江苏元素在跨国公司的知名度和影响力。创新利用外资方式,有序推进股权投资基金跨境投资试点,2023 年末,江苏省共有合格境外有限合伙人(QFLP)试点基金 54 家,基金认缴规模 61.62 亿美元。二是加强要素保障推动项目落地。建立 100 个省级重点外资项目清单,定期更新和调度推动。新增 9 个项目列入商务部新一批重点外资项目清单、3 个项目入选全国制造业领域标志性外资项目,总数分别达 68 个(全国 383 个)和 11 个(全国 56 个),数量居全国前列。三是提升利用外资质量。落实外资研发中心鼓励政策,认定符合进口税收政策的外资研发中心 64 家,江苏省高技术产业外资占比提升至 37.7%。开展鼓励外资企业利润再投资三年行动计划,推动外资企业深耕江苏,外资利润再投规模同比增长 25.8%。

(四)高质量建设自贸试验区

召开中国(江苏)自由贸易试验区工作领导小组第五次会议,江苏省委、省政府主要领导出席会议并讲话。出台实施江苏自贸试验区提升战略三年

行动方案和营商环境优化提升实施方案,大力推进生物医药全产业链开放创新,在全国率先实施生物医药研发用物品进口"白名单"制度试点,探索数据跨境传输安全管理试点和保税再制造试点,积极争取国际登记船舶法定检验开放试点。累计探索形成379项制度创新经验案例,其中25项在国家层面复制推广、137项在省内复制推广。2023年江苏自贸试验区新增设立企业1.7万家、同比增长8.9%,完成外贸进出口总额4 679.5亿元、占江苏省外贸进出口总额的8.9%;实际使用外资17.4亿美元、占全省总量的6.9%,开放型经济指标位居全国同批自贸试验区前列。

(五)全力推动开发区转型升级创新提升

成立省、市、区三级联动的深化开放创新综合试验工作专班,做好政策研究和对上争取,支持苏州工业园区建设开放创新的世界一流高科技园区。推进中德(太仓)产业合作示范区等江苏省内国际合作园区建设,编制国际合作园区发展典型案例供各地借鉴。会同苏州市举办2023江苏—德国经贸合作交流会,争取商务部复函支持太仓对德国合作提质升级,组织开展国际合作园区综合评估。深入推行区域评估改革,会同江苏省发展和改革委员会等10部门印发区域评估改革第二批11个实践案例,为各地提供参考借鉴。积极推动开发区数字化发展、低碳化转型。

(六)深入推进"一带一路"交汇点建设

一是发展丝路贸易。深入实施丝路贸易促进计划,支持近千家企业参加中国机械电子(菲律宾)品牌展等35场"一带一路"境外线下重点展会,省市联动给予展位费支持。全年与共建"一带一路"国家和地区进出口额占江苏省比重达42.9%。二是支持境外园区高质量发展。进一步增强综合配套服务功能,扩大产业集聚效应,引导鼓励江苏省走出去企业入区发展,2023年柬埔寨西港特区进出口额同比增长34.9%,占柬埔寨全国比重达7.2%。三是培育本土跨国企业。建立重点企业信息动态监测机制和本土跨国企业培育库,会同江苏省工商业联合会发布江苏省本土跨国领军企业榜单,引导江苏省优势行业龙头企业高质量开展对外投资合作。

(七) 稳步扩大制度型开放

一是对标《全面与进步跨太平洋伙伴关系协定》(CPTPP)等高标准经贸规则开展先行先试。对标CPTPP等高标准国际经贸规则，实施江苏自贸试验区高水平制度型开放38条，聚焦公平竞争、知识产权等重点领域探索先行先试和压力测试，超过2/3的措施已落地。探索数据跨境安全有序流动，成为全国首批数据跨境流动预评估试点省份，落地全国首个跨境电商和首个企业查询领域数据出境安全评估案例，8家企业通过国家数据出境安全评估，数量位居全国前列。二是推进服务业扩大开放。深入实施南京市服务业扩大开放综合试点，南京市在第三批获批综合试点的6个城市中首个发布实施方案。新加坡特许会计师协会江苏省分会项目等一批服务业扩大开放标志性项目落地。三是提升投资贸易便利化水平。推动出台《江苏省促进和保护外商投资条例》，进一步优化外商投资环境。开展促进跨境贸易便利化专项行动，放大南京、无锡国家级试点效应，口岸营商环境不断优化，江苏省9个方面做法获国家口岸管理办公室通报肯定。

江苏省商务厅综合处

2023年江苏省商务领域政务改革情况

2023年，江苏省商务厅坚持以习近平新时代中国特色社会主义思想为指导，全面贯彻落实中共中央、国务院和省委、省政府决策部署，聚焦市场主体关切，支持以人民为中心，强势推动简政放权，持续深化商务领域政务服务改革，不断提升企业群众的获得感和满意度。全年共受理办结各类行政许可（备案）事项86 593件，接听咨询电话2.4万余次，收到企业锦旗6面、感谢信4封，全年无差评、零投诉。厅政务服务窗口连续三年荣获"红旗窗口"称号，窗口首席代表被评为"优秀首代"，工作人员多次被评为"服务之星"和"党员示范岗"。

一 持续推进政务服务标准化、规范化、便利化建设

一是统一政务服务事项办理标准。根据省统一部署，认真做好江苏省商务厅行政许可实施规范认领和办事指南编制工作，指导市级部门认领许可事项并编制办事指南。梳理编制江苏省商务厅行政备案事项清单。根据第三方政

府网站检测报告,及时优化完善政务服务办事指南和政务服务事项知识库,知识库维护率达到100%。二是规范政务服务事项办理。开展江苏省范围内对外投资备案业务知识培训,并邀请国家外汇管理局江苏省分局相关业务负责人到会授课,各备案机关80名业务人员参加培训。三是提升政务服务便利化水平。创新"苏企通"惠企政策直达,成为首家厅办公自动化系统直接联通"一企来办"平台的省级部门;建立月报机制,2023年来共发布8期工作月报,累计推送惠企政策17条。打通商务部业务系统与省级政务服务平台,成功生成境外投资电子证照,有效解决了垂管系统业务数据回流难、落地难、共享难的问题,推动实现境外投资电子证照在"苏服办"平台展示。

二 深入推进简政放权

专班统筹推进行政审批改革,研究制定江苏省商务厅《商务领域行政权力事项助企纾困工作专班2023年工作方案》,扩展专班涉企行政权力事项范围,增加专班成员处室,梳理提出13项重点任务、25项具体举措,切实增强企业满意度、获得感、安全感。进一步缩减材料清单,落实新修订的《中华人民共和国对外贸易法》,优化进出口许可事项申报材料清单,取消对外贸易经营者备案登记表。压缩办理时限,将大宗农产品自动进口许可证审批时限压缩为1个工作日,推动大宗进口报告系统与许可证系统数据对接,减少企业重复填报。开展专题调研,先后赴徐州、常州、南京等地开展深化行政审批制度改革专题调研,实地走访多家企业,收集困难问题和合理化建议,不断优化提升全省商务系统政务质效。

三 不断完善监管机制

加强两用物项出口管制,加强对企业的合规指导,转发被列入不可靠实体清单的外国企业名单,提示企业做好用户筛查。电话指导相关企业完善两用物项出口合规管理。研究国际国内经贸形势和风险点,及时向企业发布预

警信息。对涉镓、锗相关物项的企业加强政策宣讲和风险提示。强化事中事后监管,动态调整"互联网＋监管"事项目录清单,全省商务系统监管事项由18个事项增加到20个事项,并按要求及时完成"互联网＋监管"检查录入工作。建立健全行政许可(备案)事项会签和审批结果抄报机制,切实做到审管结合。

四 全面提升政务服务能力水平

一是规范窗口管理,建立健全证书审核"双岗双审制"、业务系统定期抽查制度、退证复核制度、咨询服务限时回复制度,明确特殊事项处理规范和档案管理要求。二是创新培训方式。举办进出口许可证、易制毒化学品业务等6场在线培训,共计150余家企业参加培训。在江苏省商务厅网站发布3期可视化办事指南,方便企业办理业务。三是提供增值化服务。建立重点企业联络人制度,定期向重点企业了解生产经营情况,为需求企业提供面对面服务;提供申报前辅导,为23家报废机动车拆解企业提供申报前预审辅导服务83次。四是服务全时在线。坚持节假日预约、工作日延时,为企业提供不间断优质服务,2023年共为300余家企业提供700多次绿色通道,免费寄证超500批次,得到基层和企业高度评价。

江苏省商务厅审批处

2023年江苏省商务厅机关党建工作情况

2023年,江苏省商务厅在江苏省委省级机关工委的关心帮带下,以党的政治建设为统领,全面推进党的各项建设,扎实开展学习贯彻习近平新时代中国特色社会主义思想主题教育,持续深化"三个表率"模范机关建设,推动机关党建和业务工作深入融合,商务运行难中趋稳、稳中提质,为江苏省发展大局作出了应有贡献。

一、筑牢对党忠诚的政治品格,持续加强机关政治建设

(一)坚定不移把党的政治建设摆在首位

一是聚焦讲政治"第一要求",坚持政府机关第一属性是政治属性、第一功能是政治功能的鲜明导向,围绕涵养政治定力、练就政治慧眼、恪守政治规矩,不断提高党员干部政治判断力、政治领悟力、政治执行力,始终在政治立场、政治方向、政治原则、政治道路上与以习近平同志为核心的党中央保持高度一致。二是聚焦落实"第一议题"制度,跟进

整理汇编习近平总书记重要讲话、重要指示精神和党中央、江苏省委省政府重要会议内容,作为各级党组织集中学习的首要议题和开展商务工作的政策依据。各项工作的开展首先同党的基本理论、基本路线、基本方略对标对表,务求把党中央决策部署和省委省政府工作要求贯彻落实到商务工作的全过程。三是聚焦扣好"第一粒扣子",以青年干部为重点,把认清党员政治身份作为坚定政治信仰、践行为民宗旨的立身之本和履职之要,教育引导机关党员干部深刻领悟"两个确立"的决定性意义,进一步增强"四个意识",坚定"四个自信",坚决做到"两个维护",走好践行"两个维护"的"第一方阵"。

(二)坚决扛起管党治党政治责任

一是坚持把抓好机关党建作为最大的政绩,牢固树立"抓党建是本职、不抓党建是失职、抓不好党建是不称职"的意识,协助江苏省商务厅党组从围绕中心、服务大局出发思考、谋划和推进机关党建工作。2023年初召开全面从严治党警示教育暨机关党建工作会议,制定机关党建、纪检、意识形态工作要点,每半年对机关党支部集中开展党建工作检查,组织党的建设成效评估,并向厅党组作专题汇报。二是坚持把落实管党治党政治责任作为最根本的政治担当,协助厅党组深入学习贯彻《党委(党组)落实全面从严治党主体责任规定》和《省级机关部门单位党组(党委)落实机关党建领导责任实施办法(试行)》,从"一把手"和领导班子严起,一级示范给一级看、一级带领着一级干,推动管党治党政治责任直达末端"最后一公里"。三是坚持把完善责任体系作为推动履职尽责的有力抓手,协助厅党组完善"四个协同"(厅党组主体责任、纪检监察组监督责任、党组书记是"第一责任人"、厅领导班子成员"一岗双责")工作机制,制定机关党建"三级责任清单",打通厅党组、机关党委和党支部责任链条,积极防范化解管党治党"中阻梗""一头热"等倾向性问题。

(三)严格规范党内政治生活

一是坚持在严肃的党内政治生活中锤炼党性,严格执行新形势下党内政治生活的若干准则,督促厅领导班子成员参加双重组织生活,为分管处室(单位)的党员干部上党课,指导机关党支部落实"三会一课"、主题党日和民主评议党员等组织生活制度。二是坚持抓住领导干部这个"关键少数",协助厅党组贯彻执行民主集中制,充分发扬党内民主,认真落实集体领导、民主集中、个别酝酿、会议决定的原则,规范党组议事规则和决策程序,健全有效的督查、评估和反馈机制,提升科学决策、民主决策、依法决策的能力水平。三是坚持开展积极健康的思想斗争,协助完善厅党组谈心谈话制度,推进党内谈心谈话常态化、规范化,开好民主生活会和专题组织生活会,用好批评和自我批评的武器,围绕主题逐一对照检视,自我批评直指问题、深挖根源,相互批评开诚布公、较真碰硬,对查摆出来的问题逐项列出详细整改清单,明确整改责任和具体时限,不断增强党内政治生活的政治性、时代性、原则性和战斗性。

二 深化党的创新理论武装,持续加强机关思想建设

(一)深入开展主题教育

一是突出"严"字推动工作落实。精心组织迅速落实,第一时间传达学习党中央和江苏省委关于主题教育有关要求,研究制定江苏商务厅实施方案,及时召开动员会,对全厅开展主题教育进行再发动、再推进;健全机制统筹推进,组建工作专班,建立"专班+专人"工作机制,强化"党组带动、支部推动、全员行动"三级联动,形成高效工作合力;强化督导压实责任,落实"第一责任人"责任,严格对照责任清单认真履职尽责,铆紧责任链条;加强宣传营造氛围,及时反映主题教育进展成效,营造良好氛围。主题教育期间,参加中央指导组召开的省级机关部门座谈会、省委主题教育调研工作座谈会等,作3次经验交流发言。相关经验做法被"学习强国"平台、《新华日报》等多次报道。二是突出"效"字推动成果转化。紧扣党中央明确的调研内容,落实江苏省委"三进三解"要求,立足商务部门"三个重大"定位,制定厅机关大兴调查研究的工作方案,精心选定19个调研课题,累计调研115次,实地走访企业超500

家,"带着问题去,带着思路回",摸排10个方面,22个问题,形成调研问题清单、责任清单、任务清单。通过调研成果交流,深入分析问题短板,努力找到深层次症结,提出推得开、立得住的系统性举措,形成调研成果转化运用清单19项,提出对策措施37条,逐条逐项抓好落实。2023年1—10月,江苏省累计实现社零总额3.79万亿元,同比增长6.9%,规模居全国第二;进出口10月单月同比增长5.4%,一般贸易、民营企业、新兴市场等占比持续提升,"新三样"出口规模和RCEP签证出口货值均居全国第一;实际使用外资额226亿美元左右,规模保持全国领先,制造业外资、利润再投资、高技术产业外资规模均居全国第一。

(二)扎实开展"四学"联动

一是以上率下"引领学"。落实江苏省商务厅党组理论学习中心组年度学习计划,结合主题教育,统筹安排个人自学和每周一、周四常态化集中学习,举办主题教育读书班,累计集中学习17次,交流48人次,江苏省商务厅党组书记以"坚持用新时代党的创新理论凝心铸魂,努力为中国式现代化江苏新实践贡献商务力量"为题为全厅作主题教育党课辅导,以实际行动引领带动机关党员干部不断提高理论学习质效。二是原汁原味"自主学"。整理印发习近平总书记关于江苏工作的重要指示精神摘编,以及关于商务工作重要论述摘编,结合8种规定学习资料,逐本逐篇按进度排入每月学习计划,指导机关党员干部充分利用碎片化时间合理规划自学内容,潜心研读原著原文、咀嚼原汁原味、领悟原意原理,提高运用党的创新理论指导实践、推动工作的能力。三是研讨交流"集中学"。主题教育期间,厅机关按照上级部署要求先后组织3场专题研讨。2023年7月底,厅领导班子成员结合主题教育阶段性学习成果,开展"牢记嘱托、感恩奋进、走在前列"大讨论,对标习近平总书记赋予江苏的重大定位和总体要求,交流运用党的创新理论解决实际问题的具体案例和切身体会,对"走在前列的要求是什么""当前形势怎么看""我们的差距在哪里""下一步怎么干"有了更深刻的认识、更全面的把握、更清晰的思路。四是平台载体"促进学"。用好"学习强国""江苏机关党建云""党员大学习"等平台,做优商务大讲堂、四度学堂、组工课堂、商务银辉大讲堂等特色学习载体,先后举办"马克思主义·青年说"江苏省商务厅专场活动,开展"我为江苏商务高质量发展建言献策"征文活动,组建离退休老干部读书兴趣小组,进一步强化党的创新理论武装,引导党员干部做推动商务高质量发展的热情支持者和积极参与者。

(三)切实筑牢意识形态阵地

一是加强风险防范,掌握工作主动。定期召开意识形态工作专题会议,传达学习党中央和江苏省委意识形态领域相关通报,以及全国宣传思想文化工作会议、全国宣传部长会议精神及江苏省宣传思想文化工作会议、江苏省宣传部长会议精神等方面内容,紧盯商务系统薄弱环节,结合开放型经济工作实际,梳理分析、全面排查风险隐患,制定应对举措。与江苏省委网络安全和信息化委员会办公室(以下简称"网信办")等部门保持密切联系,定期参加、召开舆情分析会议,加强网络舆情监测和分析,重要时间节点提前做好舆情引导和处置应对准备。针对"出访团组多、参展办会多、外事经贸活动多"的工作实际,加强临行前安全教育,签订纪律责任书,返回后汇报思想和工作总结。二是聚焦网络空间,提升舆论引导。加强"江苏商务"政务新媒体阵地建设和管理,落实政务新媒体管理和信息发布审核等制度,建立巡网读网工作机制,确保信息准确性、真实性和权威性。结合智慧商务系统,规范留言答复办理程序,对"厅长信箱""在线咨询""投诉建议"等实现服务工单电子化办理,对简单咨询留言要一个工作日办结,及时回应公众关切,避免引发负面舆情。加强网评员队伍建设,锻炼提高舆论引导能力、媒体管理协调能力和文字语言表达能力,聚焦商务领域重点工作,以及消博会,春、秋两季中国进出口商品交易会(以下简称"广交会"),企业家太湖论坛,中国国际服务贸易交易会(以下简称"服贸会"),进博会等各类重大经贸活动,做好新闻宣传和舆情引导。三是突出刚性约束,完善制度规范。贯彻落实《党委(党组)意识形态工作责任制问责实施细则》,把意识形态工作要求纳入新修订的《厅党组意识形态工作责任制实施及考核办法》《省商务厅公务员平时考核办法(试行)》,制定并落实年度意识形态工作要点,强化党员干部特别是驻外经贸代表的意识形态管理,在原《厅驻国(境)外经贸代表机构党建工作的规定》《厅驻国(境)外经贸代表机构人事管理办法》《江苏省驻国(境)外经贸代表机构日常工作及管理办法》等规章制度基础上,修改完善了《江苏省驻海外经贸代表意识形态自律公约》等规范性文件,进一步完善了纵向到底、横向到边的考核管理体系。

三 发挥基层战斗堡垒作用,持续加强机关组织建设

(一)持续推进组织建设规范化

聚焦"一切工作到支部"的鲜明导向,江苏省商务厅党组书记对机关党建工作开展专题调研,以强化政治功能和组织功能为重点,找准党建与业务工作的结合点,持续推进"三个表率"模范机关建设,指导党支部制定并落实《模范机关创建行动实施方案》。聚焦建设政治功能强、支部班子强、党员队伍强、作用发挥强的"四强"党支部,及时做好换届选举,选优配齐支部委员,完善以学促干、以评促改、以考促效联动机制,举办党建知识讲座和党务干部培训班,年中组织党支部汇报半年工作,年底开展支部书记述职评议,对厅机关33个党支部和3家代管企业、56个党支部同步开展支部分类达标定级工作,推动党支部标准化、规范化建设再上新台阶。按照换届选举规定,召开江苏省商务厅第四届党员代表大会,完成直属机关党委换届。

(二)持续推进党群工作一体化

坚持以党建带群建、以群建促党建的工作思路,发挥统战群团的桥梁纽带作用。着力画好统战"同心圆",把《中国共产党统一战线工作条例》贯彻落实到群众工作的各个环节和整个过程,对党外人士政治上信任、思想上引导、工作上支持,不断增强党外人士民主监督的主动性和建言献策的积极性,引导调动民主党派和无党派人士在积极融入发展大局中展现更大作为。着力做好群众的"贴心人",整合拓展党员之家、职工之家、青年之家等服务功能,

组织"新思想e起学""马克思主义·青年说"和环湖健身走、职工运动会等群众性文体活动,定期开展思想动态调研,全面了解干部职工的思想状况、关注焦点和困难诉求,协调子女入园入托,做好困难职工帮扶,慰问援青、援藏、援疆和挂职干部,竭力解决干部职工后顾之忧。

(三)持续推进创先争优品牌化

巩固深化"1+2+7"协同机制,在"政信银企"党建四方平台经验基础上,鼓励机关党支部与服务对象结对共建,为群众送温暖办实事,为企业送服务解难题,为基层送政策促发展。截至目前,共15个党支部"走出去"结成20个共学共建对子,积极打造"一支部一品牌""一品牌一示范"的特色亮点。聚焦形成推动江苏商务高质量发展的党建合力,开展"服务高质量发展先锋行动队"争创活动,把党支部战斗堡垒作用和党员先锋模范作用发挥在一线,把制约商务高质量发展和基层企业面临的问题矛盾解决在一线。2023年以来,市场体系建设处党支部被评为"2022—2023年度服务高质量发展先锋队党支部",市场运行和消费促进处被评为"模范机关建设先进单位",在厅机关起到了很好的引领示范作用。

四 坚持纠"四风"树新风并举,持续加强机关作风建设

(一)坚持从严从实,开展专项整治

坚持把违规吃喝专项整治作为加强党风廉政建设的重要举措,成立专项整治领导小组,制定违规吃喝专项整治任务部署表,把专项整治贯穿全年,坚持教育全覆盖、措施更严格、问责加力度,确保整治能够见到实效。扎实开展警示教育,编印下发《专项整治学习资料》《专项整治警示教育材料》《违规吃喝典型案例分析》等,认真组织学习违规吃喝典型问题通报,在厅电子显示栏上宣传违规吃喝的规定、案件,组织集体讨论,澄清模糊认识,强化纪法意识。组织全厅干部职工和厅直管的社团人员签订杜绝违规吃喝承诺书,明确处室

主要负责人为监督员,开展广泛的谈心谈话活动。组织党员干部职工聚焦违规吃喝12种情形,逐一对照检查,形成自查报告,组织厅办公室、财务处对近三年来的公务接待情况进行自查。2023年9—10月,围绕中秋和国庆两节,针对各类聚餐较多的实际,加强检查督查,通过明察暗访、设立举报电话等方式,切实把专项整治成效落到实处。

(二)持续巩固拓展,建设"廉洁机关"

制定持续推进廉洁机关建设工作方案,围绕纪律教育、政德教育、家风教育等内容,在厅机关开展以"我要廉"为主题的党风廉政教育月活动,重点开展"五个一":一次党规党纪学习、一次党风廉政建设有关会议精神学习、一次"身边案"教育身边人活动、一次酒驾醉驾专项整治回头看活动、一次机关纪委委员及各党支部纪检委员(纪检员)培训,组织党员学习讨论《省级机关党员干部违纪违法案件案例选编(六)》和《工作与学习》期刊中的"以案明纪"专栏文章,用"身边案"教育警示身边人,以案明纪,以案释法。巩固酒驾醉驾专项整治成果,常态化开展有针对性的党规党纪教育、警示教育和谈话提醒,切实加强党员干部"八小时"以外的教育管理。贯彻落实省级机关年轻干部警示教育大会精神,及时传达学习会议精神,结合厅机关业务工作特点和年轻干部的现状,把学习贯彻会议精神作为各党支部主题教育"回头看"的一项重要内容,切实强化年轻干部教育引导。

(三)深化作风建设,强化担当作为

一是突出"从严"转变机关作风。贯彻落实中央八项规定实施细则和江苏省委具体办法,巩固形式主义、官僚主义整治成果,深入贯彻落实江苏省机关作风建设暨优化营商环境大会精神,制定细化加强和改进厅机关作风建设的工作举措,围绕办好民生实事、推进基层减负、加强调查研究等方面明确重点举措,抓好省级机关作风办反馈意见建议整治落实。严格控制发文数量、规格和文件字数,从严控制会议数量、规格和时间。2023年前三季度,厅机关先后印发面向基层文件52份,同比持平,面向基层召开会议21次,同比略

增。按照江苏省委、省政府2023年度省级督查检查考核计划,严格压减督查数量。二是突出"效能"推动精准服务。厅机关先后围绕稳外贸稳外资促消费、开放高质量发展、自贸试验区建设、完善现代商贸流通体系等推动出台一系列政策文件。坚持以市场主体的困难需求为出发点、突破口,建立健全稳外资稳外贸专班常态化走访制度,重点用好"706+710"江苏省重点外贸外资企业直报平台、1 373家重点商贸流通企业监测平台,加强动态监测;围绕数字贸易、跨境贸易便利化、制度型开放等组建的厅内专班,小切口、项目化推进专项行动;建立省级重点企业跟踪服务机制和稳存量扩增量"两张清单",上下协力精准服务,加快推动外贸回稳向好。

五 履行全面从严治党主体责任,持续加强机关纪律建设

(一)落实主体责任,推进联动巡察

一是深入贯彻落实《党委(党组)落实全面从严治党主体责任规定》及江苏省委意见,协助组织厅机关全面从严治党暨警示教育会议,部署安排厅机关全面从严治党相关工作。协助江苏省商务厅党组制定2023年全面从严治党主体责任清单,领导班子成员狠抓责任落实,带头遵守执行全面从严治党各项规定,自觉接受党组织、党员和群众监督,在全面从严治党中发挥示范表率作用,定期听取全面从严治党工作汇报,及时分析形势,研究解决问题。强化责任落实落细,协助厅党组逐级签订《全面从严治党责任书》,形成"谁主管谁负责""一级抓一级""层层抓落实"的工作机制,及时将党风廉政建设任务分解到各个单位,督促各党支部书记按照任务分解内容严格落实党风廉政责任,切实推动"第一责任人"责任有效落实,牢牢扛起"一岗双责"的政治责任。二是根据中共江苏省委巡视工作办公室《十四届省委第四轮巡视期间巡视巡察上下联动和"四项监督"统筹衔接方案》要求,协助厅党组及时制定联动巡察工作方案,成立巡察工作组,对厅机关规范权力运行和加强行业协会监督开展联动巡察,重点监督检查厅机关行政权力事项运作以及资金分配权、考

核评比权等核心敏感权力,监督检查厅机关对行业协会的管理,深入发现并推动解决突出问题。巡察工作组深入相关业务处室,摸清底数,全面掌握情况,组织相关业务处室开展自查,认真分析存在的问题和不足,形成自查报告;综合运用集体座谈、个别访谈、调阅资料、下沉调研、问卷调查等方式,听取基层单位和企业意见建议;认真梳理问题,形成联动巡察报告,初步排查出22个问题,提出意见建议12条。通过开展联动巡察,进一步完善权力运行和监督制约机制,促进行业协会规范发展,推动全面从严治党向基层延伸,着力营造厅机关风清气正、干事创业的良好政治生态。

(二)加强队伍建设,提升履职能力

一是认真开展纪检干部队伍教育整顿。认真贯彻落实党中央决策部署和江苏省纪委监委工作安排,坚决扛起政治责任,坚持高标站位、高效推动,全员参与、全力以赴,发扬彻底的自我革命精神,扎实推进"三个环节""四项任务"。刚性落实《江苏纪检监察干部"八严禁"》,进一步完善内控机制。积极参加省级机关"严守信仰信念、铸忠诚之魂"培训班,赴江宁监狱党风廉政教育基地开展警示教育,认真组织学习教育、全面开展检视整治、着力强化巩固提升,干部思想深受洗礼、问题不足深入查改、斗争本领有效增强,教育整顿取得比较明显的成效。二是强化监督执纪效能。深入学习贯彻《中国共产党纪律检查委员会工作条例》《中国共产党处分违纪党员批准权限和程序规定》《关于加强中央和国家机关部门机关纪委建设的意见》,用好《省级机关部门单位机关纪委工作指引》,主动接受派驻纪检监察组的业务指导和监督检查。积极参加省级机关纪检监察工作委员会组织开展的各类培训,组织机关纪委委员、各党支部纪检委员(纪检员)专题培训,围绕职责认真研读《中国共产党章程》《中国共产党纪律处分条例》《中国共产党党内监督条例》等党内规章制度,明确运用监督执纪"四种形态"的有关规则,切实提高机关纪检干部队伍日常监督执纪的本领。

(三)加强执纪监督,持续正风肃纪

一是严明政治纪律规矩。推进政治监督具体化、精准化、常态化,重点排

查"七个有之"问题,确保执行党中央决策部署和江苏省委工作要求不偏向、不变通、不走样,通过严肃政治纪律和政治规矩,带动其他纪律严起来,引导厅机关党员干部不断提升政治判断力、政治领悟力、政治执行力,把牢思想"总开关",始终保持政治坚定。2023年5月,省级机关纪检监察工作委员会王洪连书记到江苏省商务厅围绕政治监督开展专题工作调研,对厅机关主要做法和工作成效给予充分肯定。二是坚持把纪律和规矩挺在前面。运用好监督执纪"四种形态",坚持早发现、早提醒、早纠正、早查处,使"咬耳扯袖、红脸出汗"成为常态,注重抓早抓小,做实"三重一大"等日常监督,综合运用日常谈心谈话、走访调研、约谈提醒、督查检查、列席组织生活会、处置问题线索等方法,主动发现问题,推动监督下沉。组织修订《廉政风险防控手册》,加强对资金分配、考核评比、行政审批等重点领域的监督,强化重点岗位、关键环节监督制约,完善廉政风险防控机制。开展《中国共产党问责条例》专题学习,督促党员领导干部进一步树牢"有权必有责、有责要担当、失责必追究"的意识。每季度按时报送省级机关纪委监督执纪工作情况统计表。三是落实从严管理监督干部规定。严格落实被处分党员干部回访教育制度。对经认定个人事项报告存在瞒报行为的处级干部给予诫勉谈话。按规定做好信访举报处置,及时予以了结。认真组织节假日前廉政教育,切实加强节日期间的党风廉政建设工作,确保每一名党员干部廉洁过节。坚持把驻外干部作为监督重点,落实重大事项报告制度,严明财务纪律,强化驻外干部的管理。

江苏省商务厅机关党委

第二部分
各设区市及直管县（市）商务发展情况

江苏商务发展2023
Jiangsu Commerce Development 2023

南京市

2023年,面对前所未有的压力和挑战,南京市商务系统提信心、拼经济、快发展,推动各项商务工作取得新成绩。在省内率先出台《服务构建具有世界聚合力的双向开放枢纽行动方案》,高水平开放再添新动能;社零总额迈上8 000亿元台阶,消费促进取得新成效;服务业扩大开放(以下简称"服开")综合试点任务实施率超80%,改革创新迈上新台阶。

一 主要商务经济指标完成情况

2023年,南京市实现社会消费品零售总额8 201.1亿元,同比增长4.7%;实现外贸进出口总额5 659.9亿元,同比下降9.3%;新增实际使用外资额49.4亿美元,同比增长1.9%;新增对外直接投资额8.3亿美元,总量排名列居全省第三;实现对外承包工程营业额23.2亿美元,总量排名保持江苏省第一。

二 商务发展工作情况

(一)坚持稳量提质,持续恢复和扩大消费

实施消费促进"四季有约"系列活动,出台两轮汽车、家电消费补贴,推出10条"CityWalk"特色打卡路线,修编商业网点规划,打造五级商圈体系。熙南里入选江苏省示范步行街。建成30个一刻钟便民生活圈。溧水区获评首批全国县域商业"领跑县"。举办首店经济发展大会,首店魅力排名位居全国商业中心城市第四。夜间经济活力排名全国前十。启动南京美食品牌提升、"首创金陵"计划,赋能本地品牌拓展市场。落实市场主体培育计划,新增限上"批零住餐"企业1 234家。国家电子商务示范企业增至5家。

(二)聚焦结构优化,提升双向投资质效

组织内地首个大规模经贸团组赴港招商推介,举办中国南京金秋经贸洽谈会等活动90余场,签约项目总投资额超2 400亿元。进博会期间举办4场"高层级、精准化、小规模"经贸对接活动。开展"走进跨国公司总部"行动,拜访跨国公司总部50家。推动塞拉尼斯等标志性项目落地,新认定跨国公司功能性机构1家。全生命周期服务15个省级以上重点外资项目,帮助空气化工产品(南京)有限公司、西门子数控(南京)有限公司等解决经营难题。

(三)顶住下行压力,挖掘外贸新增长点

开行国际商务班机,支持企业参加110余场境外展会。广交会参展企业和展位数大幅增加,进博会成交额创历史新高。实施《南京市推进跨境电商高质量发展计划(2023—2025)》,建成省级跨境电子商务产业园4个,"网购保税进口+实体新零售"业务试点落地。积极发展数字贸易,电信、计算机和信息服务进出口规模居全省第一。100项服务贸易创新发展试点任务全部

实施。加快贸易"减碳"步伐,"新三样"出口增长21.2%。二手车出口增长132.5%。

(四)抓住试点机遇,打造高能级制度型开放平台

成立高规格服务业扩大开放试点工作领导小组,市委主要领导任第一组长、市政府主要领导任组长,成功召开全市推进大会。建立"1+10+N"工作机制,发布实施"全球数字服务商计划"。制度创新3项成果获国务院复制推广;FTA惠企"一键通"智慧平台服务1.6万家企业享受关税优惠;推出全国首个互联网和跨境电商领域数据合规出境案例;落地生物医药研发用物品进口"白名单"制度,推动生物医药全产业链开放创新。

(五)加强载体建设,全方位提升对外开放程度

落实全市开发区考核,聚焦"去行政化"改革等主题推进"一园区一突破"。南京经济技术开发区获评商务部外经贸提质增效示范工作园区,江宁经济技术开发区在国家级经开区综合发展水平考核评价综合排名中位列全国第八。落实国家促进跨境贸易便利化试点任务,推行"进出口货物提前申报"等措施,水运口岸平均验放时长压缩至2.9天。中欧班列开行371列、增长19.3%。国际航线增至23条,开通国际中转联程业务。加快布局全球经贸网络,签署合作备忘录18份,深度链接全球资源。扩大"紫金友好使者"品牌效应,友好使者增至50人,更好助推国际经贸交流。

(六)筑牢安全防线,夯实商务经济发展基础

全面落实"三管三必须"要求,统筹落实排查整治"治本攻坚"大会战、安全生产风险专项整治巩固提升年、重大事故隐患专项排查整治等行动。深入开展常态检查、重点时段督查,联合检查企业4 500家次。组织1 700余名企业、社区代表参加安全培训。制定意识形态工作清单、工作要点,组织开展4次自查排查。积极做好正面舆论引导,弘扬商务发展主旋律、正能量。扎实做好市场供应保障,按时落实3 100吨肉类和1.3万吨蔬菜储备。组织120

家企业和 96 个应急点构建应急保供网络。积极应对极端天气,督促重点保供企业与上游基地签订增供协议,确保"菜篮子"供应稳定。

三 商务改革推进情况

(一)全力推进国际消费中心城市建设

加大政策支持力度,聚力打造南京国际消费节"四季有约"主题品牌,组织开展消费促进活动 1 600 余场。市、区联动全年制定两轮汽车消费支持政策,落地绿色家电消费补贴,进一步发挥大宗消费支撑作用。持续实施市场主体倍增计划,出台批零企业支持政策,全年新增限上批发和零售业企业1 200 家。持续创新消费场景,加强"商旅文体康"融合发展,举办"米其林星游节""中国南京美食节"等主题活动,推动"秦淮小吃"品牌提升,聚焦"夜之金陵"品牌打造,推动夜间经济集聚区建设,举办五马渡汽车后备箱文化市集系列活动,全年打造特色消费场景超 1 000 个,加快城市"烟火气"回归。积极推进新街口商圈智慧化建设,熙南里街区入选江苏省示范步行街。强化都市圈消费联动,成立南京都市圈新电商产业创新合作联盟,启动实施"南京都市圈新电商产业创新合作十大行动"。突出首店经济对都市圈消费的辐射作用,启动"首创金陵"行动,积极培育"首店+"功能体系,引进各类品牌首店350 余家。升级"了不起的小店"计划,启动"百万数字人创业计划",联合抖音生活服务平台开启"特色暖心小店大联播"活动 500 余场,累计线上交易额超 8 800 万元。

(二)高质量推进"一带一路"交汇点重要枢纽城市建设

推动企业参与"一带一路"基础设施建设,组织中国中材国际工程股份有限公司、中国江苏国际经济技术合作集团有限公司、江苏苏美达集团有限公司等企业参加 2023 年"第三届中国—非洲经贸博览会",引导企业积极开拓非洲承包工程市场,稳步参与共建"一带一路"国家基础设施建设,全年全市对外承包工程营业额增长9.8%,总量保持全省第一。推动企业拓展海外业务布局,组织南京嘉翼精密机器制造股份有限公司、江苏三棱智慧物联发展股份有限公司、中国石化集团南京工程有限公司等企业访问阿联酋、沙特阿拉伯,举办中阿(联酋)产能合作示范园招商推介活动,推动南京嘉翼精密机器制造股份有限公司等企业签约入驻园区,鼓励全市企业赴中东地区投资合作,全年对外直接投资额8.3亿美元。

(三)全面推进国家服务业扩大开放综合试点

建机制强化统筹,成立南京市服务业扩大开放综合试点工作领导小组,制定全市服务业扩大开放综合试点工作实施方案,召开全市服务业扩大开放综合试点推进会,推动建立"1+10+N"试点推进机制。拓渠道加强推介,组织赴中国香港、美国、巴西等开展服务业扩大开放主题交流推介活动。依托太湖论坛、中国南京金秋经贸洽谈会等重大经贸交流活动,以及新加坡-南京重点项目合作委员会第十次会议等对外合作平台,密集组织"服开"推介交流活动。组织赴北京、广州、上海等地实地调研"服开"试点经验。抓重点率先突破,发布实施"全球数字服务商招募计划",围绕商务服务、科技服务、金融服务等10个重点领域,积极谋划制度改革和政策创新,104项"服开"综合试点任务年内实施率预计超80%,5项首创成果入选国家"服开"综合试点第二批最佳案例。

(四)不断深化服务贸易创新发展

全面深化服务贸易创新发展试点顺利收官,开展全面深化服务贸易创新发展试点总结评估,100项试点任务举措全部落地实施。3项案例入选国务院《全面深化服务贸易创新发展试点第四批"最佳实践案例"》,服务外包示范城市综合评价位列全国第二。加强服务贸易载体建设,积极发挥5个国家级特色服务出口基地示范作用,中国(南京)软件谷"助力企业加快输出'中国数字标准'"成功入选《国家数字服务出口基地首批创新实践案例》,打造"数字出海"南京样本。落地全省首个国家对外文化贸易基地,其中9家企业获评

国家文化出口重点企业。强化服务贸易市场开拓,成功举办2023全球服务贸易大会,达成意向合作金额3.35亿美元,较去年同比增长7.4%。组织召开南京服务贸易创新发展(马来西亚)推介会,其中有4个国家级特色服务出口基地、2个省级服务贸易基地,以及约30家重点企业参展,展位及参展面积居全省首位。

(五)全面落实自贸试验区提升战略

对标高标准国际经贸规则,制定《支持中国(江苏)自由贸易试验区南京片区提升发展行动方案(2023—2025年)》,开展"2023年度高水平开放大讲堂"系列培训24期,加强自贸试验区制度创新、《区域全面经济伙伴关系协定》(RCEP)指导和解读。升级推出FTA惠企"一键通"智慧平台应用程序(APP),服务1.5万余家企业惠享关税优惠红利。探索建设"绿色出海公共服务平台",应对欧盟碳边界调整机制(CBAM)碳关税贸易壁垒。试点建设"数据出境安全服务平台",推出全国首个互联网和跨境电商领域数据合规出境案例。推进全产业链开放创新,推动落地生物医药研发用物品进口"白名单",构建特殊物品联合监管机制,打造"宁研通"参比制剂综合服务平台等生物医药开放创新服务体系。完善知识产权全链条保护合作机制,构建企业知识产权一站式服务体系。南京片区内3项成果入选国务院自由贸易试验区第七批改革试点经验,占全国总量的1/8。"海外仓离境融"探索构建金融服务新模式案例获评商务部"外贸新业态优秀实践案例"。

(六)积极打造一刻钟便民生活圈

强化统筹推进,推动形成市、区工作合力,将"打造20个一刻钟便民生活圈"列入南京市2023年民生实事项目扎实推进,实施月度信息报送制度,实时跟进项目进展情况。组织开展一刻钟便民生活节,提升社会知晓度和参与度。强化建设改造,顺利完成江北新区桥北社区、玄武区锁一社区、秦淮区来凤社区、建邺区凤栖苑社区、江宁区科宁社区等26个一刻钟便民生活圈建设改造,且超额完成年度目标任务。强化经验宣传,推动一刻钟便民生活圈建设形成"南京样本",在全国、全省相关工作会议上详细介绍南京市工作经验。雨花台区翠竹园社区、玄武区香铺营社区、秦淮区五老村社区3个社区上榜商务部发布的《城市一刻钟便民生活圈典型案例集》,南京成为全国入选社区案例数量最多的城市之一。

(七)推动省级开发区转型升级

深化经济技术开发区改革创新,拟定深化开发区(园区)管理制度改革推动高质量发展意见,从体制机制改革、治理运营模式创新、产业创新发展等方面支持经济技术开发区创新发展。组织经济技术开发区按照有特色、可操作、带动性强的原则确定各自改革方案,并按时序进度细化分解。"推进经济开发区转型升级创新发展成效明显"获省级督查激励,江宁经济技术开发区综合排名全国第八,南京经济技术开发区成功申报商务部外经贸提质增效示范工作园区型载体。组织开展"一园区一突破"改革活动,将"一园区一突破"改革纳入市委全面深化改革委员会出台的《关于建立"一区一特色、一部门一课题"改革推进机制的工作方案》,推进园区突出重点改革突破。与市委全面深化改革委员会办公室联合成立工作专班,定期组织召开"一园区一突破"改革事项专题调研工作会。加强以考促改,将"一园区一突破"改革纳入2023年度全市经济开发区高质量发展综合考核指标体系及实施细则,结合"五拼五比晒五榜勠力同心促发展"竞赛活动,加快推动经济技术开发区实现转型升级。

南京市商务局

无锡市

2023年,面对复杂多变的国内外形势,无锡市商务系统坚持以习近平新时代中国特色社会主义思想为指导,深入学习贯彻习近平总书记对江苏工作重要讲话重要指示精神,牢牢把握高质量发展首要任务,紧扣推动经济运行率先整体好转的总体要求,顶住外部压力,克服内部困难,千方百计促消费、全力以赴稳外贸、攻坚克难稳外资,以"走在前、做示范、多作贡献"的责任担当,为全市奋力推进中国式现代化无锡新实践提供了有力支撑。

一 主要商务经济指标完成情况

2023年,无锡市实现社会消费品零售总额3 567.6亿元,同比增长6.9%,高于全省平均0.4个百分点;批发和零售业销售额增速均为5.8%,拉动GDP增长0.7个百分点;完成外贸进出口总额7 065.3亿元,增速位列全省主要城市第二,占全省比重为13.5%,保持千亿美元规模,其中完成跨境电商进出口总额99.4亿元,同比增长37.4%;完成实际使用外资额41.2亿美元,同比增长7.6%,增速位列全省第一,占全省实际使用外资总额的比重为16.3%,规模创历史新高、稳居全省第三,其中,制造业和高技术产业外资规模均居全省第二,QFLP累计协议注册外资规模保持全省第一;完成对外直接投资额13.3亿美元,总量列全省第二,对RCEP成员国投资96个项目,中方协议投资额同比增长33.5%。

二 商务发展工作情况

(一)消费活力显著增强

一是消费品牌深入人心。承办"苏新消费·春惠江苏"启动仪式,组织"太湖购物节"四季主题活动,全市共举办1 000余场促消费活动,市区两级发放各类惠民消费券近1.7亿元,撬动消费超45亿元。策划推出"美食之都、购物天堂"城市消费品牌,联合中央电视台录制《回家吃饭》无锡美食专辑,举办"东方甄选看世界无锡行"大型直播活动,单日直播电商平台销售额超800万元。二是商贸流通体系优化。出台《无锡市县域商业体系建设行动方案》,江阴市、宜兴市入选全国首批县域商业"领跑县",17家农贸市场完成升级改造;10家企业入选全省首批内外贸一体化试点企业;引进各类首店200家以上,君来湖滨饭店·渔餐厅等获评2023年"黑珍珠一钻餐厅",认定第三批"无锡老字号"20家。三是消费场景活力焕发。深化一刻钟便民生活圈建设,培育认定25个市级一刻钟便民生活圈,3个案例入选商务部《城市一刻钟便民生活圈典型案例集》。梅里古镇街区获评江苏省示范步行街,江阴忠义街、宜兴氿街和湖滨商业街入选首批"江苏味道"美食街区,评出十大夜间消费集聚区和16家数字商圈商街(商店)示范单位。

(二)对外开放步伐加快

一是利用外资争先进位。强化推进"1+N+1"招商工作架构,构建招商引资"1+2+2"政策体系,全市商务系统协同推动225个重大项目正式签约或立项备案，总投资金额超5 000亿元，其中外资项目74个、投资总额177.5亿美元。统筹推动全球经贸招商活动363场，签约项目1 852个，布局11家市级境外综合性服务平台。13个重大项目入选国家级重大建设项目库，位列全省第一；16个项目入选省级重点外资项目库，数量居全省前列。新认定2家省级跨国公司地区总部和功能性机构，总数增至50家。二是外贸发展稳中见韧。出台《无锡市关于促进外贸稳规模优结构的若干政策措施》。实施"千企万人海外商洽拓订单"行动，支持1 300家次企业参加172场境外展会，意向成交金额超6亿美元。第六届进博会意向采购金额12.9亿美元，再创新高。在省内率先启动"跨境电商＋产业带"培育计划，举办第二届长三角跨境电商行业发展峰会暨长三角跨境电商交易会。新引进7家跨境电商公共服务平台，3家企业入选省级跨境电商知名品牌。服务贸易发展步伐加快，首次发布《无锡市数字贸易高质量发展研究报告》，4家企业入选首批"江苏省数字贸易创新案例"，数量位居全省第二，获评8家国家文化出口重点企业、2个重点项目，数量位居全省第一。三是国际合作深化拓展。举办共建"一带一路"倡议十周年柬埔寨西哈努克港经济特区成果展和中欧班列国际合作论坛分论坛——稳定提升中欧班列可持续发展能力"班列＋经贸"论坛，柬埔寨西哈努克港经济特区先后被写入《中华人民共和国政府和柬埔寨王国政府联合声明》《中华人民共和国政府和柬埔寨王国政府联合公报》。加强对外投资体制机制建设，完善动态监测机制，组建"走出去"企业联盟，支持企业稳步走出去。

（三）平台能级持续提升

一是试点平台实现突破。入选全国跨境贸易便利化试点城市，推动生物医药研发用物品进口"白名单"等制度落地，江苏国际贸易单一窗口无锡地区应用覆盖率由2%提升至50%，居全省第一。推进长三角电子元器件国际分拨中心建设，全年进出口额达15亿美元，比2022年增加超9亿美元。全力争取设立江苏自贸试验区无锡新片区，纳入江苏自贸试验区扩区的首选方案。成立专班推进综合保税区新片区申建工作。二是开发区转型步伐加快。

强化开发区特色园区建设,推动"产业集群＋特色园区"发展,申报特色园区27个、计划建设14个,省级特色创新(产业)示范园区、智慧园区、国际合作园区数量保持全省领先。锡山经济开发区被商务部等3部门授予"生态文明建设示范区(生态工业园区)"。三是口岸建设成效明显。空港口岸进境冰鲜水产品指定监管场地正式投入运行并完成首单进口;江阴港进境肉类指定监管场地通过正式验收;机场离境退税代办点正式启用;深化与上港国际港务(集团)股份有限公司ICT项目合作,举办项目签约仪式暨"汉唐无锡号"首航仪式。

无锡市商务局

徐州市

2023年,徐州市商务系统坚持以习近平新时代中国特色社会主义思想为指引,认真贯彻落实党中央、江苏省各项决策部署,坚定不移扩大对外开放,持之以恒提振和扩大消费,推动商务经济发展难中有进、稳中提质。

一 主要商务经济指标完成情况

2023年,徐州市实现社会消费品零售总额4 445.0亿元,同比增长8.3%,规模、增速均居全省第三、淮海经济区第一;国内贸易增量贡献率居全国二类地区第一、全省第一;实现外贸进出口总额1 207.6亿元,同比增长1.8%;人均高新技术产品出口额、人均货物和服务贸易总额两项指标,分别居全省二类地区第一和第二;完成实际使用外资额3.5亿美元,同比下降71.4%;完成对外实际投资额3.6亿美元,同比增长5.4倍,人均对外直接投资额居全省二类地区第一。

二 商务发展工作情况

（一）稳主体育业态，推动外贸进出口提质有进

明确开放发展最新导向，徐州市委、市政府出台了《建设高水平双向开放高地行动方案》。建立了200家重点外贸企业库，进行跟踪帮扶；出台《关于落实省企业汇率风险管理服务专项行动的实施细则》，累计为433家外贸企业承保货值17.6亿美元。组织750余家企业参加迪拜国际木材及木工机械展览会、广交会、进博会等17场境内外重点展会，意向成交额超3.4亿美元。出台《2023年中国（徐州）跨境电商综试区工作要点》，推动淮海国际跨境电商产业园等5家园区获评省级跨境电商产业园，实现跨境电商进出口额58.0亿元，同比增长47.9%。建设徐州数字贸易服务平台，获市级"2023数字徐州建设优秀实践成果"；工程机械外经贸提质增效示范试点加快显效。

（二）抓项目拓市场，促进双向投资合作升温

全覆盖调研全市正常经营外资企业，对40家重点外资企业实施"一对一"精准服务。开展利润再投资专项行动，建立完善利润再投资企业库，推动江苏中能硅业科技发展有限公司、爱斯科（徐州）耐磨件有限公司等15家存量企业增资到账1.28亿美元，德基广场等11个项目顺利实现利润再投资。梳理重点外资项目清单，指导蒂森环锻等4个重点项目纳入全国重点外资项目库，5个重点项目纳入省重大外资项目库。组织51家企业参加东盟交流会、美国投资峰会等重点活动，组织徐工等8家企业赴马来西亚等"一带一路"市场实地考察；开展"走出去"企业30强培育行动，目前全市稳定经营境外投资企业31家，共50个项目。

（三）扩内需促消费，提振商贸流通市场活力

开展了"淮海新消费"主题品牌促消费活动，共组织专题促消费活动超

3 000场,发放消费券超2.5亿元,拉动消费近50亿元。推动中心商圈提档升级,指导彭城广场商圈获评全国智慧示范商圈,苏宁广场、金鹰国际购物中心获评全国智慧商店;推动金鹰人民广场店等8家商场成功创建国家级绿色商场,圆满完成商贸流通服务业标准化试点验收。指导罗森、7-11等知名连锁便利店顺利开业;持续推进大润发M会员店、盒马等新零售业态项目洽谈进度。打造了米兰社区等15家城市一刻钟便民生活圈,成功举办了第二十届中国(徐州)彭祖伏羊节、2023江苏电商直播节、2023全国农商互联暨乡村振兴产销对接大会,获批国家生活必需品流通保供体系首批试点城市。

(四)强培育优模式,激发开放载体平台动力

2023年国家级经济技术开发区考核中徐州经济技术开发区位列第25位,较上一年提升9位,7家省级经济技术开发区实现进位,其中泉山、空港、云龙开发区排名均提升20位以上,邳州经济技术开发区列入全省经济技术开发区优秀方阵。特色园区发展成效凸显,全市经济技术开发区已形成3家国家级外贸转型升级示范基地、4家省级智慧园区、6家省级特色产业示范园区。构建了开发区"基金+"模式,已实际投入150亿元,累计投资百余个项目;复制推广自由贸易区等改革经验,引导3家联创区形成了"e窗行""拿地即开工"等一批创新成果;持续强化行政审批改革,实现"一口清""一窗式""一条龙"服务。

(五)畅联通抓创新,推动开放通道提能增效

徐州中欧班列累计开行370列,完成贸易额6.63亿美元,同比增加32.1%;徐州本地出口集装箱占比45%。建立了铁海联运多通道,稳定运行徐州至宁波、上海、连云港、青岛四条铁海联运线路,累计发送9 562标箱,同比增长127.6%;推动了国际邮件互换局顺利开通,顺丰淮海经济区航空快件转运中心实施运营。创新"铁路箱下水""一单制""海铁联运+抵港直装"等便利化服务新模式,降低进出口综合物流成本;徐州综合保税区、新沂保税物流中心、徐州保税物流中心进出口额提速增长。

(六) 筑红线守底线,确保安全生产走深走实

建立监督管理长效机制,坚持推动属地、部门和企业各方责任落实,开展隐患排查整治和闭环整改,以健全商贸行业安全生产督导机制为牵引,坚持召开月度工作例会,通报情况、谋划工作、部署任务,不间断组织开展安全生产督导检查,顺利通过国家和省市督导组检查。2023年,徐州市商务局组织对609家次餐饮场所、597家次加油站点、563家次商超等重点领域开展督导督查,对各类隐患都已督促整改。

三 商务改革推进情况

2023年,徐州市商务局以争先的意识开拓创新,以拼抢的劲头真抓实干,推动全市商务事业取得了新突破。全市社会消费品零售总额4 445.0亿元,创历史新高,增幅居全省前列。1项工作获国家层面肯定认可(商务部农商互联大会);3项国家试点成效全国领先(国家级服务业标准化商贸流通专项试点、全国示范智慧商圈、国家生活必需品流通保供体系建设项目);1项国家级试点加快显效(全国重点产业(工程机械产业)外经贸提质增效示范试点);1项工作获国家层面激励支持(1个"全国诚信兴商典型案例");2项工作获省重大政策措施真抓实干激励(消费促进内贸流通真抓实干成效较好,推进经济开发区转型升级创新发展成效明显);1项考核指标位居江苏省对市高质量考核二类地区第一位(贸易额占全省比重及增速);3家单位获批江苏省县域电商产业集聚区(睢宁家居电商产业集聚区、丰县大沙河电商产业集聚区、邳州市官湖镇家居集聚区);2家单位获批省级服务贸易基地(徐州软件园、邳州经济开发区);新打造15家一刻钟便民生活圈。

徐州市商务局

常州市

2023年以来,面对复杂严峻的国际环境和经贸形势,常州市商务局始终坚持以习近平新时代中国特色社会主义思想为指引,认真落实中央、省、市各项决策部署,紧紧围绕新能源之都建设,深入贯彻"532"发展战略,坚定不移扩大对外开放,持之以恒提振和扩大消费,克难求进,有效作为,推动商务经济发展难中有进、稳中提质。

一 主要商务经济指标完成情况

2023年,常州市实现社会消费品零售总额3 050.1亿元,同比增长6.8%,高于全省平均0.3个百分点;实现外贸进出口总额3 183.6亿元,同比下降1.3%;确认到账外资20.64亿美元,同比下降27.1%,列全省第4位;全年新增境外投资项目116个,新增外投资额15.0亿美元,同比增长34.5%。

二 商务工作情况

（一）利用外资难中有进

一是招商活动蔚然成势。举办2023常州·深圳开放创新合作交流会、2023年常州—上海经贸交流和创新活动周、2023中国常州科技经贸洽谈会、"全球CEO常州行"、2023常州市市长咨询会议、绿色低碳及新能源产业合作交流会、"新能源之都"建设外资银行"常州行"活动、新能源汽车关键零部件"招商季"等重大招商活动，市领导带队赴德国、日本、新加坡、以色列等国家开展多批次、高效率招商，洽谈推进一批在谈重点项目。加强产业、科技、人才、资本等要素联动，出台《关于进一步强化项目招引全要素保障服务的实施意见》，积极开展全要素招商。举办新能源之都多语种推介大赛，开展新能源产业研究和培训，编制新能源产业投资指南和每周产业快讯，发布常州新能源之都建设招引热线，为全市开展新能源产业招商提供有力支撑。二是重大项目有序推进。全市8个项目被列入2023年省级重点外资项目，其中6个项目被列入全国重点外资项目。全年新增协议外资超3 000万美元项目32个，新增总投资超亿美元项目17个，总投资17.6亿美元的EV储能系统项目签约注册，太阳诱电、赛得利纤维、威乐高端水泵等一批总投资超亿美元项目顺利竣工投产。三是外资质效不断提升。全市制造业和生产性服务业实际到账外资占比达92.1%，同比提升22.1个百分点；高技术产业实际到账外资占比46.9%，同比提升14.2个百分点。利用外资方式不断创新，累计8支QFLP基金成功落地。新增省级外资地区总部和功能性机构1家，累计29家；新增省级外资研发中心2家，累计4家。四是投资环境持续优化。开展"全球CEO常州行"活动，邀请80多位跨国公司CEO密集拜访常州，深化与常州的合作。召开共享"新能源之都"发展机遇外资企业座谈会、外商投资企业利润再投资工作座谈会，出台《关于鼓励我市外商投资企业利润再投资的政策措施（试行）》，鼓励存量外资增资扩产、深耕

常州。常州市入选"魅力中国——外籍人才眼中最具吸引力的中国城市"榜单第12位。

（二）对外贸易稳中提质

一是培育外贸新动能。加快培育新能源产业国际竞争力，打通新能源整车和动力电池常州港出运通道，设立动力电池公平贸易工作站，服务好常州比亚迪汽车有限公司、北电爱思特（江苏）科技有限公司等一批重点增量企业。实现"新三样"产品出口额299.7亿元，增长12.3%，占全省总值的15.4%；其中，新能源汽车出口4.1万辆，出口金额60.5亿元，为全省新能源汽车出口贡献七成增量。二是加快发展新业态。大力发展"产业带＋跨境电商"模式，鼓励企业探索保税仓直播、中央商圈示范店等商业模式，举办"跨境商品汇（惠）常州""云上保税购物季"等活动，设立进博会虹桥品汇常州分中心，推进环球港"前店后仓"跨境商品现购直提试点。全年实现跨境电商进出口总额140亿元，同比增长108%，已成为外贸进出口领域最具竞争力的新业态、新模式、新引擎。三是创新发展新领域。举办2023常州数字贸易创新发展高峰对话暨工作推进会，指导全市5个省级服务贸易基地做好"一基地一突破"工作。全市完成服务外包执行额47.44亿美元，同比增长76.6%。积极争创中国服务外包示范城市，2023年综合评价位列13个申报城市第一。四是持续护航优服务。认真落实国家、省市稳外贸各项政策措施，组织企业参加广交会、进博会等重点展会，以RCEP成员国、共建"一带一路"国家和地区为重点，组织260多家企业、超1 500人次，出境参加510多个展会，助力抢订单保市场。持续开展外贸政策、金融、信保、专利、法律、服务和人才七大护航行动，外贸企业信用保险出口渗透率居全省首位，全省首家合规师培训国家示范基地在常州落地。

（三）消费市场稳步回暖

一是着力促进重点领域消费。举办龙城嗨购节、网上年货节、老字号三进三促、家电以旧换新等促消费活动，激发消费潜能。出台新能源汽车消费政策,发放新能源购车补贴2.55亿元,带动新能源汽车消费120.8亿元。加快探索数字人民币商贸领域场景应用,发放重点领域消费券及数币红包1 300万元。二是加快发展新型消费。大力培育新型零售、直播电商、社交电商、农村电商等流通新模式,梯队培育电商集聚载体,支持重点电商园区、企业和平台做大做强。全年网络零售额约950亿元,同比增长11%。全市限额以上批发零售单位实现网络零售额占社零比重较上年提升5个百分点,为社零提供良好支撑。星星充电—万帮数字能源股份有限公司入选国家级电子商务示范企业,拨云科技园获评省级电子商务示范基地,西太湖电子商务产业园入选江苏省电子商务示范基地优秀案例。三是持续推动"江南美食之都"品牌建设。发布常州餐饮图书《寻常味·品江南》,与世界餐饮联合会共同举办"第三届中华节气菜大会暨首届江南美食节",持续扩大"江南美食之都"影响力。新认定"常州老字号"16家,成立"常州市老字号联盟",促进老字号企业传承推广。四是加快提升消费载体。稳步推进凌家塘市场、夏溪花木市场、邹区灯具城等大型专业市场提档升级。建成25家一刻钟便民生活圈示范社区,新建提升38个县域商业体系建设项目,三堡街入选第二批江苏省示范步行街。有序推进农批市场数字化转型,全年改造提升10家农贸市场。

(四)开放水平持续提升

一是开发园区争先进位。经济开发区综合评价再创佳绩,3家经济开发区进入省级前十,常州经济开发区列全省省级经济开发区第2位、金坛经济开发区列第3位、溧阳经济开发区列第10位。常州经济开发区、溧阳高新技术产业开发区分别入围"2023中国省级开发区高质量发展百强榜单"第1位、第3位。中以常州创新园、中德(常州)创新产业园两家园区入选江苏省国际合作园区发展典型案例,市、区两级开发区转型升级创新发展工作,连续4年受到省政府督查激励,属全省唯一。深化区域评估改革,全市省级以上开发区累计开展区域评估事项54个,评估成果累计运用于1 677个建设单位或项目。二是外经合作稳步推进。举办中国(常州)"一带一路"投资合作对接会,建成运行常州企业"走出去"综合服务平台,汇集政府、机构、企业等各方资源,为企业"走出去"提供全方位服务。加快蜂巢能源德国电芯、锂源新能源印尼项目、星宇车灯塞尔维亚增资等重点国际产能合作项目备案,积极服务江苏中鑫家居新材料股份有限公司越南工厂、恒立液压墨西哥工厂等在建项目。三是口岸功能持续提升。常州港新增九类危险品集装箱货物运输功能,助力新能源出口。大力推进海铁联运,全市通过铁路班列发送至上海港、宁波港的集装箱同比增长31.4%。推进常州机场国际航线航班有序恢复,开通泰国、越南、老挝等国际航线。

(五)服务效能不断优化

一是完善对企常态化服务。持续完善重点外资外贸、商贸流通企业直报、监测平台运行,以及稳外资稳外贸专班常态化走访制度。创新举办10期"常州商务·企业早餐会",面对面倾听解决企业诉求,实现政企零距离沟通。成功举办共享"新能源之都"发展机遇外资企业座谈会、外商投资企业利润再投资工作座谈会等。二是拓宽对企多维度服务。积极争取省级以上各类扶持资金1.48亿元,及时、精准释放政策红利,有力提振企业预期和信心。签发优惠原产地证书1.2万余份,帮助企业享受自贸协定关税减免2 500多万美元,帮助50多家企业受惠"海牙认证"。设立市级动力电池公平贸易工作站,帮助常州联拓复合材料有限公司、比亚迪汽车有限公司等多家企业积极应对公平贸易事件。做强常州开放型经济党建联盟,开展"企业服务日"集中活动3次,搭建多部门服务平台。策划组织4场"我爱常州"境外友人沙龙活动,着力活跃亲商文化。三是筑牢商务安全底板。持续完善商务领域安全生产责任机制和监管体系,做好大型商业综合体、成品油流通、餐饮燃气等重点领域和场所安全生产工作,加强安全生产宣传引导,全年督查检查商贸企业163家,整改问题隐患196处,指导第三方对199家商贸企业和3 000家餐饮单位开展安全服务,持续督促经济开发区做好安全生产工作。

(六)机关建设有序推进

一是推动主题教育走深走实。主题教育开展以来,举办局领导干部读书班1期、集中学习与研讨3次、专题辅导1次、交流研讨1次,局领导班子成员赴基层党支部讲授专题党课7次,以座谈会、商务讲坛等形式开展"牢记嘱托、感恩奋进、走在前列"大讨论,扎实开展调查研究和"四下基层",围绕跨境电子商务等5个方面的调研课题、外贸七大护航行动等正反面典型案例大兴调查研究,推动作风改变、能力提升。二是做好巡察整改"后半篇文章"。将全面从严治党纳入市商务局重点工作,更新《市商务局全面从严治党责任清单》,细化5个责任主体和88项具体任务;围绕市委巡察反馈意见,第一时间成立巡察整改工作领导小组,制定131条整改措施、健全完善5项制度、形成6个长效机制,全力推动巡察整改各项任务落实落地,目前40个问题全部完成整改。三是提升干部履职本领。大力开展"商务先锋提升年"活动,开展年轻干部"商锐薪传"专题培训,举办各类讲座活动6次,开展"商务讲堂"活动3期。完成干部选拔提任、轮岗、职级晋升32人,新录用、转任、遴选公务员各1名,对常州市菜市场管理服务中心和常州市国际投资促进中心两个事业单位进行机构调整,常州市菜市场管理服务中心成建制并入常州市国际投资促进中心。四是调研信息工作成效明显。全年被市级及以上刊物录用信息超200条,其中省级及以上录用超45条,国务院办公厅录用1条,被省领导批示3条,位列市级部门前列。18余篇调研文章在省市级刊物发表,其中《常州企业全球化布局路径和策略研究》获得省市领导高度认可,并被江苏省商务厅《江苏商务发展参考》全文刊发。"常州商务"微信公众号发布各类信息400多条,阅读人次突破11万;在各类市级以上媒体刊发专题报道200多篇,省级以上媒体超百篇,全球CEO常州行系列报道在《新华日报》"上观新闻""常州发布"《常州日报》等平台刊发,鲁尔泵(中国)有限公司新工厂开业及CEO采访登上央视《新闻联播》,有效地提升了商务工作影响力。五是综合管理有序推进。局日常管理、依法行政、财务、企业服务、行政服务等各项工作扎实开展,有效保障了局各项目标任务和重点工作的推进和落实。

常州市商务局

苏州市

2023年,苏州市商务系统坚持以习近平新时代中国特色社会主义思想为指导,深入学习贯彻党的二十大精神,按照省、市部署要求,踔厉奋发、锐意进取,抓好各项指标,推动全市商务工作高质量发展取得新成效。

一 主要商务经济指标完成情况

2023年,苏州市实现社会消费品零售总额9 582.9亿元,增长6.4%;完成外贸进出口总额3 482.7亿美元,同比下降9.9%,其中,出口额2 143.3亿美元,下降7.7%,进口额1 339.4亿美元,下降13.1%(按人民币计价实现进出口额24 514.1亿元,下降4.6%,其中出口额15 081.6亿元,下降2.5%,进口额9 432.5亿元,下降7.9%);完成实际使用外资69.05亿美元,下降6.9%;新增对外投资项目528个,同比增长38.6%,实现中方境外协议投资额27.0亿美元,同比增长5.5%,分别占全省总量的42.5%、24.2%。

二 商务发展工作情况

（一）有效推动对外贸易回稳向好

一是强化服务，积极争抢订单。加强外贸运行情况调度，重点推动各板块对属地前20强外贸企业逐一走访，加强企业用工、用电、金融、信用保险等要素保障。做精"外企服务月"品牌活动，每月对300余家龙头企业进行动态监测，积极协调解决企业问题困难。用足用好中央、省、市稳外贸专项资金，围绕重点产业链链主企业及279家订单过亿美元企业，"一企一策"推动企业争抢订单。二是密集出台市级系列政策举措。先后制定出台《关于推动外贸稳规模优结构的若干措施》《苏州市促进内外贸一体化发展实施方案》等专项政策措施，其中稳定加工贸易、拓展海外市场等14条政策举措受到央视新闻关注报道。三是大力发展外贸新业态。积极推进跨境电商攻坚突破年，成功引进唯品会海淘项目华东区总部，苏州国际邮件互换局叠加国际交换站功能成功获批，在跨境电子商务综合试验区考核评估中，中国（苏州）跨境电子商务综合试验区位列第一档。有序开展保税维修业务在自贸片区的先行先试工作，苏州成功获批全国首批保税维修试点城市，进一步鼓励有条件的企业开展保税维修业务、争取海外订单。成功落地二手车出口试点。圆满完成全面深化服务贸易创新发展试点任务，印发《苏州市推进数字贸易加快发展若干措施》，三项服务贸易案例成功入选商务部"最佳实践案例"。创新市场采购贸易发展机制，"市采通"平台实现商户备案、组货拼箱、监装风控、报关报检、收汇结汇、出口信保、贸易融资等一站式服务，目前已对接江苏省内6个园区、10个专业市场及产业带。2023年"市采通"平台出口总额44.75亿美元，其中常熟市平台出口金额22.38亿美元，同比增长9.17%，省内联动平台出口金额12.74亿美元，同比增长98.44%。四是依托展会全力拓展增量。积极组织企业参加广交会、华交会，第134届广交会苏州参展规模进一步扩容，参展展位1 379个，较第133届增长52.2%。

充分利用进博会溢出效应,成功举办"相聚进博·2023苏州开放创新合作交流会"。制定出台《苏州市会展业高质量发展三年行动方案(2023—2025年)》和《苏州市关于推动会展业高质量发展的若干政策措施》,召开2023苏州市会展经济发展大会。

(二)全力推进利用外资稳中提质

一是大力开展招商引资。在赴外招商方面,2023年苏州市派出331批1 274人次赴境外开展招商活动,抢抓机遇引进高质量外资项目。组织赴新加坡、德国、比利时、日本、中国香港等国家和地区开展一系列投资促进和经贸交流活动,现场签约项目126个,各板块累计拜访企业机构近300家。在主场招商引资方面,举办"千名跨国公司代表走进苏州"系列活动,邀请到来自30多个国家、400多家企业的900余名跨国公司高管和商协会代表实地考察苏州。配合举办"企业家太湖论坛",共计吸引500位跨国公司高管和商协会代表到访,且在主论坛现场签约了15个投资1亿美元以上外资产业项目。举办"相聚进博·2023苏州开放创新合作交流会",邀请近200位进博会参展商、采购商代表、知名商协会代表及跨国公司总部高层参会,40个优质外资项目、进出口贸易主体项目签约落户。组织各地商务部门赴广交会开展招商,共计派出招商员171人次。二是打造总部经济特色集聚高地。在现有政策基础上,印发《关于苏州市跨国公司地区总部及功能性机构认定工作的补充通知》(商外资〔2023〕32号),重点支持跨国公司事业部总部等新型企业形态。2023年19家外资企业新认定为省级跨国公司地区总部和功能性机构,占全省比重为65.5%。三是鼓励外资企业利润再投。开展外商投资企业利润再投资支持项目申报工作,共支持过亿元利润再投资项目15个,贡献42.42亿元利润再投资金额。全年利润再投资完成16.1亿美元,占实际使用外资总额的23.3%。四是创新探索引资新方式。研究制定支持外资研发中心政策,全市核定外资研发中心及外资开放式创新平台173家,其中20家由《财富》世界500强参与投资。组织开展QFLP、中东主权财富基金专题研修,加快发展QFLP、外资股权并购等引资新方式,昆山、苏州工业园区等地已形成突破。

（三）积极促进消费市场加快复苏

一是持续开展系列促消费活动。围绕提振消费,2023年先后举办"五五购物节""双12苏州购物节""夜ZUI苏州""秋冬季购物节"等系列促消费重点活动超2 800场,开展多轮汽车、家电促消费活动。成功争取到市本级促消费资金1.05亿元,全市财政累计投入促消费资金超过3.5亿元,惠企利民力度显著加大。二是大力发展首店首发经济、直播电商。成功召开2023苏州首店经济发展大会,全年持续引进各类首店超200家,四年首店增长率达211.3%,跻身十大首店城市行列。在省内率先出台《苏州市关于支持直播电商高质量发展的若干措施》,组建"苏州直播电商发展联盟",启动2023年市级直播电商基地(园区)认定工作。2023年,全市实现直播电商零售额669.2亿元,同比增长18.6%。三是推动商贸综合体提档升级。推进苏州中心商场、比斯特苏州购物村等重点商业综合体提档升级,成功打造仁恒仓街、太仓阿尔卑斯雪世界等一批地标性消费场景。四是大力推动民生实事工程建设。提升改造农贸市场50家,建成一刻钟便民生活圈52个,服务居民超120万人,获评2023年苏州十大民心工程,其中4项案例入选商务部国家典型案例。

（四）稳步推进开放载体建设

一是强化苏州片区开放创新。苏州片区新增全国、全省首创及领先的制度创新成果40项,其中3项经验在全国示范推广,10项经验在全省示范推广。推进苏州片区生物医药全产业链"研易达"平台、入境特殊物品联合监管机制两项创新经验在全市复制推广。二是推动开发区转型创新发展。印发《关于支持国家级经济技术开发区创新提升更好发挥示范作用若干措施的通知》,推动全市开发区加快转型升级、创新发展。在2023年国家级经济技术开发区综评中,全市有5家进入全国前30,其中苏州工业园区实现八连冠。2023年,全市开发区完成实际使用外资额61.4亿美元,占全市实际使用外资总额的89.0%;实现进出口总额3 381.1亿美元,占全市进出口总额的

97.1%;公共预算收入1 917.5亿元,同比增长8.6%。三是推进中新、海峡两岸、中德、中日平台建设持续深化。苏州工业园区与新加坡在产业投资、科技创新、专业服务等领域合作签约项目60余个。大华继显控股有限公司获批全省首个外商独资基金管理公司合格境内有限合伙人(QDLP)试点项目。中德(太仓)产业合作示范区获商务部复函支持,2023江苏－德国经贸合作交流会成功在太仓举办。相城区举办长三角中日地方合作(苏州)峰会等系列活动,引进日产出行、大和房屋等一批日资项目。高新区持续推进日资企业招引,骊住集团、日本电产株式会社等一批日资总部类项目相继签约。

三 商务改革推进情况

(一) 推动外贸新业态加快发展

积极推进跨境电商攻坚突破年,开通省内首家"跨境电商＋中欧班列"专列。率先试点"1210出口海外仓"提升出口退税实效。苏州国际邮件互换局叠加交换站功能成功获批。唯品会将在高新区设立海淘项目华东区域总部。建成全市首个跨境电子商务综合试验区展示中心。跨境电商进出口额同比增长63.4%。"市采通"平台目前已对接省内6个园区、10个专业市场及产业带,其中常熟市平台出口金额22.38亿美元,同比增长9.17%。成功获批全国首批保税维修试点城市。成功落地二手车出口试点。

(二) 推动服务贸易发展

全面深化服务贸易创新发展试点任务圆满完成。加快推动数字贸易发展,遴选第一批20家苏州市数字贸易创新企业,印发《苏州市推进数字贸易加快发展若干措施》,初步构建数字贸易促进政策体系。推动服务贸易基地建设,全市共计5家服务贸易企业,2家平台型数字贸易企业,5家数字贸易平台进入2023年省级服务贸易基地和重点企业及省级数字贸易平台和平台型数字贸易龙头企业公示名单。

（三）推动直播电商发展

在第四届"双 12 苏州购物节"，联合淘宝直播发布苏州制造十大"直播新品牌"榜单。"五五购物节"期间，指导板块举办"智享好物 新潮生活"电商直播节等活动。制定出台《苏州市关于支持直播电商高质量发展的若干措施》。

（四）深化便民消费服务，探索发展新零售业态

"五五购物节"期间联合"苏周到"平台打造惠民专场。盒马 X 会员店跨境 Go 项目全年申报网购保税订单超 5 万票，山姆会员商店邻瑞广场店跨境电商新零售业务顺利启动。

（五）加快打造一刻钟便民生活圈

今年累计建成 52 个一刻钟便民生活圈，各生活圈累计涵盖无值守便利店、社区团购等各类业态设施约 3.6 万个，服务社区居民约 120 万人。全市 4 个一刻钟便民生活圈案例入选商务部国家典型案例，数量位居全省第一。

（六）推进促消费领域数字人民币试点工作

制定《苏州市数字人民币促进消费应用专项工作委员会 2023 年工作要点》，完成全年消费领域数字人民币交易额超 200 亿元的目标，成功打造 30 个数字人民币消费示范商圈。数字人民币赋能推动汽车市场回暖，开展多场数字人民币购车补贴活动。结合购物节活动拓展应用场景，发放 1 000 万元数字人民币嗨购嘉年华红包，在第四届"双 12 苏州购物节"期间发放 1 000 万元数字人民币红包。针对高频场景，开展多个数字人民币营销推广活动。

苏州市商务局

南通市

2023年,南通市商务系统坚持以习近平新时代中国特色社会主义思想为指导,服务大局、勇挑重担,以苦干实干应对复杂多变的外部环境和更趋激烈的区域竞争,奋力打好外贸、外资、商贸流通保卫战,为全市经济高质量发展作出应有贡献。

一 主要商务经济指标完成情况

2023年,南通市实现社会消费品零售总额增长6.5%;完成进出口总额保持全省前列,全市累计外贸进出口总额3 500.3亿元,实际使用外资额20.0亿美元,对外直接投资额20 795.0万美元,跨境电商贸易额增长55.5%。全市持续开展"招商引资突破年"活动,签约并注册重点项目486个,包括新签约并注册超5亿元内资项目389个、超3 000万美元外资项目97个,其中百亿级项目3个。全市创新设立项目建设"龙虎榜"考评机制,超5亿元项目新开工231个、新竣工达产项目198个,在建百亿级项目13个,省级重大项目数保持全省前列。

二 商务发展工作情况

（一）紧扣招商引资工作主线，项目招引量质齐升

把招商引资作为商务工作的重中之重。全年新签约并注册5亿元以上内资项目389个、3 000万美元以上外资项目97个，包括通威TOPCon、大唐综合清洁能源、华峰新材料等3个百亿级项目，以及琏升新能源、上海电气异质结光伏、振江海上风电、世联行高效电池等7个50亿元至100亿元项目。中石油新材料基地、金光产业园三期、金鹰世界二期等重大项目稳步推进。

一是招商引资体制机制进一步优化。持续开展"招商引资突破年"活动，招商引资季度分析会与项目建设"龙虎榜"考评机制联动，将签约并注册项目转化率等指标纳入项目招引考核体系，激发各板块比学赶超、奋勇争先的招商氛围。组织开展3场全市层面的招商引资专题培训，推动各地举办20多场业务培训，提升招商骨干的项目拼抢能力。二是招商渠道进一步拓展。持续发力中介招商、亲情招商，拓展市场化招商渠道。与商务部投资促进事务局、"四所五行"、基金公司、商协会等建立紧密联系。成立驻沪外资总部招商专班，举办4场"南通市与跨国公司总部对接会"和"通籍上海优秀企业家恳谈会"。2023年来自苏南和上海的项目占市外内资项目的70%。"走出去"招商力度加大，共组织94批次经贸团组、356人次赴30多个国家和地区开展经贸招商。南通市驻日本经贸代表处成功引荐3个项目落户，依托江苏省驻海外经贸代表处新设驻德国经贸办事处。三是央企、国企及总部招引进一步加强。持续推进企业总部南通基地招引，新招引4家央企二、三级子公司，将28个项目纳入总部培育库、10家外资企业纳入省级培育库。推动市政府与中国中信集团、中国外运股份有限公司签署战略合作协议。中国电子科技集团有限公司第十二研究所的项目落户南通高新技术产业开发区，中国外运股

份有限公司两个区域总部和人才培训中心落户南通开发区,总投资50亿元的中铁四局高端建筑智能制造总部项目开工建设。四是外资项目质态进一步提升。外资承压前行,实际使用外资20亿美元,10个项目列入省重点外资项目,占全省总值的16.9%。出台了《南通市更大力度吸引和利用外资若干措施》,新招引协航新能源、泰科电子、欧莱雅、中巽智能焊接机器人、大荷兰人畜禽设备等优质外资项目。新落户两个QFLP基金项目,到账1 800万美元。持续开展外资企业大走访,推动外资企业增资扩股、新上项目。利用外资提质增效获江苏省政府督查激励。

(二)全力以赴稳存量拓增量,外贸稳中提质

一是服务龙头企业稳住外贸基本盘。对外贸百强重点企业跟踪服务,解决物流、用工、保函、信用证等方面的困难。推动金融机构组建银团,向惠生(南通)重工有限公司授信15.0亿元,帮助其顺利推进总合同金额20.0亿美元的浮式液化天然气生产储卸装置(FLNG)订单项目。帮助江苏一德集团有限公司顺利开具7.7亿元预付款保函,扩大大豆进口。二是更大力度帮助企业开拓市场。累计组织1 450多家次企业参加境内外展会,举办5场南通名品海外行。RCEP签证量占全省54.0%,继续位列全省第一,签证金额11.5亿美元,帮助企业减免关税近1.6亿元。新增省重点培育和发展国际知名品牌48家,数量位居全省第四。出台《关于促进外贸稳规模优结构的若干政策措施》,兑现各类外贸专项扶持资金,惠及全市750多家外贸企业。三是跨境电商发展迅速。研究制定南通市跨境电商三年工作要点和配套政策,成功举办2023中国南通跨境电商选品博览会。累计培育8个省级公共海外仓、3个省级跨境电商知名品牌,数量分别列全省第一和第二位。海门驻深圳跨境电商产业园正式运营。南通小生信息科技有限公司、梦百合家居科技股份有限公司、南通动感服饰在线商务有限公司等跨境电商企业快速发展,江苏东成电动工具有限公司、南通市久正人体工学股份有限公司、南通铁人运动用品有限公司等传统企业加快布局跨境电商新赛道。

（三）多措并举繁荣消费市场，商贸流通企稳向好

一是强化商贸流通运行监测。商贸专班会同发改委、统计、税务等相关部门，共同研究，加强调度，通过推动石化平台数据回流、制造业主辅分离以及海产品、家纺、农批市场"大个体"和企业法人入库等措施，盘活存量、拓展增量，夯实行业发展基础。二是促消费活动精彩纷呈。围绕季季有主题、月月有活动、周周有精彩，举办第二届南通啤酒嘉年华、无人机灯光秀、"苏新消费·夏夜生活"暨"惠聚南通·美好生活"夏季购物节启动仪式、"约惠暖冬"南通冬季购物节暨第三届"双12"南通购物节等30多场大型促消费活动。创新推出吃住购"周周有精彩"、有奖发票等活动，持续活跃通城消费市场。三是深入推进"四大商圈，两大集群"建设。南大街商圈改造焕新，高端品牌集聚，市北区域性服务商圈辐射盐城、泰州、张家港等周边区域，中央商务区——紫琅湖商圈成为潮流消费新地标，南通中心（奥特莱斯南通名品馆）开工建设。环濠河、五山片区精品酒店和精致餐饮提档升级，商文旅深度融合。四是优化完善商贸流通体系。出台《南通市支持商贸流通发展促进消费增长的若干政策措施》《南通市促进内外贸一体化发展实施方案》，扶持商贸企业做大做强，加大贸易总部和首店招引。国家级城市一刻钟便民生活圈试点和县域商业体系建设扎实推进，新增改造社区商业中心31个、综合超市35个，累计开设连锁便利店500多家。沪疏通农副产品批发市场开业，南通数字"菜篮子"上线。

（四）持续提升载体平台能级，开发园区争先进位

一是调整优化园区考核体系。修订省级以上开发区绩效考核办法和开发园区产业项目考评办法，推动"一区多园"做实做优，引导开发区聚焦主责主业、提高产业集聚度、创新体制机制。在2023年全省开发区考评中，8家开发区排名上升。二是多项经验获全省推广。扩大开发区区域评估范围、增加评估事项，加强成果应用，线上共享平台为企业节约成本超千万元，节约时间近3 000个工作日，相关经验被列入全省区域评估改革第二批实践案例。中

奥苏通生态园坚持高起点规划，打造合作园区新典范，被列入全省国际合作园区发展典型案例。三是口岸开放取得新突破。如东洋口港、启东港口岸扩大开放获国务院批复，江苏沪通集装箱码头有限公司、南通通洋港口有限公司这2个进境粮食指定监管场地获海关总署批复。江苏沪通集装箱码头有限公司新开日本集装箱班轮航线，南通通海港口有限公司新开韩国仁川/平泽港集装箱班轮航线，南通机场首开德国莱比锡洲际全货机航线，新开中国香港客运航班。

（五）健全"走出去"服务保障体系，外经工作全省前列

一是持续擦亮"南通外经"金字招牌。多次赴商务部汇报南通援外工作，邀请国务院参事室、商务部国际经济合作事务局、中国对外承包工程商会的领导赴南通调研，承办第三届国际工程合规经营论坛，南通外经工作获得参会领导和专家高度肯定。南通市共有5家企业上榜2023年度《工程新闻纪录（ENR）》"全球最大250家国际承包商"，占全国总量的6%，保持地级市首位。二是进一步兜牢"走出去"保障体系。"走出去"统保平台共承保10个境外项目，为7 500多位境外工作人员提供意外伤害险和境外雇主责任险保障，总保障金额超10亿元。帮助江苏神马电力股份有限公司、通富微电子股份有限公司、创斯达科技（中国）集团股份公司、江苏南通三建集团股份有限公司、江苏中南建设集团股份有限公司、江苏南通二建集团有限公司等企业解决境外投资、备案中遇到的问题。三是市场开拓成果丰硕。举办重点"走出去"企业座谈会、境外投资政策宣讲会、民营企业国际化培训班、"一带一路"投资合作专题培训等活动，提高南通企业境外投资能力。举办西非-澜湄国家投资说明会、走进东盟交流会等重点国别市场投资推介活动，帮助企业赴东南亚、东欧等市场实地考察当地投资环境。

（六）深化外包示范城市建设，服务贸易加快发展

服务"青年发展型城市建设"作用显现。举办2023全球服务外包大会（南通）峰会暨南通数字贸易创新发展峰会、日资企业专场政企对接会等活

动,加大现代服务业招引力度,累计新增服务外包企业75家,吸引日本三井海洋开发株式会社摩德克(南通)公司、瀚辰精英集团公司等知名船舶设计管理企业落户,打造青年人才集聚高地。服务外包百强企业中,本科及以上学历员工占比42.6%,平均岗位工资达7 000元,高于同期全市企业平均工资水平。

南通市商务局

连云港市

2023年,连云港市认真贯彻落实党的二十大和二十届二中全会精神,围绕"攻坚突破年"目标任务,牢牢锚定争先进位目标,聚焦扩内需促消费、稳外贸促开放、优环境育主体,务实担当、主动作为,全年全市商务运行回稳向好、稳中有进,商务发展内生动力进一步增强。

一 主要商务经济指标完成情况

2023年,连云港市实现批零住餐业贸易额3 764.5亿元,同比增长12.1%,增速位居全省第三。其中批发业完成2 507.8亿元,增长13.9%;实现社会消费品零售总额1 277.3亿元,同比增长6.6%,高于全省平均0.1个百分点;完成外贸进出口总额192.5亿美元,同比增长19.4%,比全省平均增幅高22.6个百分点,其中出口额51.1亿美元,同比下降13.7%,进口额141.4亿美元,同比增长39.8%;实际使用外资4.36亿美元,同比下降44.1%,其中高技术产业实际使用外资额占比40.8%,同比增长

42.2%;新增境外投资项目10个,中方协议投资额3 165.0万美元,同比下降92.0%;实际投资6 461万美元,同比下降69%;对外承包工程完成营业收入12 299万元。

二 商务发展工作情况

(一) 聚焦补链强链,精准发力招强引优

重塑招商引资体制机制,印发《关于全面推进精准招商的若干措施》《连云港市招商代表管理办法(试行)》等系列文件,"742+N"招商网络投入运转。组织开展产业链主题招商、小分队招商等精准招商活动,市委、市政府主要领导率队密集开展境内外招商活动,利用中欧班列国际合作论坛、全球公共安全合作论坛、中国(连云港)丝绸之路国际物流博览会、第四届中国连云港电商发展大会暨"518"网络购物季等重大活动开展"点对点"对接,累计开展精准招商活动109场。建设线上全市招商引资项目信息管理系统,建立招商引资项目信息24小时研判机制,招商体制化运转更为规范、科学。全年全市新增签约项目1 049个(含亿元以上项目960个),协议总投资4 422.0亿元。

(二) 聚焦量稳质升,对外贸易蓄力前行

制定出台《支持企业开拓市场的若干政策措施》《关于推动外贸稳规模优结构的若干政策措施》,安排专项1 600万元资金支持外贸发展。与中国出口信用保险公司江苏分公司签订深化战略合作协议,安排600万专项资金支持出口信用保险。有序推进春秋两季广交会各项组展工作,组织5批次40余家企业经贸代表团赴日本、印度尼西亚、德国等国家参加贸易促进活动,助力企业多元化开拓市场。盛虹炼化(连云港)有限公司的原油非国营贸易进口资格成功获批,全年累计申请进口原油配额1 600万吨。加快推进跨境电商新业态发展,组织跨境电商论坛活动3次,200余家外贸企业开展业务培训。

加强外贸重点品牌培育,6家获批省级知名品牌企业。

(三)聚焦稳健高效,双向投资稳步开展

高标准落实外资企业联系服务制度,开展"家家到"活动,每季度召开"服务外企·面对面"政企沟通圆桌会议,累计解决问题40多个。规范利用外资,开展外资统计数据核查、现场核查、专项核查,提升外资项目的精准性和真实性。奥升德、中韩科锐、华电LNG 3个项目被列为全国、全省重点外资项目。正大天晴药业集团有限公司等5家外企被纳入跨国公司地区总部和功能性机构省级培育库。丰益表面活性材料(连云港)有限公司获批省级跨国公司功能性机构。江苏豪森药业集团有限公司、江苏暨明医药科技有限公司2家外企被成功认定为外资研发中心,实现全市外资研发中心零的突破。加快"走出去"步伐。支持企业抢抓"一带一路"机遇,组织企业赴哈萨克斯坦、乌兹别克斯坦开展经贸交流合作活动,2023年连云港市在共建"一带一路"国家协议投资项目3个,中方协议投资额2 335万美元。成功举办第八届中国(连云港)丝绸之路国际物流博览会,展会效应不断放大。

(四)聚焦消费升级,商贸流通活力焕发

开展"新春惠民促消费"活动,累计发放财政资金2 350万元,直接带动消费约8亿元,相关经验做法在全省复制推广,消费促进工作获得江苏省政府督查激励。全面推动"纳统"工作,全年限上批零住餐企业净增入库712家。持续打造"连云港滋味""2023年江苏省新能源汽车下乡活动(连云港站)""连云港首批小店经济集聚区"评选等特色促消费活动,不断释放消费需求。印发《连云港市推进"小店经济"健康发展的若干措施》,有效激发小店经济活力。成功举办2023连云港首届婚庆产业博览会。制定《连云港市推进城市一刻钟便民生活圈的建设工作方案》,入选国家第三批一刻钟便民生活圈建设试点城市。连云港家得福投资集团、康缘医药商业公司、江苏天马网络科技集团有限公司3家企业获批"2023年全国商贸物流重点联系企业"。举办"第四届中国连云港电商发展大会暨518网络购物季""电商培训县区行"等

特色活动,举办第一届市级电商直播技能大赛,成功挖掘和培养一批电商直播人才。江苏天马网络科技集团有限公司获评"国家级电子商务示范企业",海头镇电商产业集聚区获批"省级电商示范基地",2023年全市网络零售额实现1 047亿元,同比增长16%。

(五)聚焦增效赋能,开放平台日益完善

一是自贸区建设创新发展。江苏省自由贸易试验区工作办公室、江苏省发展和改革委员会等13个省级相关部门联合印发《支持连云港片区建设亚欧重要国际交通枢纽建设》的22项举措,连云港片区形成配套形成细化对接方案。印发《连云港片区油气全产业链开放发展工作方案》,加快油气全产业链开放,培育油品贸易企业700余家,全年交易额突破800亿元。持续深化首创性、集成化、差别化改革探索,形成25项制度创新成果,4项改革试点经验入选中国(江苏)自由贸易试验区第四批改革试点经验,5项制度创新成果入选中国(江苏)自由贸易试验区第四批创新实践案例。二是口岸开放卓有成效。2023年2月国务院批复同意连云港口岸扩大开放徐圩港区。徐圩港区、盛虹炼化、虹洋港储、中化石化等9个泊位获得交通运输部、商务部临开批复。完成机场扩大开放省市级验收。连云港获批国家"智慧口岸"试点建设。

三 商务改革推进情况

(一)加快推动各类园区创新提升

在全市开发园区开展"六争六赛"活动,全力推动各开发区在经济发展、项目招引、开放合作、改革创新、功能配套、营商环境等六个方面提升出新,进一步强化开发区对全市的经济贡献度。印发《园区需要市级及以上协调解决的问题清单》(28项)、《园区自身影响项目落地的短板弱项清单》(55项),牵头组织开展承载能力提升自查,汇总问题清单,持续跟踪会办。对全市园区

供水、供热、供气、厂房等配套设施和要素价格摸底调研，进一步推动开发区补短板、强弱项，提升园区要素保障能力。全年全市 12 家省级以上开发园区实现地区生产总值 1 759.22 亿元，同比增长 17.28%，占全市 40.32%；实现一般公共预算 101.17 亿元，同比增长 4.35%，占全市 39.52%；实现规模以上工业总产值 4 343.55 亿元，同比增长 21.91%，占全市 84.03%；实现外贸进出口总额 166.31 亿美元，占全市 84.6%；实际使用外资额 4.18 亿美元，占全市 68.4%。

（二）创新开展预付式消费信用监管

紧扣商务领域信用监管试点建设目标和工作重点，以单用途商业预付卡监管为突破口，积极探索单用途商业预付卡信用监管机制，工作成效显著。一是强化协同监管机制。建立市、县两级单用途预付卡管理联席会议制度，实施协同监管、联合执法。二是打造信息化平台。搭建连云港市单用途预付卡公共基础信息平台，实现对企业预付卡业务的全流程信用监管，并实现分级分类监管、失信预警。三是强化商务信用体系建设。制定《连云港市单用途商业预付卡信用分级分类服务管理办法》，建立符合行业特征、监管需求的信用评价模型，宣传守信典型案例，鼓励金融机构应用信用评价结果，深度联动连云港市公共信用信息共享平台。四是扩大平台影响力和覆盖面。举办备案商户授牌活动，并分批次在《连云港日报》上公示备案商户信息，结合促销活动开展"连信卡放心购"等优惠购物活动，扩大平台影响力。平台上线以来，已有超千家发卡经营者入驻，相关月均投诉量下降 20%，企业守法经营意识得到了进一步提升，预付卡消费环境进一步优化，相关工作举措在全省复制推广。

连云港市商务局

淮安市

2023年,淮安市商务系统深入贯彻落实江苏省委、省政府决策部署,在江苏省商务厅的关心指导下,坚持"争第一、创唯一"的工作导向,强化"攀高比强、跨越赶超"的奋斗姿态,全力以赴推进商务各项工作取得积极成效。

一 主要商务经济指标完成情况

2023年,淮安市实现国内贸易额为3 681.95亿元,同比增长10.45%;全市进出口总额达542.4亿元,同比增长27.1%,增幅居全省第二,其中出口396.6亿元,同比增长24%,增幅居全省第一,进口145.9亿元,同比增长36.4%;全市实际使用外资5.5亿美元,同比下降45.93%,其中制造业实际使用外资占总量的41.9%,高技术产业实际使用外资占总量的56.05%;境外投资企业中方协议投资额累计6.78亿美元,实际对外投资额约1.6亿美元;新签约亿元以上工业项目602个,新签约50亿元以上项目32个。

二 商务发展工作情况

（一）招商引资积势增效、成效显著

一是高水平举办招商活动。全年共签约项目810个，协议引资额4 080.0亿元，新签约亿元以上工业项目602个，协议使用外资额3 294.5亿元。成功举办杭州、深圳、上海投资环境说明会，以及第六届中国（淮安）国际博览会暨金秋经贸洽谈会、中国·淮安第三届淮河华商大会，赴日本、韩国、英国、法国、中国香港等国家和地区开展境外招商活动等，拓展境外招商资源，扩大城市宣传。二是招引质效显著提升。投资方中，央企3家，上市企业61家，高新技术企业213家，专精特新及行业"小巨人"49家，占比40.24%。新签约工业项目中，五大千亿级主导产业项目539个，占比89.53%。光伏、新能源电池、新能源汽车及零部件项目加快集聚，50亿元以上"新三样"项目10个，其中百亿级项目5个。三是自主招商成果不断扩大。全年新签约项目18个，协议引资额315.8亿元，项目数、协议引资额均居市直部门第一。经过八年深耕，特别是三年疫情的持续对接，总投资20亿元的运时通华东软体家居科技园项目成功签约，全球最大的金针菇生产企业雪榕现代食品产业项目实现了当年签约、当年开工、当年竣工投产。

（二）对外贸易量质并举、逆势上扬

一是强化精准调度。建立"123"企业周调度、月通报工作机制，对全市103家进出口额1 000万美元以上的重点存量企业、20家外贸数据回流企业、30家新增重点外贸潜力企业实行重点监测和调度，及时研究分析运行形势。二是加大政策扶持。出台《关于推动外贸稳规模优结构的若干措施》，统筹中央、省级和市级外贸保稳提质专项资金2 052万元，用于支持外贸企业稳存量、拓增量和新业态发展。对境外参展展位费给予最高80%的补贴，对赴境外商务拜访人员的出入境机票费予以支持。三是发展新业态。积极引培跨境电商、市场采购等外贸新业态,招引颐高集团有限公司、盘古集团有限公司等头部企业在内的 20 余家跨境电商企业和专业服务机构入驻连云港综合保税区跨境电子商务产业园。全年培育了出口过亿元大卖家 25 户,认定市级跨境电商贡献企业近 20 户。

(三)利用外资承压前行、争先进位

一是加大引资力度。市委主要领导带队赴日韩招商,成功举办"金秋聚淮 共筑未来"全市外资台资企业政策宣讲暨中秋联谊会活动,十余家市直单位主要负责人为百家外资台资企业作政策宣讲,受到企业广泛好评。二是优化外资结构。制造业利用外资占总量的 41.9%,高技术实际使用外资占比 56.05%,同比增长 19.69%,增速居全省第三。成功引进总投资 5 亿美元的敏实集团智能制造产业基地项目、总投资 20 亿的运时通华东软体家居科技园项目等一批优质外资项目。三是提升项目质态。出台《关于深挖外资存量促进利用外资高质量发展的实施意见》,推动和兴投资性公司、旺旺食品有限公司、富誉电子科技(淮安)有限公司等企业实现利润再投资额 1.8 亿美元,同比增长 56.52%。在苏北率先出台《淮安市鼓励外商投资股权投资企业试点发展的暂行办法》,全面对接 QFLP 利用外资新方式。敏实集团设立和兴投资性公司,为全市首家外资投资性公司,当年实现单笔到资 5 000 万美元。

(四)园区改革创新成效显著、动力提升

一是项目加快落户。全市开发区新签约亿元以上项目 612 个,占全市总量的 75.6%;协议引资额 3 338.2 亿元,占全市总量的 81.8%;50 亿元以上项目 30 个,占全市 93.8%(其中工业项目均落户开发区)。2023 年全市开发区清理低效闲置用地近 7 000 亩(1 亩≈667 平方米),储备 500 亩以上集中连片工业用地 22 个。二是改革成果全面推广。深化应用改革成果,提升审批效率,"拿地即开工"项目总数居全省第二。建设项目平均缩减办理时长、降低费用成本 60% 以上,2023 年实现成果应用项目数 2 372 个,居全省第二。三是园区考核整体进位。淮安市 8 家省级以上开发区在 2021 年度全省经济

开发区综合考核评价平均进位 1.25 位,位列苏北第一,2022 年度全省考核平均进位 6.6 位,全省领先。涟水、金湖开发区进入全省省级开发区前三分之一序列。

(五)消费市场加速回暖、活力迸发

一是消费品牌深入人心。承办 2023"苏新消费·金秋惠购"暨"幸福满淮·安心消费"金秋购物节启动仪式,组织"幸福满淮·安心消费"四季主题活动,开展多场购车、家电促消费补贴活动,拉动汽车、家电家居消费超 4.2 亿元。二是打造多元消费场景。改造提升清江浦 1415、御码头、河下古镇等 5 条特色美食文化街区,其中 2 条街区入选首批"江苏味道"美食街区。组织"五一"万人龙虾宴,三天累计销售额超 230 万元,客流超 2 万人次。联合美团平台发布"淮安美食地图",首批上线 190 家餐饮商户。三是消费业态深度融合。全市网络零售额 182.68 亿元,同比增长 11.8%。推动淮安电商物流园启动二期建设,落户淮安飞天小猪电商服务有限公司、淮安智慧鸟供应链管理有限公司等 30 余家大型电商企业。开展电商示范基地建设,共创成国家级电子商务示范基地 1 个、省级电子商务示范基地 3 个。

(六)商贸流通惠民利民、安全稳定

一是商业体系建设日趋完善。健全"月督查、月考核、月通报"工作机制,并纳入全市乡村振兴考核。累计向上争取资金 1 000 余万元,梳理重点项目 33 个,并将其列入江苏省商务厅项目库。建成 15 个一刻钟便民生活圈,完成 17 个农贸市场和 4 个农产品冷链集配中心改造提升。二是商贸流通健康发展。印发《淮安市商贸流通企业信用等级评价管理办法(试行)》,淮安金鹰国际购物中心等 8 家发行预付卡企业获评 AAA 级商贸流通信用企业。新认定"淮安老字号"13 家,3 家"淮安老字号"入选"江苏老字号"。生态新城吾悦广场获批全国"绿色商场"称号。江苏理士蓄电池有限公司、江苏康乃馨织造有限公司入选全省内外贸一体化典型案例。三是筑牢安全生产底线。对安全生产重点企业开展专业检查,发现并整改问题隐患 103 个。开展"春季行动"

和"秋季雷霆"成品油非法经营专项整治行动,全年共查封非法经营点26个,查扣非法加油车76台,罚没非法油品129.69吨。

(七)助企服务主动靠前、精准周到

一是服务品牌成色更足。建立"淮品出海"1+N专班服务机制,协调解决荣芯半导体(淮安)有限公司、南高齿(淮安)高速齿轮制造有限公司等重点企业设备进口问题,确保24亿元进口设备数据及时入库。打造外贸外资企业服务"月季歌"品牌,充分发挥外贸外资专班作用,每月赴各县区、园区开展业务指导、政策宣讲等活动。二是服务企业成效更实。建立健全"企业抱团出海+政府组展促展"贸易促进模式,组织开展11场次贸易促进活动,共组织320余家企业、近千人参加广交会、华交会、中国(深圳)跨境电商展览会、第二十四届江苏省出口商品展览会(日本大阪)(以下简称"日本大阪展")等境内外重点展会,意向成交额超2.6亿美元,获中国国际贸易促进委员会江苏省分会首批授牌"贸促服务新e站"。三是企业获得感更强。指导江苏共创人造草坪有限公司展位获评第134届广交会绿色展位银奖,全省唯一。海关总署批复设立进境水果指定监管场地,"区港联动、水陆联运"快速通关模式正式运行,港口集装箱吞吐量增长8.4%,全市进、出口整体通关办事效率、"提前申报"应用率稳居全省第一方阵。

三 商务改革推进情况

(一)跨境电子商务综合试验区建设工作

在2021—2022年商务部对全国105个"跨境电子商务综合试验区评估"考核中,淮安市连续两年获评第二档次,位居苏北四市第一。一是发挥行政指导作用。开展跨境电商产业示范基地(园区)、创业孵化基地(中心)评估工作,对40家企业给予跨境电商贡献企业资金支持。二是注重市场主体培育。举办"跨境电商助企行-亚马逊2023走进淮安产业带"培训、2023淮安功能

性服装及家居用品跨境专场论坛等 10 余场活动、培训人次超 1 000 人。新培育跨境电商产业园 2 家、跨境电商企业 40 余家。三是加快线上平台建设。多次赴南京海关数据中心汇报,推动淮安跨境电子商务综合试验区公共服务平台联通海关数据通道,目前淮安市跨境电商线上公共服务平台已上线试运营。

(二) 全省商务信用监管试点工作

全市大力推进行政管理由"门槛管理"向"信用管理"转变,建立覆盖事前、事中和事后全流程监管环节的新型监管机制。一是完善信用监管制度体系。印发《淮安市商务信用监管试点工作方案》,明确职责分工,形成工作合力,将商务法律法规汇编成册下发给全市商务干部,借助商务大讲堂等培训活动,详细解读信用监管相关条例及行业监管制度,提升干部执法能力。二是实现事前、事中、事后监管。深入开展诚信兴商宣传月活动,营造诚信兴商氛围;在资金拨付、老字号评选等工作中,及时提请淮安市社会信用体系建设领导小组办公室进行信用审查;对重大事项采购环节,要求投标企业按规定提供第三方信用报告,完善事前监管流程;出台《淮安市商贸流通企业信用等级评价管理办法(试行)》,认定淮安金鹰国际购物中心有限公司等 8 家企业为 AAA 级信用单位。三是强化信用监管结果应用。推广应用"信易批""信易展",对诚信主体实行优先审批、优先安排展位。

(三) 开发园区体制机制改革创新

一是聚焦主责主业。印发《2023 年全市开发区工作要点》,强化统筹协调推进,推动完善空间布局和产业发展规划。指导各开发区精简剥离公共服务和社会管理职能,资源向招商和服务一线集中,承担经济发展、招商引资、项目建设的职能机构比例达 70% 以上。二是突出项目招引。推动各开发区建立完善项目入园评审机制,围绕《淮安市"十四五"工业经济发展规划》,确定 1—2 个主导产业,加强产业研究,明确发展方向。开发园区承载力、贡献度明显提升,百亿级工业项目全部落户开发园区。三是强化要素保障。强化工业用地提质增效和空间整合利用,在市考核指标体系中,引入"亩均规上工业开票及税收"指标,推动各开发园区强化低效闲置用地清理,取得积极成效。四是加大审批赋权力度。按照"权责一致、职能匹配、能放尽放、精准赋权"原则,实施全链赋权改革,各开发园区将涵盖15个市级部门的95个行政审批事项逐步承接到位。

淮安市商务局

盐城市

2023年,盐城市商务系统坚持以习近平新时代中国特色社会主义思想为指导,坚定不移稳住外贸外资基本盘,推动消费市场回暖,商务经济保持良好的发展势头。

一 主要商务经济指标完成情况

2023年,盐城市实现进出口总额1 452.4亿元,同比增长7.5%;完成实际使用外资额9.4亿美元,其中制造业、高技术产业实际使用外资额占全市比重均超过70.0%;实现社会消费品零售总额2 872.5亿元,增长6.4%;实现对外直接投资额1.2亿美元,下降36.8%。

二 商务发展工作情况

(一)政策支撑稳固有力

先后出台《盐城市关于推动外贸稳规模优结构的若干

措施》《关于加快推进跨境电子商务高质量发展的若干政策》《关于支持省级以上开发区创新提升更好发挥示范作用的若干措施》《关于加快建设高质量实施 RCEP 地方经贸合作示范区的实施意见》等政策措施,发布两轮消费政策,联合盐城市金融监管局开展外商投资股权投资企业试点(QFLP)。

(二)开放格局全面拓展

构建"11669"招商引资新型体系,由市级商务部门统筹内外资项目招引。统筹双向开放,构建"深耕韩国、发力欧日、拓展东南亚、盯住国内外资企业"的开放格局。市委、市政府主要领导分别带队赴韩国、法国、德国、日本、新加坡、印度尼西亚招商,签约一批外资项目。组织"5·18"经贸洽谈暨科创资源对接会、"中韩贸易投资博览会""2023 中国盐城—美中贸易全国委员会绿色低碳产业发展交流会"等投资促进活动 350 余场次,其中境外活动超 100 批次。组织 700 余家企业参加日本大阪展、德国法兰克福展览、中国进博会、中国广交会等境内外重点展会。

(三)开放动能加快集聚

开展招商引资和项目推进"百日攻坚"行动,全年签约亿元以上项目1 301 个。每月调度、压茬推进年度 58 个重点外资项目,SK、金光、立铠精密等 6 个项目列入国家重点外资项目。全国 105 个"跨境电子商务综合试验区评估"考核提升至第二档次,市场采购增长 47.5%,对 RCEP 成员国贸易往来占全市比重为 45.0%,"新三样"产品出口占全市比重为 34.2%。江苏德龙镍业有限公司、江苏润阳新能源科技股份有限公司、盐城晶澳新能源信息科技有限公司等企业"走出去"参与国际合作能力不断增强。

(四)开放平台能级提升

响水港区、射阳港区对外开放通过国家验收,盐城港"一港四区"全部正式对外开放,韩国、日本全货机航线顺利复航,中欧班列"盐城号"开通运行。开发园区开放发展,贡献全市八成以上的外贸进出口额、九成以上的实际使用外资；中韩（盐城）产业园建设加快，实际使用韩资全省第一。

（五）消费市场活力增强

开展第三届"5·15盐城消费季"，组织"1＋10＋N"系列促消费活动2 000余场，发放汽车、家电家居、住餐百货全品类消费券1.2亿元，带动消费超15亿元。承办2023江苏省电商直播节助农专场活动，招引品牌首店和旗舰店超70余家，新认定市级特色夜市街区10家、电商直播基地7家，入选江苏省示范步行街1条，创成国家绿色商场3家，盐都区入选首批全国县域商业"领跑县"。新增限上贸易单位1 435家，累计建成一刻钟便民生活圈38个，实施县域商业建设项目143个。

三 商务改革推进情况

（一）稳步扩大制度型开放

对标《区域全面经济伙伴关系协定》（RCEP）、《全面与进步跨太平洋伙伴关系协定》（CPTTP）等高标准国际经贸规则，稳步推动规则、规制、管理、标准等制度型开放。以盐城市政府办名义出台《关于加快建设高质量实施RCEP地方经贸合作示范区的实施意见》（盐政办发〔2023〕39号），聚焦全产业链开放创新、中日韩深度合作、区域一体化联动、绿色低碳发展、制度型开放和营商环境建设等，全力建设一批引领性基地、地标性集群、枢纽性平台、示范性园区、标志性成果；明确"十四五"期末目标，并展望2035年中长期目标。2023年，全市共签发RCEP原产地证书2 289份，签证总金额1.13亿美元，对RCEP成员国出口46.1亿美元，同比增长11.7％。完整、准确、全面贯彻新发展理念，主动服务和融入新发展格局，以高质量发展为主线，以服务全省建设具有世界聚合力的双向开放枢纽为目标，加快新经济、新业态、新模式、新技术发展，实施"八大行动"，建设"全球链接力强、要素配置力强、示范引领力强"的双向开放枢纽，为全省打造"高水平开放的门户枢纽、产业链供应链的重要枢纽、国内国际双循环的战略枢纽"贡献盐城力量。会同盐城市金融监管局、盐城市市场监管局、中国人民银行盐城市分行，出台《盐城市鼓励外商投资股权投资企业试点发展的暂行办法》（盐金监发〔2023〕43号），进一步敞开盐城市金融对外开放大门，促进全市股权投资市场健康发展，稳步扩大现代服务业开放水平。

（二）深化开发园区改革

出台《关于支持省级以上开发区创新提升更好发挥示范作用的若干措施》，起草体制机制改革的工作清单、任务清单和改革清单等"三清单"，深化园区体制机制改革。有序推进"一县一区、一区多园"管理模式，目前全市除盐南高新技术产业开发区，其他园区均开展园区优化整合工作，部分园区的整合工作实现突破，江苏省盐城高新技术产业开发区核心区与合并的园区统筹规划协调，实行"五统一"管理，管理机构则建立"一区多园"协调发展工作机制；江苏盐城环保科技城、江苏省建湖经济开发区"一县一区、一区多园"优化整合，优化了空间布局，提升了综合实力。加大园区"放管服"改革力度，持续优化园区营商环境，中韩（盐城）产业园优化营商环境案例入选全省国际合作典型案例。深入开展园区区域评估工作，园区已累计完成101个区域评估事项，近千个建设项目成功应用区域评估成果。复制自贸区制度成果突出，江苏省自由贸易试验区第四批改革试点经验在盐城复制率达100%。

盐城市商务局

扬州市

2023年，在江苏省商务厅和扬州市委、市政府的坚强领导下，扬州商务系统坚持克难求进、攻坚突破，全力促消费促投资、稳外贸稳外资、强载体强服务，推动商务经济稳中有进。

一 主要商务经济指标完成情况

2023年，扬州市实现社会消费品零售总额1 660.6亿元，同比增长9.3%，增幅连续19个月居全省第一；实现外贸进出口总额1 055.8亿元，跨境电商贸易规模同比增长20%以上；完成实际利用外资额12.2亿美元，总量居全省第六，增幅居全省第五，取得近年最好位次；完成对外投资总额5.84亿美元，同比增长28.9%；完成对外直接投资额2.56亿美元，同比增长30.6%。

二 商务发展工作情况

（一）商贸活力有力增强，消费动能有效释放

一是抓形式创新，全力提振消费。围绕"好地方·好生活"主题，紧扣"快乐生活"精品展销、"淮扬味道"美食品鉴、"指上功夫"休闲养生、"扬州好物"电商促销四大特色，市级层面领办年货节、露营节、美容美发节等活动，指导各地打造"一地一特色"惠民消费品牌，组织企业开展文创市集、咖啡市集等活动500余场，市场活力持续释放。全年发放惠民券（消费券）4700万元，其中，2023年6月发放300万元汽车惠民券，拉动汽车消费撬动比达1∶74。首创"快乐星期五"特色促销活动，连续43期推介优质消费场景，发放无门槛体验券。与抖音合作组织开展"扬州好物"618电商购物节，邀请知名主播带货，为"扬州好物"代言。二是抓优势拓展，全力打响品牌。建成全国首个喜马拉雅美食书房暨有声食育基地，将扬州美食打造成可看、可听、可购、可品的"四可"实物，促进美食与旅游、文化等产业融合发展。高水平举办第五届中国早茶文化节暨2023中国扬州淮扬菜美食节、2023中国（扬州）国际创意美食博览会暨东南亚美食节，发布2023中国地标美食（早茶、早餐类）代表性城市、传承人代表及精选集，通过地标美食建立健全早茶、早餐品牌及产品，为下一步品牌化、产业化发展打下基础。三是抓特色打造，全力凸显亮点。推动大润发M会员商店全国首店落地扬州，大润发M会员商店开业后连续多天创造日销售额突破500万的业绩。推动特色步行街按照"博物馆＋体验店"模式嫁接传统商贸，布局世界美食之都展示馆、理发术博物馆等场馆，丰富"必吃、必逛、必玩"打卡点。成功入选全国第三批一刻钟便民生活圈建设试点城市；邗江区成功入选全国首批县域商业领跑县（区）；2家企业上榜第三批中华老字号。

（二）招商引资有力推进，外资质态持续优化

一是组织推进有力有效。组织开展2023中国·扬州"烟花三月"国际经

贸旅游节重大项目集中签约,市委、市政府主要领导赴欧洲及美国、日本进行专题招商拜访、项目观摩等活动,高质量举办扬州(深圳)高质量发展产业推介会、美食博览会食品产业项目集中签约仪式等活动,成功举办"携手扬帆启新程"扬州外资企业迎新联谊会,扬州的知名度和吸引力进一步提升。全年新认定亿元以上正式合同重大产业项目734个,比2022年翻一番;新引进世界500强及跨国公司项目6个。二是招商渠道更加多元。聘请普华永道成为扬州市"招商合作伙伴"、聘任10名海外"招商大使",设立驻德国、意大利等6个境外商务联络处;高频开展外资专题拜访,先后拜访资生堂、威立雅等16家外资企业以及荷兰贸易促进委员南京代表处等4家驻华机构、上海美国商会等5家商协会。三是外资质态显著提升。点对点上门拜访近两年到资且有到账空间的项目,积极引导重点外资企业通过增资扩股、利润再投等形式集约高效利用外资。全年新设外资企业153家,同比增长43％;实现协议外资额38.7亿美元,同比增长34.6％。利润出资、设备出资占比提升至13.7％,其中,利润再投出资占比逐年提高,较2021年、2022年分别提升8个百分点和5个百分点。西门子集团新投资建设伺服电机项目,注册成立西门子机电科技(江苏)有限公司,到资1.13亿美元。积极培育外资总部和功能性机构,2023年12月,阿斯塔导线有限公司被认定为江苏省跨国公司功能性机构。

(三)国际市场有力开拓,外贸外经稳中有进

一是加强政策扶持保障。面对外需减弱、外贸承压的严峻形势,及时制定出台《扬州市关于推动外贸稳规模优结构的若干措施》,加大境外参展等扶持力度,全年500多家企业赴境外参加展会、开拓市场;组织企业参加广交会、进博会、中国—东盟博览会和"江苏优品·畅行全球"线上国际展会;联合扬州市工业和信息局举办2023第四届中德工业4.0暨全球采购大会,24家扬州企业现场意向签约额49.95亿元。二是积极培育外贸新业态。建成跨境电商"三大中心"等一批平台载体,2023年9月开通综合保税区跨境电商监管场站和线上公共服务平台,目前已实现跨境电商1210进

口额超6 000万元。目前拥有2家省级跨境电子商务产业园（市综合保税区、邮政跨境电商产业园）和2家市级跨境电子商务产业园（高邮市通邮电子商务产业园、江苏信息服务产业基地）。江苏嘉和热系统股份有限公司海外仓获评省级公共海外仓。三是大力发展服务贸易。推动5家企业申报2023年省级服务贸易重点企业。推动企业申创省级数字贸易平台和平台型数字贸易龙头企业；推动工业设计等服务贸易从生产制造业剥离，提升服务贸易质态。2023年实现服务贸易额16.7亿美元，同比增长43%；知识密集型服务贸易额8.6亿美元，同比增长64%。四是优化"走出去"促进服务。组织企业参加江苏企业投资泰国交流会、中国—非洲经贸博览会、中国—蒙古国博览会等对外投资合作促进活动。重点推动电子电气、装备制造等优势产业加快"走出去"步伐。编印《重点国家（地区）投资指南》，做好新设对外投资项目业务指导。全年新批对外直接投资项目40个，同比增长54%；中方协议投资额4.48亿美元、同比增长84.0%。扬杰电子科技股份有限公司越南项目成功获批，中方协议投资额2.13亿美元，为扬州市近年最大境外投资项目。

（四）载体建设有力完善，开放能级不断提升

一是不断完善工作机制，园区改革稳步推进。建立健全开发园区党工委书记工作例会机制，搭建交流探讨、共谋发展的工作平台，强化对重大项目、重点指标和重要事项的常态化调度。推动招商市场化改革，目前已有5家开发园区组建招商集团（公司）。二是持续建强"主战场"，引领作用日益增强。2023年，全市省级以上开发园区实现工业开票销售4 957.5亿元，同比增长6.6%，高于市均1.3个百分点；工业入库税收144.3亿元，同比增长6.1%，占全市总值的61.1%，占比高出2022年度3.3个百分点；利用外资和外贸进出口占全市比重分别提升8个百分点和3个百分点。扬州市经济开发区在全国考评中较上一年度上升71位，8家经济开发区在全省综合考评中有6家名次上升、2家名次下降，全部位于上中半区，取得历史最好成绩。三是口岸开放步伐加快，"扬货扬出"成效显著。3个泊位对外开放通过省级验收，4个

泊位获批临时启用；航空口岸恢复1条国际航线。牵头制定《关于进一步推动扬州港集装箱运输高质量发展的政策意见》，全年完成集装箱吞吐量75.8万标箱，同比增长25.9%，其中，外贸集装箱25万标箱，同比增长53.2%，在全省17个水运口岸中排名第五，创历年新高。

扬州市商务局

镇江市

2023年面对前所未有的压力和挑战,镇江市商务系统认真贯彻落实党中央和省、市各项决策部署,优化服务,创新思路,攻坚克难,推动商务经济承压前行。

一 主要商务经济指标完成情况

2023年,镇江市实现社会消费品零售总额1 481.7亿元,同比增长8.6%,列全省第二,高于全省增幅2.1个百分点;实现外贸进出口总额986.4亿元;实现服务贸易进出口总额19.7亿美元,同比增长56.4%,增幅列全省第一;确认实到外资42 622万美元,完成高技术产业利用外资18 199万美元,占比达42.7%;实际投资额累计2.46亿美元,同比增长49.3%。

二 商务发展工作情况

（一）内贸消费持续回暖

一是稳定扩大传统消费。以"金山消费节"为统领，举办"一市（区）一主题"活动。"嗨购畅游迎新春"消费券拉动消费约2 000万元；汽车消费补贴叠加"五一""十一"车展，带动汽车销售3 500辆，销售额超6亿元；节能家电消费补贴活动拉动家电消费超2 200万元。二是培育壮大新兴消费。举办全市首届电商直播大赛，曝光量超2 700万；5家企业获评江苏省电子商务示范企业。长申超市成为全市首次应用数字人民币的商贸企业。9家企业获评全省第一批内外贸一体化试点企业。扬中高新技术产业开发区获评省级服务贸易基地。三是支持餐饮特色消费"走出去"。镇江市作为华东地区唯一的场外连线城市参加2023年"中华美食荟"；西津渡被评为全省首批"江苏味道"美食街区；镇江锅盖面集体亮相江苏老字号博览会，成为全场热点。四是优化提升消费环境。镇江市入选全国一刻钟便民生活圈试点城市，在南山路等6个菜市场建成"平价菜摊"，在健康路等10个社区开展一刻钟便民生活圈建设，服务人口19.5万。扬中市入选首批全国县域商业"领跑县"。

（二）对外贸易育新培强

一是实施"百团千企"拓市场行动。组织600余家次企业参加德国法兰克福展览、日本大阪展等超60场重点国际展会。新增248家企业投保中国出口信用保险，覆盖面和承保率"双提升"。高质量落实RCEP等政策，AEO（经认证的经营者）认证企业数翻倍。二是着力稳存量、扩增量。外贸稳增长资金实现"免申即享""快享直达"，"稳外贸专班"持续强化对外贸50强的监测服务，建立"稳存量扩增量清单"，积极争取总部订单，加快港口中转项目落地，推动外贸稳规模优结构。民营企业进出口占比达58.7%，增长7.6%，拉高全市进出口增速3.9个百分点，主力作用增强。三是加快培育新业态、新动能。跨境电商进出口总额同比增长超三成。国家级服务外包示范城市综合评价镇江市列全国第二十六位，较2022年上升3个名次。全年"新三样"出口82.3亿元，同比增长70.4%，占比8.3%，发展势头优于全国、全省。

（三）双向投资质效提升

一是全力以赴稳大盘。动员17家归母利润跨境支出的企业，实现利润再投资；摸排近两年签约的外资项目，推荐14个项目列入国家、省重点保障外资项目清单。蓬勃生物基因细胞治疗载体研发中心项目在太湖论坛上签约。二是优化政策增强企业信心。实施"鼓励外资企业利润再投资行动计划"，对"吸引重大外资项目落户""鼓励外资企业增资扩股"的6家企业给予政策支持。合瑞迈材料科技（江苏）有限公司获评省级跨国公司功能性机构。制造业外资占比超八成。三是指导企业稳健出海。每季度举办一场外经"企业家沙龙"活动，组织企业参加中国（厦门）国际投资贸易洽谈会等"走出去"推介活动，助力企业开拓国际市场，境外投资增幅列全省第四。

（四）平台载体持续优化

一是提升口岸开放水平。创新优化智慧口岸平台建设，助力镇江港国际集装箱码头、中央储备粮直属库码头进境粮食指定监管场地申报；口岸收费部门与行业协会联合监管机制在全省推广。二是促进开发区改革发展。开发完善招商地图（园区版）信息化平台；开发区转型升级创新发展工作获江苏省政府督查激励；区域评估改革实践案例被江苏省商务厅等10部门联合发文列为示范典型。

（五）安全法治守牢底线

一是守牢安全生产底线。联合第三方安全专家对全市所有加油站（点）开展"全覆盖式"安全隐患排查和专业安全技术服务，推动隐患闭环整改。印发餐饮燃气安全宣传海报和手册1万余份，组织5场餐饮燃气安全常识和应急处置培训会并同步线上直播，共计3 300人次观看网络直播，餐饮燃气安全

宣贯成效明显。首次举办镇江市石油流通行业加油站操作员技能竞赛，提升了加油站员工的安全意识、专业知识和应急处置能力。二是守牢法治底线。对各类文件、活动开展法治审核和公平竞争审查，对各类行政合同开展合法性审查，2023年共开展各类法治审核71次，有效降低了依法行政风险。出台《关于进一步完善重大产业项目招商引资法律服务的实施方案（试行）》，开展2期专题培训，帮助招商人员准确把握谈判、签约环节中的法律风险。

三　商务改革推进情况

（一）实施"项目攻坚突破年"行动，招商体制机制改革有成效

一是大力发展"走出去、引进来"战略。赴欧洲、日本、韩国以及中国北京、上海、广州、深圳等地开展产业合作对接，洽谈推进重点项目；成功举办"2023年镇江（深圳）合作交流恳谈会""2023年镇江（上海）服贸合作交流恳谈会"等综合性招商活动。二是深入推进招商体制改革。出台《关于进一步提升项目招引精准化、专业化、绩效化水平的指导意见》；年中在北京、上海、深圳等5个城市开展驻点招商，与优质平台机构合作、选聘"招商大使"，开展委托招商、以商引商。三是不断夯实招引基础。落实月度通报、定期例会、季度督查制度，对项目开展"回头看"，举办4场专题培训，持续提升招商人员专业技能。全市新签约亿元以上产业类项目总投资同比增长66.2%，百亿项目实现新突破。

（二）深入推进跨境电子商务综合试验区建设

镇江市获批第六批跨境电子商务综合试验区以来，积极推进"两平台六体系"建设，完善服务，开展市场主体培育、人才培养。镇江市跨境电子商务产业园、网易（镇江）联合创新中心开园运营，线上综合服务平台投入使用，99家企业注册备案，丹阳眼镜跨境电商产业园创成省级跨境电商产业园区，南京杜拓跨电园区项目落地丹徒区。鱼跃医疗创成省级跨境电子商务品牌，培育江苏淘镜

有限公司成为年出口过 6 亿元的本土头部企业。跨境电商经营贷创新做法入选全省外贸新业态优秀实践案例。构建"四位一体"人才培养体系,举办首届跨境电商创新创业大赛。2023 年,镇江市跨境电商进出口增幅超三成。

(三)区域评估改革实践案例被江苏省商务厅等 10 部门联合发文列为示范典型

在全省首创重大项目线上审批服务平台,依托审批服务平台和网上中介服务超市,实现区域评估评价成果在线展示、前置共享和实时调用,极大简化了项目评估程序和审查程序,实现了入驻园区项目由"申请审批"转变为"靠前服务"、由"单个评估"转变为"整体评估"、由"企业付费"转变为"政府买单",推动项目早落地早开工。依托重大项目审批服务平台绘制"项目服务地图",2023 年 6 月上线以来,共提供下载查询 394 次,51 个项目主体共享区域评估资料,平均节约评估编制时间 12 天,缩减材料文本超 23%,节约相关编制成本 68 万余元。全市 9 个省级以上开发区共完成 44 个评估事项,累计推动近 800 个项目运用评估成果。

镇江市商务局

泰州市

2023年,泰州市商务系统深入学习贯彻党的二十大精神,认真落实国家和省市决策部署,紧扣推动经济运行率先好转总体要求,持续推进主题教育走深走实,全力抓好"两稳一促"做优做强,全市商务高质量发展难中有进、稳中提质。

一 主要商务经济指标完成情况

2023年,泰州市完成社会消费品零售总额1 709.7亿元,同比增长7.6%;实现外贸进出口总额1 344.4亿元,同比增长2.8%;完成实际使用外资额9.29亿美元,同比下降18.42%;实现对外直接投资额2.51亿美元,增长51.35%。

二 商务发展工作情况

(一)外资质态逐步向"好"

一是办好主题招商活动。围绕"1+4"产业体系,精心举办泰州(北京)高质量发展恳谈会、泰州(东京)产业投资推介会、杭州招商周、"走进大湾区 联动泰港深"系列活动、泰州与跨国企业恳谈会等投资促进活动,积极组织企业参加江苏发展大会、中国国际投资贸易洽谈会等活动。全市新签约总投资5亿元(3 000万美元)以上项目344个,完成年度目标任务的115%,其中"1+4"主导产业体系项目占比达43%。二是建好专业招商队伍。聚焦建强招商队伍和突破重大项目,成立"晓利招商工作室",先后开展专题培训4场,参训一线招商人员1 100人次。联合市委组织部印发《泰州市加强高素质专业化招商干部队伍建设行动计划》,起草制定《专业化招商人员培养方案》等政策措施,组织招商骨干赴普华永道等专业机构学习,全年举办招商人员培训71场,参训近4 000人次。三是做好外资项目服务。认真落实国家及省外资惠企政策,深入推进《泰州市制造业利用外资优先计划》《泰州市促进开放型经济高质量发展的若干政策措施》《关于以制造业为重点促进外资稳中提质的若干政策措施》等政策举措,"油脂产业一体化""深国际物流""新药研发中心"等8个项目成功列入省级重点外资项目清单,其中7个列入商务部重点外资项目清单。持续推进"利润再投资三年行动计划",近三年利润再投资占实际使用外资的比重提高近25个百分点,投向制造业的比重近60%。持续发挥商务专项资金的引导和杠杆作用,引导研发能力突出、世界500强、高技术制造业等外企加大在泰州投资。

(二)对外经贸不断趋"稳"

一是市场开拓加力。深入实施"泰州优品·智行全球"贸易促进计划,全年组织580家企业参加省"百展万企拓市场"行动和中国广交会、中国进博会、日本大阪展等重点境内外展会,重点突出共建"一带一路"国家和RCEP成员国市场开拓,组织17家外经贸企业赴日本开展贸易促进活动。二是主体扶持加码。认真贯彻落实国家和省、市稳外贸政策,常态化监测全市外贸30强企业,综合运用资金、政策等工具"一企一策"助企纾困解难,全年发放外贸企业扶持资金超4 000万元。加快推进落实RCEP等自由贸易协定,开展外贸学堂、RCEP国别深耕宣讲会等专题培训活动17场,累计签发RCEP

项下原产地证182份。充分发挥出口信用保险跨周期逆周期调节作用,持续推进出口信用保险扩面降费,全年承保企业数同比增长8.5%,承保金额同比增长10.0%,融资增信额10.8亿元。三是业态拓展加速。加快推进中国(泰州)跨境电子商务综合试验区建设,成立泰州市跨境电商服务联合会,吸收外贸企业会员近150家;建成中国(泰州)跨境电商综试区综合服务平台,不断完善通关、物流、结汇等功能;举办跨境电商创新论坛、跨境电商选品会、跨境电商创新创业大赛等活动,不断增强企业跨境电商竞争力,其中1家企业入选省级重点培育和发展的跨境电商知名品牌,25家企业品牌入选省级重点培育和发展的国际知名品牌。四是对外投资加温。定期摸排意向对外投资企业,建立全市"走出去"重点企业和项目库,鼓励和引导重点企业积极开展对外投资与合作。多次联合外事办公室、银行等部门(单位)面对面对企业进行备案、融资等服务指导,协助企业做好海外发展布局。全市新设境外投资项目37个,同比增长184.6%;对外直接投资额1.513亿美元,同比增长51.35%。

(三)消费趋势持续回"暖"

一是持续点燃居民消费活力。以"泰享消费"消费促进年为主线,围绕汽车、家电、餐饮、体育等重点领域,举办春季家电家居嘉年华、"五一"汽车嘉年华、泰州早茶大赛、泰州首届半程马拉松博览会等系列消费促进活动20余场,各市(区)同步开展促消费活动百余场,累计兑现汽车、零售、餐饮等消费券1 400多万元,拉动消费超1亿元。在全省率先出台《泰州市单用途预付卡管理实施办法》,进一步规范单用途商业预付卡市场秩序,营造安心消费环境。泰州市被江苏省政府列为2022年度流通和促消费领域激励对象。二是不断增强消费品牌魅力。江苏省老字号"三进三促"活动连续两年在泰州举办,全省近60家老字号和名特优企业来泰州参会,双鱼食品有限公司成功创成中华老字号示范企业,泰州市老字号影响力进一步扩大。全力打造"泰州早茶"品牌,泰州早茶首次亮相老字号博览会,"泰州早茶火了"成为网络热议话题,获中央电视台等主流媒体多次报道。积极培育消费龙头企业,江苏民慧数智科技股份有限公司获评国家电子商务示范企业,江苏美好超市有限公司被商务部确定为全国商贸物流重点联系企业。三是稳步提升消费载体引力。围绕泰州市"一轴一核三极三城"新格局,加快推进金融商贸片区建设,完成"1+4"详细规划设计,金融商贸片区成功获批省级现代服务业高质量发展集聚示范区。积极推进江苏省示范步行街创建,静安路步行街获评全省第二批、泰州市首条"江苏省示范步行街"。全力打造13个市级便民生活圈示范社区,泰州市获批国家级一刻钟便民生活圈试点城市。

(四)开放载体加快建"强"

一是开发园区转型升级提速。持续深化开发园区改革,推动园区更加聚焦主责主业,在全省综合考评中争先进位。积极组织创建品牌园区、特色园区,深化苏陕协作泰咸共建"区中园"发展,海陵区获评省"真抓实干督查激励"园区转型升级成效明显的地区。二是口岸码头有序扩大开放。加快推进泰州引航站建设,业务用房装修工程正式启动。金燕仓储液体化工码头、中国铁建公用码头、三泰船业舾装码头获批临时启用,省煤炭物流靖江基地项目二期工程配套码头获批正式对外开放。三是制度型开放逐步深入。积极组织学习全国、全省自贸试验区先进经验和创新案例,推进做好复制推广工作,探索开展自主创新和联动创新,起草制定《泰州生物医药研发用物品进口"白名单"制度试点方案(征求意见稿)》《泰州生物医药研发用物品进口"白名单"制度试点管理办法(征求意见稿)》,"靖江经济技术开发区环境影响评价区域评估案例"成功入选江苏省区域评估改革第二批实践案例。

(五)营商环境持续提"优"

一是着力优化政务服务。商务领域政务服务不断提高即办件比例、压缩承诺件办理时限、推进电子证照汇聚、推行告知承诺服务,取消对外贸易经营者备案登记、拍卖审批流程中的发文环节及技术进出口合同登记事项对外方法律地位证明文件的认证和公证要求,取消报废机动车回收资质、成品油零售经营资格核准部分硬性要求及佐证材料,进一步节省企业时间和成本。二

是助力企业防范风险。密切关注巴以冲突等国际地缘政治经济风险,积极排查全市涉及高危地区的投资项目,提醒督促企业做好安全防范工作。认真组织涉外企业参加"走出去"风险发布会,督促企业制定风险化预案。严格执行"危地不往、乱地不去"备案要求,减少和避免涉外安全风险事件发生;严格落实并坚持"不培训,不外派",从源头从紧从严管理。三是全力抓好安全生产。严把成品油流通场所年检关,参检率93.57%,年检通过率98.5%;督查加油站点每日安全自检,依法打击非法经营成品油行为,取缔非法储存柴油、流动加油等行为。持续牵头抓好大型商业场所、加油站(点)、餐饮场所、报废机动车拆解、再生资源回收等重点商贸流通企业和场所的安全生产工作,认真开展重要时间节点安全检查,常态化开展联合专项检查,定期开展安全培训和实战演练,全年发放安全生产宣传资料近万份、提示短信4万多条,全面压实安全生产主体责任。

三　商务改革推进情况

(一)泰州市入选全国第三批一刻钟便民生活圈试点城市

2023年8月3日,商务部公示了全国第三批城市一刻钟便民生活圈试点城市名单,泰州市成功入选。一刻钟便民生活圈是以社区居民为服务对象,服务半径为步行15分钟左右的范围内,以满足居民日常生活基本消费和品质消费为目标,以多业态集聚形成的社区商圈。

(二)海陵区静安路步行街获批"江苏省示范步行街"

2023年10月24日,根据《江苏省示范步行街管理办法》,经泰州市(区)申报、市商务局审核推荐、省厅专家评审等,海陵区静安路步行街成功入选第二批"江苏省示范步行街",这也是泰州市首条获批的省级步行街区。

(三)《泰州市单用途预付卡管理实施办法》正式出台

2023年12月31日,经前期评估论证、征求意见、合法性审查、集体审议决定等流程,泰州市政府办公室正式印发《泰州市单用途预付卡管理实施办法》,于 2023 年 2 月 1 日正式实施,这也是全省首部地级市出台的关于单用途商业预付卡管理的规范性文件,将进一步规范全市单用途商业预付卡市场秩序,优化消费环境,保护消费者合法权益。

(四)举办"泰州市第一届跨境电商创新创业大赛"

2023 年 10 月 10 日—12 月 5 日,泰州市人力资源和社会保障局、跨境电商服务联合会共同举办泰州市第一届跨境电商创新创业大赛。本次大赛聚焦实际操作,采取"教、学、做、练、赛"一体化模式,吸引了各高校涵盖电子商务、市场营销、国际贸易、英语等多个专业共 107 个团队、321 名选手报名参赛。

泰州市商务局

宿迁市

2023年,在省商务厅的关心指导下,宿迁市商务局认真落实国家和省市部署要求,多措并举稳外贸、稳外资、促消费,商务经济保持"稳中有进"运行态势。

一 主要商务经济指标完成情况

2023年,宿迁市实现外贸进出口额、出口额分别增长15.5%、16.3%,增速分别位居全省第三、第二;外资工作获江苏省政府督查激励,高技术产业实际使用外资占比及增速居全省第一;实现对外直接投资额3.23亿美元,同比增长434.7%,增速列全省第二;社会消费品零售总额增长8.3%,位居全省第三,较2022年提升5位;国内贸易额增长12.49%,位居全省第二;电商产业保持两位数增长,获评"国家数字消费创新城市"等省级以上品牌近10项。

二 商务发展工作情况

(一) 全力抓招商、促投资,服务发展大局

一是优化招商体系。创新构建"1689"招商体系和"1+5"产业链招商体系,成功举办2023"金牌招商员""金牌招商大使"颁奖仪式。二是掀起招商热潮。开展"招商引资攻坚年"暨"产业链招商竞赛"活动,组织"一季度一主题"招商行动,市主要领导赴珠三角、长三角、京津冀等地"点对点"精准拜访。成功举办2023中国宿迁绿色产业洽谈会、第五届运河电商大会和2023光伏行业年度大会,在深圳、北京等地举办招商活动160余场。三是提升落地实效。优化考核推进体系,创新"跟踪监测库""考核推进库",开展项目集中会审,推动新签约项目转化达开工率67.3%,符合重点产业定位占比82.7%。沭阳县新引进和开工百亿级项目分别达到2个,均为全市最多。

(二) 全力稳规模、优结构,提升开放能级

一是推动外贸保稳促优。落实"四库一调度"机制,推动200余家企业参加重点展会,273家企业投保出口信用保险,17家企业入选江苏省国际知名品牌。举办选品对接会等活动30余场,跨境电子商务综合试验区考评与南京、无锡等市同列全国第二档。"三县两区"超额完成外贸目标,其中沭阳县总量最大,宿城区、泗洪县完成率位居前两位;宿豫区"异地转化"成效明显,引进江苏苏豪云商有限公司等跨境电商龙头企业。二是推动外资扩量提质。组团赴境外开展经贸交流,在德国、日本举办招商活动,邀请境外驻华机构和跨国公司来宿考察交流。建立54家外资企业库,实现利润再投资超3200万美元。宿城区超额完成使用外资目标,江苏联合水务科技股份有限公司获批省跨国公司功能性机构。

(三) 全力扩内需、促消费,培育增长动能

一是"嗨在宿迁"唱响消费促进。实施"135"消费提振计划,举办"嗨在宿

迁"四季购物节、"宿有千味"地标美食大赛等系列活动1 000余场。牵头发放3 000万元数字人民币消费券,推动县区发放3 500万元消费券。泗洪县消费工作获江苏省政府督查激励。泗阳县社零、国内贸易额增速均为全市最高。二是"两促两转"培育市场主体。建立批零住餐监测分析机制和"准限上"企业库,落实工贸分离、电商入库等创新举措。17家企业入选江苏省内外贸一体化试点,数量居三类地区第一。宿豫区培育挖潜成效明显,限上社零增长18.2%。沭阳县净增入库221家,占全市50.2%。三是试点创建做强载体支撑。有序落实一刻钟便民生活圈试点,推动33个社区完善便民服务设施。苏州街获评江苏省示范步行街,新盛街入选"江苏味道"美食街区,宿迁中央商场创成国家级绿色商场。

(四)全力抓统筹、强调度,促进园区进位

一是优化体制机制。构建"3345机制",成立领导小组,召开开发区高质量发展大会,起草开发区管理制度改革意见及指导清单,推动"大抓重抓开发区"上升为全市战略。二是强化政策引领。出台《关于加快推动全市开发区高质量发展的实施意见》及"一对一"政策措施,编制《宿迁市开发区高质量发展总体规划(2023—2030年)》,制订"一区多园"协同发展方案,构建多级衔接、功能互补、梯次发展格局。三是推动争先进位。开展三年攻坚行动,建立运行调度机制,定期组织座谈交流、专题培训和实地调研。在2022年度国家级经济技术开发区综合发展水平考核中,宿迁经济开发区跃升53位,近五年首次跻身全国百强;沭阳经济开发区上升13位。泗阳开发区、泗洪开发区在全省开发区质量发展综合考核中分别上升21位、5位。

(五)全力育品牌、创特色,建设电商名城

一是强化主体培育。成功举办第五届运河电商大会,推动6省市签署电商发展合作倡议。建立重点企业联系制度,全市网络销售企业数2.8万家、网店数13.2万家,新增省级示范企业4家。二是完善载体平台。推动"两区四基地"重点改革项目,2个园区获全省园区高质量发展考核评价"A"级等

次,新增1个省级县域电商产业集聚区,总数达4家,均为全省最多。三是赋能产业发展。加快国家"电商县"项目建设,推动"电商＋产业带"融合发展,形成花卉绿植、生态水产等产业集群。宿迁市洋河新区管理委员会出台"电商高质量发展实施方案",助力产业升级。四是服务支撑有力。推动电商人才联网强市,培训1.1万人次。举办第三届电商短视频与直播大赛,发展矩阵直播等新模式。

（六）全力优政策、建机制,厚植发展基础

一是政策支撑更加完备。继2022年出台6个高质量发展文件,进一步推动市级层面出台消费扩容提质、高质量双向开放等6个政策文件。统筹省市资金盘子,支持重点项目284个。二是运行调度更加有力。制定领导班子高质量发展责任清单,市县同步建立"6库10清单"。提请市主要领导专题召开开发区、外贸外资、跨境电商等推进会,市分管领导每月研究部署。三是助企服务更加高效。构建市商务局＋县区＋开发区＋企业"四方"挂钩机制,组织政策宣讲、入企服务。创新开展建议提案办理点评会、营商环境满意度座谈会等活动,面对面听取意见建议,推动商务工作提升。

三 商务改革推进情况

（一）系统谋划推进,全面凝聚改革"协同力"

一是强化系统推进。主动承接江苏省商务厅、中国国际贸易促进委员会江苏省分会专项支持政策,制定"工作要点""任务清单",建立"月调度、季推进、年考核"机制,定期研究推进重点改革项目。二是强化政策集成。聚焦重点领域,研究出台改革文件1项,以市政府名义出台政策文件4项。三是强化机制创新。构建"一办六专班"体系,创新市县联动、部门协同、企业挂钩机制,制定落实高质量发展"10张清单"。开展"沉下去、走出去"大调研,形成调研报告30篇。

（二）强化对上争取，全面提升改革"支撑力"

一是重大政策专门支持。争取江苏省商务厅、中国国际贸易促进委员会江苏省分会分别与宿迁市政府签订《推进高质量发展合作协议》，明确10个方面、28条支持事项。中国出口信用保险公司江苏分公司与宿迁市政府签订战略合作协议，赋能高水平对外开放。二是重要试点相继获批。外贸、外资工作先后获江苏省政府督查激励。获批"国家数字消费创新城市"、国家级一刻钟便民生活圈试点。三是重点活动优先倾斜。邀请近20家境外驻华机构和跨国公司来宿迁考察交流，签署系列合作协议。成功举办2023年江苏省老字号"三进三促"宿迁站活动暨嗨在宿迁·品牌消费节、江苏电商直播技能大赛等重大活动。

（三）攻坚重点项目，全面抢抓改革"落地力"

一是园区载体支撑有力。构建"3345"工作法，实施三年攻坚行动，牵头出台支持宿迁经开区政策措施，推动"大抓重抓开发区"上升为全市战略。二是跨境电商创新发展。出台行动方案，市政府主要领导专题调度推进。跨境电商工作在全省会议作经验交流，被中国国际贸易促进委员会江苏省分会授予"苏企出海 贸促服务新e站"。跨境电子商务综合试验区考评与南京、无锡等市同列全国第二档。三是重点改革相继落地。创新推进省级现代商贸流通示范区建设，17家企业获批江苏省内外贸一体化试点，数量苏北领先。创新上线"宿迁产业链招商热力图"系统，省内外领先。开通远洋货运通道，实现进口转关"零的突破"。

宿迁市商务局

昆山市

2023年以来,面对复杂多变的外部形势和艰巨繁重的改革发展稳定任务,昆山市商务系统坚持以习近平新时代中国特色社会主义思想为指导,创新思路、主动作为、靠前服务,商务领域各项工作取得较好成效。

一 主要商务经济指标完成情况

2023年,昆山市实现社会消费品零售总额1 717.1亿元,迈上1 700亿元新台阶,增长4.8%,列苏州市第一,持续领跑全国同类城市,获评全国首批县域商业"领跑县";限上批零住餐四行业分别增长1.4%、1.5%、13.1%、5.1%;实现外贸进出口总额7 610.6亿元,同比增长10.3%,进出口总额、出口额、进口额均创历史新高,总量、增速跃居苏州"双第一"(以美元计,完成外贸进出口总额1 078.9亿美元,增长4.4%);完成实际使用外资额16.6亿美元,较年度目标增长50.9%,总量列苏州市第二,占苏州市实际使用外资总额的24.0%,占比较去年同期提升0.7个百分点,连续两年获江苏省政府督查激励。

二 商务发展工作情况

（一）紧握招商引资法宝，坚定实施外引内培"双驱动"

一是筑牢机制保障"硬支撑"。揭牌成立昆山市投资促进有限公司，对接洽谈项目超50个，其中意向投资超亿元项目15个，市场化招商迈出关键步伐。举办2023年全市招商干部（合肥）能力提升培训班、昆山市楼宇招商专题培训班，为大抓招商夯实队伍保障。研究制定食品、新能源汽车、直播电商等招商目录图谱，定向梳理世界500强、中国500强等榜单，精准赋能全市按图索骥。二是掀起对外招商"大攻势"。吹响"百团大战"冲锋号，组织40支团组赴境外拜访282家企业机构；赴上海、深圳等窗口地区举办2023昆山市（深圳）招商推介会等境内投促活动56场。引进注册外资超3 000万美元项目21个、超亿美元项目6个；引进注册资本超亿元内资项目112个、超3亿元内资项目34个，太古可口可乐昆山新厂项目、丘钛汽车摄像头模组项目、通用净水科技华东运营总部项目、美的库卡华东智造总部项目等一批龙头项目成功落户。三是开辟链主招商"新思路"。创新推出"昆如意"会客厅企业沙龙平台，扩容片玉山房、昆曲茶社等16个会客厅点位，围绕乐美包装（昆山）有限公司、恩斯克（中国）研究开发有限公司、峰飞航空科技有限公司等链主企业，举办7场"之夜"活动，集聚宁德时代新能源科技股份有限公司、陶氏化学公司、上海蔚来汽车有限公司等100余家产业链核心企业，有效促进供需对接、推动延链补链强链。四是催生存量招商"强磁场"。梳理全市留存利润超5 000万元外企414家，深挖利润再投资潜力，未分配利润再投资占实际使用外资额近1/4。推动在昆山外企向价值链高端攀升，新增5家江苏省跨国公司地区总部和功能性机构，占苏州总量的26.3%，占全省总量的17.2%，居同类城市之首。评选第29批昆山之友"并蒂莲奖"40名，研究更新城市礼遇，持续坚定"城市合伙人"扎根信心。

（二）牢牢稳住外贸大盘，奋力夺取保稳提质"双胜利"

一是强调度、稳预期。联合海关组建稳外贸工作专班和专项协调机制，全覆盖走访20强企业，建立63家重点企业直报制度，摸排百家企业走势，发起"保要素、争订单、优服务、促发展"企业大走访大调研，全力强保障、稳预期。二是优扶持、稳规模。出台"稳外贸7条""促进跨境贸易便利化12条"，首次对年出口额1 000万美元以上企业投保给予配套支持，在加工贸易、物流集散、优质进口、跨境电商、跨境贸易等多方面强化政策供给。打好出口信贷、出口信用保险、进口贴息、"昆贸贷"等"惠企组合拳"，为企业发展提供强力支撑。三是"走出去"、开新局。深入开展"百展万企拓市场"行动，鼓励企业参加江苏省及苏州市贸易促进计划中197个境内外重点展会，组织76家企业参加广交会、华交会等境内外展会。大力发展外贸新业态新模式，举办2023中国江苏电子商务发展大会、2023长三角跨境电商交易会，集聚超200家展商、5 000家专业采购商。

（三）深入挖掘消费潜力，全面融入经济发展"双循环"

一是活动供给升温扩容。紧扣元旦、春节、"五一"等消费节点，联动全市举办"五五购物节""双十二购物节"等各类促消费活动超1 000场。加快会展业复苏，举办展会活动58场，展出面积60万平方米，全面恢复举办"食博会""华夏家博会""好孩子特卖会"等消费展。二是商业供给优化提升。系统推进商业网点规划修编，加速集聚高端商业资源，大西门商业街、金鹰购物中心二期等高端载体接续落地，MLB KIDS等17家企业获评2022年度苏州品牌首店，好孩子、奥灶馆获评苏州市首发经济引领性本土品牌，昆山获评全国首批县域商业"领跑县"。深化实施营养早餐暖民心工程，出台"早安昆山"品牌标识，新增早餐点超100个，上线"鹿路通"早餐点690个。稳步推进社区商业建设，6家社区获评苏州第二批一刻钟便民生活圈，持续提升市民生活便利度。三是政策供给加力提效。推出2023"数惠鹿城 春享车年华"汽车促销费系列活动，发放1 000万元数字人民币汽车消费红包，撬动汽车消费5.6亿元。更好发挥流通业高质量发展、稳增长促消费等政策牵引作用,鼓励企业抢抓汽车销售、限上零售、餐饮行业销售竞赛契机作大贡献,累计兑付资金近5 000万元。

(四)深化实施改革创新,大力推动质量效益"双提升"

一是强化"示范性"引领。发挥进口示范区贸易促进和贸易创新两大功能,制定《昆山市进口贸易促进创新示范区2023年工作要点》、"新三年行动计划"。加速构建千亿级咖啡产业链,启用亚太咖啡生豆分拨中心,上线大宗商品交易中心,囊括全国15%的生豆进口和近60%的生豆烘焙量,全力打造集物流分拨、平台交易、研发制造、品牌销售于一体的咖啡全产业链基地。二是深化"制度型"开放。主动对接高标准经贸规则,累计办理RCEP项下等各类原产地证书14 657份、减免关税545万元。积极构建多元化贸易纠纷解决机制,在落地全国唯一县级贸易仲裁机构的基础上,揭牌运营中国国际贸易促进委员会江苏调解中心昆山办事处。抢抓进博会"家门口的机遇",组织694家单位、3 819名专业观众参与,数量占苏州三分之一。三是把握"政策性"机遇。以自贸区、联创区建设为抓手,清单化推动国家、江苏省、苏州市各级改革试点经验及创新实践案例落地生根,累计复制推广164条、自主创新先行先试74条。把握商务部外贸政策直报点、自由贸易试验区工作部省际联席会议机制重要渠道,结合服务业扩大开放等重大战略机遇,成功争取商务部全力支持国际贸易"单一窗口"向服务贸易领域延伸。

(五)主动对标一流环境,致力精织服务监管"双面绣"

一是政企互动用心更用新。连续16年开展招商护商服务月,走访企业6 645家次,做到"件件有答复、事事有回应"。连续5年评选"招商护商奖",选出2023年招商护商奖44项,激励招商护商干部敢为善为。上线"昆山智慧招商"平台、"鹿路通"投资昆山招商服务留言功能,搭建政企沟通全新桥梁。举办"贸仲服务助企行"、德资企业政策解读等10场分国别、分行业的沙龙活动,政企互动全面增进。二是政务服务提速更提质。创新容缺办理、优化审批流程,商务窗口累计完成办件 5 842 件,网上审批率达 99.85%,即办件占 85.83%,获第一季度、第三季度"先进窗口",企业感谢信 1 封,12345 政务服务便民热线表扬 2 次;接处市民诉求 5 174 件,及时处办率和满意度均为 100%。三是行业监管有力更有序。开展商务领域安全生产大排查、大整治,累计排查餐饮、商超、加油站等商业场所 28 963 家次,完成隐患整改 9 898 处,整改率达 98%。开展预付卡、汽车销售等商业贸易行业检查超 200 家次,外商投资信息年报抽查超 150 家次,有效提升行业规范经营水平。建立覆盖超 1 500 个点位的肉菜追溯系统,产生追溯数据超 150 万条,筑牢食品安全坚实防线。

昆山市商务局

泰兴市

2023年,泰兴市商务系统坚持以习近平新时代中国特色社会主义思想为指导,全面贯彻党的二十大精神和习近平总书记对江苏工作重要讲话重要指示精神,在转方式、调结构、提质量上积极进取,知重负重、克难攻坚,商务经济总体保持"稳中有进,进中有力"的发展态势。

一 主要商务指标完成情况

2023年,泰兴市完成社会消费品零售总额344.2亿元,同比增长5.4%;完成限上批零住餐贸易总额929.4亿元,同比增长11.6%;实现外贸进出口总额52.06亿美元,总量列泰州市第一,其中,进口额20.45亿美元,出口额31.61亿美元;完成实际利用外资额3.32亿美元,总量列泰州市第一;完成高技术产业实际利用外资额1.35亿美元,同比增长92.85%;实现外经营业额0.9亿美元;完成对外直接投资额985.0万美元;新签约亿元以上项目236个,其中5亿元(含外资3 000万美元)以上项目79个,3 000万美元以上项目25个,10亿元(含外资1亿美元)以上项目33个。

二 商务发展工作情况

(一)对外开放稳中提质

一是重大外资项目持续增资。依托重点外资项目调度机制,加强对外资项目的跟踪服务,新浦化学(泰兴)有限公司、上海合全药业股份有限公司、江苏扬子鑫福造船有限公司等龙头企业在做强现有产能的基础上,持续增资扩能上新。2023年以来,存量外企增资到账2.7亿美元,增资超5 000万美元项目3个,增资超1亿美元项目1个。二是外贸进出口运行平稳。积极应对外需不足、美元汇率走高、原油价格下跌等不利因素,支持企业结合"一带一路"、RCEP战略,抢订单拓市场。组织泰州远大家俬有限公司、长虹三杰新能源有限公司等40余家企业参加广交会、进博会、2023中国跨境电商交易会、2023年阿拉伯国际医疗器械展等境内外重点展会,达成订单200余个,意向成交额超2 000万美元,全力以赴稳住外贸基本盘。三是企业"走出去"步伐加快。鼓励和支持全市技术过硬、产能过剩的生产型企业走出国门,到有市场、有发展潜力的国家和地区兴办企业,加快优势产能转移步伐。2023年以来,累计备案境外投资企业10家,完成协议投资额近6 000万美元。

(二)居民消费提档升级

一是深挖消费潜力。以"苏新消费"为主题,引导商贸流通企业围绕春节、"五一""十一"等重大节日举办各类促销活动;2023年以来,万达广场(泰兴店)、泰兴吾悦广场、泰兴鼓楼新天地、泰兴大统华购物中心等综合体和商超举办促销活动200余次。按照"限上企业抓增长、近限企业抓培育"原则,扎实做好批零住餐企业的数据监测,超额完成目标任务。二是提升消费品质。组织30余家企业参加中国(江苏)老字号博览会、"苏新消费·销售竞赛"、泰州早茶大赛、泰州名品展销会等活动,6家餐饮企业获泰州早茶大赛相关奖项,进入泰州必吃榜名单。深入推进一刻钟便民生活圈建设,五里墩、兴泰、滨河、虹福等4个社区成功入选泰州第二批试点社区。积极开展消费品牌创建,获批6家祥泰商超、6家祥泰酒店(宾馆)和6家国家钻级认证酒店。三是优化消费环境。规范单用途预付卡管理,开展联合专项检查,营造放心消费环境,相关12345工单处理满意率达95%。持续提升文明城市创建水平,强化典型引领,2023年以来累计开展抽查、检查80余次,商业综合体软硬件设施及服务水平有较大提升。

(三)招商引资成效显著

1. 抓项目督进度

一是专题活动招项目。立足长三角,瞄准京津冀,联动粤港澳,坚持招商引资和招才引智相结合,组织开展泰兴(北京)高质量发展投资推介会、泰兴(上海)投资推介会等综合招商活动,引导招商单元开展江苏·泰兴海峡两岸产业合作园启动暨项目签约仪式、中国生物发酵与未来食品产业研究院揭牌等特色产业专题招商活动,搭台唱戏,全方位推介泰兴。二是督查通报推项目。联合发改委、工信部等部门强化对有效项目信息的审核,把好签约项目"入口关"。全年累计初审有效项目信息226个,其中5个项目因初审不合格被淘汰。逐月通报招商单元项目招引、报批、建设和招商活动开展情况,编写《项目招引建设简报》12期,全力推动项目签约转报批、报批快开工、开工早竣工、竣工快达效。三是以赛促干比项目。组织开展"双招双引百日赛""双招双引"竞比"擂台赛",比目标完成度、赛推进效率,比项目贡献度、赛产出效益,比单元统筹度、赛联动成效,比服务满意度、赛要素保障,在同台竞技、比学赶超中展现项目招引建设成效。"百日赛"期间,签约亿元以上项目96个,外资3 000万美元以上项目11个。

2. 提升境外招商成效

把握各类境外活动热潮,持续扩大海外朋友圈,积极衔接日本、以色列、阿联酋、意大利、德国、法国等多个国家产业资源,组织开展各类境外招商活动4次,三菱瓦斯化学株式会社高纯双氧水及相关衍生物二期项目、阿德勒·佩尔哲集团汽车装备制造扩产项目、江苏新苏投资发展集团有限公司智能装备项目等一批外资项目达成合作意向,全球招商渠道网络持续延伸。

(四)安全生产防线巩固

一是以"责"促行。压实行业、属地、企业主体三方责任,局党组研究商贸领域安全生产工作10次,开展党组理论中心组学习6次,办公室召开联络员会议2次;督促乡镇(街道)、园区全面开展商贸领域安全风险专项治理等行动,每月开展商贸领域安全生产风险隐患滚动式排查;指导企业认真开展安全风险隐患自查自纠,形成问题清单和风险隐患整改清单。二是以"查"促改。紧盯重点领域和重要节点,聘请专家查、联合执法查、成立专班查,累计检查17个乡镇(街道)、475家商贸企业和加油站,发现一般隐患1 149个,均已整改闭环;排查关停"黑"加油点6个;关停废品回收站32家。深刻汲取"6.21"银川爆炸事故教训,开展餐饮场所燃气使用安全专项排查整治,并配合住房和城乡建设局开展"瓶改管(电)"工作,确保燃气安全形势稳定。三是以"宣"促教。以"安全生产月""开工第一课"等活动为契机,广泛开展商贸领域安全生产宣传教育,发放宣传手册2 500余份,力争做到"人人懂安全,个个会应急"。

泰兴市商务局

沭阳县

2023年以来,沭阳县商务局坚持以习近平新时代中国特色社会主义思想为指导,深入学习贯彻党的二十大精神,紧紧围绕高质量发展目标,突出"稳外贸、稳外资、促消费、保安全"四项重点,各项工作稳中有进,进中向好。

一 主要商务指标完成情况

2023年,沭阳县完成实际使用外资额9 233.0万美元。其中利润再投资外资到账1 213.0万美元;新注册外资项目7个,其中制造业项目5个;3 000万美元以上项目4个,其中制造业项目3个;到资占协议外资20%以上的1 000万(含)—3 000万美元项目1个;制造业实际使用外资8 903.0万美元;高技术产业实际使用外资5 383.0万美元。完成外贸进出口总额16.73亿美元,同比增长10.4%,其中出口额15.86亿美元,同比增长8%。实现社会消费品零售总额增速8.5%,新增入库企业总数预计243个,新增入库电商企业84个,批零住餐大项目招引15个。

二 商务发展工作情况

（一）外资提质增效效果显著

一是紧盯目标抓落实。一方面强化目标导向，对照全年实际使用外资目标，抢抓各时间节点，自我加压，将目标任务分解到月、分解到科室、分解到企业，强化措施，狠抓落实；另一方面，定期召开外资推进会、点评会、调度会，压实工作责任，狠抓压力传导，分析当前形势及任务完成情况，查摆存在问题，提出整改措施。二是多措并举抓到账。建立全县外资企业项目库，"一企一库，一企一策"，定期召开外资企业座谈会，深入分析研究企业运行发展、外资到账等方面可能存在的困难问题，并制订相关问题解决方案，促使早日实现外资到账。2023年，全县完成实际使用外资额9 233.0万美元。三是围绕项目抓推进。建立重点外资项目调度机制，实时掌握项目推进情况，加强对新引进外资项目的跟踪服务工作，推动签约项目早注册、注册项目早到账、到账项目早落地建设。2023年以来引进注册资本超3 000万美元外资项目5个。

（二）外贸稳中提质持续增长

一是落实落细各项政策，提振企业发展信心。认真组织外贸企业申报中央、省、市商务发展专项资金，涉及进口贴息、开拓国际市场、知名品牌培育等众多项目，增强企业发展信心和动力。二是建立工作机制，助推企业良性发展。建立一企一档机制，对全县重点外贸企业深入走访调研，掌握第一手资料，并建立档案，更好地为企业纾困解难，精准服务；建立领导班子挂钩联系机制，成立外贸工作专班，更好地帮助企业稳订单、稳市场、扩产能、提质效。三是组织线上线下参展，推动企业开拓市场。组织好各类线上线下展会、对接会，帮助企业抢市场、抓订单。积极对上争取，取得第133届广交会展位39个、134届广交会展位37个，组织65家次企业参展；组织11家企业参加宿迁市跨境电商供应链选品线上对接会。四是强化主体培育，推动跨境电商发展。全年组织跨境电商培训活动8场,参训人员逾400人。2023年,全县跨境电商主体近40家,实现跨境电商销售额4 186.1万美元。

(三)商贸服务流通持续繁荣

2023年,沭阳县完成网络零售额321.0亿元,同比上涨40.0%,全县快递业务量60 713万件,同比上涨39.48%。全县培育网络零售额200万元企业400个,培育网络零售额500万元品牌48个,电商入库企业数量达84个,提前超额完成全年目标任务;沭阳软件产业园在省级基地评价中获得A级,并获推国家级电子商务示范基地。深化电商人才培训,支持组织各乡镇电商服务中心、电商示范基地、重点电商企业等。2023年全县开展电商培训30余场,培训人数达3 000人次,摸排建立了人数达150名的电商主播人才库,其中粉丝量在10万以上电商主播达20人。组织全县重点电商企业参与江苏省电商直播节、江苏省电商大会、宿迁市运河电商大会、宿迁市电商直播大赛等活动,通过产品展览、直播展示、供应链支持等方式,对外有效展示了沭阳县电商产业高质量发展形象。组织开展各类促消费活动。积极响应参与省级"苏新消费"、市级"嗨在宿迁"消费品牌系列活动,打响沭阳"e路花乡·嗨购沭阳"消费品牌,举办新春年货大集、网上年货节、汽车展销会、秋季购物节、老字号展销会等特色促消费活动,其中中秋国庆双节期间全县重点监测的6家商场超市客流量超195万人次,同比上升13.49%,销售额达7 122.42万元,同比上升11.77%,重点监测3家家电销售企业实现销售额同比增长7.1%,全县餐饮行业营业额同比增长32.65%。

(四)扎实开展商务系统安全生产工作

牢固树立安全发展理念,守住安全生产底线。重点围绕全县大型商业综合体、商场超市、加油站(点)等商贸流通企业和餐饮燃气使用单位开展大排查、大整治活动。通过企业自查、属地乡镇排查、聘请专业技术人员抽查、科室工作人员督查等方式,全面排查安全隐患。沭阳县是全省首家在2020年10月建立燃气泄漏报警信息平台投入使用的单位,沭阳县餐饮场所安装泄漏保护装置工作连续 3 年被省级专家检查认可,专题部署燃气泄漏安全保护装置安装工作。沭阳县商务局先后印发《关于开展餐饮场所燃气用户安全排查整治集中攻坚专项行动实施方案》《关于开展餐饮场所燃气安全排查整治回头看专项行动的通知》等文件,组织各乡镇(街道)严格按照方案通知要求,逐条对照,把餐饮燃气场所安全隐患排查整治专项行动作为当前和今后一段时间"压倒性"的任务来抓,进一步加强对安全生产工作的组织领导,督促履行职责,压实工作责任。2023 年,全县餐饮用户总数为 3 376 户,其中使用瓶装液化气的餐饮用户数为 2 739 户,燃气报警装置保持动态安装率 100%。全年商务领域安全生产形势总体平稳,未发生安全生产事故。

沭阳县商务局

第三部分
工作经验交流

江苏商务发展2023
Jiangsu Commerce Development 2023

江苏自贸试验区加快打造具有世界影响的生物医药产业集群取得新成效

近年来,江苏自贸试验区深入学习贯彻党的二十大和习近平总书记关于自由贸易试验区建设的重要指示精神,认真落实党中央、国务院决策部署和江苏省委、省政府工作要求,持续深化制度创新,大力推进生物医药全产业链开放创新发展,通过全产业链系统集成、协同联动、开放创新,努力培育具有更强创新力、更高附加值、更安全可靠的生物医药产业链创新链,加快打造具有世界影响力的生物医药产业集群。江苏自贸试验区已集聚各类生物医药企业3 000余家,2022年产值超过2 500亿元、连续多年保持20%以上增速,创新能力和产业竞争力位居全国前列。

一、加大政策支持力度,推动系统集成改革创新

(一)加强统筹谋划

江苏省自由贸易试验区工作办公室认真贯彻落实江

苏省委、省政府决策部署和江苏省自由贸易试验区领导小组会议要求,报请江苏省政府制定《中国(江苏)自由贸易试验区生物医药全产业链开放创新发展试点工作方案》,积极争取国家支持开展试点,加快打造世界级生物医药产业集群和创新策源地、制度型开放和产业高质量发展的先行示范区。江苏省政府制定出台《关于促进全省生物医药产业高质量发展的若干政策措施》,明确支持江苏自贸试验区在重大创新平台建设、药品和医疗器械审评审批制度改革、医疗服务业扩大开放、药品监管能力建设等方面开展先行先试。

(二)强化部门协调

江苏省自由贸易试验区工作办公室会同江苏省 16 个有关部门制定出台《省有关部门协力支持中国(江苏)自由贸易试验区生物医药产业开放创新发展的政策措施》,围绕增强生物医药研发创新能力、做强做优产业链供应链提出 22 项支持政策,截至目前全部落地见效,为打造千亿级生物医药产业集群提供政策支持。

(三)片区同步推进

南京片区着力打造"基因之城",制定出台《促进生物医药产业高质量发展的十六条措施(试行)》,为片区千余家生物医药上下游企业提供全生命周期政策支持,全国排名前 20 的基因检测公司有 1/3 在片区集聚。苏州片区重点发展创新药物、生物技术及新兴疗法、高端医疗器械,制定出台《苏州工业园区建设生物医药产业标杆园区的若干意见》,截至 2022 年底片区生物医药企业超 2 200 家、产值超 1 300 亿元。连云港片区制定出台《关于印发促进中华药港生物医药产业发展若干措施(修订)》《连云港经济技术开发区医疗器械产业发展扶持政策(修订)》,支持江苏恒瑞医药股份有限公司、江苏豪森药业集团、江苏康缘药业股份有限公司等生物医药龙头企业创新发展,高水平建设全国抗肿瘤药物生产基地和现代中药生产基地。

二 强化科技要素保障,提升生物医药研发创新能力

(一)加大研发攻关力度

支持自贸试验区创新主体申报生物医药领域各类科技计划项目,2022年立项支持47个项目、资助费用2亿元。支持南京片区组织开展"治疗性乙型肝炎疫苗""全血分离血小板制备技术研究及产品开发"等关键核心技术攻关。在江苏自贸试验区布局建设生物技术和新医药领域省级工程研究中心12家、江苏省产业创新中心2家、省级企业技术中心16家。全省94家药物临床试验机构中自贸试验区及其所在设区市占比超过一半。2022全省获批上市的32个化药创新药中18个来自江苏自贸试验区。

(二)加快建设创新平台

科技部批复同意以苏州市生物医药产业创新中心为主体,联合国内外顶尖科研院所、高等院校、研发机构和创新型企业,共同建设国家生物药技术创新中心,也是我国生物医药领域首个获批的国家技术创新中心,总投入超过500亿元。截至2022年底,国家生物药技术创新中心累计获得新药临床批件345张,探索开展核酸药物"揭榜挂帅",39个项目成功立项。南京片区获批运营国家健康医疗大数据(东部)中心,建成亚洲规模最大的基因测序矩阵、亚洲规模最大的质谱组学检测平台、国内最大的生物银行、行业第一的大数据处理平台,以及行业领先的新药检测平台。南京片区建设基因与细胞实验室,打造集全产业链服务体系、关键共性技术平台、开放成果转化中心、顶尖人才集聚高地于一体的开放式科技平台。

(三)大力培育创新主体

支持自贸试验区深化科技管理体制改革,优化高新技术企业申报认定流程,加大新型研发机构培育力度,激发生物医药企业创新活力。南京片区加

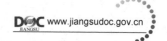

强与南京大学、东南大学、江苏省人民医院、江苏省肿瘤医院等高校和医疗机构合作,聚焦基因与细胞领域,加快招引集聚自主知识产权的重点企业,如先声药业有限公司、绿叶制药集团有限公司、南京世和基因生物技术股份有限公司、南京驯鹿医疗技术有限公司、南京北恒生物科技有限公司等,大力培育北京大学分子医学南京转化研究院、南京中澳转化医学研究院、新格元(南京)生物科技有限公司等新型研发机构和企业。南京片区生物医药企业江苏集萃药康生物科技股份有限公司从事实验动物模型研发及生产技术服务,形成2万多种具有自主知识产权的商品化小鼠模型,推动基因功能认知、疾病机理解析、药物靶点发现等领域研发突破,解决了生物医药动物模型"卡脖子"难题。

(四)吸引集聚高端人才

深化生物医药专业技术人才职称评价制度改革,自贸试验区获批开展生物医药行业副高级专业技术职称评审,组建生物医药工程专家评委委员会,苏州片区427人获得职称证书,其中160人获高级职称证书,相关经验在全省复制推广。苏州片区制定生物医药国际职业资格比照认定职称资格目录,推进国际职业资格与国内职称资格有效衔接,将国际生物分子学技师、注册临床数据管理员、认证细胞技术专业人员等27个生物医药领域国际职业资格纳入目录,对目录内取得相应国际职业资格证书且在苏州片区从事相关专业技术及管理工作的人员,可直接认定相应中初级职称,不再参加逐级评审。目前,已有180人通过比照认定获得相应职称。

三 做强做优产业链供应链,打造高水平产业集群

(一)大力提升产业能级

江苏自贸试验区3个生物医药产业项目入选江苏省重大项目清单,江苏省战略性新兴产业发展专项资金支持生物医药领域24个项目,支持金额2.6

亿元,带动社会总投资达49.0亿元,支持苏州片区生物医药和纳米新材料、连云港片区医药等产业培育省先进制造业集群,支持江苏自贸试验区3个片区打造生物医药优势产业链。江苏自贸试验区生物医药及高端医疗器械集群成功入选工业和信息化部先进制造业集群;生物药创新型产业集群成功入选首批江苏省创新型产业集群。连云港片区积极建设医药产业国家级新型工业化产业示范基地。苏州片区参天制药滴眼液高速灌装线正式投产,产能扩容3倍;丹纳赫中国诊断平台研发制造基地正式奠基,总投资额超过1亿美元。7家自贸试验区生物医药企业入围2021年度中国医药工业百强榜。

(二)完善产业公共服务体系

积极推动自贸试验区建设生物医药产业综合服务中心、长三角科技要素交易中心、知识产权保护一站式服务平台、江苏省药品监督管理局审评核查分中心、国家医疗器械检查员实训基地、国家化妆品检查员实训基地、特殊物品风评中心等产业平台。支持南京片区建设生物医药医学伦理审查委员会与苏州片区创新开展区域医学伦理审查结果互认,提升药物临床试验机构服务能力和试验效率。江苏省药品监督管理局苏州审评核查苏州分中心正式运行,获江苏省药品监督管理局赋权69项。南京片区组建生物医药科学仪器开放共享服务联盟,"大型实验室仪器共享服务"入选国家《专精特新中小企业服务产品目录(第一批)》。

(三)推进业态创新和产业功能创新

加大医疗服务业开放力度,苏州片区获批落地自贸试验区首家外商独资医疗机构。推动自贸试验区内社会办医疗机构乙类大型医用设备配置由审批改为备案管理,不受大型医用设备配置规划限制,取消医疗机构等级、床位限制。落实药品上市许可人和医疗器械注册人制度,自贸试验区18家生物医药企业、40个产品实施医疗器械注册人制度试点。加快发展合同研究组织(CRO)、生产外包服务(CMO)、定制研发生产(CDMO)等产业形态,支持赛业模式生物研究中心(太仓)有限公司、苏州晶云药物科技股份有限公司、苏州贝康医疗器械有限公司、苏州楚凯药业有限公司等打造生产性服务业领军企业。苏州片区飞利浦医疗（苏州）有限公司开展保税维修业务，企业进出口总额增长24%。南京片区药石科技股份有限公司与艾迪药业股份有限公司在抗HIV（人类免疫缺陷病毒）创新药物领域展开合作，提供整体IND（新药临床试验申请）开发策略制定，以及原料药和制剂开发、生产及注册申报等一站式CMC（化学、生产与控制）服务。

（四）加大产业要素保障力度

在自贸试验区试点探索混合用地模式，生物医药企业可将其所建办公、生活服务设施、生产性服务设施的建筑面积占地上建筑总面积的比例的上限由15%提高至30%。积极探索生物医药产业用地分段弹性年期（10＋N）出让，有效降低企业用地成本。支持苏州片区推广临床试验责任险等创新金融产品，形成覆盖生物医药企业全生命周期的保险产品体系，累计为280家生物医药企业研发及运营提供新型保障超54亿元。苏州片区打造企业上市苗圃工程，23家生物医药企业在境内外上市；积极开展知识产权金融创新，推动发行江苏省首单知识产权证券化产品。

四　提升通关便利化水平，用好两个市场两种资源

（一）探索"白名单"试点

支持自贸试验区探索开展研发（测试）用未注册医疗器械分级分类管理试点，落实企业主体责任和部门监管责任，对企业在研发中需要的未在国内注册的国外医疗器械，允许通过备案方式实现进口。试点实施以来已为强生（苏州）医疗器材有限公司、贝朗医疗（苏州）有限公司、百特医疗设备（苏州）有限公司等20家企业、58个研发项目、381批次产品完成进口并投入研发活动。江苏省自由贸易试验区工作办公室、江苏省科学技术厅、中华人民共和国南京海关、江苏省药品监督管理局四部门联合印发《中国（江苏）自由贸易

试验区苏州片区生物医药研发用物品进口"白名单"制度试点方案》,将苏州片区2家企业、6种研发用物品纳入"白名单"试点。

(二)优化特殊物品进境流程

南京海关支持自贸试验区结合生物医药产业发展需求,开展A、B级特殊物品风险评估工作,风险评估频次增长5倍;与上海海关合作开展特殊物品风险评估结果互认改革试点,2家企业率先使用上海海关风险评估报告申报特殊物品进口审批。南京片区开展医药研发试剂与样本通关便利化试点,实现B、C级特殊物品即时评估、快速通关,D级特殊物品审批权限下放至金陵海关,审批时长由原来平均5个工作日缩短至1－2天。无特定病原(SPF)级实验鼠审批由20天缩短至7天,进境隔离期由30天缩短至14天。苏州片区设立高风险特殊物品风险评估中心,积极探索通过远程视频会商、"线上＋线下"相结合等多种方式提升评估效率,为64家生物医药企业、300项产品提供评估服务。

(三)建设高水平开放平台载体

积极对上汇报争取,支持自贸试验区申报首次进口药品和生物制品口岸。支持连云港设立江苏省食品药品监督检查研究院连云港分院,为申报药品进口口岸夯实基础。南京片区搭建生物医药集中监管和公共服务平台,上线运行"宁研通"参比制剂进口公共服务平台,为南京绿叶制药有限公司、药捷安康(南京)科技股份有限公司、南京健友生化股份有限公司等一大批企业提供一站下单、专业运输、全链清关、到货全检服务。

下一步,江苏自贸试验区将深入学习贯彻党的二十大和习近平总书记关于自由贸易试验区建设的重要指示精神,深入实施自由贸易试验区提升战略,积极争取、加快推进生物医药全产业链开放创新发展试点,努力破解生物医药研发、生产、流通、使用全链条难点堵点问题,促进长三角生物医药产业联动发展,打造具有世界影响力的生物医药产业集群,努力助推江苏省由"医药大省"向"医药强省"迈进。

江苏省高质量实施 RCEP 工作取得积极成效

2023 年 6 月 2 日,《区域全面经济伙伴关系协定》(RCEP)在菲律宾生效实施,标志着全球最大的自由贸易区进入全面实施的新阶段,为江苏省深化 RCEP 区域经贸合作开拓了更加广阔的发展空间。RCEP 生效实施一年多来,江苏省积极推进高质量实施 RCEP 工作,建立七部门参与的省级高质量实施 RCEP 跨部门协调推进机制,出台《江苏省关于高质量实施〈区域全面经济伙伴关系协定〉(RCEP)的若干措施》,畅通区域经贸合作渠道,建立省、市、县三级协同培训体系,打造 2 个省级 RCEP 公共服务平台,帮助企业慧享政策红利、精准开拓市场,RCEP 政策红利在江苏省持续释放,江苏省企业利用 RCEP 的积极性不断提高、利用水平不断提升,江苏省与 RCEP 成员国的经贸合作更加紧密、双链融合更为深入。

一、运行特点

(一) 对 RCEP 成员国出口持续两位数增长

2022年,江苏省对RCEP成员国外贸进出口总额20 121.82亿元,增长5.5%,占全省的比重升至37.0%;其中,对RCEP成员国出口10 665.60亿元,增长12.7%,占比升至30.6%;自RCEP成员国进口9 456.22亿元,下降1.5%,占比48.1%。2023年1—4月,江苏省对RCEP成员国外贸进出口总额5 969.73亿元,下降3.9%,占比36.8%;其中,对RCEP成员国出口3 414.74亿元,增长11.1%,高于全省出口平均增速6.7个百分点,占比升至32.2%,其中,韩国、日本、越南、新加坡、泰国是江苏省在RCEP区域的主要出口市场,合计占比达到74.0%,出口额分别为780.78、721.54、447.11、294.08、285.08亿元,增速分别为8.6%、11.6%、-3.4%、82.0%、21.4%。自RCEP成员国进口2 554.99亿元,下降18.6%,占比45.6%。

(二) 实际使用 RCEP 成员国外资呈快速增长态势

2022年,江苏省实际使用RCEP成员国外资59.82亿美元,增长63.3%,占全省实际使用外资总额的19.6%。2023年1—4月,江苏省实际使用RCEP成员国外资17.67亿美元,占全省的11.6%。从成员国看,韩国、新加坡、日本占江苏省实际使用RCEP成员国外资的比重高达97.5%,其中,来自日本的实际到账外资增长46.1%,主要投向化学原料和化学制品制造业,铁路、船舶、航空航天和其他运输设备制造业,汽车制造业,分别占全省同行业实际使用外资的23.7%、44.4%、17.6%,分别增长-5.3%、3 302.7%、677.9%。从行业看,2023年1—4月,全省60.3%的铁路、船舶、航空航天和其他运输设备制造业,48.9%的电气机械和器材制造业,45.3%的造纸和纸制品业,38.3%的汽车制造业,32.5%的化学原料和化学制品制造业的实际到账外资来自RCEP成员国。

（三）RCEP区域成为江苏省最大投资目的地

2022年，江苏省对RCEP成员国投资293个项目，中方协议投资额33.77亿美元，分别增长35.6%、137.3%，占全省的比重分别升至34.5%、34.9%。2023年1—4月，江苏省对RCEP成员国投资168个项目，增长136.6%，占比升至45.0%；中方协议投资额18.1亿美元，增长236.9%，占比升至46.1%。从成员国看，主要投向泰国、老挝、越南、印度尼西亚，合计占江苏省对RCEP区域中方协议投资额的73.4%，增幅分别高达543.7%、14 412.5%、302.1%、7 723.3%；其中，泰国是江苏省2023年1—4月在RCEP区域最大的投资目的国家，中方协议投资额6.7亿美元，占比高达37.2%，主要投向电力、热力的生产和供应业。从行业看，江苏省对RCEP区域投资主要集中在电力、热力的生产和供应业，专用设备制造业，化学原料及化学制品制造业，电气机械及器材制造业，批发和零售业。

（四）RCEP签证数量和金额均列全国首位

出口享惠方面，2022年江苏省共签发RCEP优惠原产地证书14.78万份，签证金额483.44亿元，金额居全国首位，预计可享受RCEP成员国关税优惠近4亿元。2023年1—4月，江苏省签发RCEP优惠原产地证书6.08万份，签证金额166.53亿元，均列全国第一，分别增长83.8%、43.6%，预计可享受关税优惠2.56亿元。其中，日本RCEP优惠原产地证书5.78万份，签证金额157.46亿元，分别占RCEP优惠原产地证书数量和金额的95.4%和94.6%。进口享惠方面，2022年江苏省企业RCEP项下享惠进口货值135.39亿元，享受关税优惠近2.50亿元。2023年1—4月，江苏省企业RCEP项下享惠进口货值58.12亿元，享受关税优惠1.24亿元，分别增长111.2%和110.6%。进出口享惠金额的快速增长，一方面表明前期江苏省开展的RCEP优惠政策宣传推广工作取得较好实效，企业对RCEP优惠政策和享惠流程掌握情况较好；另一方面表明随着RCEP的深入实施，企业越来越明显地感受到RCEP带来的实惠，利用积极性明显增强。RCEP生效以来，江苏省超5 000家企业办理过RCEP优惠原产地证书。

(五)企业利用RCEP稳订单、拓市场的能力持续增强

南京星瑞生物科技有限公司主动把握2023年1月2日RCEP在印度尼西亚生效机遇，提前比对其出口印度尼西亚的阿斯巴甜在RCEP(直接降为零)和中国—东盟自由贸易协定(协定税率为5％)项下的关税减让安排，为客户择优办理RCEP优惠原产地证书，客户表示将进一步增加订单。远景动力技术(江苏)有限公司将利用RCEP累计从日韩战略设备供应商处进口数十亿元的关键锂电设备，以目前江阴二期在建的新一代产品标杆产线为例，来自韩国的电芯装备设备利用RCEP后可享受百万元的关税减免。海澜之家抢抓RCEP在印度尼西亚和菲律宾生效机遇，积极推进业务布局，菲律宾首店将在2023年第三季度落地，印度尼西亚市场布局也在有序推进之中。天野酶制剂(江苏)有限公司对日出口的酶制剂产品利用RCEP后关税由6.5％降至5.5％，累计为客户节约近15万元关税。在对日本出口稳步增长的同时，来自澳大利亚、泰国、新加坡的意向订单也明显增加。2023年初，该公司新增400万元投资更换了生产设备，以进一步扩大产能。

二 主要做法

(一)建机制、定举措，统筹推进高质量实施RCEP工作

2022年初，江苏省在"FTA惠苏企"工作机制基础上，建立了由江苏省商务厅牵头，江苏省发展和改革委员会、江苏工业和信息化厅、人民银行南京分行、南京海关、江苏省市场监督管理局、中国国际贸易促进委员会江苏省分会(以下简称"省贸促会")等部门参与的高质量实施RCEP跨部门协调推进机制，并推动工作机制向基层商务部门延伸，形成左右协同、上下联动的良好工作格局，协力推进高质量实施RCEP工作。制定出台《江苏省关于高质量实施〈区域全面经济伙伴关系协定〉(RCEP)的若干措施》，从高水平运用规则、

高层次布局产业、高标准服务企业、高效能推进落实4个方面提出16项政策措施,努力将江苏省打造成为全国高质量实施RCEP示范区和东亚产业循环战略枢纽。无锡、苏州、淮安、盐城等市结合自身实际制定出台了高质量实施RCEP的政策文件,形成面上有统筹、点上有侧重的良好政策氛围。

(二)畅渠道、促合作,积极推动高质量实施RCEP见实效

RCEP生效以来,江苏省商务厅加强对RCEP区域的经贸交流和产业对接,推动企业积极参与区域产业链供应链融合发展。2022年,共面向RCEP区域举办线上对接会42场,为近1 500家企业组织对接近7 000场;组织70家企业参加RCEP区域境外线下展会10场。举办东盟-中日韩(10+3)产业链供应链合作论坛暨东亚企业家太湖论坛,配套举办RCEP实施论坛;以RCEP区域为重点,举办12场"连线全球"系列投资促进活动。2023年以来,组织企业参加RCEP区域境外线下展会20多场,积极筹备产业链供应链国际合作交流会暨企业家太湖论坛。不少设区市也积极搭建RCEP经贸合作平台,畅通经贸合作通道。如南京推动中老铁路(南京—万象)国际货运班列常态化运营,2022年共发送17列692车,出口货值2 739.7万美元。无锡发起建立RCEP国家(无锡)友城合作机制的倡议,建立全省首个RCEP跨境电商公共服务平台。常州设立国内首家RCEP产教融合发展研究院。淮安连续2年举办RCEP成员国食品产业合作圆桌会议。

(三)强培训、广宣传,着力增强企业利用RCEP能力

一是持续加大培训力度。2021年以来,江苏省商务厅联合南京海关、省贸促会,充分发挥"FTA惠苏企"联合工作机制作用,建立省、市、县三级协同培训体系,累计开展RCEP培训宣讲活动近400场次,参训人员近5万人次。2023年,江苏省商务厅以"RCEP规则深化利用"为主题,开展"3+X"深度培训,将围绕"RCEP中小企业跃升""RCEP产业强基""RCEP国别深耕"3个专题,分别开展1场线下专场培训和X场线上配套公开课,针对性提升企业综合运用RCEP的能力。目前,已完成2场线下专场培训,700多家相关企

业参训。二是不断拓展宣传形式。2022年，发布近30期"落实RCEP江苏在行动"微课堂，编印《会享·享惠》江苏企业利用自由贸易协定经验案例选编，深入浅出引导企业用足用好RCEP。牵头建立RCEP宣讲师资库，为基层相关培训提供讲师支持60余次。2次在商务部组织的全国RCEP专题培训班上介绍江苏省高质量实施RCEP工作实践和典型企业经验。2023年，江苏省商务厅将大力总结推广江苏省基层和企业高质量实施RCEP的经验做法，已面向全省各级商务部门和企业征集相关经验案例50多篇。

（四）搭平台、优服务，持续提升企业享惠便利度

省级层面打造2个RCEP公共服务平台，助企慧享政策红利。江苏省商务厅在江苏走出去综合服务平台开设"RCEP企业服务专区"，推出宣讲培训、典型案例、协定解读、服务查询、国别指南等11个子栏目，为企业开拓区域市场提供有效参考。联合省贸促会、南京海关打造"FTA智慧应用公共服务平台"，聚焦企业利用自由贸易协定的热点难点问题，针对性推出自由贸易协定进出口税率查询、原产地规则查询、RCEP原产地预判、"FTA惠苏企"专栏4个栏目，并实现我国已签19个自由贸易协定税率全覆盖，助企慧享最优税率，有效访问量近2万次。不少设区市也积极结合当地产业特点和企业需求，开发建设了一批RCEP公共服务平台。如南京推出全国首个系统集成的FTA惠企"一键通"智慧平台。苏州设立RCEP企业服务中心，上线苏州RCEP企业服务平台和经贸规则计算器。

（五）抓问效、强保障，深入破解企业应用痛点、难点

RCEP生效以来，江苏省商务厅加强RCEP实施效果跟踪和应用研究，帮助企业将规则红利转化为发展实绩。从对外贸易、利用外资、对外投资、RCEP原产地证明申领4个维度，建立RCEP统计口径，跟踪江苏省与RCEP成员国经贸合作情况。结合RCEP生效首季江苏省实施情况，加强对江苏省高质量实施RCEP形势分析研判，及时提出工作举措。联合南京海关、省贸促会调研重点行业利用情况，形成《江苏省纺织服装行业RCEP享惠情况及

对策建议》。开展RCEP国别研究,形成《RCEP和中新(西兰)FTA升级版双驱动下苏新经贸合作迎来三大新机遇》研究报告。联合南京海关、省贸促会赴镇江开展企业利用情况调研,深入了解企业做法和成效,详细解答企业遇到的困难和问题,现场指导企业应用FTA智慧应用公共服务平台。丹阳丹京华尔服装有限公司等企业表示以前都是应客户要求办理证书,不了解为客户减免了多少关税,利用该平台后可以自主查询,增加谈判议价的"筹码"。

三 下一步打算

(一)进一步做好深度培训

加快推进"RCEP中小企业跃升""RCEP产业强基""RCEP国别深耕"3个专题线上配套公开课的录制发布工作,适时举办"RCEP国别深耕"线下专题培训,为江苏省企业精耕RCEP市场提供更具针对性、实操性的资讯和建议。利用RCEP企业服务专区、FTA智慧应用公共服务平台、江苏省商务厅微信公众号、江苏省商务厅网站"FTA惠苏企"专栏等平台,加大"RCEP实操公开课"宣传推广力度,扩大企业知晓面,帮助更多企业用好用足RCEP优惠政策。

(二)持续深入开展规则应用引导

推进RCEP案例编写发布工作,梳理总结各地在对接RCEP、优化营商环境、促进贸易投资合作等方面的好经验、好做法,指导企业用好用足关税减让、原产地区域累积、经核准出口商、背对背原产地证明、服务业和投资开放等RCEP优惠政策,深化区域经贸合作。持续关注RCEP成员国扩容、规则升级、标准协调对接等实施进展,结合江苏省重点产业发展实际和自由贸易伙伴市场需求,深入开展RCEP规则应用研究和实施效果监测,指导企业深度参与区域产业链供应链融合发展。

（三）高效务实促进区域经贸合作

利用好百展万企拓市场行动，支持企业充分利用RCEP区域要素资源和市场空间，大力发展面向RCEP成员国的中间品生产和贸易。积极搭建投资合作平台，办好第三届企业家太湖论坛，加大重点产业靶向招商力度，支持企业深化区域内国际产能合作，加强与RCEP成员国的产业链供应链协同。支持自贸试验区等各类开放载体探索落实RCEP鼓励性义务，加快打造市场化、法治化、国际化一流营商环境，吸引成员国优质产业、资金、技术、项目、人才等集聚。

江苏省深化"一带一路"重点区域经贸合作取得实效

2023年是共建"一带一路"倡议提出十周年,十年来,共建"一带一路"已成为深受欢迎的国际公共产品和国际合作平台。近年来,江苏省商务系统认真贯彻落实党中央、国务院决策部署,按照江苏省委、省政府关于高质量推进"一带一路"交汇点建设的要求,全面对标对表,优化提升思路举措,更好统筹发展与安全,积极拓展"一带一路"沿线市场,持续推进共建"一带一路"国家重点合作园区稳中提质,推动"一带一路"重点区域经贸合作取得实效。2023年1—6月,江苏省对共建"一带一路"国家进出口总额1 051.3亿美元,占全省比重为29.2%,占比较2022年同期提升3.2个百分点。共建"一带一路"国家在江苏省新设企业204家,占全省比重为12.7%,实际投资额8.8亿美元,占全省比重为4.7%。江苏省在共建"一带一路"国家新增对外投资项目238个,同比增长110.0%;中方协议投资额34.4亿美元,同比增长468.0%。

一 积极拓展沿线市场,推进丝路贸易加快发展

一是制定出台丝路贸易促进计划,以省级贸易促进计划为抓手,加大"一带一路"沿线市场开拓力度,支持企业参加沿线市场重点展会。自2022年下半年以来,抢抓境外线下展会重启契机,支持超400家企业参加22场"一带一路"境外线下重点国际展会,帮助企业稳定"一带一路"市场份额。二是完善海外仓梯队式培育机制,优化海外仓布局。在"一带一路"重要节点市场培育一批有较强带动作用的公共海外仓,引导企业利用海外仓扩大对沿线市场出口。目前,在共建"一带一路"国家共培育13个省级公共海外仓。支持省级集团参与公共海外仓建设运营,协调推动江苏省国际货运班列有限公司江苏—北布拉邦"前展后仓"项目成功落地,"中欧班列+海外仓"模式取得突破。

二 聚焦重点合作园区,推进园区建设稳中提质

一是积极推进重点境外园区建设。深入对接园区需求,支持柬埔寨西哈努克港经济特区等境外园区加快产业集聚,支持组织重点园区参加重大经贸活动和各类专题推介活动。二是支持江苏省企业入区发展。加强境外园区规划布局,引导有条件的省内企业赴与江苏省经贸合作互补性强的国家和地区投资兴建境外园区。截至2023年6月,江苏省在6个国家建有7家境外园区,总面积1 220平方公里,总投资38.5亿美元,入区企业351家,总产值95.3亿美元,为当地创造就业岗位近6万个。2023年1—6月,柬埔寨西哈努克港经济特区内企业累计实现进出口总额13.74亿美元,同比增长38.23%。三是积极培育省级国际合作园区。推动中韩(盐城)产业园建设,发挥协调机制作用,支持园区举办或参与重大经贸交流活动,支持园区重大项目建设和深化改革创新。加快中德(太仓)产业合作示范区建设,对上争取不断突破,双元制教育创新发展,互动交流多元拓展。对省内各类特色园区

建设发展情况进行动态跟踪指导,推动园区提高特色化、智能化、国际化建设发展水平。据不完全统计,江苏各类开放载体与境外地方政府、贸易促进机构、行业协会、龙头企业等设立合作园区(区中园)有 21 家,其中省级国际合作园区 18 家,与新加坡、以色列等"一带一路"沿线国家合作的有 4 家。

三 优化走出去服务体系建设,提升对外投资合作服务保障水平

一是落实江苏省商务厅深化"一带一路"经贸合作工作专班工作方案,将推动"一带一路"经贸合作有关工作纳入重要议事日程,进一步强化工作合力。运行好"全程相伴"江苏走出去综合服务平台,进一步加强与省有关部门和机构的联动配合,为企业提供全周期、一站式服务,在网上办事、信息资讯、风险防范、金融支持、咨询沟通等方面更好的服务。持续完善重点对外投资企业库、对外投资意向项目库、企业需求库"三张清单",完善动态监测机制,强化针对性服务,支持对外投资企业稳步走出去。二是进一步优化政策,积极支持企业参与共建"一带一路"。开展本土跨国企业 50 强调研发布工作,引导江苏省优势行业龙头企业开展高质量对外投资合作,聚焦国际产能合作和关键要素资源的兼并收购,提升江苏制造业在全球产业链价值链中的话语权,形成"以我为主、植根国内、面向全球"的产业链。

四 拓展合作新空间,深化重点国别和地区经贸合作

举办以"深化合作互利共赢 共同推动高质量发展"为主题的产业链供应链国际合作交流会暨企业家太湖论坛,宣介重点产业发展趋势、支持政策和投资机遇,搭建招商引资、产业链供应链合作平台。深化与俄罗斯远东地区经贸合作,落实江苏省领导关于通过联席会议机制与江苏省相关部门梳理与俄罗斯远东地区加强经济合作的指示精神,召开对俄罗斯远东合作工作会议。深化与白俄罗斯经贸合作,积极谋划江苏开发区和莫吉廖夫州自由经济区线上交流、江苏开发区代表团参加白俄罗斯自由经济区大会等活动。深化

新苏经贸合作机制,组织新加坡—江苏合作理事会双方秘书处共同赴连云港开展专题调研,探讨在新苏合作理事会框架下,进一步推动连云港深化与新加坡经贸合作。

五 统筹发展与安全,切实加强风险防范

及时布置落实风险防范预警相关工作,要求有关企业密切关注当地形势,牢固树立底线思维,增强风险防范意识,加强项目人员管理,杜绝麻痹思想、松懈心态和侥幸心理,严密防范风险。及时精准向有关境外企业推送所在国别、地区风险预警信息。加强事中事后监管,推动重点企业加强外派人员规范管理,切实保障外派人员合法权益。督促企业自觉遵守当地法律,尊重风俗习惯,规范经营行为,提升管理水平。运行好境外企业人员和财产保障平台,为人员安全、企业发展构筑安全风险保障底线。运行好江苏企业走出去信用保险统保平台,优化调整"对外投资和经济合作外派人员境外人身意外伤害及安全防卫保险项目",将基础保额由 50 万元提高至 80 万元,保障水平提升 60%,总保额由 78 万元提高至 108 万元,更好满足了走出去企业和人员的实际需求。至 2023 年 6 月底,共保障 130 676 人次,共承保 1 111 个项目,总保额 313.5 亿美元。

下一步,江苏省商务厅将牢牢把握习近平总书记提出的"江苏有能力也有责任在推进中国式现代化中走在前、做示范"的重大要求,进一步加强统筹协调,拓展合作新空间,持续深入推进"一带一路"交汇点建设。一是助企拓展"一带一路"沿线市场。持续开展百展万企拓市场行动,省、市联动支持企业参加"一带一路"沿线市场展会,用好专项资金支持企业走出去拓市场抓订单。深入推进"江苏优品·数贸全球"专项行动,搭建"江苏优品"线上专区,引导外贸企业触网上线、加快提升数字营销能力。继续支持无锡、南通等地举办跨境电商交易会、选品会,支持更多传统外贸企业利用跨境电商拓展共建"一带一路"国家市场。做好江苏国际文化贸易展览会(马来西亚)等服务贸易展会筹备组织工作。加大省级公共海外仓宣传力度,开展 2023 年度省

级公共海外仓综合评估工作，引导企业利用海外仓扩大对"一带一路"沿线市场出口。二是推动境内外合作园区提质增效。积极支持柬埔寨西哈努克港经济特区建设发展。组织企业代表团赴园区考察，寻找合作契机，支持柬埔寨西哈努克港经济特区2.0升级版建设。利用江苏省商务厅主办、协办的各类论坛、展会等重要经贸活动平台帮助园区加强宣传，积极向省内外企业推介江苏省境外园区，拓宽合作渠道。鼓励引导省内企业入区发展。实施省内国际合作园区引领支撑工程。深化中德（太仓）中小企业合作示范区、中韩（盐城）产业园、中以常州创新园、中日（苏州）地方发展合作示范区建设，积极推动国际先进技术、高端制造项目、科技研发机构落地，提升国际合作水平和开放能级。三是有效提升服务保障水平。持续推进"全程相伴"江苏走出去综合服务平台建设，运行好"江苏省出口企业统保平台""江苏省对外投资和经济合作外派人员人身意外伤害及安全防卫保险"项目，为走出去企业和外派人员提供更加有效的人身和财产保障。四是加强政策形势和经验案例的培训宣传，引导企业增强风险防范意识和能力，会同市、县商务部门加强重点企业联系服务。五是加强风险防范和事中事后监管，妥善处置好各类对外投资合作纠纷和事件。

江苏省促进跨境贸易便利化专项行动取得阶段性成效

促进跨境贸易便利化专项行动是贯彻落实中共中央、国务院关于优化口岸营商环境的决策部署和江苏省委、省政府工作要求,对标国际先进水平,打造市场化、法治化、国际化一流口岸营商环境的重要举措。中华人民共和国海关总署自2018年开始已连续5年开展促进跨境贸易便利化专项行动,通过多部门协作,统筹推进跨境贸易各项改革创新举措落实,有效改善口岸整体营商环境。2023年以来,江苏省以南京、无锡入围国家试点为契机,聚焦企业需求,突出优化流程、提升效率、降低成本、加强服务等重点,积极开展跨境贸易便利化相关政策、模式、举措研究,以点带面,推进全省跨境贸易便利化工作整体联动,全省口岸营商环境持续优化提升,促进跨境贸易便利化专项行动取得阶段性成效。2023年1—7月,全省口岸外贸吞吐量3.49亿吨,同比增长12.86%;外贸集装箱总量为651.31万标箱,同比增长8.77%。

一　高位推进，专项行动部署有力

一是加强统筹协调。江苏省高度重视促进跨境贸易便利化工作，2023年5月6日，召开江苏省开放型经济工作领导小组、江苏省口岸工作领导小组会议暨跨境贸易便利化专项行动部署动员会，部署推动全省跨境贸易便利化工作。专项行动开展以来，江苏省政府主要领导在江苏省政府常务会议上对专项行动作出部署、提出要求。江苏省政府分管领导多次批示，要求加强统筹协调，加快推进跨境贸易便利化专项行动工作，打造一流口岸营商环境。二是联动协作推进。江苏省商务厅会同相关单位，在研究国家相关举措和梳理口岸所在地人民政府意见建议的基础上，形成江苏省促进跨境贸易便利化专项行动23条措施，2023年6月23日以江苏省政府办公厅名义出台《2023年促进跨境贸易便利化专项行动方案的通知》。各地积极落实属地主体责任，通过成立领导小组、工作专班、召开部署会等方式，形成工作合力，有序推进专项行动各项任务落地见效。三是完善工作机制。口岸工作领导小组各相关成员单位聚焦市场主体关切和社会关注，加强研究，密切配合，积极解决促进跨境贸易便利化工作中出现的新情况新问题，确保各项措施落地见效。定期编制跨境贸易便利化工作动态简报，动态收集试点城市和相关部门在促进跨境贸易便利化专项行动中的好做法，及时总结通报相关创新举措。

二　试点引领，优化口岸营商环境氛围浓厚

一是有序推进落实。南京、无锡两个试点城市先后召开专项行动部署会，围绕优化通关流程、深化"智慧口岸"建设和口岸数字化转型、支持外贸新业态、规范口岸收费、提升服务水平等方面，研究制定专项行动方案。南京、无锡根据江苏省领导要求，每周汇报专项行动推进情况，确保专项行动按时有序推进落实。二是积极试点改革。南京、无锡抓住入围国家专项行动试点城市契机，积极推动空运口岸探索机坪"直装、直提"、建立生物医药研发用物

品进口"白名单"制度等改革创新;目前,南京禄口机场和无锡硕放机场"直装、直提"模式均已试点成功,累计快速验放价值近亿元货物。南京、无锡结合生物医药研发企业诉求,多部门联合推进,确定了首批申报纳入"白名单"的企业和药品范围。三是提升服务水平。南京、无锡口岸管理部门会同海关及相关部门,通过形势监测、企业联系、定期会商等方式,深入了解企业诉求,明确企业关切的堵点、痛点、难点,推动解决企业关心的实际问题。

三 聚焦重点,促进外贸保稳提质

一是支持跨境电商等新业态发展。立足跨境电子商务综合试验区建设,进一步释放跨境电商新业态政策红利,优化跨境电商出口海外仓模式海关备案流程,推动备案信息全国联网,实现"属地备案、全国通用"。无锡积极推动跨境电商公共服务平台建设,2023年新引进培育7家跨境电商公共服务平台,在全市范围内开展为期半年的跨境电商公共服务平台专项服务行动,重点培育100家企业转型跨境电商,支持80家企业免费建站。二是用足用好RCEP等自由贸易协定优惠政策。深入开展"FTA惠苏企"宣传,南京海关、江苏省商务厅、省贸促会联合开展RCEP等自由贸易协定政策宣贯培训,进一步提升协定认知度。2023年1—7月,南京海关共签发RCEP原产地证书5.94万份,签证出口货值186.76亿元,均列全国首位。江苏省企业享惠进口RCEP项下货值106.63亿元,享受关税优惠2.23亿元,同比分别增长73.18%和89.09%。三是推动加工贸易改革创新。南京海关、江苏省商务厅、江苏省生态环境厅等部门积极开展调研,深入了解自贸试验区内加工贸易企业实际需求,共同研究自贸试验区内开展保税维修业务的工作路径和有关准入政策。全省目前已有23个集团90家企业参加企业集团加工贸易监管改革,2023年以来,累计为相关企业减免担保超3 000万元,节省企业物流、报关等费用950余万元。四是加快推进海外仓建设。在共建"一带一路"国家等重点市场和中欧班列主要节点城市布局海外仓,完善分拨配送、货源集结、产品展销等功能。连云港制定市级海外仓认定办法,积极引导企业申

报市级海外仓,目前连云港拥有在册海外仓运营企业10家,建设海外仓总面积7.6万平方米,主要分布在美国、哈萨克斯坦、乌兹别克斯坦等6个国家。

四 深化改革,扎实推进举措落地

一是持续深化通关模式改革。"船边直提""抵港直装"便利化措施已拓展至全省所有水运口岸,"船边直提""抵港直装"逐步迈上规模水平,口岸通行能力显著提升。2023年1—7月,全省开展"船边直提"4 877批,"抵港直装"4 981批,累计"直装直提"货物3 539万吨,同比增长87.64%。二是积极促进跨境班列发展。江苏省交通运输厅加强中亚班列线路建设,推进接续班列稳定开行,拓展冷链物流业务,取得明显成效。目前,全省已稳定开行至中亚地区的线路达11条,覆盖中亚5国近50个城市,形成南京新车发运基地、连云港过境商品车发运基地、徐州二手商品车发运基地的中欧班列(江苏号)布局。推广"关铁通""铁路快速通关"等便利模式,江苏省所有通过中欧班列出口至哈萨克斯坦的货物信息及检查信息均已通过"关铁通"项目发送至哈萨克斯坦海关,实现数据共享。2023年1—7月,南京海关共计办理铁路快速通关模式886票。三是进一步提升出口退税便利度。江苏省税务局在全省范围内全面推进出口退税无纸化申报,目前全省无纸化办理出口退(免)税额占比超过99.6%。加强出口退(免)税企业分类管理,全省办理出口企业正常出口退(免)税的平均时间,压缩在5个工作日内,其中对信用好的一、二类出口企业已压缩到3个工作日内。

五 突出特色,全力服务长三角一体化

一是优化推进"联动接卸""离港确认"监管模式。加强与以上海口岸为重点的长三角区域口岸协作,推动信息协作互通,不断提升水路物流效率。2023年1—7月,江苏省"联动接卸"模式验放进出口7.88万标箱,同比增长87.64%,与上海等长三角区域90余个水运业务现场开通"离港确认"模式,

办理"离港确认"模式转关申报3.94万票。与上海国际港务(集团)股份有限公司(以下简称"上港集团")合作打造ICT(内陆集装箱中心)项目,通过构建"一站式＋一键式"物流信息平台,与上海港实现同港运作。2023年1—7月,上港集团ICT(苏州)项目共完成集装箱吞吐量17.3万标箱。二是支持推广真空包装等高新技术货物一体化布控查验模式。全省共有45家企业近1100项商品参加高新技术货物一体化布控查验模式扩大试点,试点涉及生物医药、半导体、汽车制造等产业,货物涵盖电子、生物、医药、原材料等种类。专项行动开展以来,累计开展537票协同查验,监管货值约人民币3.7亿元。三是实施沪苏VTS(船舶交通管理系统)覆盖水域"一次性船位报告"。将CAPE型船舶"一程式进出港"服务港口范围上延到镇江、扬州、泰州等港区。创新构建长三角海事监管服务一体化机制,协同上海、浙江海事部门推进海事监管、交通组织、信息数据、服务保障、信用管理、绿色发展等6个环节一体化,推动航运政策、产业、要素等联动发展。

六 纾困解难,提升企业获得感满意度

一是跨境贸易合规时间持续压缩。2023年以来,江苏口岸进口、出口整体通关时间分别为31.16小时和0.73小时,较2022年分别压缩19％、60％。江苏海事局实行经其他查验单位签署的《船舶出口岸手续联系单》告知承诺制,便利国际航行船舶出口岸,相关做法获评2023年度全国信用承诺优秀案例,专项行动开展以来,共为237艘国际航行船舶缩减相关申请材料提交时限。江苏边检为长三角地区移泊的国际航行船舶免办出入港手续,累计缩短船舶在港时间1.04万小时。二是建立健全口岸营商环境"问题清零"机制。充分发挥"南京海关企业问题清零工作管理系统"、国际贸易"单一窗口"服务热线、官方微信公众号等平台作用,共同做好问题收集和解决工作。2023年1—7月,南京海关通过企业问题清零系统共受理货物通关、动植物检疫、企业管理等疑难问题412条,企业反馈满意率100％。江苏国际贸易"单一窗口"服务热线受理用户1.68万人次,官方微信公众号推送热点问答、操作指

引、用户答疑等信息160余条。三是加强惠企政策措施宣传培训。通过线下、线上相结合方式积极开展跨境贸易便利化政策宣讲,让企业第一时间知晓政策、把握政策、运用政策,确保企业尽早享受政策红利。2023年7月12日,南京市举办"2023年南京市优化营商环境促进跨境贸易便利化专项行动政策宣讲会",全市各部门及进出口相关企业约8.5万人线上实时收看。无锡各级商务部门联合属地海关、横向部门及金融机构共举办外贸政策宣讲会超过8场,企业超过500人次参与。

江苏省县域商业体系建设工作取得积极成效

近年来,江苏省深入贯彻落实党中央关于促流通扩消费和加强县域商业体系建设的决策部署和江苏省委、省政府工作要求,以全面推进乡村振兴战略为引领,坚持市场主导、政府引导的原则,以供应链、物流配送、商品和服务下沉及农产品上行为主线,积极推动县域商业体系建设工作。两年来,全省共建设改造县级物流配送中心54个、乡镇商贸中心69个、农贸(集贸)市场180个、乡镇快递物流站点67个、农产品产地集配中心等项目78个、农产品批发市场项目22个、农村新型便民店794个、村级寄递物流综合服务站2 042个,江苏省13个县(市、涉农区)入选全国县域商业"领跑县"典型案例,全省农产品现代流通体系进一步完善,工业品下乡和农产品进城双向流通渠道进一步畅通,农村消费环境进一步提升。

一 加强顶层设计,完善政策支撑体系

以城乡商业网点规划、流通体系建设等文件精神为引

领，形成有力抓手，树立鲜明导向，为县域商业发展营造良好氛围。一是强化政策引领。2021年，江苏省商务厅会同江苏省发展和改革委员会等部门制定《关于完善商业网点规划管理的指导意见》，并由省政府办公厅转发，同时提出各级商业中心建设参考标准，引导市、县加强县域商业网点规划布局，促进商业网点建设健康有序发展。2022年以来，江苏省商务厅认真落实商务部关于县域商业体系建设的工作部署，会同相关部门先后印发了《江苏省县域商业体系建设实施方案》《江苏省县域商业领跑行动三年计划（2023—2025年）》，并制定工作方案，突出县城商业中心、乡镇商贸集聚区等建设重点，不断完善县域商业体系建设政策体系。常州、苏州、淮安、扬州等地出台了本级县域商业体系建设实施方案，明确了工作目标和建设任务，南京、南通、连云港等地将县域商业体系建设纳入当地乡村振兴考核指标，有力保障了县域商业体系建设工作的推动落实。二是完善工作机制。推动建立了省级17个部门单位参与的县域商业体系建设工作协调机制，制定了工作制度和办公室工作规定并定期邀请相关部门参加工作推进会议。成立商贸流通体系建设专班，确定健全县域商业体系、促进流通提质增效等重点任务，坚持市场主导、政府引导、适度规模、集约集中、模式多样、特色突出的建设理念，推动便民生活圈、乡镇商贸中心、农贸市场等县域商业设施建设，改造提升农村传统商业网点。苏州市商务局、苏州市委农村工作办公室、苏州市发展和改革委员会、苏州市财政局等部门联合参与，所辖各板块均制定了相应的实施方案，构建"县级主抓、区域协同"的工作机制，统筹推进县域商业建设行动。三是加强资金支持。积极争取中央财政资金支持33 390万元，并配套省级商务发展资金13 800万元。运用中央财政资金及省级商务发展资金支持农贸市场、乡镇商贸中心、物流配送中心、农产品冷链等县域商业设施的建设改造。各市、县出台了相应的支持政策，通过政府资金引导，有力带动了社会资金的投入。两年来，全省累计支持项目资金34 180万元，带动社会资金投入约110亿元。

二 推进网点建设，提升县域商业水平

以县城商业中心、乡镇商贸中心、物流配送中心（网点）等商业设施的提

升、建设、改造为重点,不断健全县域商贸流通网络。一是优化提升县城商业中心。引导各地优化县城商贸流通网点结构和布局,推动形成县城商业中心、片区邻里中心、社区商业网点等层级分明、布局合理的县城商贸网络体系。提升县域城区品位,打造特色商业中心(商业街),有效提升辐射带动能力,通过拓展服务功能,增加服务项目,增强可视化、数字化、智能化消费场景等手段,提质建设一批县(区)城商圈。万达广场、吾悦广场、万象天地等知名商业综合体在县城商业中心中的占比逐步提高,有效提升了当地的消费和就业。江阴市已形成以八佰伴城市超市(江阴南门店)、印象汇、万达广场等重点商贸综合体为代表的城区商贸核心,不断提升消费品质、改善消费体验、促进消费升级。二是建设改造乡镇商贸中心。连续三年将农贸市场建设和改造升级作为江苏省政府民生实事任务,引导各地在农贸市场建设改造基础上,叠加餐饮、休闲、娱乐等多种业态建设乡镇商贸中心,把乡镇商贸载体建设作为释放内需潜力的重要抓手。盐城市扎实开展农贸市场"新改提"三年行动,按照"新建一批、改造一批、拆除一批"的思路,积极推动全市农贸市场业态和管理模式创新,先后建设改造农贸市场 222 个,社会各类投资主体累计投资 25.4 亿元,实现农贸市场外在"颜值"和内在"价值"的双提升,人民群众的获得感、幸福感不断增强。常州市新北区充分发挥乡镇承上启下、紧贴农村居民生活圈、服务农村常住人口的优势,因地制宜建设、改造、培育了 20 余个乡镇商贸中心,建成孟河星光城、奔牛星光城、薛家天宇广场、薛家全民健身中心等 6 座现代化农村商贸中心,总面积超过 25 万平方米。常熟市结合一刻钟便民生活圈建设,实施"乡镇商贸中心提质升级三年行动",改造升级尚湖镇梦乐城儿童游乐园、古里镇新桥村和梅李镇洋源悦江南等 3 个乡镇商贸中心,进一步提升了乡镇商贸中心的服务功能。连云港东海千庄商贸有限公司投资 700 万元,升级改造 6 300 平方米青湖商贸城,连云港市赣榆区、东海县 3 个龙头企业投资 800 余万元,升级改造了 3 个大型超市,改造面积 7 000 余平方米,解决了当地 200 余人就业问题,2022 年实现税收 70 万元。三是改造升级村级商业网点。支持供销、邮政、电商等大型商贸流通和本地商贸龙头企业渠道下沉,参与建设和改造县镇村传统商业网点,提供多样化

服务,丰富农村消费供给,满足老百姓品质生活需要。扬州市邗江区采用"政策引导、部门帮扶、市场盘活、村民参与"的可持续发展模式,借助党建、发改、商务、邮管、交运等相关部门的政策与资金扶持,整合区内资源,推动多元主体共同投入,设立乡村物流服务点,以计件工资的形式聘用村民参与揽派件,实现了以服务群众为中心的市场化运作,真正解决了农村物流神经末梢的"最难一公里"。江苏新合作常客隆数科商业有限公司坚持"贴近农村、贴近农民、贴近生活"的经营理念,运用连锁方式,改造、整合农村传统的商业网点,建立起了城乡结合、上下贯通、大中小并举、延伸周边县市的县镇村三级连锁超市网络体系,共布局社区便民店 100 家,村级便民店 140 家,并将政府服务、金融服务与传统超市等业务有效融合,更好地满足农村居民的日常生活需要。

三、推动融合发展,畅通商贸流通渠道

积极推动企业供应链、物流配送、商品和服务下沉,注重资源整合,创新业态模式,畅通流通渠道。一是推进数字化转型。引导农产品批发市场数字化转型、建设改造冷链物流设施,支持建设改造具有商品化处理能力和配送能力的农产品集配中心。南京农副产品物流配送中心通过搭建"数智众彩驾驶舱"平台,形成了"智慧交通+智慧检测+智慧安防+数字建档+数字监控"5 大信息系统平台,实现了将全面感知、智能连接、平台管理、标准建设深度融合的"一网统管"治理体系。二是推动共同配送。引导大型商贸流通企业、电商企业建立分拨、仓储等区域配送中心,推动农村物流配送中心等公共服务基础设施和镇村级网点建设,大力发展城乡共同配送,形成了全国知名的"沛县模式",徐州汉马供应链有限公司搭建"飞马配送体系",其新的"共配中心"整合"三通一达"、极兔、安能等多家物流快递企业业务,日处理能力可达 40 万件,实现了镇村网点 100% 全覆盖。南京市溧水区共建成 8 个镇(街)级农村物流服务站,91 个村级农村寄递物流服务点,累计开通 7 条"交邮快"融合公交示范线路。"交邮快融合,助力城乡发展一体化"品牌于 2023 年入

选全国第四批农村物流服务品牌公示名单。南通市启东驿同快递共配中心包含中天、圆通、韵达、申通、极兔等快递品牌，日进出港量达 30 万件，年增长约 20%。三是创新发展新业态。发挥江苏县域产业优势，引导各地特色产业集群与电商融合，建设县域新型电商产业集聚区。已累计打造南通家纺、睢宁家具、沭阳花木、东海水晶等 34 个江苏省县域电商产业集聚区。张家港市加快培育"快递＋商超""农产品＋生鲜超市＋互联网"等新快递新业态，引领农村物流发展方向。南通市海门区厚植产业优势，先后改造并运营海门区电子商务公共服务中心、常乐红木和三星家纺电子商务公共服务中心等，大力推动电子商务等服务经济新业态繁荣发展，2022 年海门全区实现网络零售额超 60 亿元，同比增长 10%。四是搭建产销对接平台。支持徐州举办 2023 全国农商互联暨乡村振兴产销对接大会，江苏省 13 个地市 135 家参展商，150 多家农批市场、大型商超、餐饮企业、电商平台等到会采购洽谈。通过线上线下同步开展，举办家乡好物"土特产"直播带货活动，设立官方话题"家乡土特产好物推荐"，带动 200 名以上主播达人及网民的广泛参与，播放量超 6 709 万次，宣发矩阵视频 51 条，现场直播带货销售额近 1 000 万元。

下一步，江苏省商务厅将持续推进县域商业体系建设，落实县域商业领跑行动三年计划，着力构建以县城为中心、以乡镇为重点、以乡村为基础，分层分类、布局完善的城乡一体现代商贸流通设施网络。持续推动乡镇商贸中心、农（集）贸市场、大中型超市等升级改造，增强商品流通和便民、惠民服务功能。支持邮政快递、供销社、电商平台、连锁商贸企业通过多种方式改造传统农村商贸网点，延伸营销服务，促进城乡商贸流通企业协同化、网络化经营。按照"建成一批、验收一批、销号一批"原则，开展分型县达标验收和全国县域商业"领跑县"推荐工作。

徐州市积极开展国家试点示范 着力推动商贸流通高质量发展

2023年,徐州市商务局按照国家和江苏省恢复和扩大消费的部署要求,以建设国际消费中心城市为主抓手,制定了国际消费中心城市建设方案,着力改善消费条件、创设消费场景,在消费活动、主体培育、载体建设、消费环境等方面攻坚发力,全力以赴提振消费市场,内贸流通工作取得新突破。徐州市成功举办商务部农商互联大会获国家层面肯定认可,国家级服务业标准化商贸流通专项试点、全国示范智慧商圈、国家生活必需品流通保供体系建设项目等3项国家试点成效全国领先,流通、消费、电商、市建,以及商贸服务业等工作成效良好,以排名第一的成绩获得江苏省政府内贸条线政策激励。消费市场稳定增长,全市社会消费品零售总额完成4 445.0亿元,同比增长8.3%,总量和增幅均居全省第三。

一、着眼激发居民消费热情,持续打造消费活动品牌

持续打响"淮海新消费"品牌,牵头办好了商务部农商

互联大会、江苏省电商直播节、伏羊节、网上年货节、老字号嘉年华、地标美食评选活动等城市品牌活动,扩大消费影响力。围绕"春风徐来""夏夜生活""金秋惠购""乐购冬日"等主题,组织开展汽车、家电、家居等 3 000 多场各类消费活动,以及企业销售营销竞赛及汽车专项销售竞赛等活动,出台消费券补贴政策,使用近 1 000 万元补贴奖励,引导企业发放各类消费券超 2.5 亿元,拉动消费近 50 亿元。落实江苏省绿色节能家电专项补贴促消费政策,使用省级绿色家电补贴 1 460.8 万元,拉动徐州市 1.8 亿元家电消费。

二 着眼提升消费承载水平,持续加强商业基础建设

加强全市商业网点规划,作为中心商圈协调办公室主要成员之一,协调推进中心商圈德基广场、太平洋百货建设,建成国贸地下通道,推动金鹰上街回型街区、新盛弘阳广场、爱琴海购物中心、老东门金雨天地等标志性大型商业综合体(街区)开业运营,文庙商业街区完成招商,商圈布局不断完善,商贸服务能级有效提升。加强县域商业体系建设,改造提升 35 个综合商贸服务中心、乡镇商贸中心、县域电商市场等建设,补齐县域商业短板,畅通农村流通市场。

三 着眼丰富商业业态供给,持续开展主体培育招引

大力支持重点商贸企业做大做强,重点商贸企业成绩斐然,徐州金鹰国际购物中心销售额在全国 28 家门店排名第二;徐州苏宁广场在全国 20 家门店位列第一;徐州淮海环球港规模在全国百座环球港中位居第三;徐州杉杉奥特莱斯在全国 16 家门店中排名地级市第一。推动电商企业做大做强,电商企业数突破 2.1 万家,店铺数突破 20 万家,2023 年以来新增电商规上企业 16 家,创历史新高。大力发展首店经济、首牌经济,积极推动商贸企业扩容提质迈向中高端,推动罗森、7-11、十足等国内知名连锁便利店落地,推动悦客、U-life 超级生活馆、川锅壹号等本土连锁企业发展壮大。积极推进大润

发 M 会员店、盒马生鲜等新零售高端业态项目，提升消费品质。积极化解家乐福闭店矛盾，改造家乐福原有场地，大润发、京东电器新零售卖场进驻，从源头逐步消除家乐福闭店所带来的影响。按照国家一刻钟便民生活圈试点城市建设要求，打造了鼓楼区米兰便民生活圈、徐州市经济技术开发区泰隆便民生活圈等15个城市一刻钟便民生活圈，丰富便民业态。

四 着眼促进传统商贸转型，持续扩大示范带动作用

为加快推动传统商圈和商店数字化、智能化转型与协同发展，引领新型消费，积极推进徐州商圈数字化、智慧化改造，经过商务部2轮评审，成功入选全国示范智慧商圈（全国地级市仅徐州、温州2家），苏宁广场、金鹰国际购物中心入选全国示范智慧商店，不断创设消费新场景、营造舒适便捷的购物环境。聚焦统一大市场建设，围绕商贸流通提质增效方向，构建全市商贸流通标准体系，圆满完成商贸流通服务业标准化试点城市任务，试点经验作为唯一地级市在商务部培训会上作典型交流。作为江苏省的3个试点城市之一，成功入选国家生活必需品流通保供体系建设项目名单，争取到资金，支持徐州市重点流通保供项目建设，确保"平急两用"项目建好用好。探索内外贸一体化经验，推动省级内外贸一体化试点17家企业促进标准衔接、品牌建设、数字化转型、实施"三同"发展，积极开拓国外国内两个市场。积极推动县域特色产业集群与电商深入融合发展，睢宁简约家具、铜山玻璃制品、新沂皮草、丰沛邳农副产品等特色电商产业集聚区集聚效应进一步增强，睢宁家居电商产业集聚区、丰县大沙河电商产业集聚区获批江苏省县域电商产业集聚区，带动地方产业加速转型升级。

统筹把握"时与势" 科学有序"走出去"
——常州市企业全球化布局路径和策略研究

随着改革开放持续深入,常州市"走出去"步伐不断加快,有实力的企业纷纷走上跨国发展道路,统筹利用国外国内两个市场、两种资源,积极参与国际分工合作和全球价值链重构,国际化运营能力和综合竞争力得到显著提升。截至目前,常州市共有585家企业累计境外投资项目855个,中方协议投资总额89.9亿美元,遍布全球六大洲,覆盖80个国家和地区。常州市企业"走出去"形式多样,既有大量的绿地投资和海外并购,也有遍布全球的海外销售和服务网络,形成了总体规模快速增长、合作方式多元多样、投资领域持续拓宽和产业布局高端发展的局面。

一 "走出去"类型及驱动因素

通过调研分析,常州市"走出去"项目主要分为"主动型""被动型"两大类,从具体项目来看,往往存在多重因素叠加,可归纳为市场开拓、降低成本、应对壁垒、产业配套、资源技术人才获取等5种驱动因素。

（一）市场开拓

企业贴近目标市场,建立海外营销网络或生产基地,快速响应市场需求,有效调节产品供给,提高国际市场竞争力。一是贴近市场需求。市场因素是常州市企业"走出去"最重要的因素之一。例如,常州星宇车灯股份有限公司在塞尔维亚投资建设车灯工厂,就近获取宝马、大众等整车厂订单,开拓欧洲市场。常州腾龙汽车零部件股份有限公司在波兰投资建设欧洲生产基地,为标致、雪铁龙、沃尔沃等供货。二是建立销售渠道。目前,常州市企业累计在海外投资设立销售和服务网点268个。例如,江苏贝尔家居科技股份有限公司在美国、加拿大、泰国等国设立子公司,布局营销网络,销售自产地板。常林股份有限公司在印度、马来西亚等国设立销售及售后服务网点,提高产品市场占有率。三是设立海外仓。常州市企业抢抓外贸新业态发展机遇,在境外设立52个海外仓,优化境外物流体系,提高即时供货能力。例如,常州机械设备进出口有限公司在坦桑尼亚设立海外仓,服务非洲市场；常州市豪凌车业有限公司在美国设立海外仓,辐射北美市场。

（二）降低成本

企业到低成本国别地区设厂,充分利用当地人力资源、环境容量、政策优惠等比较优势,降低生产运营成本,提升产品综合竞争力。一是人力、土地及资源要素成本。东南亚地区生产成本具有比较优势,如越南工人月平均工资为300—600美元(北部300—400美元,中部400—500美元,南部500—600美元)、柬埔寨工人月平均工资为150—220美元,且劳动保险费用较少,对劳动密集型企业具有较大吸引力。据常州华利达服装集团有限公司(以下简称"华利达")反映,公司越南工厂位于北部,有1.3万余名工人,人均工资为国内一半,每年人工成本可节约近6 000万美元。二是关税成本。根据各国税则规定,常州市部分产品以零部件或整装出口所承担的关税存在较大差异,可利用关税差额降低出口成本。据常州比亚迪汽车有限公司反映,新能源整车出口印度,须缴100%关税;如以零部件出口,在印度进行组装,综合关税可降至20%左右。三是政策支持优惠。东南亚国家出台了一系列税收减免、土地使用优惠等政策措施,吸引企业到当地投资。华利达反映,在越南符合条件的外资企业只需缴纳10%—17%的所得税,并享受"四免九减半"或"两免四减半"的优惠政策,而国内所得税率为25%;增值税方面,越南需缴纳10%的增值税,而在国内则需缴纳13%的增值税。目前,华利达越南工厂仅需缴纳10%的增值税。据天合光能股份有限公司(以下简称"天合光能")反映,泰国对外资企业豁免企业所得税3—13年,之后5年减半征收,目前其泰国工厂享受豁免8年企业所得税及机器设备、研发项目进口关税等多项优惠,实际税负接近于零。

(三)应对壁垒

企业充分利用原产地规则,在壁垒地区的"本地、近地、友地"投资设厂,规避壁垒限制,稳定海外市场。一是应对关税壁垒。2018年至今,美国实施的"301"特别关税法案对常州市出口商品征收高额关税。格力博(江苏)股份有限公司反映,为应对美国25%的关税壁垒,公司在越南投资建厂,年产园林机械150万台,利用美越双边贸易协定零关税政策,稳定美国市场。二是应对"去中国化"壁垒。当前部分国家推行"去中国化""中国+"策略,对本国产业链供应链进行"就近化""多元化""属地化"布局调整,大幅限制中国制造采购。常州市企业为稳住市场、争取订单,不得不到海外投资设厂。江苏中鑫家居新材料股份有限公司反映,公司拟在越南建设20条PVC(聚氯乙烯)生产线,以符合欧美客户订单要求。三是应对碳关税壁垒。《欧盟电池和废电池法规》、欧盟碳边境调节机制法案、《通胀削减法案》等的出台,欧美国家着手对电池等新能源产品进行碳足迹核算,进一步促使常州市企业赴欧美国家投资设厂,更好对标欧美碳排放规定。中创新航科技股份有限公司反映,为了应对欧盟碳壁垒,公司正着手在葡萄牙设厂。

(四)产业配套

企业优化海外布局,构建完善承接地产业链、供应链,巩固和提升本地化综合运营能力。一是完善产业生态。目前，东南亚等承接地产业链、供应链、服务链尚有缺失，"走出去"企业经常面临"缺链少环"的尴尬境地，不得不"自带链条补位"。天合光能反映，公司在越南前期投资光伏组件工厂的基础上，又投资建设6.5吉瓦光伏晶硅厂，实现光伏产业上下游垂直一体化，完善当地生产供应。二是本土化运营需要。在承接海外公共设施领域项目时，外国政府通常要求必须在所在地设立公司，作为参与投标建设的前置条件。江苏海鸥冷却塔股份有限公司在美国、韩国、马来西亚、印度尼西亚等国家均有项目分公司；今创集团股份有限公司在法国、印度等地建立地铁运维公司。

（五）资源技术人才获取

企业统筹海外优质资源配置，设立或并购资源要素、技术研发和人才项目，提升全球化供给和创新能力，实现可持续发展。一是技术并购。为吸收前沿科技，获取先进技术和专利，常州市企业积极开展并购，缩短研发时间，降低研发成本。今创集团股份有限公司通过收购塞拉公司（法国仅有的两家列车座椅制造商之一），获得列车、飞机座椅的多项专利，对技术研发形成有力补充。二是设立境外研发中心。到先进地区设立研发中心，吸引国外高技术人才，开展高层次研发，积极融入全球创新网络，加快形成具有全球竞争力的开放创新生态。常州纵慧芯光半导体科技有限公司（以下简称"纵慧芯光"）在美国硅谷设立研发中心，聘用当地名校优才，开展垂直腔面发射激光器（VCSEL）芯片研发，并在常州工厂实现量产和销售。依托美国研发中心，纵慧芯光成长为中国第一家拥有自主知识产权的VCSEL芯片制造公司，目前已成为华为技术有限公司重要供应商。三是资源获取。企业通过跨国投资并购，有效利用海外自然资源，优化全球资源配置，增强产能合作优势。江苏玉玲珑珠宝科技有限公司在俄罗斯成立玲珑琥有限责任公司，从事琥珀加工和贸易。江苏常发实业集团有限公司在赞比亚投资取得30平方公里铜矿区勘探和开采权力。

从新能源企业"走出去"情况看，当前国外新能源市场渗透率为10%左右，常州市新能源企业布局海外市场潜力巨大。截至目前，常州市新能源企业累计境外投资项目268个,中方协议投资额33.6亿美元,分别占全市总值的31.3%和37.4%。从近期走访的30多家新能源企业了解到,"走出去"驱动因素主要为:一是市场开拓。例如,蜂巢能源科技股份有限公司在德国萨尔州和勃兰登堡州分别建设模组工厂和电芯工厂,为欧洲新能源车厂供货。二是应对壁垒。例如,为应对美国"双反"和"301"调查,天合光能到泰国建厂、亚玛顿股份有限公司到阿拉伯联合酋长国(以下简称"阿联酋")建厂,这些都是因关税壁垒被迫外迁的案例。三是产业配套。为壮大新能源产业,欧美国家制定政策,设置本土化制造比例。常州市新能源企业直接出口欧美受阻,被迫到当地投资设厂。万帮新能源投资集团有限公司反映,2023年2月美国发布电动汽车充电设施网络规定,要求政府资助的电动汽车充电器必须在美国生产,且从2024年7月起,55%的充电器成本需要来自美国零部件,因而公司计划赴美投资设厂。总体来看,常州市新能源企业"走出去"以抢订单、拓市场、打品牌为主,整车及关键核心零部件项目仍自主可控,暂时不存在规模化外迁的风险。

二 "走出去"形势及分析预判

(一)本土企业"走出去"开展全球化布局是大势所趋

在国外国内多重因素影响下,全球面临产业链升级、供应链调整和价值链重构,特别是在共建"一带一路"倡议和双循环新发展格局背景下,本土企业只有主动"走出去",积极参与国际化分工和全球化竞争,才有可能突破发展瓶颈、获得发展机遇。

(二)常州企业已步入"走出去"全球化布局的历史阶段

按照英国经济学家邓宁的投资发展理论,当人均国内生产总值达到中等收入后,对外直接投资将明显增加。2022年,常州市人均国内生产总值达17.8万元,折合2.65万美元。根据英国、美国、日本等发达国家投资发展过程看,常州市已进入境外投资快速扩张时期。同时,国内结构性供求不平衡、部分产能过剩,促使越来越多的常州企业"走出去",寻求发展机遇和空间。

(三)中美博弈是加速企业"走出去"的重要因素

自2018年美国对中国发起贸易战,历时四年多的中美经贸摩擦愈演愈烈。美国联合盟友推行"去中国化",推动从"离岸外包"转向"近岸外包""友岸外包",在经济、金融、科技等各领域对华进行封锁和脱钩,在劳工、环境、人权问题上对中国施压和围堵,迫使常州市部分企业寻求"走出去"发展,否则将面临失去国外订单的风险。

(四)后疫情时代供应链区域化安全发展迫使企业加快"走出去"

新冠疫情对全球产业链、供应链产生了深远的影响,各国愈发意识到加强供应链韧性的重要性,出台了一些限制性政策,如《通胀削减法案》(IRA)、《净零工业法案》(NZIA)等,都旨在促进制造业回流,提高本土制造的采购比例,促使常州市企业前往当地投资设厂,以符合当地市场的规范要求。

(五)区域自由贸易协定为企业"走出去"提供了路径选择

一方面,我国与全球26个国家和地区签署了19个自由贸易协定,特别是《区域全面经济伙伴关系协定》(RCEP)为全球最大体量的自由贸易区,为企业"走出去"创造了良好的基础和环境。另一方面,《全面与进步跨太平洋伙伴关系协定》(CPTPP)、《美墨加三国协议》(USMCA)、《越南与欧盟自由贸易协定》(EVFTA)等多双边贸易协定,使得常州市企业只能前往它们之间的协定国,才能享受自由贸易协定的政策红利。

(六)欧洲能源危机致使当地企业陷入困境为开展跨国并购提供了机遇

欧洲能源危机持续发酵,高昂的能源价格助推当地企业运营成本大幅攀升,欧洲许多国家正在经历企业破产潮,这为常州市企业并购收购欧洲企业提供了契机。

三 "走出去"路径及策略选择

(一)立足产业,分类指导

按照国家相关政策规定,结合常州市实际,加快培育一批在全球供应链中占据优势的链主企业,在保障常州市产业链、供应链安全的前提下,分类指导相关企业区别化"走出去",实现常州市企业从基地型向总部型、生产型向科创型提档升级。一是加快推进要素受限产业"走出去"。当前,常州市经济已由高速增长阶段转向高质量发展阶段,产业结构和发展方式进入重塑转变期,对于纺织服装、强化地板等劳动密集型、资源消耗型产业,在常州市已面临生产成本、资源环境等约束,部分企业盈利能力持续下降,已面临生存危机。推动这些企业"走出去",将扩大产能转移至国外,可进一步优化资源配置,降低综合成本,获得发展新空间。二是有序推进外向依赖产业"走出去"。(1)市场开拓型:对于传统汽车零部件、轨道交通等海外市场依赖程度较高的产业,引导贴近市场需求,拓展海外市场,获得更多发展机会。(2)应对壁垒型:对于太阳能光伏等遭受贸易壁垒较多的产业,鼓励企业通过合理路径"走出去",建立海外基地,规避制度瓶颈,深耕当地市场,进一步提升海外市场份额。(3)资源技术人才获取型:对于新一代电子信息技术、生物医药及新型医疗器械、航空航天等行业,其发展水平较发达国家还存在一定差距,可引导企业赴海外投资、并购,寻求高端技术、人才支撑,增强内生发展动力。需要注意的是,对于以上产业,在有序推进"走出去"的同时,一定要把"根"留住,也就是把生产基地、研发中心、财务中心、设计中心等留在常州。此外,还要做好海外项目的延链、补链、强链,以提升产业链、供应链稳定性。三是审慎推进新兴主导产业"走出去"。对于新能源车辆、动力电池、新材料等事关常州发展大局的新兴主导产业,除必要的市场开拓、规避壁垒、产业配套外,审慎评估相关企业"走出去",强化对供应链关键环节的可控力,将大部分附加值留在国内,实现链条"管得住"、收益"回得来",确保常州市核心产业规模不降低、关键技术不泄露、"卡脖子"部件制造不外迁。此外,目前我国在碳足迹管理体系建设和国际互认方面还处于起步阶段,常州市部分新能源企业选择赴欧美投资建厂,以适应当地对全产业链碳足迹的严格规定。需要提醒企业加快建立产品全生命周期碳足迹核算办法,并且考虑产业链上下游企业是否有健全的碳足迹管理体系,避免由于上下游企业产品碳足迹无法核算和参与国际互认,导致出现"半拉子"工程,给企业造成巨大损失。

(二)瞄准重点,审慎布局

一是东南亚地区。重点拓展越南、泰国、马来西亚等政局相对稳定友好的国别地区,适合成为纺织服装、强化地板、光伏等产业建设生产基地。(1)优势:当地劳动力低廉,生产成本偏低,与欧美有各类自由贸易协定,可充分利用RCEP政策红利,实现就近"借船出海"。(2)劣势:当地基础设施、产业配套、行政效率等方面不及国内,投资回报存在不确定性。二是北美地区。重点拓展墨西哥等国别地区。(1)优势:可利用《美墨加三国协议》等政策当作"跳板",享受"近岸外包"、关税减免,应对美国"301"法案、《通胀削减法案》等壁垒,借道进入北美市场。(2)劣势:墨西哥在军事、外交、经济、舆论等方面都受制于美国,其国内政策受美国影响较大,投资存在一定政治风险。三是欧洲地区。重点拓展东欧、葡萄牙等欧洲地区和国家。(1)优势:属于绿色电力获取相对容易地区,碳关税政策较为完善、标准体系较为健全;贴近欧洲市场,生产成本相对较低,可部分利用欧盟贸易一体化政策及共建"一带一路"优势。(2)劣势:东欧地区面临俄乌冲突、中美关系等地缘政治和意识形态冲突,影响地区安全和产业安全。四是合作地区。深化与以色列、德国、瑞士、阿联酋、沙特阿拉伯等国别地区的合作。(1)优势:有良好的共建合作基础,中阿(联酋)产能合作示范园为全国首家"一带一路"产能合作园区;中以常州创新园、中德(常州)创新产业园、中瑞(常州)国际产业创新园等五家园区为江苏省国际合作园区。(2)劣势:成本较高、投资和技术并购存在壁垒。五是其他地区。关注非洲、南美洲、大洋洲、中东、俄罗斯等地区和国家。(1)优势：资源丰富，市场潜力大。(2)劣势：当地对资源型投资采取比较严格的限制，政局不稳，投资风险较大。

(三)利用规则,有效应对

一是充分利用贸易协定优势。引导常州市企业合理利用自由贸易协定中累积规则、税则归类改变、区域价值成分等判定方法,在"走出去"过程中学会"精打细算",争取最大化收益。雅柯斯电力科技(中国)有限公司反映,公司出口至日本的柴油发电机组,其部件成本构成为中国占37%、其他RCEP成员国占60%、非RCEP成员国占3%,如果不计累积规则,该产品的区域价值成分为37%,不符合优惠原产地规则条件,但在累积规则下,区域价值成分达97%,能够视为中国原产,从而享受关税减让优惠。二是加强境外投资审查应对。近年来,发达国家普遍加强了对外国投资的审查,要积极引导全市企业重视境外投资审查应对策略和技巧。据德国《对外贸易和支付条例》规定,如果非欧盟投资者直接或间接收购德国本土企业超过25%的投票权,德国经济部有权进行调查。2017年9月,常州启赋安泰复合材料科技有限公司收购德国科泰思100%的股权,德国经济部对此启动调查,这是该法案修改以来首次针对中资企业并购项目的深度审查。公司深入研究当地法律法规、做好应对方案,最终于2018年5月成功完成股权交割。三是降低欧美出口管制影响。近年来,美国以人权、军事等为借口对常州市企业实施出口管制。企业在"走出去"过程中,要注重经营行为合规,建立可追溯体系,防范和控制违规行为。天合光能股份有限公司反映,在开展海外投资并购和出口时,注重出口管制合规尽调,在产品研发时避免选用受管辖的物项,回避高风险供应商,实现高风险业务与其他业务的隔离。四是遵守国家出口技术管制规定。指导企业严格按照《两用物项和技术进出口许可证管理目录》《中国禁止出口限制出口技术目录》等相关政策,切实履行出口管制责任和义务。2023年国家修订了《中国禁止出口限制出口技术目录》,其中大尺寸硅片技术、黑硅制备技术、超高效铸锭单晶/多晶工艺等光伏硅片制备核心技术被列入限制出口目录,光伏企业在投资海外、给海外生产基地提供相关技术支持时,要履行相关行政许可程序。

(四)双向互动,为我所用

一是"走出去"带动"引进来"。深化双向开放,促进双向投资,通过企业"走出去"推动项目"引进来"。借助常州市企业境外资源和影响力,依托海外主体的产业生态、客户资源、上下游供应链等,瞄准关键环节和重点领域,摸排意向项目,主动上门、精准招引。2018年常州启赋安泰复合材料科技有限公司全资收购德国科泰思,随后德国科泰思在常州市设立全资子公司,项目总投资约1亿美元。二是"走出去"促进"卖全球"。充分发挥"走出去"对外贸的正向促进作用,通过境外投资企业、对外承包工程等带动原材料、零部件、生产设备、技术、标准等出口。例如,常州机械设备进出口有限公司依托在坦桑尼亚设立的中国中心,设立常州出口产品展示中心,了解当地适销商品,扩大常州市产品出口。据蜂巢能源科技股份有限公司反映,德国基地建设中已带动成套设备出口,2024年竣工投产后将带动1万台电芯出口德国。三是"走出去"推动"聚人才"。鼓励企业在发达国家建立研发中心,招揽全球高端研发和技术人才。引导"走出去"企业在当地吸纳人才,在支撑海外项目发展的同时,为总部输送更多国际化人才。围绕常州市紧缺人才,利用常州在外平台,有针对性开展"引智引才"。充分利用"一老一小"留学生资源,借鉴"星期天工程师"模式,积极招揽一批已退休"老留学生"中的优秀人才,积极吸引"小留学生"回归回流,争取留学生回国首选常州,让回流的留学生、工程师等高端人才为我所用。积极对接国内高校,加强与来华留学生的沟通联络,加深了解,争取留学生回国后,为全市海外项目所用。

四 "走出去"服务及支撑保障

(一)护好"自留地"

借鉴日本"母工厂"模式,引导企业将常州总部作为全球化的核心支点,在布局海外市场时,坚持本土总部永久性布局不动摇,确保拥有全产业链最高技术水平,控制研发主导权,掌握关键制造能力,负责卡脖子技术、关键核心部件、高附加值产品的生产,持续为全球"子工厂"提供关键技术、核心部件、高级人才等支持。

(二) 当好"娘家人"

借鉴德国中心依托巴伐利亚银行链接专业服务商的经验,建好常州"走出去"综合服务网络平台,充分利用信息化手段汇集整合政府、机构、企业等全球资源,聚焦金融、外管、法律、税务等综合服务,更好地让人员畅通、资金往来便利化。鼓励企业加强与使领馆、经商参处等联系,建立区域性联络平台,积极发挥当地组织作用。针对企业"走出去"的不同阶段,提供个性化服务。早期要确保"走得通",中期要确保"走得稳",晚期要确保"走得好"。

(三) 做好"领航员"

引导企业按照国家的战略布局"走出去",树立正确的安全观和发展观。通过"走出去"企业早餐会、闭门会议等多种途径,深入了解企业"走出去"发展意愿,主动配套相应牵引服务。对大企业要突出"快",利用"无纸化"备案和部门联动等服务,提供绿色通道;对中小企业要突出"细",加大宣介科普力度,指导企业谨慎选择投资国别、建厂选址、出资方式等,提示潜在风险,细微服务"扶上马";对于受贸易壁垒等客观因素必须"走出去"的小微企业,要突出"稳",引导其通过在境外设立营销网点、海外仓等轻资产方式,以较低的风险开拓国际市场,赢得发展机遇。

(四) 建好"防护墙"

强化常州市境外安全保护工作机制,充分发挥成员单位作用,强化协调沟通,形成工作合力。引导企业认真开展前期尽职调查,持续推动企业投保海外投资系列保险,力争实现外派人员人身意外保险全覆盖。督促企业强化全流程风险防控,增强安全管理综合能力,开展安全教育和应急培训,加大安保投入。督促企业开展合规经营,尊重当地风俗习惯,履行社会责任,彰显企业担当。

苏州市创新思路 多措并举 努力增创利用外资新优势

开放是苏州最亮丽的底色、最鲜明的特征,也是最大的发展优势。2022年以来,面对欧美国家高通胀、紧货币的冲击,叠加世纪疫情、大国博弈、美德日等发达经济体增速放缓,以及对华投资审查力度加大等诸多不利因素影响,苏州市认真贯彻落实党中央决策部署和江苏省委、省政府的工作要求,不断创新招商、安商、稳商工作机制,打造更开放、更公平、更透明的营商环境,更大力度培育和增创利用外资新优势,全面提高利用外资质量和水平。截至目前,全市实际运营外资企业超1.8万家,160家境外世界500强企业在苏州投资了450个项目。历年累计实际使用外资超1 500亿美元,居全国第三。2022年,全市实际使用外资额74.2亿美元,同比增长35.9%。2023年第一季度,全市实际使用外资额40.1亿美元,同比增长15%,占全省总量的31.3%。

一、把握时机,精心组织赴境外招商引资活动

2022年11月以来,苏州大市范围已派出近60个团组

200余位招商人员赴境外招商,掀起新一轮赴境外招商热潮。2023年昆山市更是提出吹响招商引资"百团大战"冲锋号,计划组织赴境外招商团组100批次以上,全市各板块共同形成新时期招商引资工作合力。一是率先制定实施赴境外招商专项政策措施。2022年9月,疫情尚未消散,苏州即制定出台鼓励开展招商小分队出境招商实施意见,鼓励各地赴境外招商。2022年11月和12月,苏州市在全国率先组织包机赴日本和欧洲招商,该项行动取得明显成效。42个招商小分队共洽谈项目165个,分别达成各类意向投资额18.6亿美元和59.5亿美元,受到《新闻联播》《人民日报》和《新华每日电讯》等国家级媒体关注和报道,充分彰显了苏州开放型经济大市和江苏开放型经济大省的地位和影响。二是市领导带队抓境外招商。2023年2月,苏州市委主要负责同志率队出访新加坡,并在新加坡成功举办苏州开放创新发展投资情况说明会,新加坡500余位客商参会,签约40个合作项目。2023年3月底,苏州市政府分管负责同志率队赴日本、中国香港招商,登门拜访跨国公司总部并举办招商推介会。三是紧抓大项目签约落地工作。仅2023年以来,苏州市已成功签约落地德国博世新能源汽车、太古可口可乐、美国康宁药物智能化合成、美国冷王集装箱、日本三井物产产业园等一大批外资项目。其中,2023年1月12日,苏州工业园区与博世新能源汽车签约核心零部件及自动驾驶研发制造基地项目,总投资额超10亿美元;同日,太古可口可乐项目签约落户昆山开发区,总投资额达20亿元,成为可口可乐公司迄今为止在中国最大的单笔投资。

二 主动对接,全面强化与跨国公司高层沟通交流

三年疫情阻隔,给苏州外资招引带来较大影响,招商人员无法赴境外招商,境外客商来华考察受阻。随着疫情防控顺利转段,苏州抓住有利时机,以更大力度广泛邀请更多跨国公司总部高层来苏州实地考察洽谈。一是积极邀请跨国公司高管来苏州考察投资。苏州市委主要负责同志在新加坡、中国香港考察期间,向所有拜访的企业均发出热情邀请。2023年春节前,苏州市

政府主要负责同志就向松下集团发出邀请,元宵节前两天,松下集团全球副总裁、集团中国东北亚公司总代表本间哲朗应邀来到苏州,与市政府主要负责同志共同见证苏州市政府与松下集团签订战略合作框架协议。二是推出系列活动广泛邀请客商。2023年2月,苏州市启动了"千名跨国公司高管相聚苏州"活动,第一季度已有来自94家外资企业的114位总部高管受邀来苏州实地考察。2023年6月,利用商务部和江苏省政府在苏州举办第三届东亚企业家太湖论坛契机,邀请跨国公司高管考察苏州,有近400位跨国公司高管来苏州。2023年下半年,举办"相聚进博·2023苏州进口贸易促进大会暨跨国公司开放创新合作交流会"等重大投资促进活动,全年力争邀请超千位跨国公司高管来苏州考察洽谈。三是搭建工作机制便利客商来苏州。为让境外客商来苏州考察项目更加便利,苏州市商务局会同苏州市人民政府外事办公室、公安部出入境管理局等部门搭建服务专班,建立健全服务平台和工作机制,为境外人员来华提供各项便利化服务。

三 发挥优势,积极推动"生产＋总部""生产＋研发"双基地建设

当前,苏州对跨国公司的吸引力正从低廉的成本优势,转变为中高端制造的产业配套和庞大的市场规模优势,"生产＋总部""生产＋研发"的发展模式日益成为苏州与跨国公司的共识。一是出台实施外资总部经济专项政策。2021年,苏州市制定出台市级外资总部专项政策,提供从开办、经营、再投资、能级提升、功能叠加、用人、用地到荣誉激励的8项全周期激励,推出14个领域、48项惠企便利化措施,吸引集聚更多跨国公司在苏州设立地区总部和研发、结算、贸易中心等功能性机构。二是健全提升外资总部发展生态。充分发挥苏州开放优势、制造业优势和生态优势,加快推动单一生产基地向"生产＋总部""生产＋研发"转变,引导电子信息、装备制造、精细化工等优势产业向总部形态延链拓展,外资总部企业发展生态进一步健全优化。三是全力招引外资总部项目。加快引进高端制造、先进材料、生物医药、信息服务等新兴产业,以及商业分销、融资租赁等现代服务业外资总部企业。近年来,苏

州市先后引进空中客车公司中国研发中心、飞利浦家电全球研发中心、友达光电工业互联创新中心、西门子电气产品中国及东亚总部等一批总部经济项目,苏州工业园区获评江苏唯一省级外资总部经济集聚区。截至目前,苏州市累计拥有省级外资总部191家,占全省总数的52.2%。

四 创新方式,深入挖掘和鼓励外资企业利润再投资

苏州市集聚超1.8万家外资企业,整体经营情况较好,累积形成了较为可观的利润资源,这是苏州市下阶段利用外资可挖掘的重要来源。一是制定出台利润再投资专项政策。2022年,苏州市政府出台鼓励外企利润再投资专项政策措施,并制定三年行动计划,从资金支持、荣誉激励、人才计划、涉税服务和多元保障等方面着手,形成一揽子惠企方案,全方位满足外资企业发展诉求。二是加强专项政策宣传推广。强化与各级税务部门协同联动,通过举办专题说明会、发放政策汇编等多种形式开展政策宣传。持续加强重点企业跟踪服务,制定针对性、个性化促增资服务方案,上门开展政策宣传辅导,多措并举扩大政策知晓度、惠企覆盖面,持续推动外资企业持续加码苏州。三是建立利润再投资企业数据库。组织开展重点板块走访调研,全面摸排外资企业未分配利润状况,了解相关企业增资意愿,遴选建立市、县两级重点外资企业数据库,充分利用好外企未分配利润这一存量资源,积极引导存量外企向研发中心、投资性总部开展再投资。

五 优化服务,打造更加开放、公平、透明的营商环境

优越的营商环境是苏州吸引外商加大投资的金字招牌。苏州市始终把企业获得感作为营商环境的根本衡量标准。2013年起,每年出台减轻企业负担、激发企业活力相关举措;2018年起,每年出台一版优化营商环境政策文件;2020年起,每年出台优化营商环境创新行动方案,成为江苏省内首个发布营商环境法规的城市。一是持续打造市场化、法治化、国际化营商环境。

全面贯彻落实《中华人民共和国外商投资法》及其实施条例,加强政策宣传解读,营造更加稳定公平透明、可预期的投资环境。坚持举办苏州与跨国公司重大投资促进活动和"外企服务月""重点外资项目推进月""外企圆桌会议"等各项专题活动,强化外资企业全周期全要素保障,进一步稳定外商投资预期,提振外商投资信心。二是建立健全与中国外商投资企业协会互动机制。深化与上海美国商会、上海德国商会、英中贸易协会和日本贸易振兴机构等外资商协会沟通交流,持续加强企业走访调研和跟踪服务,切实帮助外企解决实际问题。三是全面提升外籍人士工作和生活环境。高度重视外籍人士在苏州生活环境的打造工作,持续优化提升外籍人员在苏州生活、子女入学、交通出行和医疗保障等各方面公共服务,让外籍友人在苏州工作生活更有获得感、幸福感、归属感,努力在全球范围内形成投资中国、首选苏州的强大磁吸力。

连云港市创新单用途商业预付卡信用监管

2022年以来,在江苏省商务厅的大力指导下,连云港市紧扣商务信用体系建设,以单用途商业预付卡监管为着力点,创新单用途商业预付卡信用监管机制,取得显著成效,相关工作举措在全省复制推广。

一 强化协同监管,建立联动机制

建立市、县两级单用途预付卡管理联席会议制度,发挥统一指导、整体推进、分工明确、综合协调的作用,实施协同监管、联合执法。发挥基层网格员和预付卡志愿监督员宣传督导作用,形成多渠道社会监督联动机制。2022年度预付卡信用管理工作入选连云港市政府民生实事工程。

二 强化智能监管,打造信息化平台

指导银行搭建连云港市单用途预付卡公共基础信息系统平台(以下简称"连信卡"),并在"我的连云港"应用软件

首页上线运行。平台实现对预付卡企业的全流程信用监管，并实现分级分类监管、失信预警。平台提供业务管理、资金监管、信息披露查询、异常监测预警、预付卡备案信息公示、发卡企业注册备案，以及消费者购卡、查询及退卡等具体功能。强化融资服务，联合金融机构为备案发卡经营者增加信用额度，并对列入预付卡白名单商户给予更多贷款利率优惠，形成了监管、金融、技术服务三位一体的推进体系，为预付卡有序开展信用监管创造了条件。

三 完善政策制度，强化商务信用体系建设

制定《连云港市单用途商业预付卡信用分级分类服务管理办法》，建立符合行业特征、监管需求的信用评价模型，规范了信用信息采集、信用等级评定、信用评价结果应用、失信预警、信用评价异议申诉、信用评价修复等制度。宣传守信典型案例，鼓励金融机构应用信用评价结果；对信用状况差、风险高的发卡企业在"连信卡"平台上标注风险警示，并抄送信用部门记入信用档案。商务信用管理深度联动连云港市公共信用信息共享平台，实现信用信息归集共享工作常态化、标准化。

四 全面宣传发动，扩大平台影响力和覆盖面

通过海报、短信推送等方式加大业务宣传，充分保障消费者的知情权。举办备案商户授牌活动，并分批次在《连云港日报》上公示备案商户信息，结合促消费活动开展"连信卡"放心购等优惠购物活动，扩大平台影响力。

通过设立创新单用途商业预付卡信用监管举措，企业守法经营意识得到了进一步提升，预付卡消费环境进一步优化。"连信卡"平台上线以来，已有超千家发卡经营者入驻，相关月均投诉件下降20%，消费环境得到进一步优化。

扬州市多措并举推动消费恢复性增长 社零增幅连续15个月列全省第一

2023年以来,扬州市认真贯彻落实党中央关于消费促进工作的决策部署和江苏省委、省政府工作要求,围绕全国"消费提振年"主题主线,按照全省"苏新消费"四季主题系列活动安排,坚持业态创新、活动创新、服务创新,持续打响"好地方·好生活"消费促进品牌,激发消费潜力持续释放。2023年1—8月,全市实现社零总额1 104.2亿元,同比增长11.3%,增幅连续15个月列全省第一。

一 加快发展新业态新模式,不断丰富新型消费体验

(一)商文旅融合,打造特色消费场景

建成全国首个喜马拉雅美食书房暨有声食育基地,借助美食主题书籍及有声内容的演绎,用声音传递美食,将扬州美食打造成可看、可听、可购、可品的"四可"实物。推动扬州"三把刀"特色步行街、康山园1912街区等载体按照

"博物馆+体验店"模式嫁接传统商贸品牌,布局世界美食之都展示馆、理发术博物馆、修脚术博物馆、中国淮扬菜博物馆等文博场馆,丰富扬州"必吃""必逛""必玩"打卡点,使之成为市民、游客体验扬州淮扬美食、美容美发、沐浴足疗的重要场所。推进老字号集聚振兴,支持东关街-国庆路老字号聚集街区开展老字号企业招引,鼓励有条件的老字号在街区开设陈列馆、技艺传习所,形成新的商文旅"一体式"资源。2023年9月初,一场"七河八岛"的说唱盛宴与一场长江之畔的摇滚派对在扬州不期而遇,再次引爆扬州商文旅消费新高潮,为期两天的音乐盛会吸引数十万外地乐迷"下扬州",酒店客房和餐饮接待数据节节攀升。

(二)夜经济为消费增添新动能

放大"世界运河之都""世界美食之都""东亚文化之都"三都联动效应,首创唐诗主题大型沉浸式夜游"二分明月忆扬州",夜游、夜娱、夜食、夜演、夜购的夜游"五部曲"解锁更多夜间消费新路径,拉动2023年1—8月住宿业和餐饮业限上营业额,其增幅分别为75%、60%,均列全省第一。鼓励全市商场、超市、商业街区有序开展夜市、后备箱市集等外摆经营"夜经济"活动,创造个性化、品质化的夜间消费场景,重点商场累计举办近50场夜市、后备箱市集活动。其中,扬州京华城年中庆邀请歌手举办歌友会,外摆"凤梨市集",2023年6月29日当日客流量达14.3万人次,高出2019年2倍以上,销售额达到1 500万元;万达广场(扬州邗江店)"七夕"期间在场外开展"七夕趣玩"夜市,场内开展打折促销,"七夕"当天拉动万达广场(扬州邗江店)客流提升30%,销售提升77%;为期六个月的韵河湾夜市,日均客流达万人,日均销售额25万元;为期5天的汉森熊啤酒潮玩音乐节由扬州本土新锐企业汉森熊精酿啤酒有限公司联手coin、像素研食等本土网红美食,邀请嘻哈歌手、hip-hop潮人参与这场音乐盛典,这期间累计客流20万,线上曝光量达1.5亿次。

(三)首店经济撬动市场新需求

首店的表现力,是实体商业市场活力的风向标之一。2023年以来,扬州聚焦地标商圈,围绕零售、住宿、餐饮等业态,积极招引有影响力和代表性的国内外知名企业和品牌。2023年4月,大润发M会员商店全国首店落地扬州,是大润发母公司高鑫零售有限公司的首家仓储式付费会员制商店,开业后连续多天创造日销售额突破500万元的业绩,单月营业额超5 000万元,成为扬州市民生活消费新地标。指导商业综合体优化产品结构、招引特色商业、避免同质化竞争,如砂之船(扬州)奥莱引进品牌以服装鞋帽为主,万象汇、三盛国际广场、万达广场等综合体则侧重精致餐饮,超90%的首店品牌与综合体双向奔赴。扬州万象汇入驻扬州3年多来,引进的城市级首店数量在全国同等级万象汇中综合(引进品牌数及零售额)评分名列前茅,2023年1—8月营业额同比增长30%以上,首店带动效应充分彰显。

(四)平台经济助力线上线下融合消费

围绕直播电商、农村电商和跨境电商等主题,开展系列活动,促进农特产品、餐饮、文旅等加快发展。一是邀请"东方甄选看世界"等头部主播走进扬州,解锁"扬州的夏日"N种不同玩法,提升扬州文旅官方直播营销能力,打造O2O(线上结合线下)体验式旅游商铺,2023年1—8月,扬州市在线旅游累计网络零售额近2亿元,同比增长692.4%,约为全省平均增速的2.4倍。二是与抖音合作组织开展"扬州好物"618电商购物节,举办全市直播电商比赛,邀请知名主播为扬州本土品牌直播带货。支持全市老字号企业借助直播电商、社交电商转型创新,引导扬州上音堂乐器有限公司、御尚良品乐器有限公司、扬州市天声民族乐器厂、扬州市斤石堂非遗文化传播有限公司等琴筝民族乐器企业提升品牌自主直播能力,全平台拓展线上销售途径,2023年1—8月,扬州民族乐器单品类实现网络零售额近7.8亿元,同比增长29.0%,提升扬州"琴筝之乡"线上品牌影响力。三是举办乡村振兴农民丰收节、"一镇一品"网络直播代言人评选等电商活动,通过现场直播宣传扬州地区特色农产品,助力乡村振兴,2023年1—8月,扬州市农村电商累计网络零售额32.0亿元,同比增长31.3%。

二 创新举办特色主题活动，持续激发消费市场活力

（一）突出特色主题，打造消费活动矩阵

全市商贸领域促消费"1+4+N"系列活动，以"好地方·好生活"惠民消费为主题，推出"快乐生活"精品好物展销、"淮扬味道"舌尖美食品鉴、"指上功夫"沐浴足疗休闲、"扬州好物"电子商务文化等4项内容。高邮市"好地方·真邮惠"、仪征市"宜消费·真实惠"、江都区"好地方·都嗨购"、邗江区"好地方·好生活·惠在邗城"等一地一特色惠民消费品牌活动扎实开展。2023年4月举办的扬州休闲露营节，推出"露营+音乐+美食+市集+装备"多元组合，特邀本地赛德房车、爱拓户外用品、雅丹户外用品等露营装备生产和销售企业参加，现场帐篷、露营垫、露营灯、折叠桌椅等装备热卖，进一步增强出口企业转内销、电商企业转线下的信心，吸引近4万人次前来观展，露营产品供销两旺。2023年上半年，扬州房车上牌数占全省26.5%，总量位列全国第二。2023年6—8月举办"扬州的夏日"活动，在供需两端发力，市、县联动开展夏日促消费活动66场，夜游、研学游、博物馆游等产品火热，千名大学生看扬州、"运河十二景"主题研学旅游、大运河城市定向赛等活动反响热烈。组织扬州美食参加湖南卫视《中国有滋味》节目，知名艺人发文点赞扬州，登上微博热搜。

（二）注重氛围营造，提升消费活动成效

一是政府领办。突出小规模、多频次，持续激发消费活力。由扬州市商务局牵头，举办年货展销节、休闲露营节、美容美发节、家电嘉年华、汽车博展会、电商好物推介、七夕趣玩夜市、冰火美食节、工匠节、啤酒节等20余场活动，音乐节、咖啡文化、潮玩盲盒、户外露营、亲子互动、文化展览等活动受到市民广泛欢迎。二是政企联动。2023年以来，通过"政府搭台、企业参与、市场运作"方式举办促消费活动近50场，并给予资金支持，活跃市场氛围。结

合"苏新消费·金秋惠购"主题系列活动,指导全市家居家电企业举办环保智能家居节、蓝装家博会、金秋家电节等活动。首届环保智能家居节吸引超5 000人逛展选品,现场签单756单,成交额突破1 200万元。三是发放惠民券。着眼大宗商品支撑作用,发放汽车和家电惠民券,鼓励汽车生产销售企业拿出"真金白银"的优惠。2023年1—8月,全市汽车类商品销售额同比增长11.7%;上半年全市30万元以上乘用车销量同比增长10.2%。着眼"周末经济"热潮,首创"快乐星期五"特色活动,每周五推介优质消费场景,发放百余份免费套餐,并对重点活动发放体验抵用券,将活动领域拓展到美食之都示范店、网红店、大众点评高评分店,让市民乐享优惠,目前已开展28期并将持续开展。

(三)聚焦美食之都,打响消费节庆品牌

2019年,扬州创成世界美食之都,成为中国第四个世界美食之都城市。以此为契机,一直立足于打响美食之都品牌。高质量举办2022中国(扬州)国际创意美食博览会,发布2022淮扬菜"新典范"、美食数字藏品,打造中意市集,2023年11月举办2023中国(扬州)国际创意美食博览会暨东南亚美食节,进一步提升了扬州美食知名度及影响力,促进行业交流与中外合作。高水平举办第五届中国早茶文化节暨2023中国扬州淮扬菜美食节,发布2023中国地标美食(早茶、早餐类)代表性城市、传承人代表及精选集,通过地标美食建立健全早茶、早餐品牌及产品,为下一步品牌化、产业化发展打下基础。指导各地开展宝应荷藕节、高邮大虾节、邵伯龙虾节等活动,进一步打响扬州特色消费节庆品牌。加强品牌挖掘,推动冶春、秦邮蛋品等开展中华老字号申创,举办中国早茶文化节老字号市集,邀请近30家美食老字号参展,扩大品牌影响力。在活动中,注重提高参与度。2022中国(扬州)国际创意美食博览会吸引上万名市民前去现场品尝并购买;早茶节期间60多家知名品牌餐饮来扬州展示展销,线下三天市集展位销售额超13万元,活动全网曝光总浏览量破2 000万,总点赞数超7.5万次,相关话题曝光均超500万次。

三 注重政商服务创新,着力营造一流消费环境

(一) 强化政策支持

扬州市政府出台《促进和扩大消费工作方案》,提出19条具体举措,14个市级部门制定住房、文旅、体育、汽车、家电、成品油、农产品等消费惠民专项措施,全方位、多领域促消费、兴市场。江苏省商务厅等17部门联合印发《关于搞活汽车流通 扩大汽车消费若干措施的通知》,进一步释放汽车消费潜力。2023年8月30日,江苏省政府印发《关于促进经济持续回升向好的若干政策措施》,扬州市第一时间制定出台贯彻落实的实施意见,9月12日,扬州市人民政府印发《关于促进经济持续回升向好的实施意见》,把提振和扩大消费摆在首位,紧扣"好地方好生活"系列促消费活动,瞄准城乡消费、新能源汽车、文旅休闲3个领域精准发力,明确20项具体举措。

(二) 优化涉企服务

自上而下开展调研走访,进一步畅通政企沟通渠道,下沉一线助力企业发展。落实"每月1次服务对象调研、每季度1次向上汇报争取、每半年1次考察学习"等"6个1"工作机制。市领导专题分批次召开住餐、批零行业企业座谈会,直面30家重点商贸企业诉求,面对面解决困难问题。市、县两级商务部门每两个月对全市重点批零、住餐、电商企业进行一轮全走访,传达解读国家、省、市最新助企政策,了解企业发展现状,积极帮助商贸企业应对困难挑战。注重宣传方式的创新,对"扬州商务"微信公众号宣传内容做出重大调整,除市委、市政府重大活动外,不宣传全市和部门一般性会议和活动,全面聚焦企业和市民更加关注的政策解读、产业发展、展会信息、消费动态等,平均阅读量增长了10倍,是唯一入选全市政务新媒体20强的经济部门。

(三) 提升消费环境

强化示范引领,开展世界美食之都示范店评选活动,将美食之都示范店打造成扬州餐饮文化和城市形象的展示窗口,通过树立行业标杆,促进菜品和服务质量"双提升"。开展"好地方好品牌"诚信示范店创建行动,按照"政府组织、企业自愿"的原则,采取"品牌企业＋信用评价＋平台评价"模式,培育一批诚信经营、守信践诺的标杆企业。进一步规范预付卡市场秩序,保障消费者合法权益,搭建扬州市预付卡管理服务平台("扬诚通"平台),引导优质商户入驻平台备案发卡,定期公布入驻商户名录,营造放心消费环境。

第四部分
调查研究报告

江苏商务发展2023
Jiangsu Commerce Development 2023

进一步释放消费潜力 促进江苏省消费持续加快恢复的对策研究

消费是畅通国内大循环的关键环节和重要引擎,对经济具有持久拉动力,事关保障和改善民生。党的二十大报告指出,要着力扩大内需,增强消费对经济发展的基础性作用。习近平总书记关于消费的系列重要指示,强调了消费在经济社会发展中的地位和重要性,指出了消费市场运行的基本规律,为消费促进工作指明了新时代方向。江苏省是经济大省,也是消费大省,承载着习近平总书记和党中央的深切关怀、殷切期望,需要更加努力走在消费市场高质量发展前。按照学习贯彻习近平新时代中国特色社会主义思想主题教育部署,结合江苏省委印发《关于在全省各级党组织和广大党员干部中大兴调查研究的实施方案》要求和江苏省商务厅印发《关于大兴调查研究的工作方案》安排,笔者实地调研了无锡宜兴市、连云港东海县、盐城建湖县、扬州江都区、宿迁耿圩镇和贤官镇等地相关企业,赴北京、天津、重庆等第一批国际消费中心城市学习考察,分析江苏省消费市场现状与制约因素,深入研究思考,形成如下调研报告。

一 江苏省消费市场现状

习近平总书记指出,"发展要有一定速度,但这个速度必须有质量、有效益。我们既要着力扩大需求,也要注意高供给质量和水平"。近年来,江苏省深入贯彻习近平总书记对江苏工作重要指示和党中央、国务院《关于完善促进消费体制机制进一步激发居民消费潜力的若干意见》等一系列重要政策文件精神,坚定践行新发展理念,发挥江苏省完善促进消费体制机制工作联席会议制度统筹作用,持续优化消费结构,推动消费市场加快恢复。2016年至今,年度最终消费占地区生产总值的比重始终超过50%,连续多年保持经济增长的第一驱动力。

(一)消费政策红利持续显现

2021年,江苏省制定了首部促进消费的重点专项规划《江苏省"十四五"消费促进规划》。2023年初,江苏省政府发布《关于推动经济运行率先整体好转的若干政策措施》,江苏省商务厅印发了《关于全力做好2023年消费促进重点工作的通知》,并会同省有关部门印发了《全面促进消费2023年工作要点》等相关促消费政策措施。在"机制+政策+活动"叠加驱动下,2023年1—5月,全省实现社会消费品零售总额1.9万亿元,总量稳居全国第二,同比增长11.4%,供需两端持续好转、内生动力持续增强、社会预期持续改善。

(二)"苏新消费"品牌效应有力拉动

持续开展"苏新消费"四季主题系列促消费活动,不断提升"苏新消费"品牌影响力。2023年以来,累计开展11项省级重点活动、3 200余场消费促进活动,发放超4.1亿元消费助力券和数字人民币红包,超10万家商家参与活动。积极发挥商协会桥梁作用,联合江苏省汽车流通协会、省石油流通行业协会、省家电协会等推进"苏新消费·惠购车生活""五一国际车展""家电家装嘉年华"等活动。2023年4月28日在南通举办的"苏新消费·夏夜生活"

暨"惠聚南通·美好生活"夏季购物节启动仪式,被《新闻联播》、中央电视台财经频道和中央电视台新闻频道连续报道。2023年1—5月,江苏省限额以上汽车类零售额1839.0亿元,同比增长13.7%。

(三)消费升级趋势不断加快

江苏省消费复苏不仅有量的扩大,还有质的提升和结构性优化。随着疫情影响逐步消退,商品销售增势较好,品质类消费增长加快。2023年1—5月,江苏省限额以上金银珠宝类、化妆品类商品零售额分别增长26.1%和5.4%。进口消费不断扩大,第五届进博会江苏交易团实现采购意向成交额65.4亿美元,规模创历届最高,位居各省(市)交易团第二(上海位居第一)。2023年1—5月,进口消费品大幅增长,其中进口食品量同比增长34.7%,进口美容化妆品及洗护用品量同比增长55.0%,进口钻石量同比增长170.8%。

(四)外来消费态势稳步恢复

2023年以来,全省各地正以越来越多的新品牌、新形象、新名片不断出圈,成功吸引全国游客流连忘返、反复游览。据江苏省文化和旅游厅数据,今年"五一"假期全省共接待国内游客3 988.18万人次,同比增长277.7%,按可比口径比2019年增长25.2%,实现旅游总收入310.08亿元,同比增长220.8%,按可比口径比2019年增长15.3%。外来消费增量凸显是江苏省消费市场好于周边的重要因素。

(五)消费新业态层出不穷

以互联网为依托,线上线下相融合的新业态新模式快速成长。网络零售、互联网医疗、在线教育、网络视听、云逛街等"互联网＋消费"持续扩围,网络消费快速增长。2022年,江苏省限额以上通过公共网络实现的零售额3 242.6亿元,同比增长19.4%。2023年1—5月,全省限额以上通过公共网络实现的零售额1 293.4亿元,同比增长19.3%。直播电商、无接触配送、夜

间经济、首店首发等创新商业模式精彩纷呈,引领消费市场潜力持续释放,活力不断提升。2022年,江苏省直播带货增长了58.2%,成为消费增长新亮点。

(六)消费载体质量有效提升

推动南京、徐州、苏州、无锡四市以促创建国际消费中心城市,认定15条街区为首批"江苏省示范步行街",无锡、南通、徐州、盐城、常州成功入选第一批国家一刻钟便民生活圈试点城市行列。截至2023年底,江苏省共建成206个一刻钟便民生活圈。组团参加第三届中国国际消费品博览会,遴选15家具有江苏特色和开拓省外、国际市场潜力的企业参展。与辽宁、海南共同举办三省消费新动能名优企业对接会,60余家品牌企业和采购企业参会洽谈,共达成3.2亿元采购合同。

(七)县域消费平台接连涌现

江苏省县域电商产业集聚区不断创新发展,打造出县域特色消费标签。宿迁沭阳县新河电商产业集聚区是全国最大的家庭园艺"淘宝村"集群,集聚了800多家电商企业、1.1万家网店,线上年销售额50亿元。无锡宜兴市以"紫砂"为名片打造抖音直播基地,入驻商家超7000家,年订单量超3000万单,销售额超70亿元,紫砂全产业链年销售额突破100亿元。徐州睢宁县沙集镇已成为农村淘宝发展的典型范本,睢宁县为江苏省最大的淘宝村集群。

(八)绿色智能消费持续扩容

随着绿色消费理念日益深入人心,集约化、绿色化、低碳化、节能化消费趋势明显。2023年1—5月,江苏省限额以上汽车类零售能够维持13.7%的同比增长率,得益于新能源汽车69.6%的同比增长率。2023年1—5月,江苏省限额以上通讯器材类商品零售额同比增长31.6%,其中,智能手机商品零售额同比增长50.4%。2023年5月,智能家用电器和音像器材商品零售额同比增长33.8%,绿色、智能商品销售稳步恢复。

二 影响江苏省消费潜力的制约因素

2023年以来,江苏省消费市场强劲恢复和潜力快速释放得益于江苏省委、省政府密集出台的一系列促消费政策,各地各部门采取的扎实有效措施,以及"苏新消费"四季主题系列活动的持续拉动。但也应认识到,面对消费促进工作的新形势、新任务、新要求,还有许多亟待解决的短板,需要坚持问题导向,进一步对标找差,瞄准消费需求,挖掘消费热点,加快推进消费高质量发展。

(一)促消费工作系统性认知不够

江苏省内部分地区对消费促进工作重视不够,简单地把消费促进工作等同于消费促进活动,未有效发挥完善促进消费体制机制作用,没有形成促消费扩内需合力。部分地区还存在对当地消费市场特点研究不足,对新形势下消费促进工作认知不足,存在"口头上重视,行动上忽视"、没有专项资金、没有专门工作力量、没有计划措施等现象。部分县区消费促进活动的组织化、联动化、协同化程度不强,仅依靠企业开展一些促销让利活动,既没有顶层设计,也没有实质举措。

(二)消费促进政策缺乏系统性谋划

江苏省内部分地区消费促进政策受众较少、覆盖面小,缺乏可持续性、及时性、针对性、系统性,居民参与率、知晓率远低于预期,导致有些消费促进政策未能达到应有成效。消费促进载体打造不够丰富,传统商贸业态的改造提升还远不能满足新时代新消费的需求,零售消费终端的数智化、场景化、融合化、人性化的创新力度不足。少数地区缺乏持续打造消费促进品牌的意识,标志性的"一市一主题"消费品牌影响力不够。一些地方政策吸引力不强,直接覆盖消费者的方式方法还不多。

（三）居民消费意愿依然不强

据江苏省消费者权益保护委员会发布的《2023年江苏省居民消费意愿与维权认知调查报告》显示，在新冠疫情等因素的持续影响之下，居民消费意愿和消费信心都受到较大冲击，居民消费支出意愿下降，选择减少消费以缓解经济压力，预防性储蓄攀升，消费信心回升有待时日。全省居民平均消费倾向从2015年的69.6%降至2022年的65.9%。人民银行南京分行最新公布的金融数据显示，2023年4月末全省住户存款同比增长21.5%，其中定期及其他存款同比增长25.9%。为刺激居民存款转向消费、投资，近期多家国有大行宣布下调存款利率，这是2022年4月存款利率市场化调整机制建立以来第四轮下调，政策效果还有待进一步观察。

（四）城乡区域消费差异仍然偏大

苏中、苏北经济发展和城镇居民收入与苏南相比还存在一定差距，消费能力有待提高。2023年1—5月，苏中、苏北两个区域的社零总额仅占全省社零总额的43.7%，占全省26.53%土地的苏南五市社零总额占到了全省社零总额的56.3%。苏南人均可支配收入是苏中的1.42倍、苏北的1.88倍。虽然从趋势上看，区域收入结构有所改善，但差距仍然非常明显。调研发现，苏中、苏北以及农村消费市场还有较大的成长空间，城市虹吸效应导致大部分县域商品类消费呈现外流状态。苏中、苏北大部分县域城镇化进程相对苏南县域城镇化较慢，人口规模小，高净值客户到大城市消费已经成为习惯。

（五）传统大宗消费增长乏力

汽车方面。价格战和新"国六B"排放标准政策施行，造成很多消费者持币观望，叠加部分直营或代理模式的经销商销售数据未纳入江苏省社零统计，导致汽车纳统销售额进一步下降。2023年第一季度，全省限上汽车类零售额同比下降0.2%，低于全省限额以上零售额增幅7.0个百分点。尽管2023年4月、5月限上汽车类零售额增幅同比回升，但持续支撑作用仍有不确定性。家电方面。由于家电产品升级、消费场景拓展相对滞后,以旧换新网络和机制不健全,智能家电配套服务落后于需求,加上受房市不振影响,导致家电消费未充分释放。2023年1—5月,全省限上家用电器和音响器材类同比下降0.7%。家居方面。家居市场体量大链条长,涵盖家具、建筑及装潢材料,与房地产市场高度关联,目前主要依赖房地产增量市场,"以旧换新"存量市场释放潜能尚需时日。2023年1—5月,全省限上建筑及装潢材料类商品销售额同比下降3.7%。

(六)新型消费缺乏平台经济的坚实支撑

习近平总书记对发展新型消费作出一系列重要指示,特别强调要把新型消费培育壮大起来,要适应消费结构升级趋势,创新消费业态和模式。但是,作为新型消费的关键支撑,江苏省平台经济发展相对滞后。相比上海、北京、广东、浙江等省市,江苏省电商平台总部少、头部企业缺乏,深度影响新型消费的后劲与活力,新型消费产业生态圈不强。从零售电商上市公司数量看,排名前34的零售电商上市公司中,仅有1家在江苏注册。总部位于浙江、上海、北京和广东的零售电商上市公司分别为7家、7家、9家和6家。2022年,江苏省实现实物商品网络零售额10 782.8亿元,占社零总额的比重为25.2%,低于全国2.0个百分点,分别低于上海、广东、浙江35.5个、35.2个、31.6个百分点。

(七)首店经济创新能力有待加强

近年来,"首店经济"已成为挖掘消费潜力、提升城市商业魅力的重要手段,作为优质和高端消费资源,有利于实现城市功能转型和消费结构升级。南京、苏州等地先后出台"首店经济"政策,大力促进首店落地,但是江苏省城市区位优势不突出,引进首店主体实力不强,导致江苏省首店经济落后于周边地区。据联商网零售研究中心不完全统计,2022年全国共开出361个"中国首店",上海以115家首店位居榜首,杭州以53家首店排名第二,江苏省南京(17家)、苏州(6家)、无锡(1家)排名相对靠后。"首店"数量较少、落户速度偏缓,是江苏省国际消费中心城市以创促建工作的重要短板。

(八) 碎片化销售渠道分流纳统

目前,商品销售的全面统计必须同时考虑线上和线下渠道,必须同时考虑连锁大卖场、专营店、商超、品牌店、网店和数量极为庞大的个人微店与个体商户。大量个人微店或个体商户开票销售量小,难以达到限上零售业入库纳统要求。江苏省家用电器协会反映,抖音、快手、小红书、拼多多等新电商模式以及直播带货等新兴渠道的销售,低价位占比较大,导致家电线下销售量持续分流,相当比例的线上销售数据都没纳入江苏省社零数据统计。无锡宜兴市反映,因销售端税负畸高,传统紫砂产业链普遍不开发票,部分直播电商企业担心上报数据会与税务比对进行补税,导致实际开票额较少,无法纳统。

三 进一步释放消费潜力的对策建议

江苏省商务厅坚决以习近平新时代中国特色社会主义思想为引领,全力以赴稳增长、稳主体、稳预期,多措并举保供给、畅流通、挖潜力,发挥消费促进品牌提升行动专班作用,持续开展"苏新消费"四季主题购物节,优化消费载体供给,创新消费业态场景,统筹城乡消费发展,推动江苏省消费市场高质量发展。

(一) 充分统筹协调资源,提升工作效能

充分发挥江苏省完善促进消费体制机制工作联席会议制度作用,统筹协调促消费扩内需工作,定期研究审议促进消费重要政策举措和年度重点工作安排。发挥江苏省商务厅消费促进工作专家咨询组作用,定期召开调度会议,充分发挥"外脑"作用,加强调查研究、形势研判、工作评估、情况通报,在"解剖麻雀"中找准难点、堵点,提出对策措施。持续开展"苏新消费"四季主题系列促消费活动,把机制体制、政策措施、消费活动有机结合起来,全方位扩大"苏新消

费"品牌影响力。

（二）强化多维联动，形成促消费合力

加强"部门、协会、企业、平台、展会"多方联动，促进消费市场提质扩容。联合发展和改革委员会、财政部门共同出台消费促进政策；联合文化旅游体育部门开展商文旅体融合的促消费活动；联合统计部门组织开展统计培训；联合工业和信息化、市场监督管理等部门发掘、培育一批家电售后服务优秀企业。坚持以市场化、可持续的方式，支持江苏省汽车、家电、成品油、餐饮、家居等行业协会，组织生产销售企业和线上头部平台，开展系列促消费活动，全链条打通消费促进各环节。持续做好消博会和进博会等各项组织参会工作，发挥平台的溢出效应和综合效应，扩大优质消费品进口。

（三）加大奖励激励力度，注重目标导向

进一步完善促消费绩效评价机制、典型经验推广机制、重点企业联系机制，把促消费工作单独纳入高质量考核和省级督查激励事项，发挥好指挥棒作用。发挥财政资金杠杆作用，分行业、分类别更大力度组织开展新一轮的"销售竞赛季"活动，尤其是对消费促进工作成效显著、社零增长突出的地区和企业给予政策、资金的支持和奖励，激发基层和企业的自主促消费动力。

（四）稳定大宗商品消费，促进传统消费规模化发展

充分发挥银行、保险机构的金融服务能力，支持重点商贸流通企业开展以旧换新和家电下乡等活动，持续开展"苏新消费·汽车享购全省行"、江苏省第二届"苏新消费·家电家居购物季"等形式多样的促消费活动，进一步扩大了大宗商品消费市场规模。支持鼓励各地扩大补贴范围与对象，对节能智能家电产品继续给予财政补贴。提升商品包装和流通环节包装绿色化、减量化、循环化水平。落实好新能源汽车购置补贴和税收优惠政策，继续支持加快推进充电桩、充电楼和换电站建设。

（五）打造特色平台载体，进一步释放新型消费潜力

大力推进大型商贸流通企业总部、头部电商平台企业分支机构等落地江苏工作，壮大商贸流通企业总部经济，扩展线上线下消费规模。深度培育江苏省汽车、家电协会举办的"惠购车生活""家电嘉年华"等展销平台，全力支持淮安、扬州携手唱响世界美食之都"双城记"。在全省推广宿迁、无锡宜兴等地打造地方特色消费平台载体的典型经验，鼓励各地挖掘如"金陵帝王州""竹西佳处""姑苏城外"等地方特色文旅元素价值，支持无锡持续举办以"世界田联金标赛事"和"中国田协金牌赛事"于一身的"双金"马拉松赛事，打造特色网络热点，通过商文旅体融合，进一步聚集外来消费。

（六）培育消费场景创新，满足多元消费需求

学习北京、重庆建设国际消费中心城市经验，提升南京、苏锡常和徐州"三大商圈"集聚效应，重点抓好"两店"经济，丰富消费场景，激发市场活力。支持南京、苏州、无锡、徐州等地举办首店经济大会，出台发展品牌首店的政策措施，促进"首店经济"快速发展。支持各地发展"小店经济"，通过消费助力券，联合抖音生活服务平台实施"暖心小店"行动，推出"暖心特色小店大联播"等千余场直播，推广不同场景下的特色小店，组织各类特色小店参加文化市集、年货市集、美食节等活动。

（七）注重县域商业发展，拓展乡镇消费市场

推动加快县域商贸流通体系建设，切实打通最后"一公里"，进一步挖掘县、镇市场消费潜力。支持生产企业针对县、镇市场特点和消费需求，加快研发推广性价比高、操作简便、质量优良的商品。鼓励连锁商贸流通企业、电子商务平台、现代服务企业向镇、村延伸，打造城市工业品下行和乡镇农产品上行的商品流转中心。引导汽车、家电等大宗商品生产、销售维修、回收企业及电商平台渠道下沉，在县乡两级设立直营店、体验店、服务网点、回收站点、前置仓等。

（八）推动市场主体入统，提升创新发展能力

大力推进商贸企业"升规入统"，积极引导在库商贸企业做大规模、做优品质、做强品牌，提高在库企业的稳定性和数据质量。鼓励实体商贸企业创新升级，推进线上线下融合发展。引导实体零售店充分发挥优势，满足消费者对智能、时尚、健康、绿色商品的需求。深入推进内外贸一体化试点，力争培育一批内外贸一体化经营企业，增强统筹利用两个市场、两种资源的能力。

江苏省商务厅 二级巡视员 王存

关于"促进全省电子口岸发展"专题调研报告

根据党中央、江苏省委关于大兴调查研究的决策部署和江苏省商务厅实施方案的安排,结合主题教育要求,聚焦"三促三解",认真落实"深入学习、深入基层、深入研究、深入转化"工作要求,围绕促进全省电子口岸发展主题,陆路空港口岸处在江苏省商务厅领导带领下,先后赴上海、广东、山东,以及江苏省内连云港、太仓开展专题调研。现将有关情况汇报如下。

一 上海市电子口岸和"单一窗口"发展情况

(一)管理体制

上海市电子口岸和"单一窗口"由上海市商务委员会(上海市口岸管理办公室)牵头指导,上海亿通国际股份有限公司(以下简称"亿通公司")负责实体运营。2001年亿通公司首开全国电子口岸建设先河,整合原上海市电子数据交换网络(EDI)中心(上海市发展和改革委员会下属企业)、上海港航 EDI 中心(上海市港务局下属企业)和上海经贸网络科技有限公司(上海市对外经济贸易促进委员会下属企业)等 3 家企业,并由上海市信息投资股份有限公司(占股 30%)牵头上海国际港务(集团)股份公司(占股 20%)等多家单位共同出资 1 亿元注册成立,同时也是上海口岸统一信息平台及上海国际航运中心信息网络的建设运营主体。2022 年底,亿通公司股权划转至上海数据集团(上海市人民政府国有资产监督管理委员会下属企业)。

(二)建设历程及成效

2014 年 2 月国家口岸管理办公室会同公安部、交通运输部、海关总署、原质检总局等口岸监管单位,在上海市率先启动"单一窗口"地方试点工作。2015 年 6 月,上海市"单一窗口(1.0 版)"上线运行,形成基本功能框架,覆盖口岸监管业务。2015 年 12 月,上海市"单一窗口(2.0 版)"上线运行,功能基本建成,由口岸环节拓展到国际贸易主要环节。2016 年 12 月,上海市"单一窗口(3.0 版)"上线运行,全面建成上海国际贸易"单一窗口",并不断深化建设。自 2017 年国家口岸管理办公室部署推广"单一窗口"标准版以来,上海市主要采取系统对接模式,保留和优化原有系统功能,实现地方系统与国家标准版系统的平台对接。2022 年,上海市"单一窗口"已建成 16 大功能板块 66 项特色应用,服务企业近 60 万家,完成货申报 2 007.9 万票,船申报 21 万票,支撑了全国超过 1/4 的进出口贸易量和上海超 4 700 万标箱吞吐量。

(三)建设运行保障

上海电子口岸建设运维的保障费用实行政府补贴加市场化运作方式。上海市"单一窗口"等公共服务项目对企业免费服务,其运维费用(包括支付海关数据费用)列入上海市口岸管理办公室年度专项经费,由上海市口岸管理办公室制定运维资金管理办法,明确目标任务,由亿通公司提出一揽子申请,第三方绩效评估后每年分 2—3 次拨付,金额约 6 000 万元/年。由亿通公司转付上海科思达电子技术发展中心(上海海关下属企业)、上海建悦商务咨询有限公司（原上海检验检疫局下属企业）数据流量费用，金额约9 000万元/年。另外，亿通公司通过有关增值服务项目向企业收取一定服务费用，年营收约1.2亿元（不含政府补贴），已形成"自我造血功能"，具备了良性发展的基础。

二 广东省电子口岸和"单一窗口"发展情况

（一）管理体制

广东省电子口岸管理有限公司成立于2015年12月，按照"政府推动、企业运作、市场化经营"模式，以当时广东省商务厅加工贸易监管平台资产作价1 800万元注册成立，由广东省人民政府国有资产监督管理委员会100%持股，委托广东省广物控股集团有限公司代管，负责广东省省级电子口岸和"单一窗口"的建设运营，电子口岸基础设施和应用项目建设及运维，其下属的广东省信息网络有限公司承担具体实施工作以及市场化增值业务。广东省广物控股集团有限公司按照不兼并广东省电子口岸管理有限公司、不干涉具体业务、不对数据拥有权利等三项原则，从党建、纪检、审计、财务等方面对广东省电子口岸管理有限公司进行考核管理。

（二）建设历程及成效

广东省口岸多、分布广，电子口岸建设多点开花、有先有后，总体呈现地方自建、全省统筹、上下协同、打造特色等特点。一是地方自建。2006年，《国务院办公厅关于加强电子口岸建设的通知》（国办发〔2006〕36号）印发后，广东省一直以地方电子口岸建设为主。2012年全国只有广东和西藏没有宣布建成省级电子口岸平台，但广东省内建设了广州、深圳、珠海、佛山、东莞、江门等6个地市级电子口岸。二是全省统筹。2012年，中国海关、出入境检验检疫局"三个一"通关模式推广启动后，广东省发现各地电子口岸平台无法支撑"三个一"通关模式推广，以原有加工贸易平台作为载体，正式启动省级电子口岸建设。随即以规范性文件确立了广东省电子口岸平台是全省唯一的省级大通关平台,同时要求各地不再新建地方电子口岸平台。目前,广东省"单一窗口"累计上线标准版18大类、116项应用功能,地方特色应用12大类、34项功能模块,主要指标位居全国前列。通过广东省"单一窗口"通关申报量占全省外贸进出口总量的90%。近年来,广东省"单一窗口"粤港澳大湾区通关便利化项目建设成果显著,建成包括粤港澳跨界车辆综合服务平台、粤港澳"单一窗口"综合服务平台,以及"澳车北上""港车北上"等特色服务系统,在有效提升港澳与内地通关便利化的同时,为服务国家粤港澳大湾区战略实施提供了有力保障。

(三)建设运行保障

广东省电子口岸的项目建设和运维费用来源为政府采购和市场化运作。政府采购分为两部分,广东省"单一窗口"等公共服务项目的运维资金,由广东省商务专项资金列支,通过单一来源采购方式购买服务,金额1 000万元/年;项目建设由广东省商务厅作为建设主体申请立项,再通过单一来源采购方式购买服务,一般每个项目金额300多万元。市场化运作主要是广东省电子口岸管理公司下属企业的广东省信息网络有限公司开展市场化增值业务创造营收。

三 山东省电子口岸和"单一窗口"发展情况

(一)管理体制

山东省电子口岸有限公司成立于2022年5月,是经山东省政府授权,承接中国(山东)国际贸易"单一窗口"建设及运营等功能的公益类企业,注册资本2亿元,山东省人民政府国有资产监督管理委员会(占股50%)、山东省港口集团有限公司(占股20%)、山东能源集团有限公司(占股15%)、山东黄金集团有限公司(占股10%)、山东海洋集团有限公司(占股5%)、浪潮集团有限公司(占股5%)。山东省人民政府国有资产监督管理委员会将山东省电子口岸有限公司托管给山东能源集团,作为其所属企业。

(二)建设历程及成效

山东省电子口岸有限公司自成立以来,聚焦功能拓展,持续开发上线地方特色应用,先后开发上线跨境贸易档案系统、引航申报、市场采购贸易出口信用综合服务平台等10个系统功能,与济南海关联合打造上线"电子口岸情景式在线交互平台"。同时聚焦服务企业,实现"关港贸税金"全链条运作,积极开展地方特色金融服务,实现与日照银行、济宁引航网络科技有限公司技术对接,为企业提供全流程、一站式、全线上的贸易金融服务。截至目前,山东"单一窗口"平台累计上线服务系统和功能模块148个,为企业提供服务事项1 119项,服务功能数量稳居全国前列。

四 沪粤鲁电子口岸和"单一窗口"发展的经验启发

深入研究分析沪粤鲁三地电子口岸和"单一窗口"建设运行的有效做法,笔者认为综合统筹、资源整合、要素支撑等方面值得江苏省学习借鉴。

一是强有力的综合统筹。沪粤鲁三地电子口岸和"单一窗口"的快速发展都得益于省(市)级政府的有力统筹。自建设起,上海市政府就明确上海市口岸管理办公室作为电子口岸建设的牵头管理部门,明确上海市电子口岸为全上海口岸通关、物流信息发布和数据处理接入的唯一平台;广东省政府以规范文件形式明确广东省口岸管理办公室为全省电子口岸和"单一窗口"牵头协调单位;山东省口岸管理办公室作为省政府内设机构,在分管副省长的直接领导下,负责组织协调全省口岸建设管理、通关便利化等日常工作,有力保障了口岸管理部门间信息互换、监管互认、执法互助。

二是强有力的资源整合。沪粤鲁三地电子口岸和"单一窗口"快速发展都得益于区域资源的有效整合。上海市电子口岸和"单一窗口"整合了10多家部门、企业资源,"单一窗口"16大功能板块涉及政府部门20余家;广东省两级电子口岸明确各自定位,省级层面聚焦统筹协调和数据汇集,地方层面聚焦政策落实和特色发展,上下协同,形成强大合力;山东省人民政府国有资产监督管理委员会有效整合各出资的省属企业资源,发挥管理体制、业务发展等方面优势,不到一年时间,山东省电子口岸有限公司迅速发展、成效显著。

三是强有力的要素保障。沪粤鲁三地电子口岸和"单一窗口"快速发展都得益于政策要素的强力支撑。上海市将电子口岸和"单一窗口"等公共服务项目对企业免费服务,其运维费用列入上海市口岸管理办公室年度专项经费;广东省以《关于加快建设国家贸易"单一窗口"平台的工作方案》,明确电子口岸和"单一窗口"建设资金保障,印发《广东电子口岸平台运维管理经费使用管理试行细则》,进一步规范了资金使用范围;山东省出台了关于支持电子口岸和"单一窗口"建设发展的系列政策文件,有力保障了电子口岸和"单一窗口"的快速发展。

五 江苏省电子口岸和"单一窗口"发展情况

(一)管理体制

江苏省电子口岸始建于2009年,按照"政府主导、联合共建、实体运作"的原则,成立了由省贸促会、南京海关、江苏出入境检验检疫局、江苏海事局为股东单位的江苏省电子口岸有限公司(按50%:20%:20%:10%持股),承担具体建设任务,其建设运维资金由江苏省商务发展资金列支。

(二)建设历程与成效

自主发展阶段(2009年至2017年7月)。江苏省电子口岸高起点、高标准建设了A类中心机房、数据中心、展示中心、呼叫中心,软硬件水平和系统稳定性达到国内一流。在此期间,江苏省电子口岸建设了包括一单两报(报关报检)、船舶进出境申报、旅客团队出境申报、关检合作"三个一"公共信息服务、船载危险货物监管服务等20个系统,覆盖进出口(境)货物、运输工具、人员等主要业务,其中船舶进出境申报系统在全国首次实现覆盖海关、原检验检疫、海事、边检四个部门。此外,江苏省还有南京、徐州、南通、连云港、盐城、张家港、太仓、常熟、江阴等9家市县电子口岸,建设了一批服务地方口岸的特色化项目,以口岸政务和物流服务为主。江苏省电子口岸通过云平台模式为常州、扬州、靖江等地建设了虚拟电子口岸,共享省平台功能。统筹建设阶段。2017年8月起,江苏省作为第三批试点地区开展"单一窗口"标准版建设。截至目前,中国(江苏)国际贸易"单一窗口"已上线运行包括货物申报、舱单申报、运输工具申报、税费支付、许可证件申领、原产地证书申领、企业资质办理、出口退税等十多个系统,对接二十多部门,基本涵盖国际贸易全链条。截至2023年5月31日,累计服务企业超12万家,提供各类申报服务超过1.2亿单。在推广应用"单一窗口"标准版、开展"单一窗口"标准版项目试点、实现主要业务应用率达标方面处在全国第一方阵。其中,完成主要业务应用率在全国用时最短,税费支付、原产地证、船港数据复用等一批试点项目在江苏省先行先试后向全国推广。在此期间,江苏省电子口岸平台相关申报类项目实现整体切换至"单一窗口"标准版,或以系统集成模式实现对接。加快联动阶段。为促进区域"单一窗口"建设,2020年6月,在长三角主要领导座谈会期间,江苏省与上海市、浙江省、安徽省签署协议,推进长三角"单一窗口"合作共建。2021年5月,长三角国际贸易"单一窗口"服务专区正式上线,实现了包括用户贯通、公共查询、业务协同、数据交互及展示等功能。江苏省中欧跨境清关、检验检疫电子底账、运输工具申报、船港动态等系统功能在服务专区上线运行,上线项目数量位居长三角首位。

(三)连云港和太仓电子口岸建设发展情况

连云港电子口岸信息发展有限公司成立于2007年12月,是交通部批准设立的交通电子口岸连云港分中心,是连云港市口岸信息化建设领导小组确定的连云港口岸公共信息平台的建设和运营主体,是连云港市"大通关"工作领导小组核心成员单位,承担连云港港口和口岸公共信息服务项目的建设工作。2023年初,连云港港口岸启动了"E港通"平台建设,计划用三年构建完成口岸对外服务"一张网"体系,目前已完成基本架构。江苏太仓港电子口岸有限公司成立于2017年,承担太仓港和电子口岸领域信息化项目的建设工作。近年来,太仓港电子口岸有限公司紧紧围绕建设太仓港智慧港口的目标,落实信息化系统建设,并积极拓展业务市场。搭建的集装箱智慧物流平台,率先在全省实现集装箱港口作业环节3张国际通用业务单证(设备交接单、外贸提单和出口装箱单)无纸化,太仓港集装箱吞吐量已突破800万标箱。

六 江苏省电子口岸和"单一窗口"发展存在的问题及原因分析

江苏省电子口岸和"单一窗口"建设虽然取得了一定成绩,但与江苏省委、省政府关于优化全省口岸营商环境相关要求和先进地区比,仍存在一些亟待解决的问题。

(一)江苏省电子口岸数据应用能力有待进一步提升

一是数据归集能力不强。随着"单一窗口"标准版全面推广应用,各地电子口岸平台原有申报类项目逐步切换至标准版。江苏省先于标准版建设的货物申报、原产地证申领、出口退税等应用效果较好的本地服务项目也陆续完成切换。申报功能统一向"单一窗口"标准版切换导致江苏省电子口岸功能减弱,用户部分流失,获取数据能力下降,制约了特色功能的开发运行。二是数据应用能力不强。江苏省电子口岸发展至今主要依托省级口岸监管部门开发应用相关系统,在依托具体口岸,有效利用市、县电子口岸数据资源,合作开发地方口岸发展需要的功能服务方面存在不足,缺少明确的数据应用场景和使用方案。由于省平台数据归集能力减弱,对市、县电子口岸支撑不够,双方合作缺乏数据基础,导致功能拓展和数据应用速度放缓。此外,对数据的综合分析、加工开发仍是江苏省电子口岸的短板,提供数据服务的能力有待提升。

（二）江苏省电子口岸运营能力有待进一步提升

与广东等省市相比，江苏省电子口岸运营能力存在差距。省电子口岸与市、县电子口岸之间缺乏建设合力，未完全形成"一盘棋"的良好格局，不能充分发挥电子口岸服务实体口岸作用，难以对实体口岸的业务流程优化再造提供更多、更好的支撑和保障服务。相比之下，上海市、广东省电子口岸依托良好的统筹效应，建设运维"单一窗口"、自贸试验区等多个信息化平台，资金、运营等综合效益得到了提高。江苏省电子口岸通过政府购买服务的方式，为江苏省进出口岸企业和口岸管理部门提供免费的公共信息化服务，但在衍生服务，特别是商业价值拓展方面存在不足，还未形成有效的"自我增血机制"，急需构建公共服务和商业服务相互促进的良性循环，提高服务的整体水平。

（三）江苏省电子口岸综合服务能力有待进一步提升

一方面，江苏省电子口岸服务系统平台建设不全，需要督促支持有条件有需求的未建电子口岸地区加快云平台建设，持续提升全省电子口岸建设覆盖面。另一方面，江苏省"单一窗口"尚缺少具有影响力和主导性的地方特色服务项目，急需加强特色服务项目建设，来提升对企业用户的吸引力和体验感。数据存量不充分在一定程度上影响限制了对口岸监管和政府部门的服务能力，反过来也制约了平台的进一步发展壮大。目前江苏省企业在江苏"单一窗口"开展通关业务申报的比例低，外贸数据在江苏"单一窗口"留存比例较低。通过上海市"单一窗口"申报的进出口货物中，长三角省市企业占比超八成，其中江苏省企业占43.23%，上海市本地企业占38.94%，浙江省企业占13.51%，安徽省企业占4.31%。由于数据样本小无法有效地进行数据分析，难以对口岸管理部门决策提供数据依据和参考。

上述问题的产生，笔者认为主要有以下原因：一是缺乏较强的枢纽型实体口岸支撑。江苏省口岸总体呈现"小而散"的特点，缺乏具有较强影响力的实体口岸作为电子口岸发展的底座支持。江苏省共有口岸26个，仅次于广东省。其中空运口岸9个，数量和密度均居全国第一，占比全国空运口岸总量的11.1%。2022年,外贸货邮量8.8万吨,江苏省内规模最大的南京禄口国际机场外贸货邮量6.6万吨,占全省总值的75%,全国排名为第15位;与前两位的上海浦东国际机场(297.8万吨)和广州白云国际机场(143.8万吨)相差太远,与郑州新郑国际机场的外贸货邮吞吐量(52.2万吨)和杭州萧山国际机场外贸货邮吞吐量(13.8万吨)相比,仍存在一定的差距。水运口岸17个,数量位居全国第二,2022年全省外贸集装箱运量1 017.4万标箱,不及宁波港、青岛港1个口岸数量。二是缺乏高效资源整合。推动口岸信息化建设和数字化转型是大势所趋,江苏省除建成1个省级电子口岸外,还有徐州、南通、张家港等9个市、县电子口岸,因江苏省、市、县电子口岸建设运行实体、体制、状况各不相同,尚未形成统一有力的运行实体和体系。江苏省电子口岸建设发展顶层设计不足,缺乏系统谋划,导致省、市、县电子口岸分工不够明确,职能交叉重叠,资源整合不够。

七 江苏省电子口岸和"单一窗口"发展的思考与建议

在经历自主发展和统筹建设阶段后,江苏省电子口岸面临转型,由主要推广应用"单一窗口"标准版、统筹标准版和地方电子口岸建设,向重点推进地方特色应用发展转型,建设适应江苏省开放型经济发展需要、与我国开放大省地位相匹配的江苏特色电子口岸。我们要紧紧结合江苏口岸实际,系统梳理口岸及国际贸易相关部门和行业需求,充分发挥江苏省电子口岸在全省电子口岸建设中的枢纽作用,推进江苏省电子口岸功能拓展、数据归集和区域合作,形成由"单一窗口"标准版、口岸监管服务、口岸物流服务、口岸作业服务、国际贸易服务、口岸营商环境服务、长三角"单一窗口"、数据应用管理等板块构成的"电子口岸+"服务体系,覆盖口岸和国际贸易各领域,打造全国一流的江苏特色电子口岸。

(一)加强顶层设计,明确目标定位,切实推进江苏省口岸数字化转型

制定印发《关于促进全省口岸数字化转型的实施意见》,系统谋划江苏省

口岸数字化转型,重点围绕夯实口岸数字化基础设施、完善数据资源体系、提升口岸数字化监管水平、强化数据安全屏障建设等,推进江苏省口岸信息化建设,构建全流程、智慧化的口岸运行体系。按照集约、高效、安全原则,以国际贸易"单一窗口"及电子口岸应用建设为抓手,把"单一窗口"打造成为数据交换的平台枢纽,稳步推进全省口岸数字化转型。到2025年全省口岸数字化发展水平位于全国前列,打造在全国有影响力的"智慧口岸"建设示范案例,构建省级口岸综合运行监测平台,开发一批精准服务地方的特色化应用,基本形成以点带面、分类推进、持续提升的发展局面。

(二)强化分工协作,突出互联互通,充分发挥江苏省云平台技术优势

坚持江苏省电子口岸"一盘棋"思路,加快完善省、市(县)分工明确、功能互补的江苏特色电子口岸体系,江苏省电子口岸平台聚焦全省共性需求项目建设,推进功能拓展、数据归集和项目应用,引导市(县)电子口岸平台主攻地方特色应用。省、市(县)两级电子口岸实现运输工具、舱单、查验指令、放行指令等数据互通共享。充分发挥江苏省电子口岸信息发展有限公司平台优势,运用云技术为南京、扬州、常州等地提供数据支撑和运行协调服务,助力地方口岸营商环境不断优化。加强应用项目建设规划,推进省、市(县)电子口岸形成分工明确、功能互补发展态势,打造合作共赢生态体系。重点打造富有特色的RCEP、数字贸易、中欧班列、金融服务等江苏"单一窗口"专区,提高口岸服务水平。

(三)争取试点任务,加大创新突破,加快建设江苏省特色电子口岸

拓展丰富国际贸易全链条服务功能,推动"单一窗口"功能向口岸物流、金融服务等跨境贸易链条延伸拓展,持续创新"外贸+金融"、优化"通关+物流"服务模式,打造"一站式"跨境贸易服务平台。积极申请承担国家口岸管理办公室深入推进国际贸易"单一窗口"高水平建设的相关应用试点任务,加强联系国家口岸管理办公室和中国电子口岸数据中心,争取对江苏省特色电

子口岸建设给予更多指导和支持。深化"单一窗口"与口岸监管单位数据互联互通和功能对接,为实现协同监管数字化提供平台支撑。积极争取国家"单一窗口"相关接口、参数开放试点,支持探索构建"单一窗口"开放生态体系。进一步强化江苏省口岸管理办公室牵头指导职能,明确地方政府建设发展的主体责任,加强江苏省电子口岸资源的整合力度,切实形成促进江苏省电子口岸发展的强大合力。

江苏省商务厅陆路空港口岸处

发挥江苏省产业优势　服务"一带一路"绿色发展

光伏作为江苏省优势产业、特色产业,以硅片、电池、组件产能和产量连续十多年保持全国、全球第一的骄人业绩,赢得了"全球光伏看中国,中国光伏看江苏"的美誉,为提升我国新能源产业全球竞争力发挥了积极作用,为江苏乃至全国高质量发展作出了积极贡献。在"双碳"目标下,江苏省光伏企业发挥产业优势,秉持绿色发展理念,参与全球环境治理,强调有效利用资源,积极参与推进绿色"一带一路"建设,进一步务实和深化"一带一路"投资合作。

一　江苏省光伏企业对外投资现状

江苏省光伏企业中,头部企业如天合光能股份有限公司、阿特斯新能源控股有限公司,中等规模如江苏润阳新能源科技股份有限公司,以及众多的配套企业如常州亚玛顿股份有限公司、江苏斯威克新材料股份有限公司、江苏绿能电力科技有限公司、常州百佳年代薄膜科技股份有限公司等均在海外投资布局，生产基地大多设在东南亚地区，这也是我国大多数光伏企业海外布局的首选，少量设在在西亚地区。调研中了解到，目前上述企业在外投资的项目运营正常，企业盈利情况总体较好。

龙头企业天合光能股份有限公司分别在越南和泰国设有生产基地，越南基地位于太原省安平工业园，是天合光能股份有限公司实现供应链多元化的重要组成部分。项目于 2020 年 12 月开始建设，总投资约 2.03 亿美元。2022 年，天合光能股份有限公司在越南再投资 2.75 亿美元，生产光伏硅片，年产能 6.5 吉瓦，于 2023 年年中投产。天合光能股份有限公司在泰国基地投资 2.25 亿美元，已于 2016 年 3 月正式投产，是天合光能股份有限公司在海外投资自建的第一个工厂，也是天合光能股份有限公司在全球范围内自动化程度最高、技术最先进的工厂之一。

阿特斯阳光电力集团股份有限公司已在全球成立了 20 多家光伏硅片、电池、组件和储能生产企业，覆盖全产业链。目前阿特斯阳光电力集团股份有限公司境外生产基地主要在泰国和越南。泰国公司于 2015 年在泰国春武里府洛加纳宝云工业园设立，主要生产太阳能电池和组件，现产能已达 4.5 吉瓦。目前 3 期 8 吉瓦电池和 6.5 吉瓦组件项目正在建设，预计 2024 年投产。越南项目公司于 2015 年在越南海防市设立，目前主要生产辅助材料。

江苏润阳新能源科技股份有限公司(90%)、江苏润阳悦达光伏科技有限公司(5%)和苏州润矽光伏科技有限公司(5%)于 2021 年 3 月投资 1.84 亿美元在泰国合资新设润阳光伏科技(泰国)有限公司，投资建设 4 吉瓦电池片和 2 吉瓦组件项目，产品主要出口欧美市场。2023 年 3 月，该企业对上述泰国项目进行增资扩产，投资规模达到 5.93 亿美元，增资项目于 2023 年底投产。

2014 年开始，主要为天合光能股份有限公司配套的常州亚玛顿股份有限公司在阿联酋迪拜硅绿洲综合免税科技园区设立亚玛顿(中东北非)有限公司，总投资 3 000 万美元，主要从事超薄双玻光伏建筑一体化(BIPV)组件及配套产品的生产与销售。为亚玛顿配套的江苏绿能电力投资 2 000 万美元在越南设立生产基地。目前光伏封装胶膜产品市场占有率位居国内第二的江苏斯威克新材料股份有限公司正在投资建设越南基地，其同行常州百佳年代薄膜科技股份有限公司已先期在越南建成生产基地。

二 江苏省光伏企业走出去的积极意义

（一）为全球能源转型作出重要贡献

在全球能源转型、碳中和大背景下，我国光伏产业在政府的大力推动下，通过不懈努力取得了突破性进展，为全球太阳能装机成本和发电成本的大幅下降起到了关键作用。2021年全球太阳能光伏装机成本较2010年下降约82%。从2016年开始，光伏企业对外投资的重点向上游制造延伸，在越南、马来西亚、泰国等地的产品制造配套体系趋于完善，为全球新能源利用发挥了重要作用。

（二）规避欧美的各种贸易壁垒和技术壁垒

这是光伏企业走出去的主要原因。2012年，美国商务部作出最后裁定，对中国光伏产品征收高达23%—254%的"双反"税。2013年，欧盟同样宣布征收高额"双反"税。继"双反"之后，美国又推出"201条款"和"301条款"，关税分别达到15%和30%，而这些条款对东南亚豁免。技术上，由于我国火电比例高，根据发达国家制定的碳足迹核算规则，在中国制造的光伏产品不满足当地碳足迹核算标准。同时还有涉疆制裁等因素，也是推动光伏企业在海外设厂的主要原因之一。通过"走出去"投资设厂，光伏企业可以灵活规避欧美各种壁垒，获取更多市场份额，充分利用国际国内两种资源和两个市场。

（三）在全球产业链供应链中取得优势地位

光伏产业是半导体技术和新能源需求融合发展的朝阳产业，也是全球主要国家高度重视和优先发展的新兴产业。中国光伏历经波折，在逆境中崛起，已成为少有的取得国际竞争优势、安全可控并有望率先实现高质量发展的战略性新兴产业。全球光伏产业前20强中有15个来自中国。在完善的产业链和快速革新的技术引领下，中国光伏行业继续保持着产业规模全球第一，生产制造全球第一、技术水平全球第一的领跑地位。江苏作为中国第一的光伏产业重镇,光伏企业通过对外投资,既有利于企业在激烈的市场竞争中赢得主动,也为产业结构调整、能源消费方式转变、促进生态文明建设发挥了重要作用。

三 江苏省光伏企业走出去面临的机遇和挑战

(一)行业发展前景依然看好

在全球应对气候变化的大背景下,国际政治局势动荡倒逼全球能源转型加快步伐,促进新能源产业的发展。主要工业国出于能源安全的考虑,开始加大、加快对可再生能源的部署。目前,各国纷纷调高了本国新能源光伏装机需求目标,全球太阳能产业正在加速发展。2022年全球光伏累计装机量约400吉瓦,欧洲光伏产业协会预测到2030年欧盟光伏装机量从672吉瓦调高至1 000吉瓦,年均增长90—100吉瓦。天合光能股份有限公司预测到2035年全球光伏装机达到1 000吉瓦。我国行业头部企业看到了这一广阔的市场空间,晶澳太阳能科技股份有限公司、隆基绿能科技股份有限公司和通威集团有限公司近期纷纷宣布加大产能。

(二)共建"一带一路"国家发展空间巨大

未来,光伏的海外市场会以共建"一带一路"国家为主。共建"一带一路"国家大部分光照条件相对较好,且这些国家经济实力较弱,煤电、水电或核电的投资较为困难,大部分不具备相对完善的高压、超高压输变电设施,因此分布式能源或者移动能源将在这些国家成为主流,而光伏作为分布式能源的重要组成部分,市场前景广阔。

(三)走出去环境未见好转,脱钩断链风险依然存在

自欧美国家对我国光伏产业实施"双反"措施以来,江苏省作为全国重要的光伏生产基地,出口一度受影响较大。虽然江苏省光伏企业通过开拓新市

场、海外设厂等一系列方式积极应对并取得了显著成效,但是江苏省光伏产业面临的外部环境依然严峻,形势未见明显好转。虽然 2018 年欧盟宣布中止"双反"措施,2019 年美国将中国光伏的"双反"税率降至 4%,但是欧洲、美国、日本等国家和地区不承认我国市场经济地位,加大了我国光伏"双反"应对工作的难度。同时,新兴市场贸易摩擦风险依然存在。印度、加拿大、澳大利亚、土耳其等国家都曾陆续对我国光伏产品发起过"双反"调查;而目前我国部分光伏企业在新兴市场低价销售的苗头已经出现,也增加了新兴市场摩擦风险。此外,全球多个国家和地区都推出了旨在提升本土光伏制造能力的计划。欧盟在 2023 年 3 月中旬公布了《净零工业法案》(NZIA)的草案,该法案对标美国的《通胀削减法案》(IRA),同样鼓励光伏等制造业回流。

(四)技术创新能力亟待提升,关键工艺仍须突破

近年来,江苏省光伏企业在技术创新上取得了显著成果,单晶硅、多晶硅电池及组件领域的技术达到世界领先水平,但技术研发主要依赖于少数龙头企业,大多数中小型光伏企业缺少研发意识和创新能力,"技术跟随"现象突出,同质化竞争严重,而龙头企业的科研团队也缺少国际一流领军人才,研发、创新实力有待提高。此外,在高端、关键工艺方面与世界领先水平相比仍存在差距。从此次调研的企业情况看,国产光伏组件制造设备与进口设备相比自动化程度低,关键核心技术依赖进口;薄膜太阳能电池理论效率高、材料消耗少、制备能耗低,是未来太阳能电池市场的主导产品,但江苏省在薄膜太阳能电池研发领域尚落后于国际市场。

(五)欧美市场相关产业政策存在较大不确定性

2022 年,美国发布的《通胀削减法案》(IRA)中对在美国投资设厂的光伏制造企业有较为明确的补贴激励政策,包括针对设施和设备投资提供 30% 的投资税收抵免和针对光伏制造产业链具体环节提供补贴,主要涉及多晶硅、硅片、电池、组件、逆变器等。除补贴政策力度加大之外,国际形势变化、维持对欧美市场出口也是江苏省光伏企业赴海外设厂的重要原因,并将此作为规

避风险的一项策略。过去一两年中,江苏省企业对欧美光伏产品出口并不顺利,尤其是此前美国通过法案,对硅料产地提出不合理要求,一度影响江苏省光伏产品在美国通关速度,导致电池组件在海关积压。美国还对以我国企业背景为主的东南亚光伏产品实施反规避调查,导致组件运输延迟,美国国内新增装机也明显放缓。

(六)共建"一带一路"国家基础条件薄弱

虽然共建"一带一路"国家人力成本相比国内有一定优势,但是基础条件和产业配套能力及人才相对匮乏,增加了企业成本。目前,很多"走出去"企业的海外工厂光伏配套材料仍需从国内购买,从而增加了材料的物流成本。据测算,海外工厂整体材料平均成本每瓦要比国内高1美分左右。部分国家基础设施建设落后,电力和供水系统相对薄弱,企业往往通过自建的方式保障水、电稳定性供应,这也大大增加了企业的投资成本。如天合光能在泰国工厂就自建了110千瓦变电站和2 400立方米的储水装置。此外,海外极度缺乏高素质的技术技能人才,需花费大量人力、物力和时间进行培训。如果从国内派遣大量员工到海外,除面临入境及工作政策的问题外,员工高额的外派补贴也极大增加了企业负担。

四 应对措施及政策建议

(一)积极开拓共建"一带一路"国际市场

结合共建"一带一路"国家的自然禀赋和发展现状,加快江苏省光伏产业沿"一带一路"的布局,引导光伏企业在共建"一带一路"国家建设光伏产业园、投资光伏电站、加大对共建"一带一路"国家的光伏产品出口,有助于实现海外市场的扩大和多元化发展。

(二)增强走出去产业合作自主能力和风险忧患意识

江苏省光伏产业链较完整,但在关键环节并不具备明显技术优势,若想实现光伏产业可持续发展，必须不断突破各环节的关键技术，提高产品性能。除了政府部门在资金、政策上继续支持外，企业要增强创新意识、忧患意识，加大研发投入，提高产业集中度，提升产品核心竞争力。提前布局应对西方国家可能采取的进一步"脱钩断链"打压。

（三）支持企业积极稳妥参与跨境产业链合作

积极发挥省内龙头企业带动性强的优势，加速技术升级、市场升级、管理升级，提升江苏省光伏行业在全球产业链供应链体系中形成的竞争优势。以重点光伏企业为核心，鼓励企业留住产业链、供应链关键环节，带动产业链上下游企业抱团"走出去"。支持行业龙头牵头成立产业联盟，打造大中小企业互相配套、功能互补、联系紧密的高效产业链合作体系。

（四）鼓励引导企业推进绿色技术创新

鼓励光伏企业在保护自主核心技术的前提下，通过设立境外研发中心、创新中心、实验室、孵化器等科技创新平台，开展高水平联合研究，引入国际人才资源，加快绿色技术创新。灵活运用各种投资方式探索新路径，与国际先进企业开展第三方合作，积极融入全球绿色技术联盟和发展体系。推动全球绿色先进技术和关键环节与国内产业化优势对接融合，提升绿色经济新动能。

（五）积极开展第三方市场合作

引导有实力的光伏企业开展国际合作，合理配置资源，合作开拓海外市场，在合作中一方面注重学习借鉴发达国家企业的先进技术和管理经验，带动自身产业链升级；另一方面遵循三方共商、共建、共享及第三方受益原则，恪守东道国法律法规，尊重当地宗教社会习俗和文化传统，履行企业社会责任，满足当地对带动就业、技术转化和环境保护等方面的诉求，更好地服务共建"一带一路"绿色发展。

江苏省商务厅对外投资和经济合作处

以新质生产力推进
江苏省开放型经济更高质量发展

2023年9月习近平总书记在黑龙江考察时提出,"整合科技创新资源,引领发展战略性新兴产业和未来产业,加快形成新质生产力"。2024年3月5日下午,习近平总书记在参加十四届全国人大常委会第二次会议江苏代表团审议时要求,"要牢牢把握高质量发展这个首要任务,因地制宜发展新质生产力"。习近平总书记关于新质生产力的重要论述和指示,为我们加快发展新质生产力、推动开放型经济高质量发展指明了前进方向,提供了根本遵循。

一 对新质生产力的基本理解

新质生产力是一种以新技术的深化应用为驱动力,伴随着新产业、新业态和新模式的快速涌现,并在此基础上构建起新型社会生产关系和社会制度体系的先进生产力。

新质生产力以创新为主导,是摆脱传统经济增长方式、生产力发展路径,具有高科技、高效能、高质量特征,符合新发展理念的先进生产力质态。它由技术革命性突破、生产要素创新性配置、产业深度转型升级而催生,以劳动者、劳动资料、劳动对象及其优化组合的跃升为基本内涵,以全要素生产率大幅提升为核心标志,特点是创新,关键在质优,本质是先进生产力。

新质生产力正成为推动现代社会经济发展的关键力量。随着科技的不断进步,新质生产力将不断涌现,为社会带来更多的变革和机遇,为经济高质量发展持续注入新动能。

二、新质生产力对开放型经济发展的影响

新质生产力对开放型经济的发展具有深远影响,它既带来了机遇,也带来了挑战。开放型经济需要不断适应新质生产力带来的变化,通过政策调整和市场机制优化,充分利用新质生产力的潜力,以实现更高质量发展。

一是提高生产质效,促进产业升级。新质生产力通过引入高度自动化和智能化的生产技术,能够大幅提高生产效率,减少人力成本,改善产品的质量和性能。同时,一些传统产业可能会被新兴产业所取代,从而使其更好地适应全球市场的变化需求,推动经济向更高附加值的产业发展。这种转变促使经济体进行产业结构调整和升级,有助于开放型经济中的企业在全球市场上保持竞争力。

二是增强创新能力,形成核心竞争力。新质生产力往往与研发活动紧密相关,它要求企业和研究机构以全球化视野,不断加大投资研发和创新力度,充分利用"两个市场、两种资源"获取创新资源和能力,比如人才资源、客户资源、市场资源等,持续进行技术创新、业态创新和模式创新。这种持续的创新活动有利于开放型经济培养自主创新能力,形成核心竞争力。

三是扩大国际贸易和投资,加快全球经济一体化进程。新质生产力使企业能够生产出更具竞争力的产品,这有助于增加出口,拓宽国际市场。同时,先进生产力也可能吸引外国直接投资,促进国际市场间的资本和技术流动。新的要素流动促进全球供应链的整合和优化,使生产和分工更加国际化。这

不仅加速了全球经济一体化进程,也增加了各国经济的相互依赖性。

四是提高资源利用效率,推进绿色发展。新质生产力发展注重资源的高效利用和环境保护,这有助于实现可持续发展。例如,人工智能、大数据等技术的应用,可以减少资源的浪费;新能源技术的应用,可以减少对环境的污染;循环经济方式,可以实现资源再利用,减少对新资源的开采;新能源汽车、可再生能源等新兴产业发展,可以推动经济绿色转型等。在开放型经济中,资源的高效利用不仅降低了生产成本,也符合全球环保趋势,有助于提升国家形象和竞争力。

五是导致产业等结构变化,引发政策和法规调整。新质生产力的发展可能导致产业结构(传统产业向高技术、低资源消耗方向转型)、就业结构(劳动密集型产业的就业机会减少)、能源结构(从依赖化石能源向可再生能源转变)等变化,还可能影响国际贸易和投资规则,导致税收政策的调整,加剧城乡之间的差距等。这些变化要求政策和法规能够及时响应和适应,以确保经济社会健康、可持续发展。

三 更高质量推进江苏省开放型经济发展

以新质生产力推动江苏开放型经济更高质量发展,要充分利用好江苏的比较优势,顺应国际潮流,因地制宜,整合各类优质资源,实现创新发展、跨越发展、突破发展。

(一)充分发挥产业优势,加快促进战略性新兴产业和未来产业发展

江苏拥有雄厚的产业基础、丰富的人才资源、集群式的创新平台等优势,应以此为依托,加快战略性新兴产业和未来产业集群发展,为经济高质量发展提供新动力。

一是强化基础产业,促进转型升级。充分发挥完善的工业体系和产业链优势,特别是在电子信息、生物医药、高端制造等领域的产业基础和技术创新能力,聚焦新一代信息技术等重点产业领域,抓住产业数字化、数字产业化机

遇,推动传统产业数智化转型,将"江苏制造"转变为"江苏智造"。在招商引资上,更多地引进智能制造、新质产业,引进高端生产性服务业,以更大力度发展具有国际竞争力的战略性新兴产业。在对外出口贸易上,更多的不是服饰鞋包、传统机电,甚至现在的"新三样",而是智能化、绿色化、融合化的产品,如人工智能、航天卫星、高技术船舶、智能汽车等。

二是强化人才培育,开拓未来产业。未来产业代表未来科技和产业发展方向,如类脑智能、量子信息、基因技术、未来网络、深海空天开发、氢能与储能等都是未来产业新赛道。发展未来产业是塑造竞争新优势、把握未来发展主动权、抢占国际竞争制高点的关键所在。江苏教育资源丰富。开拓未来产业,要发挥好江苏的人才优势,通过国际合作和竞争来提升人才培养的质量和效率;鼓励江苏企业和高校参与跨国合作,培养员工和学生的国际视野和跨文化沟通能力;制定优惠政策吸引外国顶尖人才和专家来江苏工作、教学,并积极为国际人才提供便利的签证政策、税收优惠和生活支持;通过国际合作项目,共享研发资源和成果,加速技术创新和知识转移。

三是强化园区建设,推动产业集群。改革开放40多年来,江苏各类开发园区建设走在全国前列,成为产业集聚的重要载体,为江苏经济社会发展作出了突出贡献。发展新质生产力,要围绕产业链部署创新链,围绕创新链布局产业链,打造差异化、集群式产业创新平台,推动产业链和创新链协同发展。各地应立足自身资源禀赋和产业优势,创新发展传统优势产业,如集成电路、碳纤维及复合材料、电子元器件、动力电池等;规划、培育新兴产业和未来产业,如纳米技术应用、人工智能等,并探索特色产业培育机制,以加速产业发展。同时,依托长三角区位优势、产业优势,以及城市群建设推进产城深度融合、产业协同发展,推动区域经济转型升级。

(二)充分发挥市场优势,推进内外贸一体化发展

新质生产力是推动内外贸一体化发展的重要动力。江苏在推进内外贸一体化方面拥有坚实的试点基础、多元化的市场布局、多领域的政策支持、强大的贸易伙伴网络、双循环战略的融入,以及企业的创新能力等多方面优势。

这些优势有助于江苏在激烈的国内外市场竞争中占据有利地位，实现内外贸一体化的可持续发展。

一是加强顶层设计。内外贸一体化是在全球化背景下，通过优化国内外贸易环境，打破国内外市场壁垒，实现国内外市场的深度融合。新质生产力条件下推进内外贸一体化，需要从政策、法律、市场和物流等多个层面强化顶层设计，以实现国内外市场的有效衔接。以新质生产力发展的要求，结合国家宏观政策和江苏发展实际，制定长远的规划，明确内外贸一体化的发展目标、重点领域和优先方向，完善相关的制度体系、工作体系和评价体系。

二是优化资源配置。推进新质生产力发展，要在加快形成以国内大循环为主体、国内国际双循环相互促进的新发展格局指引下，充分利用江苏的资源禀赋，立足国内统一市场建设，促进发展要素在更大范围自由畅通流动；通过与国际高标准规则交流互动，不断完善外向接轨的市场体制建设，更好地融入全球市场体系，进一步提升在全球范围配置资源的能力，形成内外贸高效融合、一体化发展的新局面。

三是完善服务机制。通过政策支持和服务提升，帮助内外贸企业在融资、税收、物流等方面降低成本，提高效率；鼓励技术创新和商业模式创新，提高产品和服务的附加值，增强国际市场的吸引力；推动重点领域融合发展，选择具有潜力的行业和领域，如电子商务、绿色能源等，促进内外贸在这些领域的深度融合；建立安全可靠的供应链体系，确保在各种外部冲击下供应链的稳定性和灵活性。

（三）充分发挥数字优势，促进现代服务业发展

现代服务业是新质生产力的重要组成部分，也是其发展的直接受益者。数字技术不仅可以提升现有服务的效率和质量，还能创造新的服务模式和商业机会，推动现代服务业高质量发展。

一是大力推动数字技术在产业行业中的运用。近年来，江苏在数字技术发展方面取得了显著成效。2023年，江苏产业数字化和数字产业化融合指数达到64.8，连续七年保持全国第一。推进新质生产力发展，要充分发挥江

苏数字技术的优势，加快推进以数字技术服务为主的现代生产性服务业发展，提升产业数字化和智能化程度，培育现代产业体系。大力推进产业协同，促进工业互联网产业生态发展，培育全球化技术创新企业和运营服务商，打造"5G+工业互联网"融合应用的先导区。积极推进数字技术在金融、医疗、教育、旅游、养老等行业的广泛运用，以提高服务质量、降低成本、提高效率。

二是大力推进数字贸易创新发展。近年来，江苏数字贸易规模不断扩大，结构不断优化。2022年江苏可数字化交付服务贸易规模达到307.5亿美元，占全省服务贸易总值的53.9%，高于全国平均水平，规模上升至全国第四位。创新发展数字贸易，要不断优化数字贸易发展环境，加强数字贸易产业链建设，培育一批有影响力的数字贸易平台和基地，以及细分行业领先的数字贸易龙头企业。例如，培育一批直播带货、跨境电商企业（未来元宇宙在贸易中的运用）等。围绕完善数字贸易多元化产业链条、壮大多层次市场主体、打造多要素促进平台等，推进数字贸易全面发展。通过数据流动加强各产业间的信息和技术要素共享，促使制造业和服务业深度融合，带动传统产业数字化转型，为经济恢复增长注入新动能。

三是更大力度支持平台经济发展。江苏的平台经济在政府的有力支持下，正朝着更加开放、创新和国际化的方向发展。按照新质生产力要求，推进现代服务业发展，需要有更多创新举措和突破性进展。政府要鼓励平台经济与实体经济相融合，以"互联网+"的方式搭建更多高效的公共服务平台和生活服务平台，促进服务业转型升级；通过搭建多边市场，整合不同的供需双方，实现资源优化配置；构建多层次平台体系，加大力度支持企业发展各类经济平台，如电子商务平台、在线服务交易平台等，为不同类型企业提供服务。各类市场主体要主动拥抱互联网，通过人工智能、大数据、区块链和物联网等先进技术提升服务质量和效率，开发新的商业模式和服务产品，实现线上线下融合、行业跨界融合。例如，在智慧旅游、数字文化、远程办公、在线教育等领域取得新的突破。

四是高度重视供应链管理服务。供应链管理是现代服务业的一部分。在新质生产力发展和经济全球化背景下，优化和创新供应链管理对于提升产业链的整体竞争力和应对市场变化具有重要意义。相关政府部门和企业要考虑如何围绕产业链进行有效布局,通过技术创新和流程优化,增强供应链的稳定性和抗风险能力。链主企业和数智供应链技术服务平台应通力协作,通过共享信息、资源整合和技术应用来提升供应链的效率;通过引入新技术,如物联网、大数据分析、云计算等,来提高管理的智能化水平和操作的精准度;通过技术改造和模式创新帮助传统企业实现产业升级;通过整合和优化信息流、物流、资金流等,提高整个供应链的效率和响应速度。

(四)充分发挥开放优势,推动制度型创新

江苏作为中国东部沿海的经济强省,对外开放程度高。在推动制度型创新上,应与时俱进,为新质生产力的健康发展提供坚实的制度支撑和保障。

一是建立健全可持续发展的政策体系。制度创新需要适应新质生产力发展的特点和需求,为技术创新和产业升级,以及为新产业、新业态和新模式的快速涌现提供良好的政策环境和法律保障。这包括对新兴行业的监管规则、税收政策、知识产权保护等方面的更新和完善。通过更加积极主动的开放战略,以开放促进改革和发展,以改革促进开放,为经济社会发展注入新动力、增添新活力、拓展新空间。注重长期的可持续发展,引导新质生产力朝着绿色、低碳、循环经济的方向发展。推动形成以国内大循环为主体、国内国际双循环相互促进的新发展格局,提升国内市场消费潜力和供给质量。

二是秉持开放包容的发展理念。在全球化背景下,新质生产力发展需要国际视野和开放态度。制度创新需要具有包容性,能够适应和整合不同的社会利益和诉求,平衡好各方的利益关系。江苏可利用自贸试验区、开发区、综合保税区等平台载体,或贸易发展的"前沿地",高效整合高端装备、新材料、新能源、医疗器械等产业优势,更加主动对接高标准国际经贸规则,推动由商品和要素流动型开放向规则、规制、管理、标准等制度型开放转变,建设更高水平开放型经济新体制。支持江苏自贸试验区、南京片区、苏州片区、连云港片区3个片区深化开放合作,营造开放、多元、包容的发展环境,推动多边、区域层面政策和规则协调,开展新模式新业态先行先试。加强与长三角其他省

市的协同发展,共同打造区域创新高地,形成更加完善的产业链和创新链。

三是兼顾区域协调和社会和谐。新质生产力发展往往伴随着不同领域、不同地区之间的发展不平衡问题。制度创新应根据不同地区的特点和优势,制定差异化的开放政策,促进区域经济协调发展。协调好区域发展、行业发展和社会发展的关系,促进形成更加均衡和谐的发展格局。关注人的全面发展,关注劳动者的权益保护、教育和培训体系的完善,以及社会保障体系的建立,确保技术进步和产业发展成果惠及更广泛的群体。

(五)充分发挥亲商优势,营造一流营商环境

江苏的商业文化源远流长,亲商传统涵盖了政策支持、文化传承、苏商精神(诚信经营和勤奋创新)等多个层面,这些因素共同作用,形成了良好的营商环境,使得江苏成为国内外企业投资的热土,也有效促进了江苏经济社会的发展。新质生产力是一种能够显著提高生产效率、改变生产方式和生产关系的新型生产力,推动这种新型生产力发展对营商环境提出了更高和更具前瞻性的要求。

一是技术友好型的政策支持。随着新技术的不断出现,旧有的法规和行业标准可能不再适用,一流的营商环境需要有一个灵活适应的监管框架,以便及时更新和完善与新技术相关的规章制度、政策支持,包括知识产权保护、研发补贴、税收优惠等,以促进企业投入技术研发和创新。

二是全方位支持的配套服务。江苏在产业配套、基础设施等方面领先全国,营造有利于新质生产力发展的一流营商环境,对人力资源、公共服务等配套服务也提出了更高要求,需要进行系统谋划和协同推进。例如,新质生产力发展依赖于高素质的人才和知识更新,营商环境中应有优质的教育资源、专业的培训机构及有利于人才集聚的优惠政策;新质生产力领域往往发展迅速,需要快速响应市场变化,因此高效透明的政府服务和行政审批流程显得尤为重要。

三是国际化的市场环境。新质生产力发展不仅需要依托本地的亲商环境和政策支持,同时也需要在更加宏观的国际化市场环境中寻找机遇、应对

挑战。例如,新质生产力发展要有大量的资本投入和资源支持,需要充足的风险投资和融资渠道,这就对国际化的市场环境建设提出了新要求:要有跨国融资、投资的可能性,并能高效配置资本和资源。许多发展新质生产力的领先企业都是跨国公司,无论是民族企业还是外资企业,它们在全球范围内布局研发、生产和销售网络,需要营商环境具有便利的国际贸易和投资条件等。

江苏省商务厅 一级调研员

江苏省国际经济贸易研究所所长

邢冲

RCEP和中新FTA升级版双驱动下苏新经贸合作迎来三大新机遇

我国和新西兰自建交以来,特别是《自由贸易协定》(FTA)(以下简称"中新FTA")生效以来,互为重要经贸伙伴。我国是新西兰第一大贸易伙伴、第二大外资来源国,新西兰是我国最大的食品进口来源地之一。2022年,RCEP和中新FTA升级版先后生效,在扩大贸易和服务市场准入、促进和保护投资、完善国内规制和营商环境等领域释放出更高水平的开放政策红利。江苏与新西兰经济互补性强、合作潜力巨大,应充分把握机遇,聚焦农业、乳制品加工、林业、旅游、金融、新能源、数字经济等领域,积极构建多元交流合作机制,深化经济贸易往来,加强科技创新合作,对标扩大制度型开放,推动形成全方位高水平对外开放新格局。

一 RCEP和中新FTA升级版双生效以来苏新经贸合作情况

(一)贸易规模有所下滑,出口全国占比下降2.12%

2022年,江苏对新西兰进出口总额138.04亿元,同比下降 4.89%,占全省外贸总额的 0.69%,提升 0.41 个百分点;占全国对新西兰进出口总额的 8.26%,下降 0.83 个百分点。其中,对新西兰出口额 86.89 亿元,同比下降 3.67%,占全省出口总额的 0.81%,提升 0.53 个百分点;占全国对新西兰出口额的 14.21%,下降 2.12 个百分点,居全国第三位。对新西兰进口额 51.15 亿元,同比下降 6.89%,占全省进口总额的 0.54%,提升 0.26 个百分点;占全国对新西兰进口额的 4.82%,下降 0.44 个百分点(表1)。

表1 2022 年全国及部分省市对新西兰进出口情况表   金额单位:亿元

地区	对新西兰进出口			对新西兰出口			对新西兰进口		
	金额	同比(%)	全国比重变动(%)	金额	同比(%)	全国比重变动(%)	金额	同比(%)	全国比重变动(%)
全 国	1 671.84	4.70	—	611.40	10.69	—	1 060.44	1.53	—
广东省	255.35	12.03	1.00	136.54	13.97	0.64	118.81	9.89	0.85
上海市	253.61	−2.21	−1.07	67.59	15.66	0.47	186.02	−7.40	−1.69
浙江省	187.60	5.78	0.11	100.26	17.22	0.91	87.34	−4.88	−0.56
福建省	161.90	12.15	0.64	25.76	4.69	−0.24	136.15	13.68	1.37
山东省	160.59	0.98	−0.35	58.41	9.97	−0.06	102.18	−3.52	−0.50
江苏省	138.04	−4.89	−0.83	86.89	−3.67	−2.12	51.15	−6.89	−0.44

(二)新西兰对江苏实际投资基数小、增长快,主要投向服务业领域

2018—2022 年[①],新西兰对江苏实际投资额 6 598 万美元,仅占全省实际使用外资额的 0.05%。新西兰对江苏的投资高度集中在服务业领域(占比近八成),且以商务服务业、批发业为主;对江苏制造业领域的投资主要集中在计算机通信电子设备制造业、专用设备制造业、非金属矿物制品业。2022 年,新西兰对江苏实际投资额 711.00 万美元,同比大幅增长 232.24%,占全省实际使用外资额的 0.02%,上升 0.01 个百分点。主要投向批发业、研究和试验发展、商务服务业等服务业领域,以及橡胶和塑料制品业、非金属矿物制

---

① 调整统计口径后,国别分行业数据暂时只能追溯到 2018 年。

品业、计算机通信电子设备制造业等制造业领域。

（三）江苏对新西兰投资总量少、降幅深，以服务业、建筑业、采矿业为主

截至2022年，江苏累计对新西兰投资22个项目，中方协议投资额2.68亿美元，仅占全省累计中方协议投资额的0.27%。投资领域高度集中在房地产业、建筑业、采矿业，占全省对新西兰中方协议投资的比重高达91.95%。2022年，江苏仅对新西兰投资1个项目，中方协议投资额13.00万美元，同比下降92.35%。

二 RCEP和中新FTA升级版双生效对苏新经贸合作带来三方面新机遇

（一）货物贸易接近全面零关税，自由化便利化水平进一步提升

一是新增的零关税待遇有利于江苏扩大资源型产品进口。我国和新西兰已通过中新FTA实现了高水平的货物贸易自由化，零关税商品比例分别高达97.2%和100%。我国在中新FTA升级版中对新西兰新增了12个税目木材纸制品的零关税待遇（10年内降为零），主要包括木纤维板、餐巾纸、书写纸、牛皮纸、胶粘纸、纸板及纸制标签等。木材纸制品是江苏自新西兰进口的最主要商品之一，2022年江苏木材纸制品自新西兰的进口额为19.41亿元，占全省自新西兰进口额的37.95%。新增的木材纸制品零关税待遇有利于江苏企业扩大相关资源型产品进口，节约国内资源、推动绿色发展。

二是更高的贸易便利化水平有利于增进苏新贸易联系。RCEP和中新FTA升级版引入了经核准出口商制度，扩大了预裁定范围，增加了原产地证书补发、免于提交原产地文件①等内容，完善了直接运输规则②，方便企业享

---

① RCEP和中新FTA升级版规定进口货物完税价格分别不超过200、1 000美元可免于提交原产地文件。

② 将货物在非缔约方临时储存时限由6个月分别延长至不设限和12个月。

惠、扩大贸易往来。如亿泰精密工业(南京)有限公司疫情防控期间出货时间经常变动,影响了原产地证书申领,中新 FTA 升级后,可在出货后申请补发,便利性大大提高。RCEP 和中新 FTA 升级版还承诺对易腐货物尽力 6 小时内放行,并提供优先检查和适宜储存条件[①]。乳制品、牛羊肉等食品约占江苏对新西兰进口额的 40%,高效的通关便利化措施有利于新西兰优质食品快速入境,为江苏消费者带来更好的消费体验。

三是更低的非关税壁垒有利于降低苏新贸易成本。RCEP 要求降低非关税壁垒,加强交流合作和等效性承认。2022 年,15 个成员国提交的技术性贸易壁垒(TBT)通报同比下降 20.19%。中新 FTA 升级版明确提出尽力减少标志与标签要求(强制性标志与标签除外),尽力接受非永久或可移除标签,应基于非歧视原则及时发放产品需附加的特殊识别码等措施,降低企业获取标志与标签的门槛和成本。中新 FTA 还将在标准设置、认证体系、检测结果等方面加大互认力度,包括提升电子电器产品互认水平、降低化妆品贸易技术性壁垒等,将有效降低企业重复检测、重复认证、重复符合性评定等负担。

(二)服务领域市场准入大幅放宽,赴新加坡投资更加自由便利

一是有利于引进新西兰优势服务业。我国在 RCEP 和中新 FTA 升级版中新增了 22 个服务领域的市场准入,主要涉及航空运输服务、公路客运服务、制造业和林业相关服务、专业设计服务等生产性服务业,以及体育和其他娱乐服务、烹饪和工艺制作培训、美发美容服务等生活性服务业;改善了 17 个服务领域的市场准入,主要涉及专业服务、房地产服务、金融服务、养老服务等。这为江苏引进科学与技术服务、金融和保险、艺术与娱乐、不动产和租赁、卫生保健和社会救助、教育等新西兰优势服务业创造了有利条件。

二是有利于苏企开拓新西兰服务市场。新西兰在 RCEP 和中新 FTA 升级版中新增了 23 个服务领域的市场准入,主要涉及管理咨询相关服务、建筑

---

① 此条为中新 FTA 升级版要求。

工程相关服务、航空运输服务和海运辅助服务等;提高了16个服务领域的开放水平,主要涉及建筑工程相关服务、保险相关服务、畜牧业相关服务、航空和海运服务等,有利于江苏企业深入拓展新西兰服务市场。如建筑工程类企业可以在新西兰拓展集中工程服务、建筑工程相关咨询和租赁服务等业务。中新FTA升级版还将汉语教师和中文导游赴新西兰就业配额分别提高一倍到300名和200名,为江苏相关人员赴新就业创造更多机会。

三是有利于促进苏企赴新西兰投资。RCEP纳入了准入前国民待遇,加强了禁止性业绩要求①,放松了高管和董事会成员的国籍限制,江苏企业赴新西兰投资更加自由便利。RCEP还扩展了投资定义,将海外工程等各种合同权利和再投资纳入保护范围,并明确了间接征收的认定标准和例外情况,江苏企业赴新投资更有保障。另外,新西兰在中新FTA升级版中将中方投资者的审查门槛由1 000万新元大幅放宽至1亿新元(针对政府投资者)和2亿新元(针对非政府投资者),与CPTPP成员审查门槛一致,投资环境更加公平透明。

四是有利于促进江苏农业高质量发展。新西兰农业发达,农业生产专业化分工精细,农业社会化服务体系完善,有机农业发展水平居世界前列。中新FTA升级版新增了农业合作内容,将在农业科技合作等领域建立更加紧密深入的伙伴关系,有利于江苏农业企业赴新投资农场和农产品加工项目,引进新西兰高度专业化的农业技术解决方案,联合开展农业科研项目,促进江苏农业高质量发展,提升农产品质量安全水平,满足人民群众绿色健康消费需求。

(三)数字经济、绿色经济成为合作新引擎,制度型开放面临丰富实践机会

一是以跨境电商为代表的数字贸易有望提速发展。RCEP和中新FTA升级版要求促进电子商务发展,提出推广电子认证、电子签名和数字证书,加

---

① RCEP在WTO 5项与贸易有关的禁止性要求(出口实绩要求、当地含量要求、购买国货要求、外汇平衡要求、限制国内销售要求)基础上,增加了强制技术转让、特定地区销售、规定特许费金额或比例3项禁止性要求。

强非应邀商业电子信息监管,保护在线个人信息和在线消费者权益,开展电子商务合作等。中新 FTA 升级版进一步要求电子商务领域的磋商应在收到磋商请求后 45 天内开展,提高争端解决效率。这有助于营造更加高效、公平、稳定、透明的电子商务发展环境,促进苏新双方通过跨境电商开拓对方市场,深化以跨境电商为代表的数字贸易合作,拓展更广泛的数字经济领域合作空间,加强数字经济领域规则标准兼容衔接。

二是绿色经济领域合作前景广阔。新西兰在可再生能源开发利用、碳交易、气候融资等领域积累了丰富经验和先进技术,被国际能源机构评为可再生能源发展的典型成功案例,拥有全球历史最悠久、覆盖行业最广的碳市场①。中新 FTA 升级版承诺深化环境领域合作,不降低环保水平以鼓励贸易或投资,不将环境标准用于贸易保护主义目的。这有助于苏新加强绿色经济领域规则、规制、管理、标准的对接和协调,推进产业发展、城市建设、生活消费等各领域绿色低碳转型,也为江苏的电动汽车、光伏、锂电池等新能源、节能环保产品出口和光伏、风电企业"走出去"创造了有利条件。

三是为江苏稳步扩大制度型开放创造丰富的实践机会。新西兰是 CPTPP 和 DEPA 的创始成员国和协定保存方,在高标准国际经贸规则制定和实践方面经验丰富。RCEP 和中新 FTA 升级版专门设置了电子商务、政府采购、竞争政策、中小企业、环境与贸易等章节②,加强相关领域边境后规则合作。这有利于江苏加强与新西兰的制度建设交流合作,推动打造市场化、法治化、国际化一流营商环境。

---

① 新西兰碳排放交易体系(NZETS)于 2008 年启动运营,是历史最悠久的碳市场之一,也是目前覆盖行业范围最广的碳市场,独创性地将林业部门作为排放源和碳汇纳入体系,覆盖电力、工业、国内航空、交通、建筑、废弃物、林业、农业(当前农业仅需报告排放数据,无需履行减排义务,但 2025 年农业排放将纳入碳定价机制)等行业。

② RCEP 和中新 FTA 升级版均设置了电子商务、政府采购、竞争政策章节,中小企业章节为 RCEP 内容,环境与贸易章节为中新 FTA 升级版内容。

三 用好 RCEP 和中新 FTA 升级版双生效机遇深化苏新经贸合作

（一）构建更加多元的交流合作机制

江苏与新西兰结有 7 对友城①，是我国与新西兰缔结友城最多的省份。因而应从扩围、提质两方面入手，进一步拓展友城"朋友圈"、丰富友城合作内涵，积极探索"友城＋"合作模式，构建多领域、多层次、多形式的常态化交流合作机制，加强各层级、各领域的政策联通和产业对接，不断拓展苏新在国际友城、贸易投资、科技创新、文化旅游、教育交流等领域的合作深度和广度。

（二）建立更加紧密的产业链供应链联系

鼓励江苏机电和高新技术产品企业、新能源和节能环保产品企业加大对新西兰的出口力度。鼓励有实力的企业赴新西兰布局公共海外仓，以"产业带＋跨境电商"模式扩大江苏优势产品出口。发挥 4 家国家进口贸易促进创新示范区作用，加大新西兰乳制品、牛羊肉等优质农产品及木材纸制品等优质资源型产品进口。鼓励江苏与新西兰人文交流密切、经贸基础良好的地区打造苏新合作特色园区、基地、产业。鼓励企业赴新西兰投资信息与通信技术、农业技术和环境工程、生物技术、特种制造、可再生能源、木材加工、食品饮料、乳业、豪华旅游和酒店等行业。

（三）开展更加深入的服务领域合作

积极扩大商务服务、旅行服务、电信服务、运输服务等江苏优势服务贸易领域对新西兰出口，拓展数字服务、文化服务、人力资源服务、知识产权服务等特色服务对新西兰出口；加大现代农业、建筑、教育、艺术与娱乐、卫生保健

---

① 分别是无锡市与新西兰哈密尔顿市(1986)、徐州市与新西兰霍克斯湾地区(2006)、苏州市与新西兰陶波市(2008)、苏州市吴中区与新西兰罗托鲁瓦市(2000)、连云港市与新西兰内皮尔市(1994)、泰州市与新西兰哈特市(2008)、宿迁市与新西兰因弗卡吉尔市(2013)。

和社会救助等新西兰优势服务业引资力度,积极引进科学与技术服务、不动产和租赁、公司和企业管理、金融和保险等新西兰优势生产性服务业,促进制造业高质量发展。对照我国在 RCEP 和中新 FTA 升级版中的服务领域"棘轮"承诺,依托江苏自贸试验区、服务业扩大开放综合试点等高能级开放载体积极探索先行先试。

(四)开拓更加广阔的数字经济和绿色经济新蓝海

在积极扩大江苏和新西兰跨境电商、数字贸易合作的基础上,加强数字基础设施、数据价值释放、数字技术、数字人才和数字技能、数字安全保障等领域交流合作,深挖数字经济合作潜力。加强与新西兰在清洁能源、低碳环保、污染防治、环境科技等领域的合作,推动全省绿色低碳转型发展。积极引进新西兰氢能、地热能等可再生能源开发利用项目和管理经验,加快构建清洁低碳、安全高效的现代能源体系。借鉴新西兰碳排放交易体系建设经验,优化江苏碳市场建设、碳足迹核算、碳标签评价等制度体系。

(五)对标打造更加优质的营商环境

探索建立江苏—新西兰营商环境交流合作机制,依托自贸试验区等高能级开放载体,根据世界银行发布的"宜商环境评估体系"更加关注公平竞争和公共服务供给的新要求,学习借鉴新西兰在开办企业、财产登记、施工许可、跨境贸易、知识产权和商业秘密保护、获得信贷、保护中小企业等方面的制度安排,加强政策、市场、政务、法治、人文五大环境建设,持续提升全省营商环境综合优势和国际竞争力。

江苏省国际经济贸易研究所副所长 刘舒亚

附件 1

中国在 RCEP 和中新 FTA 升级版中新增服务业开放承诺

涉及部门			涉及协定
大类	中类	小类	
1. 新增开放领域			
商业服务	其他商业服务	市场调研服务（CPC 86401，仅限于设计用来获取一机构产品在市场上前景和表现的信息的调查服务）	RCEP、中新FTA 升级版
		与林业有关的服务（CPC 8814）	
		制造业有关的服务（CPC 884、885，除 88442，不包括中国法律法规禁止或限制外商投资的产业及与国家安全利益相关的服务）	
		人员安置和提供服务（CPC 872，不包括 CPC 87209）	
		与采矿相关的行业（CPC 883，只包括石油和天然气）	中新 FTA 升级版
		建筑物清洁服务（CPC 874）	
		在费用或合同基础上的包装材料印刷服务（仅限于包装材料的印刷）	
通信服务	基础电信服务	寻呼服务	RCEP、中新FTA 升级版
教育服务	其他教育服务	CPC 929，包括以下非学历培训：烹饪；工艺制作	
娱乐、文化和体育服务（除视听服务）	其他娱乐服务	仅限 CPC 9619、96192	
	体育和其他娱乐服务	电子竞技	
运输服务	航空运输服务	空运服务的销售与营销	中新 FTA 升级版
		机场运营服务	
		机场地面服务	
		专业航空服务	

续表

大类	中类	涉及部门 小类	涉及协定
1. 新增开放领域			
运输服务	公路运输服务	旅客运输 —城市和郊区常规运输(CPC 71211) —城市和郊区特殊运输(CPC 71212) —城市间定期运输(CPC 71213) —城市间特殊运输(CPC 71214)	RCEP、中新FTA升级版
	所有运输方式的辅助服务	CPC 749 包含的货检服务,不包括货检服务的法定检验服务	
其他未包括的服务		专业设计服务(CPC 87907)	
		美发及其他美容服务(CPC 9702)	
2. 进一步取消限制			
商业服务	专业服务	建筑设计服务(CPC 8671)	RCEP、中新FTA升级版
		工程服务(CPC 8672)	
		集中工程服务(CPC 8673)	
		城市规划服务(城市总体规划服务除外)(CPC 8674)	
	房地产服务	涉及自有或租赁资产的房地产服务(CPC 821)	
		以收费或合同为基础的房地产服务(CPC 822)	
	其他商业服务	摄影服务(CPC 875)	中新FTA升级版
		笔译和口译服务(CPC 87905)	
金融服务	银行及其他金融服务	证券服务	
与健康相关的服务与社会服务	社会服务	养老服务(部分 CPC 93311 及 CPC 93323)	
娱乐、文化和体育服务(除视听服务)	体育和其他娱乐服务	仅限 CPC 96411、CPC 96412、CPC 96413,高尔夫服务和电子竞技除外	RCEP、中新FTA升级版
运输服务	海运服务	国际运输(货物运输和客运)(CPC 7211 和 CPC 7212,不包括沿海运输服务)	
	辅助服务	海运理货服务(CPC 741)	
		海运报关服务	
		集装箱堆场服务	
		海运代理服务	
	航空运输服务	航空器的维修服务(CPC 8868)	中新FTA升级版
		计算机订座系统(CRS)服务	

附件 2

新西兰在 RCEP 和中新 FTA 升级版中新增服务业开放承诺

涉及部门			涉及协定
大类	中类	小类	
1. 新增开放领域			
商业服务	专业服务	税收服务 税务规划和咨询服务（CPC 86301）	RCEP、中新 FTA 升级版
		集中工程服务（CPC 8673）	
		与城市规划和景观设计相关的咨询服务（CPC 8674**）	
	其他商业服务	管理咨询服务（CPC 865）	
		与管理咨询相关的服务（CPC 866）	
		人员安置和提供服务（CPC 872）	
		会议服务（CPC 87909**）	
		信用报告服务（CPC 87901）	
		托收代理服务（CPC 87902）	
		室内设计服务（CPC 87907**）	
		电话应答服务（CPC 87903）	
		邮件列表编辑和邮件服务（CPC 87906）	
		其他商务服务（未归入 CPC 的商务服务），不包括会议服务，包括商业经纪服务、评估服务（房地产除外）、秘书服务、演示展览服务等（CPC 87909）	
建筑和相关的工程服务	与建筑或土木工程施工或拆除设备相关的租赁服务，带操作员（CPC 518）		

续表

大类	涉及部门 中类	小类	涉及协定
运输服务	海运辅助服务	集装箱堆场服务	中新FTA升级版
		海运代理服务	
	航空运输服务	航空器的维修和保养服务	RCEP、中新FTA升级版
		机场运营服务（CPC 74610**，不包括助航设备）	
		航空运输的其他支持服务（CPC 74690，不包括消防和防火服务）	
		专业航空服务	
		机场地面服务	
		空运仓储服务（CPC 742**）	
		机场管理服务	
其他地方不包括的服务		洗涤、清洁和染色服务（CPC 9701）	

2. 进一步取消限制

大类	中类	小类	涉及协定
商业服务	专业服务	工程服务（CPC 8672）	
		兽医服务（CPC 9320）	
	其他商业服务	与畜牧业有关的服务（CPC 8812）	
建筑和相关的工程服务	建筑物的一般建筑工作（CPC 512、CPC 515)		RCEP、中新FTA升级版
	民用工程的一般建筑工作（CPC 513）		
	其他：工地准备工作；新建筑工作（管道除外）（CPC 511）		
	固定结构的护理和维修		
金融服务	保险及其相关服务	非寿险服务（CPC 8129）	
		保险中介，如保险经纪和代理服务（CPC 8140**）	

续表

大类	涉及部门		涉及协定
	中类	小类	
运输服务	海运服务	国际运输（货物运输和客运）（CPC 7211和CPC 7212,不包括沿海运输服务）	RCEP、中新FTA升级版
	辅助服务	海运理货服务（CPC 741）	
		海运报关服务	
		集装箱堆场服务	
		海运代理服务	
	航空运输服务	航空器的维修服务（CPC 8868）	中新FTA升级版
		计算机订座系统（CRS）服务	

附件 3

中国和新西兰在 RCEP 和中新 FTA 升级版中服务业棘轮承诺

中国	新西兰
1. 商业服务	1. 商业服务
A. 专业服务	A. 其他商业服务
(a)法律服务(CPC 861,不含中国法律业务)	(a)与畜牧业有关的服务(CPC 8812)
(b)税收服务(CPC 8630)	2. 通信服务
(c)建筑服务(CPC 8671) — 方案设计 — 其他	A. 电信服务
(d)工程服务(CPC 8672) — 方案设计	(a)语音电话服务(CPC 7521)
(e)城市规划服务(城市总体规划服务除外)(CPC 8674) — 方案设计 — 其他	分组交换数据传输服务(CPC 7523**)
B. 计算机及其相关服务 (不涵盖提供需要计算机及其相关服务作为提供手段的内容服务的经济活动)	电路交换数据传输服务(CPC 7523**)
与计算机硬件安装有关的咨询服务(CPC 841)	电传服务(CPC 7523**)
办公机械和设备(包括计算机)维修服务(CPC 845 和 CPC 886)	电报服务(CPC 7522)
C. 其他商业服务	传真服务(CPC 7521**,CPC 7529**)
(a)管理咨询服务(CPC 865)	专用电路租用服务(CPC 7522**,CPC 7523**)

续表

中国	新西兰
(b)技术测试和分析服务(CPC 8676)	电子邮件服务(CPC 7523＊＊)
(c)与林业有关的服务(CPC 8814)	语音邮件服务(CPC 7523＊＊)
(d)建筑物清洁服务(CPC 874)	在线信息和数据库检索服务(CPC 7523＊＊)
(e)包装服务(CPC 876)	电子数据交换服务(EDI)(CPC 7523＊＊)
(f)会议服务(CPC 87909)	增值传真服务(CPC 7523＊＊)
(g)笔译和口译服务(CPC 87905)	编码和规程转换服务
2. 通信服务	在线信息和/或数据处理(CPC 843＊＊)
A. 速递服务 (CPC 75121,中国在 2001 年 12 月 11 日加入世贸组织时由中国邮政部门依法专营的服务除外)	寻呼服务(CPC 75291)
B. 视听服务 －电影院服务	电话会议服务(CPC 75292)
3. 分销服务	个人通信服务(CPC 75213＊)
A. 特许经营	蜂窝服务(CPC 75213＊)
4. 旅游及与旅游相关的服务	集群无线电系统服务(CPC 7523＊＊,CPC 75213＊)
A. 旅馆(包括公寓楼)和餐馆 (CPC 641—643)	移动数据服务(CPC 7523＊＊)
5. 运输服务	—
A. 铁路运输服务 －铁路货物运输(CPC 7112)	—
B. 公路运输服务 －公路卡车或汽车货物运输(CPC 7123) －客运 －城市间定期运输(CPC 71213)	
－CPC 749 涵盖的货物检验服务,不包括货物检验服务中的法定检验服务	

(注:带"＊＊"的服务仅构成该 CPC 列表下所有活动的一部分)

碳边境调节机制及其应对
——南京市的实践与展望

当前,全球共有22个出口碳贸易战略在制定中,绿色低碳日益成为国际贸易的重要规则。2023年5月16日,欧盟发布碳边境调节机制法案,宣布将在2026年1月1日正式实施碳边境调节机制(Carbon Border Adjustment Mechanism,CBAM,又称"碳关税")。根据欧盟安排,2023年10月1日至2025年12月31日为该机制的试运行及过渡阶段,钢铁、铝等行业出口企业需按照欧盟发布的指导文件,由出口商提交碳排放数据,进口商提交报告与申报单。2026年1月1日后该机制正式实施,企业不仅需要报告每年进口产品的碳排放数据,还要支付对应的碳排放费用。欧盟是南京市第一大出口市场,如何应对"碳关税"贸易壁垒,并在此基础上对标国际高标准推进南京市制度型开放,成为当前迫切需要研究的问题。

一 CBAM 的主要规则

20世纪70年代以来,环境与贸易投资的关系开始被

国际社会认识并列入相关议程。1995年,世界贸易组织(WTO)成立了贸易与环境委员会,规定了环保例外权,允许成员方以保护环境名义采取相关贸易限制措施。近年来,《全面与进步跨太平洋伙伴关系协定》(CPTPP)等高标准的自由贸易协定均对跨境贸易提出了较高的绿色低碳要求。欧盟在应对气候危机、推动低碳发展方面一直走在世界前列,其提出的CBAM也逐渐成为影响力最大并率先立法的绿色贸易措施,旨在保护欧盟避免碳泄露,并通过征收"碳关税"对跨境贸易中的非欧盟生产活动施加同样的碳约束,缓解欧盟企业竞争力下滑的风险。

在过渡期阶段,欧盟暂定覆盖范围为钢铁、铝、水泥、化肥、电力和氢六大行业,要求欧盟进口商向欧盟成员国主管机构申报季度和年度的进口商品数量、种类及碳排放报告等信息,但不会被实际征税,2026年起将进行实质征税。同时,CBAM也规定了相关减免措施,即若生产商证明在本国生产中已支付相应碳成本,则可进行相应扣除,计征公式为:

碳关税=(产品碳排放-欧盟本土相关产品分配的免费配额)×产品数量×欧盟周平均碳价-产品在出口前已支付的碳成本。

(注:若无法获取产品碳排放量,则默认排放量采用出口国相应货物的平均碳排放量。若平均碳排放量无法获取,则采用生产同类货物碳排放量最大的10%的欧盟企业的平均碳排放强度界定碳排放量。)

二 CBAM的冲击和影响

从本质上看,CBAM是进口国对进口产品参照本国同类产品征收相应的碳关税,将降低我国出口产品的竞争力。

(一)增加出口商品"碳成本"

从省市层面看,2022年,江苏省对欧盟出口中涉及CBAM的金额为34.5亿美元,占江苏省对欧盟出口总额的3.8%,涉及企业数为6 651家。按照欧盟CBAM公布的测算方法及当前欧盟近100欧元/吨的碳价水平,相关产业增加的碳成本将达到出口额的20%—30%。初步评估,全省受CBAM

影响的碳关税成本约 6.9 亿—10.4 亿美元。2022 年,南京市对欧盟出口中涉及 CBAM 的金额为 2.9 亿美元,占南京市对欧盟出口额的 3.8%,涉及企业 565 家,其中相关出口额超 100 万美元的企业 50 家,连云港市受 CBAM 影响的"碳关税"成本约 5 800 万—8 700 万美元,将侵蚀相关行业企业的出口利润。

(二)信息披露导致的数据出境安全风险

按照 CBAM 制度设计,欧盟将设立 CBAM 碳注册系统和中央数据库。对于出口商,每 5 年需在注册系统登记一次,包括登记出口商的经营信息和联系方式、各产地的坐标位置,以及产地的主要经济类型。对于进口商,每季度报送进口商品数量、原料类型及用量、产品加工方式及投入产出比信息、电力热力等能耗数据、碳排放量和应缴纳的 CBAM 证书数量等信息(数据由出口商提供)。若出口企业进行相关信息披露,则国内相关企业乃至重点行业数据存在出境安全风险,从而对我产业链供应链安全构成威胁。若出口企业不进行信息披露,则欧盟将采用不友好的默认排放值(如出口国相应货物的平均碳排放或者生产同类货物碳排放量最大的 10% 的欧盟企业的平均碳排放)来界定出口商品的碳排放量。

(三)相关行业制造业可能面临流失风险

随着欧盟《新电池法》等国外绿色贸易新政的陆续出台,动力电池、光伏、新能源汽车等行业将被陆续纳入绿色贸易规则当中。根据 CBAM 法案,欧盟将持续扩大 CBAM 的行业覆盖,后续将逐步把电力、热力消耗对应的间接碳排放纳入计算范围,绿色电力在企业生产中的使用比例将直接影响出口成本,导致电解铝、电池等制造业企业向绿色电力富集地区转移。目前这一趋势已有所显现,例如,全球最大铝企山东魏桥创业有限公司向云南转移电解铝产能,宁德时代新能源科技股份有限公司全资子公司四川时代新能源科技有限公司在四川宜宾建设电池零碳工厂,晶科能源控股有限公司在云南楚雄建设 100% 绿色电力工厂等。

三 南京市的应对措施

绿色贸易是对外贸易转型升级的方向之一,同时也是当下外贸新业态发展的重要风口。南京市正依托江苏自贸试验区等开放平台,开展绿色贸易改革试点和制度创新,试点构建出口商品碳溯源及核查体系,积极发展"脱碳"贸易业态,丰富碳减排支持工具,应对国际碳关税绿色贸易壁垒。

(一)探索绿色贸易制度型开放——试行"碳标签"制度

江苏自贸试验区南京片区推出了"基于出口数据的碳成本量化分析"系统,为纳入CBAM的企业提供碳成本预测服务,并对实现"碳中和"的出口商品加贴"绿色标签"。该创新做法已帮助省内某知名服装企业出口商品在美国亚马逊电商平台获得流量支持,助力企业打开国际市场。相关制度创新成果"出口纺织品碳中和标识服务模式"也入选了"长三角自贸试验区制度创新最佳案例"。

(二)推动贸易业态"脱碳"——积极发展数字贸易

近年来,南京市积极发展数字技术、数字服务、数字金融、数字营销、数字物流等"脱碳"贸易业态,先后开展服务贸易创新发展、服务业扩大开放等试点,建成5个国家级特色服务出口基地,连续4年在全国服务外包示范城市综合评价中位列第二。2022年,南京市实现服务进出口额142.6亿美元,约占全省的1/4,承接服务外包总执行额203.4亿美元,位居全国第一。据不完全统计,"脱碳"贸易额已占全市对外贸易总额的13.4%。

(三)助力贸易结构"减碳"——调整优化外贸结构

近年来,南京市积极推动外贸结构调整,扩大高新技术产品进出口占比,发展跨境电商等外贸新业态,鼓励绿色产品出口,推进外贸全链条数字化赋能,进出口结构性"减碳"成效初显。2022年,全市机电产品进出口占比已超

55%,高新技术产品占比超28%,锂离子蓄电池、太阳能电池、电动载人汽车等"新三样"出口持续保持两位数增长,新能源相关产品占比已达20%。相较之下,化工产品进出口占比已降至15%以下,矿产品占比不到5%,贱金属及制品占比也已不足7%。

(四)提供碳减排支持工具——积极发展绿色金融

为支持企业开展节能降碳,南京市积极试点绿色信贷、绿色保险、绿色债券、绿色股权投融资业务,鼓励发展重大环保装备融资租赁,推动企业参与碳排放交易。例如,发布全国首个"绿色银行挂牌及星级评定办法",引导创建绿色银行;发展绿色信贷,鼓励银行创新绿色金融产品,推出全国首款贷款利率与碳表现挂钩的贷款产品"鑫减碳",发行全国首单碳中和绿色科技创新债券等;成立江苏首家绿色融资担保公司,为近200家企业提供担保服务。

四 应对CBAM的展望和建议

CBAM的"靴子"落地,意味着国际绿色贸易规则在实践上真正"长出牙齿"。在过渡期阶段,政府、业界应采取措施争取时间,把握主动权,拉开与其他贸易竞争对手差距,提升国际竞争能力,将"碳关税"的负面影响降到最低。

(一)提升制度型开放水平,搭建外贸企业"绿色出海"公共服务平台

一是建立碳排放核算系统。支持出口产品碳足迹溯源和碳排放核算;接入欧盟碳排放交易体系(EU-ETS)和全国碳市场的碳价数据,计算企业未来可能产生的税费支出。二是建立碳数据报送系统。针对过渡期碳数据报送,设置CBAM碳数据报送模板,协助企业在线完成每年4份季度报告和1份年度报告。三是建立国际绿证交易系统。提供绿色电力、绿证及中国核证自愿减排量(CCER)等资源减排量的抵销咨询,协助企业购买并完成抵销,帮助企业打造零碳/低碳产品。四是开展"贴标"服务。为碳中和出口商品申请碳标签,并与CBAM认可的通用公行证(SGS)、法国必维船级社(BV)等国际

认证机构推动标识互认。

(二) 推动外贸转型升级,进一步促进贸易"脱碳""减碳"

在贸易管理上,要强化国际环境公约受控物质进出口许可证管理,进一步严格对高耗能、高排放产品的出口。在绿色转型上,要引导企业主动适应和对接国际绿色产品标准,增强绿色研发能力,提升绿色营销水平,树立绿色环保形象,形成绿色品牌效应。在业态创新上,要加快发展数字技术、数字服务、跨境电商等数字贸易业态,推动"跨境电商＋产业带＋海外仓"融合发展,健全数字贸易产业生态,助力数字化、绿色化转型。

(三) 丰富碳减排支持工具,完善绿色金融支撑体系

进一步完善与碳减排相关的绿色信贷,开发碳质押贷款、碳收益支持票据等,加大对绿色项目的支持力度。持续发展绿色债券市场,稳步扩大绿色债券发行规模,深化碳中和债、可持续发展挂钩债券。强化股权融资功能,引导绿色低碳企业通过上市、挂牌、再融资及并购重组发展壮大。

(四) 加强政策辅导与试点支持,营造绿色贸易发展环境

针对目前大多数企业对于CBAM"不知道政策、不清楚规则、不懂碳业务"等困境,加强政策宣传解读和绿色贸易壁垒预警,开展系统性的绿色贸易培训,增强企业应对CBAM的意识,引导企业开展碳盘查、产品碳足迹核算和认证、碳中和标识等工作。建立数据出境服务平台,针对钢铁、铝等行业碳数据报送提供重要数据出境安全评估服务,建立数据出境安全防火墙。探索建立低碳贸易标准和认证体系,分行业形成碳排放数据采集、核算、报告标准,引领国内绿色贸易发展。

南京市商务局

无锡市电动车跨境电商产业带融合发展研究

近年来,党中央、国务院高度重视外贸新业态发展,多次部署推进跨境电商发展工作。习近平总书记指出:"中国将推动跨境电商等新业态新模式加快发展,培育外贸新动能。"商务部党组副书记、国际贸易谈判代表兼副部长王受文在2023年5月杭州召开的全国跨境电商综试区现场会上强调,"各地要把握我国跨境电商发展机遇,扎实推进综试区建设,打造外贸创新发展新高地"。新能源电动车作为无锡的传统优势产业,随着跨境电商与制造业深度融合的优势叠加,为激发数字贸易赋能制造业转型升级,缓解国内电动车市场饱和的产能压力,开辟电动车跨境出海新赛道成为电动车企业发展的重要选择。近年来,电动助力自行车(E-bike)在欧美市场需求旺盛,2022年销售量超过5 000万辆,其中大部分产能来自中国大陆和中国台湾。根据市场研究机构市场与市场(Markets and Markets)的预测数据,未来4年至5年,电动车类目仍有较大增长空间,将成为跨境电商产品线中增速最快的品类。

一 跨境电商为无锡市电动车产业发展带来新机遇

(一)电动车跨境电商正处于快速发展阶段

电动车跨境电商是一种以互联网平台为基础的新兴外贸模式,该产品具有单价高、体积大等特点,在跨境贸易中具有一定的特殊性。跨境电商销售的电动车主要包括以 E-bike 为主体的电动助力车、电动滑板车、电动摩托车等。电动车跨境电商主要以 B2C(商对客)模式为主,即电动车商家将产品直接销售给海外消费者,通常采用直接邮寄或第三方物流代理公司进行运输,销售渠道主要集中在亚马逊、阿里巴巴国际站、eBay 等平台。2022 年,E-bike 的全球市场规模已达到 497 亿美元,出货总量 5 125 万辆。近五年,欧洲市场年均增速 27%,美国市场增速超过 50%。2023 年 1—2 月,中国本土 E-bike 品牌十方运动(TENWAYS)、唯乐高(VELOTRIC)相继在深圳获得 A 轮融资,总部位于南京的 E-bike 上游核心零部件品牌大川电机(Okawa)在 3 月中旬完成了 1.21 亿元 A 轮融资。因此,海外电动车市场需求持续增长,电动车跨境电商优势赛道呈现出千亿美元的蓝海市场,无锡电动车企业应抓住机遇,精准挖掘目标客户市场,精准定位优势赛道。

(二)无锡市电动车跨境电商发展具有良好的基础

一是无锡市电动车产业在全国处于领先地位。锡山区拥有完整的电动车产业链,包括电动车规模以上企业 124 家,其中整车企业 50 家,零部件企业 74 家,全国电动车整车十强中有 6 家在锡山布局。2022 年,无锡电动车年产量达 2 200 万辆,产业规模约占全国的 1/3,出口额 35.06 亿元人民币,同比增长 28.9%。电动车产业也是锡山着力打造的"四新四强"产业集群之一,有望成为首个营收超千亿的地标产业集群。二是无锡跨境电商产业发展优势明显。2022 年,无锡全市跨境电商进出口交易额 44.3 亿美元,占进出口贸易总额的 4%,同比增长 40.2%;其中,B2B(商对商)出口额 34.8 亿美元,同比增长52.5%,规模和增幅均位居全省前列。另外,无锡已累计有26家企业投资49家海外仓,分布在19个国家、32个地区,海外仓面积超60万平方米,其中省级公共海外仓8家,总数位居全省第一。三是国际市场对电动车跨境电商发展具有较大需求。受减排政策及电动机、电池技术进步的推动,全球主要市场的电动车需求旺盛,欧美国家是中国电动车的主要出口市场,由于兼具骑行文化和运动性能,E-bike席卷欧美,迎来快速增长期。东南亚市场以年均59%的增速,成为中国电动车出口最具市场潜力的地区。《区域全面经济伙伴关系协定》(RCEP)等自由贸易协定优惠政策为电动车跨境电商新业态注入持续动能。

(三)电动车跨境电商发展对无锡市外贸"稳规模优结构"具有重要作用

当前,我国外贸形势复杂严峻,传统外贸模式面临较大的增长压力。无锡市作为外贸大市,2023年1—11月累计外贸进出口总额6 388.9亿元,同比下降5.5%,进出口贸易亟待进一步"稳规模优结构"。近3年来,中国(无锡)跨境电子商务综合试验区跨境电商进出口总额翻了一番,年均增长率超30%,跨境电商进出口规模占外贸的比重超过4%,跨境电商发展潜力巨大,对于无锡外贸"稳规模优结构"具有重要支撑作用。无锡市已正式入选国家第二批跨境贸易便利化专项行动试点城市,"跨境电商+产业带"品牌建设持续推进,"一区一品"跨境电商品牌出海行动正式发布,电动车、纺织服装、汽摩配、陶瓷等"一板块一特色"的差异化、特色化发展新格局正在逐步形成。电动车跨境电商发展将对无锡市持续深化贸易创新与改革,进一步推动外贸"稳规模优结构"具有重要作用。

二、无锡市电动车"跨境电商+产业带"融合发展面临的主要问题

(一)电动车企业跨境电商全流程运营存在短板,专业化程度较低

一是企业跨境电商运营的专业化程度有待提升。跨境电商与国内电商

的运行模式差别较大，无锡电动车企业在转型跨境电商的过程中，多数企业仍以传统产品和企业管理架构运营跨境电商业务，部分产品没有针对海外需求特征进行优化，造成资源浪费，也严重影响了跨境电商境外市场的开拓。二是通关物流与售后服务成本偏高，导致产品出海难度较大。目前电动车出海的物流成本普遍在 100 美元以上，售后退换货所造成的物流成本更是巨大，最高单件物流成本甚至超过产品售价。在仓储配送中，大功率电动车无法进入亚马逊官方仓库，必须与第三方海外仓进行合作，提升了电动车出海难度。三是无锡缺少专业性较强的跨境电商配套服务。跨境电商业务具有很强的专业性，例如区域化选品、合规审查、税务托管、海外法律援助、资质认定等，无锡本地的跨境电商服务商多数以基础性业务为主，无法满足专业性较强或高质量服务的需求。

（二）跨境电商政策支持力度不够，已有政策宣讲不到位

目前，无锡大力推进"跨境电商＋产业带"发展模式，实施"一区一品"跨境电商品牌出海行动，出台了一系列政策文件支持跨境电商发展，这些政策一定程度上指导促进了无锡跨境电商的发展，但是政策支持力度与落实程度不及深圳、杭州等地。例如，杭州 2019 年发布了《关于加快推进跨境电子商务发展的实施意见》，对于经营主体、品牌推广、人才培育、园区建设、跨境仓储、公共服务等方面均列出了详细的资金扶持与政策扶持，对开展跨境电商出口业务的企业每年给予不超过 200 万元的资金扶持，而无锡对相同类型企业的支持力度仅为 100 万元。同时，已有政策宣讲不到位，政府服务与优惠政策未能精准触达企业，部分电动车企业不了解跨境电商政策；由于跨境电商"9710""9810"出口退税流程较为烦琐、时间长，导致企业无法享受政策红利。

（三）跨境电商运营类和语言类人才短缺

调研发现，多数无锡电动车企业对发展跨境电商存在畏难情绪，反映最为强烈的就是人才短缺问题。一是跨境电商运营类人才短缺。电动车是跨

境电商业务中难点较多、困难较大的类目，涉及合规审查、海外仓备货、高客单价转化等一系列问题，相关人才的培养和积累跟不上行业发展需求，尤其是实操型和高级运营型的人才短缺。人才供应不足、新人经验不足、人员流动性高、企业培养成本高等成为普遍现象。二是跨境电商语言类人才短缺。跨境电商涉及针对不同国家、区域产品的销售，企业需要提供及时、专业的本地语言服务，在文案、销售、售后等方面需要大量的语言人才，尤其是多语种和小语种人才，对语言的精准程度和技术的专业性均有较高要求，在人才招聘中困难较大。

三　无锡市电动车跨境电商产业带融合发展的政策建议

（一）强化顶层设计与基层落实，加快推进长三角（无锡）电动车跨境电商产业园建设

一是要积极发挥中国（无锡）跨境电子商务综合试验区建设领导小组职能，进一步强化商务局作为牵头单位的统筹协调、督促指导、高效联动作用。二是加强与工信、海关、科技、税务、外汇等部门在产业带跨境贸易数字规划上的协同合作，加快推进建设长三角首个电动车跨境电商产业园，集聚壮大锡山电动车产业带。三是基层部门要积极跟踪培育电动车企业跨境电商转型，突出引领示范。聚焦"一区一品"品牌出海行动，加强与阿里巴巴、亚马逊、eBay等国内外知名跨境电商企业合作，围绕企业跨境电商转型困难与诉求，邀请业内知名专家、企业家专题分享跨境出海之道，搭建起供需桥梁，解决痛点难点问题，鼓励知名电动车企业打通跨境电商全链路，拓展海外市场，引领"两车"行业出海新热潮。

（二）补齐跨境电商生态链短板，助力电动车品牌畅销全球

一是以长三角（无锡）电动车跨境电商产业园建设为抓手，打造无锡跨境电商品牌，依托园区优势，推进招商引资，吸引上下游各类企业集聚，完善跨境电商产业链。二是充分发挥锡山区电动车对外贸易协会的作用，对电动车

主要出口国家及地区的市场准入标准和技术规范提供指导，辅导开展电动车标准国际互认互用，提供主要出口市场环境、用户需求特征和发展前景指导服务，精准推介电动车主要销售市场与潜力赛道。三是优化规范"9610、9710、9810"跨境电商出口流程，加强通关全流程电子化，采用大数据、人工智能技术提升通关效率。四是多措并举，降低出口物流成本，一方面选择如大健云仓、谷仓等优质物流服务商，由无锡市商务局牵头签订合作协议，向电动车企业提供优惠价格；另一方面组织学习自建海外仓、转型第三方仓储服务商的成功经验，鼓励有条件的电动车企业、电池产品出口商自建物流基础设施与售后维修网点，提供闲置服务设施外包服务，加速形成规模效应。五是通过发挥出口信用保险作用，预防和降低电动车跨境电商经营风险，优化对外贸企业的承保和理赔条件，加大对电动车企业的承保支持力度。

（三）加大跨境电商政策支持与宣贯，提速跨境 B2B 新征程

一是借鉴杭州先进经验，提高对跨境电商交易平台、"9610、9710、9810"模式、独立站模式企业的扶持力度，鼓励龙头企业 DTC(Direct-to-Consumer，直面消费者)模式独立站建设，形成设计、制造、订单处理、营销、分销和客户服务等一站式流程，提升品牌知名度。二是加大对物流等重点领域服务商的政策扶持，采取引进与培育双结合方式提供财税激励支持。三是加大政策宣讲推介力度，通过线上综合服务平台、商务局平台、锡企服务平台和行业协会平台宣传政策，依托中国（无锡）跨境电子商务综合试验区研究院开展企业摸底、政策汇编与政策宣讲等工作，引导电动车企业利用跨境电商新业态、新模式拓展境外市场，全力推动跨境电商 B2B 外贸新业态发展，为外贸"稳规模优结构"高质量发展作出新贡献。

（四）加强跨境电商专业人才培养，助推电动车全链出海

一是打造"政校行企"协同共建的人才培养模式。借助无锡学院等高校人才培养系统，整合高校电子商务、国际贸易和外语等专业资源，结合企业需求，由政府部门引导，通过引企入校、引校入园、成立跨境电商产业学院等产

教融合方式培养人才,形成协同育人、共同发展新机制。二是探索园区与专业服务商共建电动车跨境电商人才培养基地、创业孵化中心新模式,开设跨境电商人才培养短训班,指导出口企业开启跨境电商业务。三是举办电动车跨境电商创新创业品牌赛事,引入优质跨境电商培训资源、跨境电商平台资源和企业资源,构建"赛事＋培训＋招聘"新模式,培养跨境电商创新型人才,助力电动车企业跨境出海。

无锡市商务局

徐州市打造区域高水平双向开放高地的路径探索

党的十八大以来,我国实行更加积极主动的开放战略,持续推动对外开放向更大范围、更深层次迈进,开放的内涵也从以往的"对外开放"拓展为"双向开放"。党的二十大又对新发展格局下推进高水平开放进行了战略部署,明确提出了加强建设贸易强国、吸引和有效利用外资、拓宽对外经贸关系等最新任务。2022年底,徐州市委、市政府明晰了"三中心、一枢纽、一高地"的目标定位,提出打造"双向开放高地"的总体要求。面对新目标、新任务、新要求,如何开拓思路、创新路径,在全面融入双循环新发展格局下,构筑区域高水平双向开放的整体优势,已成为徐州市当前亟须破解的时代课题。

一 徐州开放发展的历程与现状

徐州既不沿边,也不靠海,是江苏省最后两个实行对外开放的城市之一。20世纪80年代以来,徐州主动追随改革开放大潮,积极配合国家和江苏省战略部署,在摸索中持续探寻自身开放发展路径,在曲折中取得了多个历史性突破。总体上讲,徐州的对外开放历经四个重要阶段。

一是起步探索阶段。1985年,徐州第一家外资企业(徐州长江建筑装饰工程有限公司)正式落户,随后利勃海尔、卡特彼勒公司等一批外资龙头企业纷纷入驻徐州。1992年,徐州创办了全市首家经济技术开发区——徐州经济技术开发区,自此正式进入了自主开放新阶段。但这一时期,徐州整体导向是以保障苏南和华东地区煤炭、电力等能源供应为主,走的主要是工业资源型城市发展路线,开放型经济发展的规模总量不大,因而开放的步伐较慢。

二是快速上升阶段。加入WTO后,徐州市委、市政府树立"市外就是外"的发展理念,立足淮海,面向全国,推动徐州对外开放进入加速发展期。2005年,徐州进出口额突破10亿美元关口。2008年,国务院批复同意徐州观音国际机场对外开放,徐州正式迈入国家对外开放口岸行列。但这一时期,徐州市产业结构依然偏重,除工程机械外,无其他开放型经济支柱产业,而苏南等发达地区传统制造业开始向中高端转型,徐州逐步与苏南地区形成了断代差距。

三是曲折前行阶段。亚洲金融危机之后,苏南地区进入了经济调整阶段,主动淘汰一批能耗大、污染高的低端外资企业,生物技术、电子信息、新能源、新材料等新兴外资产业逐步壮大。这一阶段,徐州市在持续扩大开放的基础上,重点推动生态修复和城市基础设施建设,造就了"一城青山半城湖",但产业转型仍慢于城市转型,与发达地区相比,徐州对外开放差距进一步扩大。

四是加速追赶阶段。进入新时代,徐州充分认识到在开放发展上的短板与弱项并着手系统谋划,加速追赶。从战略新兴产业布局,到十大开放平台建设;从创建综合保税区到开通中欧班列,从组建淮海国际陆港到运营国际邮件互换局,徐州的开放发展事业取得了长足进步。2022年,徐州市委、市政府把双向开放高地建设纳入"三中心、一枢纽、一高地"顶层战略规划,徐州的开放翻开了新的一页。

经过几十年的探索与发展,徐州开放型经济从无到有逐步壮大,综合实力稳步攀高。2022年,徐州进出口总额实现1 188亿元,取得历史新突破;全市拥有各类进出口实绩企业2 600余家,贸易往来国家和地区从1988年的10个增加至195个。累计使用外资额超130亿美元,外商投资领域涵盖工程机械、新能源等18个行业门类、81个行业大类,世界500强投资企业累计达到26家。对外投资合作覆盖103个国家和地区,累计对外投资项目195个,协议投资额超20亿美元。徐州经济技术开发区、徐州高新技术产业开发区引领省级以上开发区加速壮大;淮海国际陆港牵引各类功能平台竞相发展;截至2023年上半年,徐州中欧班列累计开行1 642列,徐州"一带一路"节点城市战略地位更加稳固。

二 当前徐州开放存在的短板与弱项

改革开放40多年来,徐州市开放型经济经历了高低起伏的发展阶段,形成了曲折向上的整体态势,但和淮海经济区中心城市目标定位相比还有较大差距。

(一)开放产业基础薄弱,工程机械一业独大

目前,徐州市重点发展的"343"创新产业集群中,工程机械行业进出口额占全市进出口总额的四成左右,占行业总产值超三成,其中,大吨位起重机械、高空作业平台、装载机械等大型化、成套化的设备在全球市场具有明显优势,但其他"343"行业进出口占比均为个位数,2022年全市绿色低碳能源、集成电路与信息通信技术、高端纺织等行业进出口额分别为20.0亿元、50.0亿元、54.2亿元,分别占全市进出口总额的1.5%、3.9%、4.2%,由此可以看出,徐州开放型产业结构单一,支撑不足。

(二)开放平台支撑力弱,园区载体综合实力不强

载体平台和苏南等地相比还有较大差距,开放水平和创新明显不足。17

家开发区省内排名多处于中下游,开放型经济规模小,开放水平和创新驱动两项关键指标偏低,全市开发区进出口额和实际使用外资额分别占全省开发区的2.3%和3.2%,低于徐州这两项指标在全省占比。全市至今没有一家中外合作园区,难以吸引更多跨国公司总部集聚。

(三)开放通道联动效能低,物流成本和便捷度没有竞争力

从航空、铁路、水运三大通道看,徐州观音国际机场航空货运仍是短板,2022年货邮吞吐量仅5 800多吨;徐州中欧班列高货值货源不多,且本地货源占比少;2022年徐州港集装箱吞吐量20.2万标箱,其中外贸箱占比低于2%。从通道成本看,以新凤鸣集团股份有限公司为例,去年新凤鸣集团股份有限公司实现出口额7亿美元,但新沂基地经连云港出口占比不到1%。物流成本高,徐州从连云港出口综合物流成本高出浙江基地经乍浦港出口成本近四成。

(四)开放促进创新不足,开放新产业、新模式发展较慢

徐州的开放型经济需要大力度向创新驱动转型。从近20年的产业发展来看,平板电脑、智能手机、光伏和风能发电、电动汽车等科技产业,形成了十分丰富的创新成果。在这一轮技术创新过程中,徐州没有拿到相应的技术,相关配套产业链和供应链不健全,导致开放型经济转型升级明显偏慢。2022年,徐州市高新技术企业1 421家,开展进出口业务的仅有391家,数量占比15%,和苏南地区相比差距十分明显。

三 徐州市打造区域高水平双向开放高地的举措建议

为加快补齐徐州开放发展中的短板与弱项,须建设"六大开放体系",重点从产业国际化、做强平台支撑、实施创新引领等多方面,系统培植徐州高水平双向开放的整体优势,推动徐州市开放发展再升级。

（一）构建升级版的开放型经济体系

一是着力提升"343"产业国际化水平。把全市"343"创新产业集群放在全球产业链中去考量，实施行业龙头引进和培育战略，聚力招引一批世界500强企业强链补链项目，促进徐州优势主导产业积极参与国际分工，在产业链关键环节上卡好位置。二是大力发展新兴高端产业。充分抓住科技创新带来的产业迭代机遇，积极引导新能源智能汽车芯片、汽车电子器件，人工智能，生物医药，健康抗衰老等新兴产业在徐州落地生根。三是大力发展现代服务业。以国家服务外包示范城市为引领，建强一批省级服务贸易基地、服务外包示范区，推动先进制造业和现代服务业深度融合，实现产业集聚升级。四是大力发展总部经济和功能性机构。开展总部基地、研发中心精准招商，推动招商引资向"微笑曲线"两端延伸，招引更多研发、技术、营销中心等机构。建立跨国公司地区总部和功能性机构培育库，支持已落地外资企业积极在徐州设立研发机构。五是扩大货物贸易和服务贸易。聚焦货物贸易结构优化和质量提升，引导进口与出口协调发展，推动进出口产品向中高端迈进；发展高附加值服务贸易，重点依托生产性服务贸易，增强产业链供应链韧性。六是引进来走出去并重。通过高水平引进来和走出去主动融入全球产业体系，在更广阔的空间进行产业布局和开拓国际市场，加快形成双向开放新局面。

（二）构建支撑有力的开放平台体系

一是做强开发区开放实力。着力提升开发园区外贸和实际使用外资占比，增加外向度；做强创新和特色产业园区，尤其要补上国际合作园区空白的短板，谋划打造一批中国—德国、中国—以色列、中国—新加坡国际合作园区。在重点园区推动徐州人文、国际元素、特色产业有机结合，打造集生产、生活、休闲等功能于一体的产城融合发展区。二是全力争创中国（江苏）自由贸易试验区徐连片区。区内更利于形成物流集散中心，实现大进大出，对周边地区辐射带动作用更强。推动徐州经济技术开发区、徐州高新技术产业开发区和徐州淮海国际港务区三家自由贸易联创区，加快复制自由贸易区经验,与连云港片区业务联通、平台联建、产业联动、关检协同,进而探索争创中国(江苏)自由贸易试验区徐连片区。三是优化功能平台开放定位。联通陆港、内河港、综合保税区,服务粮食、铝锭、板材、关键零部件等大宗商品进出口集散、区内加工装配,形成上下游产业链;加强空港、陆港、内河港与保税物流中心深度合作,打造化妆品、水果、酒水、肉类等高端快消品进出口、销售、分拨为一体的保税物流业态;发挥邮港的跨境通道优势,做强跨境电商产业园。通过区、港高效联动,构建支撑有力、功能明晰的开放平台体系。

(三)构建融通高效的开放通道体系

持续拓宽"海陆空"立体化开放通道。向西,抓住国家对中欧班列运行由"点对点"向"枢纽对枢纽"改革机遇,立足全市完善的场站基础设施及班列开行质量,巩固淮海国际陆港枢纽地位,打造西向中欧班列集结中心。在此基础上依托徐州重工业基础优势,建设区域工业品集散中心,同时推进运贸融合,争取图定班列,实现物流降本增效,助力集散中心向特色产业中心迈进。向东,发力"海铁水"联运,打造向东向海枢纽,推动"港口内移"。向南,受综合成本影响,以海运为主,陆运不定期班列为补充。向全球,提升空港口岸运营水平,做大水果、冰鲜水产品等进口,向淮海经济区输送更多优质消费品;招引通关、仓储、物流等专业服务商入驻,打造区域航空枢纽中心。

(四)构建兼容并蓄的开放创新体系

重点推动开放型经济发展模式迭代升级,形成开放和创新的正反馈关系。一是深化科技招商。积极引进拥有关键技术的科技型企业及人才,重点填补集成电路与信息通信技术、工程机械核心技术和关键零部件、新材料等领域相关专业人才,不断夯实徐州科技创新驱动力。二是引导境外并购再创新。引导徐工集团工程机械股份有限公司、先导稀材股份有限公司等企业开展境外高科技并购,提高自身持续创新能力,快速提升全球市场影响力。三是推动设立研发和创新中心。支持卡特彼勒公司、协鑫集团有限公司等企业设立境内外研发机构,调动外资企业开展研发活动的积极性。四是发展新业

态、新模式。重视创新要素集聚,推进跨境电商、市场采购贸易、服务贸易和内外贸一体化等创新业态发展。实施"跨境电商+产业带"行动,聚焦完善跨境电商生态,高效运营跨境电商产业园、出口监管仓等载体,培育一批跨境电商知名品牌和海外仓,打造海外仓联盟,布局推广县(市)区"市采通"平台服务分中心。

(五)构建多元联动的区域协同体系

一是深度融入国家战略。对接长三角城市群,积极承接产业区域转移,参与产业链区域分工;借力粤港澳大湾区开放通道,大力拓展东盟市场;推动淮海经济区内大型企业与央企合作承接更多"一带一路"重大项目,重点引导工程机械龙头企业徐工集团工程机械股份有限公司搭船央企,实现全系列产品进出口。二是强化区域内部协作。推动淮海经济区各地在园区建设、产业培育等方面建立合作体系,实现铁路、内河、航空等开放口岸共建共享,重点建设好徐宿现代产业园、徐淮产业合作园区等产业园区,打造"双向飞地",推进产业转移。三是加强徐州、连云港开放协同一体化。推动徐州、连云港共同出台优惠政策,形成淮海经济区协同联动、互补融合的开放样板。徐州加强区域集货能力,提供稳定货源,成为连云港货物集散的腹地;连云港提供更多航线、更优质服务和更优惠的政策,成为徐州进出口的门户前沿,形成货物从连云港出海的比较优势;围绕连云港基础化工、工业原料等产业优势,做好下游产业配套。

(六)构建共赢共兴的开放生态体系

一是提高城市国际化水平。重点打造消费地标、做强品牌和产业,从国际知名度、城市繁荣度、商业活跃度等多维度创建国际消费中心城市。弘扬徐州美食文化,继续争创"世界美食之都",放大美食作为徐州对外开放的"名片效应"。打造区域国际会展中心城市和淮海金融服务中心,不断提升徐州国际影响力。二是持续优化营商环境。全面贯彻《中华人民共和国外商投资法》,落实准入前国民待遇加负面清单管理制度,简化审批程序,营造内外资公平竞争的市场环境。进一步规范口岸收费标准及作业时限,降低通关成本,提高通关效率。健全贸易摩擦预警和应对机制,简化经贸人员出国(境)手续,为外籍高管、技术人员本人及家属提供入出境、停居留便利,优化外籍人员子女学校准入条件。三是搭好经贸交流桥梁。谋划举办好"一带一路"产能合作、中国(徐州)投资洽谈会、中国(徐州)国际服务外包合作大会等一批国际经贸交流活动;积极承办徐州国际马拉松赛、"丝路汉风"国际武术大赛等国际赛事,持续推出"国潮汉风"等文旅活动,打造世界级汉文化名片。拓展国际友城交往,重点发展与项目所在地政府友好关系,打造友城市长对话会、友城交流周等系列交流活动平台。

徐州市商务局

南通市加快建设更具活力的区域消费中心城市的研究与思考

建设消费中心城市,是畅通国内大循环,更好地满足人民日益增长的美好生活需要的重大战略部署。国家"十四五"规划纲要提出"培育建设国际消费中心城市,打造一批区域消费中心",江苏省政府印发的《以新业态新模式引领新型消费加快发展实施方案》提出了"支持南京、苏州、南通、徐州、无锡、常州、扬州等设区市打造全国性或区域性消费中心"。《南通市"十四五"商贸流通业发展规划》贯彻落实市第十三次党代会要求"推动消费提质扩容,打造一批具有较强影响力的新型消费商圈"的精神,结合发展实际提出了逐步将南通建成有活力、有特色的区域消费中心城市。

一、南通市建设区域性消费中心城市的基础条件

南通滨江临海、紧邻上海,处在共建"一带一路"、长江经济带发展、长三角一体化发展等国家战略叠加区域,是近代民族工商业的发祥地,是我国首批对外开放的 14 个沿海

城市之一,也是国务院批复确定的上海"1+8"大都市圈核心成员。改革开放以来,南通经济社会发展取得长足进步,建设区域消费中心城市具备较好的基础条件。

(一)良好的区位条件

南通承南启北、区位优越、交通便捷,拥有铁路、公路、水路、航空协同配套的立体交通网络,是国家规划建设的全国性综合交通枢纽和商贸服务型国家物流枢纽。目前,南通兴东国际机场开通36条航线,通达46个国内外城市。南通新机场作为上海国际航空枢纽重要组成部分,近期规划2条跑道、4 000万人次年旅客吞吐量,相当于上海虹桥国际机场旅客吞吐量;远期按年旅客吞吐量8 000万人次进行规划控制,相当于上海浦东国际机场旅客吞吐量,并将通过轨道交通无缝衔接上海虹桥、浦东两大机场,成为名副其实的"轨道上的机场"。沈海高速、沪陕高速、启扬高速、锡通高速等4条高速公路穿境而过;沪苏通铁路、宁启铁路、新长铁路等铁路纵横交织,苏通长江公路大桥、崇启大桥、沪苏通长江公铁大桥3座跨江大桥建成通车,未来跨江通道将形成"八龙过江"格局,南通与上海、苏南的时空距离将进一步缩短,融入上海"半小时高铁圈、一小时通勤圈"。

(二)独特的城市魅力

南通是古代海上丝绸之路的重要节点城市,无论是古代宗教传播,还是贸易与文化交流,南通在海上丝绸之路上都发挥着举足轻重的作用。南通先贤张謇以其"父教育,母实业"的兴国理念,在唐闸建工厂,办学校,修公园,兴起了一座工业重镇,因而南通被誉为"中国近代第一城"。南通现有国家AA级以上景区52家,其中AAAAA级景区1家、AAAA级景区8家,南通濠河风景名胜区、南通狼山风景名胜区蜚声海内外。近几年来,南通相继组织举办了中国南通江海国际博览会、第九届亚洲艺术节、2019国际马拉松比赛、2019南通濠河国际龙舟邀请赛、2023南通紫琅音乐节、南通啤酒嘉年华等一系列具有较高影响力的活动和赛事,城市知名度和美誉度不断提升。根据中国社会科学院发布的《2021年中国城市竞争力报告》，南通位列全国第25位。

（三）成熟的商业体系

近年来，南通以"四大商圈"和"两大集群"为载体，聚力打造传承城市文化、彰显城市特色、提升城市品质的南大街传统商圈、商务区—紫琅湖活力商圈、市北区域性服务商圈、南通中心休闲旅游商圈四大商圈及环濠河、五山精品酒店精致餐饮集群，消费集聚和辐射能力日益增强。全市有大型商业综合体14家（总营业面积68.5万平方米），各类商业街（区）17条，江苏省示范步行街区1条，国家级绿色商场11家，中华老字号6个，江苏老字号16个。文峰大世界连锁发展股份有限公司位居全国连锁百强企业第39位，文峰千家惠、圣水超市、品德超市、菓速生鲜等一批本土商业连锁经营企业通过微商等新兴的营销方式，实现线上线下融合发展。山姆会员店、宜家、迪卡侬、罗森、盒马鲜生、万象城、万达、永旺、小润发、7-11等一批品牌连锁企业纷纷落户，提升了南通连锁商业的经营服务标准化水平及服务质量。古驰、圣罗兰、赫莲娜、雅诗兰黛、海蓝之谜等国际一线品牌，几何书店、MIU酒吧、WOW COLOUR等时尚潮流品牌相继进入南通市，极大丰富了消费市场供给。"南通啤酒嘉年华""潮玩夜市""夜崇川欢乐嗨""老字号"夜购、"人才夜市"等专场活动，不但丰富市民生活、带动就业创业，更激活城市经济大循环的"末梢神经"，提升了消费活跃度。

二 南通市建设区域性消费中心城市的总体构想

（一）总体思路

围绕"一枢纽五城市"的发展定位，加快完善区域现代流通体系，高质量推进商圈建设，优化商业网点布局，广泛聚集优质市场主体和商品、服务，加快培育本土品牌，引领消费潮流风尚，不断增强南通商业资源的集聚辐射和引领带动作用，全力打造南通及其周边区域消费者集聚的中心。

（二）基本原则

一是坚持政府引导、市场运作。加大政策引导和支持力度,充分调动各类市场主体投资建设和开发运营的积极性、创造性,增强内生发展动力。二是坚持因地制宜、突出特色。不断发挥南通资源禀赋优势,结合城市国土空间总体规划,高水平布局建设区域一流的消费载体。三是坚持理念创新,引领消费。顺应消费升级规律,支持应用新技术、发展商业新模式新业态,培育消费热点,优化消费品供给。

（三）功能定位

深度融入长三角一体化建设,构建布局科学、结构合理、城乡一体、特色鲜明、统一开放、竞争有序、制度完善的现代商贸流通体系,全面提升城市商业多元化、便利化、智慧化水平,广泛吸引汇聚南通及周边区域消费者来通消费,努力打造专业化、特色化的区域性消费中心城市。

三 南通市建设区域性消费中心城市的对策建议

（一）集聚优质消费资源,打造江海魅力的时尚之城

1. 持续打造新型消费商圈

加快完成新一轮城市商业网点布局规划编制,依托现有商圈发展基础和发展禀赋,认真梳理商贸流通规则,科学规划商圈布局,对标区域一流,突出地方特色,统筹周边资源,从空间、功能、形态融合上,进行高品位规划设计。抓好南大街、中央商务区、能达商务区等传统商圈和市北、紫琅湖、南通中心等新兴商圈功能定位,突出特色,打造新型城市商圈。推动南通中心(奥特莱斯、南通名品馆)、金鹰世界等高端商业项目加快建设,建成富有时尚活力的品质消费新高地;发挥文峰城市广场、万象城、永旺梦乐城、圆融广场、CBD大有境、万达广场等商业综合体规模大、功能全的优势,引导其通过设施改造、

品牌集聚、业态优化，打造成为品质化、精细化、差异化的消费地标，形成突出的品牌凝聚效应和较强的辐射能力。

2. 改造提升特色商业街区

加大对西南营、寺街、唐闸古镇等历史文化特色街区的培育力度，遵循保护性开发与艺术性修复相结合的原则，合理布局商业业态，实现商旅文融合发展。加大对南大街、静海商贸街、南通壹城、江海美食街等风景区及旅游度假特色街区的改造力度，逐步调整经营商户，引入主题性购物、体验式购物等元素，探索商业与旅游资源相结合的经营模式，积极整合娱乐休闲、观光展览、文化体验等复合功能，突出街区特色业态。加大对濠南路、星湖101广场、1895红街区、南山湖水街等时尚商业特色街区的提升力度，引入高端、时尚的生活服务业态，丰富商品和服务消费供给，提供多元化、个性化、品质化消费服务，强化街区空间环境的整合整治，提升街区的总体形象。规划引导城市老街巷在保住文化肌理和烟火气基础上进行"微改造"，聚集一批年轻人喜爱的"时尚潮店""网红店"，形成城中慢生活"网红街区"。

3. 培育发展夜间经济

丰富夜间消费场景，以主城区南大街、濠河、通吕运河、博物馆群等为重点，积极打造一批夜游、夜玩、夜购、夜食等夜间消费载体，点亮"夜享南通"品牌。在购物、餐饮、运动、住宿、旅游等领域，遴选一批优质企业，发布夜经济消费地图。鼓励景区、景点、文博场馆延长开放时间，开拓濠河路、唐闸古镇、南通森林野生动物园等夜游线路；鼓励商场、购物中心、商业街延长营业时间，在店庆日、节假日期间开展"夜宴""不打烊"等晚间促销活动；鼓励夜间经济集聚区和示范点打造各具特色的灯光工程，联合集聚区内企业举办时尚走秀、时尚展览、新品首发等夜间体验活动。

4. 振兴南通老字号品牌

结合城市特色文化内涵，推动"老字号"与"新国潮"互动融合，创新南通非遗文化产品和老字号产品，丰富本土消费品供给。依托南通市老字号协会，推动老字号企业抱团发展。支持老字号企业参加各类展览展销活动，推动老字号走入进博会、消博会，鼓励老字号进学校、进社区、进旅游景点，提升品牌形象,扩大品牌影响力;与弘扬张謇企业家精神、打造张謇文化品牌相结合,组织老字号宣传推广活动,培育壮大一批文化底蕴深、群众口碑好、彰显张謇文化特色的老字号品牌。

(二)集聚特色文化资源,打造休憩身心的文旅之城

1. 塑造江海美食品牌

加大"米其林""黑珍珠"餐厅的招引和培育力度,建设环濠河及五山片区精致餐饮集群。围绕南通特色美食、餐饮文化、餐酒搭配、风尚茶饮、品质咖啡等,培育一批环球餐饮美食街、美食聚集区、特色市集等,创造新供给。实施名店、名师、名宴、名菜、名点"五名"战略,打造具有南通特色的江海美食文化品牌。与中国烹饪协会、世界中餐业联合会、美团等知名机构合作策划举办各类活动,持续举办"江海美食节""寻味南通"等标志性活动,提升南通美食知名度和影响力。

2. 扩大文旅休闲消费

深度挖掘南通独特的江海文旅资源,打造商文旅体融合的"网红流量热点",依托南通森林野生动物园、洲际梦幻岛、恒大海上威尼斯、启唐城等知名度高、消费体验好、带动能力强的热门景点,联合金融企业推出各类优惠活动,打造"南通好玩"城市名片。持续推动南通优秀传统文化的传承发展,创新文博场馆公众服务模式,推出"云上观博、云上观非遗、网红直播江海美食"等活动,助力文创产品、非遗精品、地方优品走进"直播间"。加快演艺产业发展,逐步建立规模大、密度高的剧场群。擦亮"长寿之乡"品牌,打造健康产业集聚区和一批具有区域竞争力的健康服务项目。

3. 促进丰富体育消费

擦亮南通"体育之乡"品牌,提升体育消费内涵,加强体育与金融、旅游、教育、医疗等领域合作,培育中国体育旅游精品项目、长三角地区精品体育旅游项目。对标国家体育消费试点城市,承办更多国家级、国际性赛事活动,培育健身休闲、场馆服务、体育培训等服务业,培育发展数字体育、在线健身、网上赛事、线上培训等体育消费新业态。

（三）集聚数字信息资源，打造智慧智能的创新之城

1. 加快线上线下融合

挖掘"商贸＋互联网""商贸＋大数据"的新亮点、新业态、新模式，深入开展"数字赋能新零售"行动，加快建设智慧商圈、智慧街区、智慧商店。支持南通生产企业基于工业互联网、大数据、云计算等前沿技术的融合应用，实现智能制造，助力个性化、定制化消费发展。

2. 推动电商业态创新发展

深化与阿里巴巴、京东、抖音等电商平台合作，充分发挥平台的资源优势，挖掘南通在内外贸、产业、农业、文旅等领域的发展潜力。依托南通制造业优势，推进垂直电商平台发展，培育更多工业品、服务业、农业休闲等区域性电商平台。借助南通特色产品，如海安河豚、海门羊肉、启东海鲜等，积极推动农产品开拓电商销售渠道。

3. 打造健康规范的直播电商高地

加大与淘宝、抖音、快手等头部直播平台对接，加快直播电商人才队伍建设，培养一批精通外语、了解产品和用户消费习惯的国内电商和跨境电商主播。加快培育具有国内电商、跨境电商综合服务能力的 MCN 机构，推动直播电商经济发展。鼓励国内外知名品牌在南通设立直播旗舰店，拓宽线上销售渠道。发挥直播电商的新业态新模式优势，聚焦家用纺织、电动工具、体育用品、劳动防护、花木盆景、户外用品等重点行业，促进本土制造消费品品牌扩大国际、国内销售市场，让更多南通优品进入国内市场。

（四）集聚促消费资源，打响消费促进活动品牌

紧扣"一个主题"（"惠聚南通·美好生活"消费促进品牌）、"两端发力"（提升供给品质和加强消费促进）、"三管齐下"（发放消费券、开展销售竞赛、强化活动引领）、"四方联动"（县市区、政银企、线上线下、内外贸）、"五大重点"（汽车、家电、家居、家纺及住餐五大重点领域），依托南通的深厚文化底蕴和独特资源优势，突出让利惠民与助企兴贸并举、巩固基础消费与壮大新兴

业态并举、数字化赋能与产业带发展并举,根据春夏秋冬四季不同消费特点,策划开展消费促进系列活动,做到季季有主题、月月有活动、周周有精彩,充分挖掘消费潜力,持续激发消费活力,逐步提升南通城市消费环境的影响力和美誉度,助力区域消费中心城市建设。

(五)集聚监管服务资源,营造安全放心的消费环境

加快推进行政审批制度改革,深化"放管服"改革,全面实现政务服务一网通办、"通城通办"、就近可办,促进审批服务便民化,以更高标准优化营商环境,不断激发市场主体活力。深化"互联网+监管",对新产业新业态实行包容审慎监管。以制度建设为牵引,以商务诚信平台应用为载体,以信用监管为着力点,以助力商务领域治理能力现代化为目标,大力推进商务诚信体系建设。建立商贸流通企业和个体经营者诚信档案,完善违规失信惩戒机制,依法对实施侵权和假冒伪劣等不诚信行为的企业进行曝光,并纳入"黑名单",逐步形成"一处失信、处处受限"的商贸诚信市场环境。创建放心消费城市,通过与商家企业先行和解模式,提升调解成功率,提高信誉度。在原有线下无理由退货的基础上,结合南通实际消费情况创新,广泛推广无忧退货的规定,构建更加安心、放心、舒心的消费环境。

四 南通市建设区域性消费中心城市的保障措施建议

(一)加强组织领导

建议成立南通市现代商贸繁荣发展工作领导推进小组,统筹规划和组织协调全市现代商贸繁荣发展和区域消费中心城市建设工作。进一步细化、实化具体实施方案,明确工作目标,创新工作举措,加强部门协同和上下联动,形成工作合力。完善考核办法,加强考核监督,确保各项任务落实落细。

(二)加强规划引导

学习借鉴省内外创建国际消费中心城市的先进地区做法,提升商业网点

布局和传统商圈改造的专业设计水平,市级层面聘请全国顶尖的高水平专业机构对区域消费中心城市建设进行顶层设计、策划研究。

(三)加强政策支持

将建设区域消费中心城市作为政府工作重点之一,统筹安排各项专项资金,加大对区域消费中心城市建设重点领域、重点项目、重点企业的支持,引导各类市场主体和社会资本参与区域消费中心城市建设,鼓励消费领域新业态、新模式,培育本土品牌发展壮大。

(四)加强城市宣传

联合权威传媒机构加大对区域消费中心城市建设成果的报道力度,形成良好舆论氛围,调动全社会共同参与国际消费中心城市建设的积极性。制作主题宣传片,深度挖掘播报南通"文商旅体娱"等消费资源及其特色亮点,开展城市消费品牌宣传,提升南通消费的区域影响力、传播力、辐射面。

南通市商务局

加快三方物流仓配集聚
凸显"四最"营商环境

2023年5月29日,淮安市委、市政府出台了《关于加快打造"四最"营商环境的实施意见》,为全市推进改革创新、提升营商环境建设指明方向。中央财经委员会第八次会议提出"建设现代流通体系对构建新发展格局具有重要意义""国内循环和国际循环都离不开高效的现代流通体系"。近期,结合淮安市快递产业发展现状,对三方物流仓配(以下简称"三方仓")运行情况进行调研,旨在推进电商、三方仓、快递协同发展,助力企业降本增效,凸显淮安市营商环境建设"四最"优势。

一 淮安市三方仓发展现状

三方仓是三方物流的主要服务模块,是基于电商快递演绎出的以仓配为主要服务内容的三方物流服务。四大优势促使三方仓企业集聚淮安,一是淮安具有独特的地理位置,是长三角北部中心枢纽,是北京和上海两大重要消费市

场的关联节点;二是淮安仓储成本较低,仓储和厂房价格租金比宿迁、盐城、连云港、扬州等周边城市每月每平方米低 5—10 元;三是淮安具有苏北最大的快递分拨中心集群优势,可提供较低的快运运费和强大的分拨快递服务;四是人力成本低,淮安区、淮阴区、淮安经济开发区有充足的人力资源,其人均月薪为 3 500—4 500 元/月。

淮安市现有三方仓服务企业百余家,仓配货物类型为美妆日化、进口零食、宠物用品、粮油调料等,年营收均达 5 000 万—1 亿元之间,年业务增长速度达 50%,仓配货值总计近千亿元,企业员工 1 500 余人,员工平均工资约 5 000 元。自 2022 年疫情后,来淮开展三方仓服务企业呈现爆发式增长,其中淮安区、淮安经济开发区、淮阴区三个区的高标仓和厂房供不应求,房租年度涨幅达每月每平方米 5 元。目前,基于快递产业集群化发展,全国三方仓服务企业呈现出积极入驻淮安发展的良好态势,其中 60% 来自青岛、北京、上海、广州等口岸城市,带动软件技术、互联网技术、自动分拣技术、光导分拣技术、射频识别技术等现代仓配技术的广泛应用,并逐步普及标准化托盘。仓配服务向供应链服务转型,增加后期组装、包装、打码、贴唛、分销、直播销售、客户服务等增值服务,逐步体现出集约化、专业化、开放化发展特征。

截至 2023 年 10 月,淮安市快递产业集群中,共有 155 家快递企业及分支机构,涵盖邮政速递、顺丰、中通等 20 余个品牌,完成备案的快递末端服务站点 1 679 个,智能快件箱 892 组,已初步形成县、乡、村三级寄递物流网络体系,共有 11 个品牌在淮安市设立苏北区域快件转运中心,申通 3 期工程、中通 5 期工程全面启动,新增冷链转运服务,进一步强化全市快件分拨转运水平,快递日均转运量近 600 万件,全年转运可达 22 亿件。

二 三方仓对淮安经济发展的贡献

一是促进稳就业增收入。调研中了解,一般 5 000 平方米左右的仓配服务企业,可带动 15—20 人就业,人均工资收入约 5 000 元,且三方仓企业业务由基础仓配服务转向电商、分销、直播、金融等业务模块,带动就业的类型也呈现出多样化转变,就业人数呈螺旋式增长。

二是推动快递集群发展。由于三方仓对于快递分拨中心集聚黏度强,可以推动全国商品来淮快速集聚,弥补供应链不完善的缺陷,吸引快递分拨中心在淮集聚,推动快递产业集群化发展,进而优化招商引资项目落地环境,降低工业、农业和现代服务业企业运行成本。

三是提升税收增长潜力。三方仓是电商企业和快递产业之间的中间链条环节,不仅可以带动快递产业集群化发展,更可以吸引带动相关工业、服务业企业集聚发展。目前,三方仓自身的仓配服务自有税收约200—500万元/年,但和仓配货值有关的增值服务税收增长潜力较大,如电商直播销售、电商金融供应链等,税收增值空间呈指数增长。

四是推动产业链式招商。在淮三方仓管理服务的品类主要是美妆日化、进口零食、宠物用品、粮油调料、图书文化等快消品,其消费市场分布在北京为主的京津冀地区(20%)和以上海为主的华东地区(80%)。周边城市盐城、宿迁、连云港及徐州部分往南方市场的电商企业的仓库大多数布局在淮安,淮安作为长三角北部快递电商枢纽的区域格局已初步形成。三方仓企业链接了厂家、品牌方、销售公司,当商品大量集聚时,意味着这些产品是已经有直接明确市场,可推动品牌方围绕仓配配置工厂和销售,实现产业链招商。如江苏麦乐多科技有限公司,作为总部在宜兴的宠物用品品牌企业,其销售仓库在淮安有3万平方米,在沭阳落地4个宠物食品工厂。

三 三方仓发展的困难和瓶颈

周边城市对快递产业发展的重视程度逐年提升,淮安带动三方仓业务发展的快递产业优势在逐步消失,导致三方仓发展的困难和瓶颈逐渐凸显。

一是重视程度不够,三方仓关联企业有转移趋势。在对三方仓和快递企业进行走访时,部分三方仓企业、快递企业反映园区管理服务粗放,缺乏专业的经营管理,对于园区发展规划、道路管理、业务导流、产业链条配套等重视程度不足,导致三方仓依附度较高的快递产业有转移趋势,进而影响三方仓企业发展优势。如韵达快递于2012年入驻淮安电子商务现代物流园，占地50亩（1亩≈667平方米），2019年计划二期扩建，拟计划拓展130亩，因所在地对快递产业发展重视程度不足，未能及时进行规划用地支持，而扬州市宝应县提出供地700亩，企业选择落户宝应县，并将淮安分拨中心整体搬迁至宝应商贸物流园。极兔快递拟于2021年来淮安建立极兔江苏快递分拨中心，因淮安区土地供应问题，于2022年在宝应商贸物流园建设占地300亩的分拨中心，并由当地政府提供物业服务，享受免一年租金、第二年租金减半的优惠政策。

二是周边竞争明显，三方仓发展趋势愈发激烈。宝应县由分管副县长亲自挂帅，成立快递产业领导小组，2023年多次带招商团队来淮招商，针对与快递企业和电商企业，开展要地给地、要仓给仓的点对点招商。宝应商贸物流园成立于2019年6月，第一轮规划园区面积2 000亩（1亩≈667平方米），建设智能快递快运空间、智能物流设备制造空间、居住生活空间、购物餐饮空间、配套办公空间等五大功能板块，助力扬州及宝应县现代物流与电商产业协同发展。该园区与淮安电子商务现代物流园距离仅20公里、车程仅20余分钟，均在国道G233附近，存在直接竞争关系。盐城市针对盐城企业把仓配搬到淮安的情况，也做了反制政策，全市协调国资平台的厂房和仓库资源，建立大型的电商仓配集聚区，对于大中型电商企业给予免租金的政策，对于淮安本地仓配企业搬迁到盐城，给予搬家补贴。连云港委托灌南县国资平台和京东合作，打造以供应链金融为基础、数字技术为依托的多元业态电商物流综合产业园，京东（灌南）智慧物流港2023年投入使用，对于淮安市电商快递形成巨大的产业竞争压力。

三是统筹规划不足，三方仓未形成集约集群发展。三方仓企业倾向于租用高标仓（高14米，可以配置高仓架，消防设施到位），但目前淮安符合条件的高标仓物流园较少，仅有淮安经开区的普洛斯物流园、丰树淮安物流园和淮安区的网营物联物流产业园为标准高标仓园区，存在供不应求现象。三方仓缺乏集约和集群发展规划，布局零散，现代仓配空间供给不足，应在快递分拨中心附近规划建设大型电商仓配物流园，将供应链企业、仓配企业统一规划入园。如淮阴区现有30余家物流园,分布在高新区和部分乡镇,占地从40亩到100亩不等,分布比较混乱,没有统一的集聚区域,个别物流园属于"停车场+司机之家"模式;有些物流园切割销售,仅作为仓库储备货使用,存在消防安全隐患,现场管理混乱。部分三方仓和电商企业租赁淮安区、淮阴区、淮安经开区的工业厂房,存在消防安全隐患的同时,挤占了工业空间。

四是特色园区基础弱,三方仓未能发挥应有功能。淮安市仅有5家电商产业园(淮安区1个,洪泽区1个,金湖县2个,涟水县1个),主城区(清江浦区、淮阴区、淮安经济开发区)至今未规划建设电商产业园,园区数量江苏省垫底。各县区对电商企业重视程度不够,仅用税收贡献来衡量企业质态,未能认识到电商企业上下游全链条对当地产业发展的带动作用,导致淮安电商主体数量、质量偏弱,进而导致传统制造业企业数字化转型升级进程缓慢。

五是产业考核指标有局限性,三方仓产业链布局受限。淮安市近几年招商政策导向是考核固投,落实到县区、园区,经过简化主要考核固投1亿元、5亿元、10亿元及以上项目,固投包括了土地和厂房、设备和其他投入,项目招引更倾向于拿地项目,尤其是联片500亩以上超大型项目。三方仓的品类主要是消费品类,这类项目相对于其他工业项目并未被县区园区看好,原因在于固投小(场地占地不大,一般为30—100亩,生产设备相对于其他产业便宜)、产值增长空间有限(消费市场相对稳定,销量波动不大,产品单价没有高科技产品价值高)、对于要素环境挑剔(区域位置所带来的物流成本、水电气价格成本、人力成本)。县区园区更倾向于固定投资比重大、建设周期长、远期产值大的新材料、电子元器件、集成电路等新兴产业,2023年消费品制造项目的招商占比仅有8%,淮安市消费品制造占比从2019年的34%一直下滑到2023年的30%以下。

四 加快淮安市三方仓发展的建议

三方仓建设所呈现出的现代物流体系建设也成为现代社会不可替代的基础产业,具有带动产业领域广、吸纳就业人数多、经济附加值高、技术特征显著等特点,关联生产、流通消费、投资和金融等多个领域,是改善营商环境最根本的要素之一。

一要推动快递产业提质增效。结合快递企业经营发展需求,在企业"智转数改"、设备升级、场地扩容和经营业态提升等方面予以政策支持,鼓励企业在园区延长增值链条,提高财税贡献,并加强现有产业规划布局,推动快递企业进入淮安电子商务现代物流园实现产业集聚发展。在土地配给上,结合淮安区作为淮安交通枢纽核心位置优势,统筹全市用地指标,给予淮安区专项划拨用地支持,并在淮安区推动落实"管委会＋运营公司"的园区经营模式,建立专业的市场化服务团队,为企业在园区落地发展提供专业化经营管理服务,带动淮安区围绕快递物流相关产业方向进行专项招商,进一步提升产业集聚度,推动产业提质增效。

二要推动产业园规模化发展。目前,淮安周边城市三方仓企业来淮发展意愿强烈,而淮安高标仓租赁呈供不应求现象,急需政府层面加强规划引领和政策引导。针对三方仓企业发展现状,对淮安区、淮安经开区、淮阴区内现有仓库、厂房经营现状进行统计规整,对国有资产交由国有资产机构,统一规划招引、经营管理;对私有资产,通过低效闲置资源清理整顿和出台引导政策,并采用政府主导、企业联合的方式,改建电商物流小微产业园,提高土地和闲置厂房的使用效率。其次是结合淮安经开区现有产业基础和产业集聚水平,在淮安东站区域规划建设1 000亩左右的淮安市超大型电商物流集聚区,并将周边县区拟新建的仓配项目统一规划至电商物流集聚区,承接全国消费品在淮集聚,实现"买全国、卖全国"。

三要推动企业加强数字化建设。鼓励国资平台通过自建或租赁的方式,整合淮安所有物流园资源,开发运营线上物流园平台,通过数字技术接入各三方仓的管理系统,打通三方仓的数据接口,提升监管成效;通过数据分享,联合金融部门开发基于三方仓的金融业务,提高三方仓融资水平;通过数据打通品牌商、厂家、经销商、三方仓、快递公司业务链条,实现供应链金融增值;同时利用三方仓的商品流,精准分析上下游产业链、价值链,提升数字化招商水平;利用平台金融属性,逐步将园区外的三方仓纳入系统,实现云仓数字化，增强淮安市线上线下电商物流的竞争实力。

  四要推动电商产业集群化发展。首先，以大力发展三方仓为突破口，鼓励三方仓企业、骨干企业采取"以商招商、以企引企"的方式，招引国内同行业上下游企业和产业关联企业落户，形成主导产业集群化发展，形成"引进一个、带来一串、聚成一片"的糖葫芦效应。参考常州横林家具产业带、常熟服装产业带、南通叠石桥家纺产业带经验做法，淮安市工业和信息化局和淮安市商务局依据县区园区产业特色，联合制定消费品产业振兴计划，打造绿色食品、酒店布草等电商特色产业带。其次，鼓励三方仓企业转型供应链，引入金融、分销、直播等增值链条，建立电商选品中心和培训中心，与本地高校联合开展电商人才培育和就业服务，将电商技能课程植入课堂，将直播孵化植入宿舍，将数字创业植入产业园，不断完善上中下游产业链，推动淮安电商产业发展实现新突破。创新"园中园"建设模式，重点围绕淮安交易量排名前三的美妆日化、图书文化、休闲食品，从市场、仓配、快递向生产制造端延伸，综合集成各县区园区和市直部门相关扶持政策，降低企业运营成本，推进淮安区美妆日化、工业园区图书文化、洪泽区休闲食品"三个百亿级"电商产业集群建设。

淮安市商务局

"纸黄金"助力企业"走出去"
——从优惠原产地证书签发看盐城市出口市场

近年来,盐城外贸进出口额保持高速增长,2020—2022年两年间,连上100亿、200亿美元两个台阶,年均增速37.0%。据海关统计,2022年盐城市实现进出口总额206.4亿美元,规模居全省第六,同比增长19.7%;其中出口额138.94亿美元,增长29.8%,增速列全省第二。中国国际贸易促进委员会盐城市委员会、盐城海关加大服务力度,2022年合计为外贸企业签发各类原产地证书27 947份,签证总金额33.1亿美元,企业享受自贸伙伴关税减免达2.0亿美元,助力企业进一步争订单、拓市场。

一 盐城市出口市场持续开拓,贸易规模不断扩大

盐城从1993年开始外贸自营出口,目前有进出口实绩企业超2 000家,已基本形成机电、高新技术产品、纺织、化工和农产品等5大类商品出口格局,产品出口200多个国家和地区。通过原产地证书签发数量和金额,与海关统计

进出口数据相互印证,可以看出盐城出口市场呈现以下主要特点:

(一)新兴市场东盟成为盐城第一大贸易伙伴

近年来,盐城市助力外贸市场多元化,增强发展韧性,加强与东盟国家的贸易往来,东盟成为盐城外贸企业的新兴市场,2021年跃居第一大贸易伙伴至今。2022年对东盟实现进出口总额48.9亿美元,增长28.6%,占全市进出口总额的23.7%,其中出口额19.0亿美元,出口产品主要为机电产品和纺织及纺织制品等。盐城市签发东盟证书5 638份,签证金额(FOB)为7.1亿美元,占全市进出口总额的61.8%;签发RCEP证书2 338份,FOB为1.3亿美元;签发中澳证书1 486份,FOB为1.1亿美元。加大对新兴市场的开拓力度,对共建"一带一路"国家和地区出口39.1亿美元,增长29.2%,占全市出口额的28.1%;对RCEP国家出口52.4亿美元,增长46.2%,占全市出口额的37.7%(表1)。

表1 盐城办理优惠原产地证前五位国家(地区)情况表

序号	FTA证书	签证数量（份）	数量占比（%）	签证金额（万美元）	金额占比（%）
1	东盟证书	5 638	27.3	70 970	61.8
2	中韩证书	10 255	47	14 540	12.7
3	RCEP证书	2 338	10.7	12 815	11.2
4	中澳证书	1 486	6.8	11 086	9.7
5	智利证书	499	2.3	7 564	6.6

注:按照签证金额(FOB)规模排序。

(二)韩国为最大出口国,对韩合作特色进一步增强

紧紧把握中韩(盐城)产业园成立5周年契机,聚焦汽车、电子信息、新能源装备、临港产业、现代服务业及关联产业,累计招引韩资项目114个,对韩

国进出口总额超 80 亿美元,成功获批国家外贸转型升级基地(汽车及零部件)。2022 年,盐城对韩国进出口总额 36.0 亿美元,增长 59.0%,占全市进出口总额的 17.4%,其中出口额 25 亿美元,占全市出口额的 18%,韩国也是盐城最大出口国,主要出口产品为机电、汽车及零部件、新能源装备等。盐城市签发中韩证书 10 255 份,其签证数量居全市第一,签证金额 1.5 亿美元,占全市签证金额的 12.7%(表 2)。

表 2 盐城市 2022 年按产销国进出口总值表　　金额单位:亿美元

地区	进出口额	增速(%)	占比(%)	出口额	增速(%)	占比(%)
所有地区	206.4	19.7	100.0	138.9	29.8	100.0
亚洲	123.0	31.4	59.6	66.7	43.8	48.0
北美洲	24.6	−2.9	11.9	22.5	2.7	16.2
欧洲	30.9	14.1	15.0	29.1	26.9	21.0
东盟	48.9	28.6	23.7	19.0	16.4	13.7
RCEP 国家	90.2	14.0	43.7	52.4	46.2	37.7
共建"一带一路"国家	77.0	29.0	37.3	39.1	29.2	28.1

(三)亚洲、北美洲、欧洲三大传统市场稳定增长

在开拓新兴市场的同时,保持外贸传统市场的稳定增长。2022 年盐城对亚洲、北美洲、欧洲贸易规模进一步扩大,合计进出口总额达 178.5 亿美元,实现贸易顺差 58.1 亿美元。其中出口额保持稳定增长,分别增长 43.8%、2.7%、26.9%。亚洲市场中除韩国外,主要出口国依次为印度尼西亚、印度、泰国、越南;北美洲市场中,对美国出口占全市比重为 15%;欧洲市场中,主要出口国依次为荷兰、西班牙、意大利、英国等。对欧美国家签发的原产地证书主要为非优惠证书,份数为 300—800 份,但 FOB 金额相对较大,分布在 1 亿—3 亿美元区间中,且实现了 1 倍以上的增长,体现了盐城企业深

耕欧美传统市场、巩固市场份额的活力。受中国和澳大利亚贸易摩擦影响，自澳大利亚进口额下降55.5%，但出口额依然保持57.4%的增长速度，主要出口产品为汽车零部件、化工产品等，2022年签发中澳证书1 486份，FOB为1.1亿美元，为企减免关税550多万美元。

（四）优势出口产品契合产业方向

近年来，盐城聚焦新能源汽车及核心零部件、新能源、新一代信息技术、新材料、大健康和数字经济、海洋经济，以及晶硅光伏等23条重点产业链，打造现代化产业体系，为外贸稳定发展提供支撑。传统优势出口产品量质齐升，机电、纺织、化工和农产品出口分别增长41.5%、1.1%、20.3%和14.6%（图1）；其中，高新技术产品增长68.9%，出口产品附加值进一步提升。分产品看，盐城市签证金额排名前6的产品分别为：机电产品、化工产品、汽车及零部件、木浆及纤维素浆、纺织品和塑料及其制品（图2）。晶硅光伏产业链是5条地标产业链之一，盐城已成为全国电池、组件产能最大的晶硅光伏产业群，也带动了光伏产品形势利好。"新三样"中太阳能电池和蓄电池出口额合计35.6亿美元，占全市出口额超1/4。

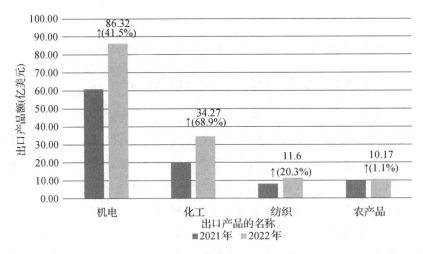

图1　2022年盐城市传统出口产品同比变化图

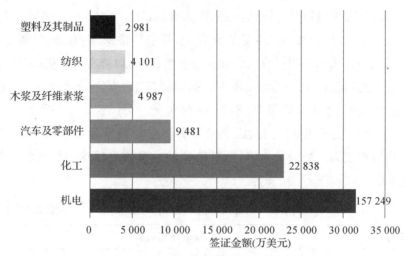

图 2　2022 年盐城市签证金额前 6 位产品示意图

注：为方便绘图显示，机电产品条线图缩小 5 倍。

（五）重点出口企业支撑作用明显

2022 年盐城市前 30 强出口企业，合计出口额 67.6 亿美元，约占全市出口额的"半壁江山"。外资企业表现"抢眼"，增势强劲，韩国 SK 集团、天合光能股份有限公司、悦达起亚汽车有限公司、维信电子有限公司等重点企业出口在前 30 强中占据一半，占全市比重的 1/4；辉丰股份有限公司、润阳光伏科技有限公司等民营企业出口实现倍增。

二　盐城市出口市场面临的形势及不足

外需放缓、传统商品出口订单替代、汇率波动，以及价格支撑减弱，这些超预期因素在盐城体现较为明显，当前外贸形势依然复杂严峻，稳外贸的基础仍不牢固，稳中有进的压力依然较大。

（一）规模仍然偏小

盐城外贸总量虽居全省第六，但出口规模仅为全省第七。从全省各市外贸出口规模看,大致可分为5档:第一档苏州,出口额在2 000亿美元以上;第二档无锡、南京,出口额在500亿美元以上;第三档常州、南通,出口额在300亿美元以上;第四档徐州、盐城、泰州、扬州、镇江,出口额在100亿—200亿美元;第五档出口额在100亿美元以下。盐城距离上一名徐州仍相差30亿美元左右,较泰州、扬州优势微弱,不到10亿美元。可以说,前有标兵"大步之遥",后有追兵"近在咫尺"。从原产地证书签发的数量和金额看,以常州为例,其出口规模为盐城的2.7倍,但其签证的数量和金额均为盐城的4倍以上(表3)。

表3　2022年全省各市外贸出口额分档表　　　金额单位:亿美元

区分	城市及出口额
1	苏州(2 324)
2	无锡(727)　南京(573)
3	常州(376)　南通(353)
4	徐州(166)　盐城(139)　泰州(134)　扬州(131)　镇江(116)
5	宿迁(75)　连云港(60)　淮安(48)

注:该分类仅代表作者观点。

(二) 增速明显放缓

2020—2022年,盐城市出口额两年平均增速为32.4%,为全省平均增速的2倍多。截至2023年5月,盐城出口累计增速为17.5%,已从高增长阶段转为高质量发展阶段。除外部环境复杂多变外,自身动力不足是根本原因。

(三) 动能急需转换

从贸易发展方式看,盐城传统外贸需加快转型升级步伐,跨境电商、市场采购、外综服等外贸新业态新模式仍处于初级阶段。从市场主体看,既要保持存量企业的活力,也要挖掘更多新增长点,不断为外贸持续发展注入新动能。

（四）结构还要优化

出口龙头企业前30强，既是稳住盐城外贸的"压舱石"，同时企业的经营风险、出口状况易受国际国内形势影响，或将成为制约盐城外贸发展的"双刃剑"；在抓大扶小、固强帮弱上需下更大的功夫。盐城一般贸易约占全市八成，还需在加工贸易、保税物流等方面提升份额，增强内生动力。

（五）经营有待加强

盐城民营企业占外贸市场主体的60%以上，面对复杂多变的外贸发展环境，其发挥了经营灵活度高、市场适应性强的优势，迎难而上、攻坚克难，成为稳外贸的"韧性担当"。同时，受各方面因素制约，民营企业在产品研发、品牌建设、风险应对、合规经营、高标准经贸规则应用等方面还存在诸多不足。从原产地证书签发实践看，民营企业利用FTA优惠政策的意识和水平亟待提高，具体体现为主动办证的意识不强、经贸规则的理解不深、关税筹划的水平不高，有的企业还存在避难厌烦心理。

三 促进盐城市出口市场发展的对策建议

稳市场、稳经营、稳出口、稳预期是一个长期实践的课题，本文针对盐城出口市场的特点和不足，提出以下4方面的建议。

政府层面，加强支持引导，稳规模优结构。全面落实《国务院关于推动外贸稳规模优结构的意见》，配套制定盐城市具体举措，稳定产业链供应链，助力外贸发展。加大资金支持力度，强化退税、保险、金融、通关、出行等服务保障措施，更大程度为企业纾困解难。充分发挥盐城港"一港四区"的一类开放口岸功能，常态化开行中欧（亚）接续班列"盐城号"运输，加快推进日本、韩国全货机复航，拓宽物流渠道，提升保通保畅能力。融合发展外贸新业态，完善中国（盐城）跨境电子商务综合试验区建设，借助盐城综合保税区政策优势，加快企业、人才、资本等要素集聚。

企业层面，强化自身建设，加快转型升级。外贸企业的生存发展，离不开核心竞争力。要培养一批专业性、技术性人才，强化市场开发和管理。要加强品牌建设，树立企业良好形象，完善国际营销服务体系，提升在海外开展品牌宣传、展示销售、售后服务等方面的能力。要不断学习研究，掌握各级惠企政策，了解国际国内形势变化和市场需求变化，应对行业激烈竞争。要提高FTA应用能力，最大限度地降低企业经营成本。盐城企业须向中高端迈进，加快转型升级节奏。

市场方面，巩固传统优势，开拓新兴市场。巩固欧美地区玩具、灯具、纺织等良好的市场和客户资源，深耕韩日汽车、机电等市场，加强对市场趋势和产品需求专业而敏锐地理解把握，在国际国内竞争中抢订单、稳市场。综合考虑市场规模、贸易潜力、消费结构、产业互补、国别风险等因素，有效开拓东盟等新兴市场，加强与RCEP成员国的贸易往来。深入实施江苏省、盐城市贸易促进计划，参加中国广交会、日本大阪展等境内外展会获取订单，多元化开拓市场。

产品方面，契合产业方向，提高竞争能力。盐城市正加快建设绿色低碳发展示范区，产业发展层次明显提升，"5＋2"新兴产业体系及23条重点产业链更加契合发展实际，要将产业发展的成绩同时转化为外贸出口的实绩。在强化五大类出口产品传统优势的基础上，积极应对绿色贸易国际规则变化，优化商品结构，鼓励和推广产品碳足迹认证，扩大太阳能电池、新能源汽车、锂电池等绿色产品出口。在绿色技术、绿色装备、绿色服务、绿色基础设施建设等方面加强交流与合作，推动绿色低碳技术及产品"走出去"。借助汽车产业链完整的优势，扩大汽车整车和零部件出口，重点支持新能源汽车品牌企业出口。大力推动高新技术产业发展，提高盐城出口产品的附加值，增强区别化竞争的能力。

盐城市商务局

加快发展外贸新业态
推动镇江市外贸转型升级

习近平总书记在党的二十大报告中指出:"推动货物贸易优化升级,创新服务贸易发展机制,发展数字贸易,加快建设贸易强国"。发展外贸新业态就是抢抓未来新增长点,有利于推动外贸"稳定、持续、高质量"发展,培育参与国际经济合作和竞争的新优势,对服务构建新发展格局具有重要意义。2022年2月,镇江市获批设立国家级跨境电子商务综合试验区。经过一年多的建设推进,镇江市以跨境电商为代表的外贸新业态发展取得了一定成效,但也存在客观的矛盾和难题,急需找准发展路径,明确主攻方向,实现外贸新业态发展提质提效提速。

一 抢抓机遇,外贸新业态发展生态不断优化

(一)政策服务趋于完善

2022年,镇江市先后出台了镇江市跨境电商产业园、

孵化中心、公共海外仓认定及管理办法。2022年11月出台的《跨境电商综试区扶持资金实施细则》，全力扶持跨境电商主体培育和生态圈打造，重点对省级跨境电商重点联系企业、市级跨境电商示范企业等从事跨电业务的企业给予资金支持；联合人民银行推动创设"跨境电商经营贷"，进一步降低企业结算和融资成本。推出《跨境电商业务一本通》，成立镇江外贸新业态党员先锋服务队，组织美国新蛋网、敦煌网等知名跨境电商平台走进眼镜、汽配、医疗器械等产业带，将资源服务和政策宣讲下沉到乡镇、园区和企业。开展校地合作，江苏大学、镇江技师学院、镇江高等职业技术学校等开展外贸新业态人才培养。

（二）平台载体逐步优化

2023年3月31日，镇江市跨境电商产业园正式开园，园区由京口区大禹山创意新社区管理委员会负责建设和运营，并引入浙江国贸数字科技有限公司这一专业"外援"，全力提升综合服务、孵化培训和招商能力，致力于浓厚新业态发展氛围，打造具有镇江特色的跨境电商发展样板园区，推动镇江外贸转型升级，目前已有入驻意向企业20家。镇江市跨境电商一站式孵化平台已上线试运行；镇江跨境电商监管中心已完成建设，目前已处于试运营阶段；镇江市跨境电商线上综合服务平台已进入招投标程序，综试区"三平台、六体系"建设生态底座取得阶段性进展。

（三）产业基础不断夯实

镇江市拥有国家级外贸转型升级基地3个、省级出口基地1个，江苏省重点培育和发展的国际知名品牌21个，已经形成了眼镜、五金工具、汽配、照明灯具、户外用品、雪地靴等多个适合发展跨境电商的制造业集群。据初步统计，全市开展跨境电商业务的企业超500家，年交易额约15亿元；培育了江苏淘镜有限公司等多个出口过亿元的大卖家，江苏鱼跃医疗设备股份有限公司、天工国际有限公司等一大批高新技术企业。目前，镇江既有依托阿里巴巴国际站和中国制造网等开展B2B(商对商)业务的企业，也有依托亚马逊

等平台开展 B2C(商对客)业务的企业。已有 UPS、DHL、联邦快递等 9 家国际物流企业从事跨境快递业务。2022 年,国际及港澳台快递业务量累计完成 50.8 万件。

二、客观分析,新业态发展仍存短板弱项

总的来看,镇江市外贸新业态总量小贡献低。国务院办公厅发布的《关于加快发展外贸新业态新模式的意见》中明确了跨境电商、海外仓、市场采购、外贸综合服务、离岸贸易、保税维修 6 种外贸新业态类型。跨境电商在新业态中发展基础最好、规模最大,但行业渗透率(跨境电商交易规模÷进出口总值)不足 2%—4%,低于全国平均行业渗透率(4.9%,2022 年海关数据)。海外仓具有一定规模,现有海外仓 7 个,面积约 3 万平方米,其中,江苏问远电子科技有限公司、江苏谷高汽车部件有限公司 2 家企业在欧美市场建设的公共海外仓服务国内 14 家企业,但目前还没有省级公共海外仓。市场采购贸易、外贸综合服务仅由镇江市相关企业委托个别第三方平台代理开展相关业务。离岸贸易、保税维修在镇江市基本处于空白状态。具体而言,存在以下三方面问题。

(一)市场主体培育需要加力

镇江市目前从事跨境电商的大多是中小微企业,体量较小,产业规模和产品竞争力较弱,缺少市场竞争力强和影响面大的龙头企业;企业转型缺乏互联网思维,习惯以加工模式生产经营,有为卖家贴牌代工的经验,但在产品设计、品牌营销、备货管理、风险防范等方面缺乏明确规划和实践经验,新业态赛道转换艰难;受产业资金、政策支持等方面因素制约,龙头企业招引难,知名跨境电商项目落地难,阿里巴巴、亚马逊等跨境电商头部平台落户更难。

(二)平台建设有待加强

目前,镇江市虽已拥有丹阳眼镜跨境电商产业园(省级)、镇江市跨境电

商产业园(市级)、镇江综保区跨境电商监管中心等多个重要平台载体,但与杭州、宁波等周边发达城市相比,平台载体的集聚效应不够明显,支撑引领作用不够突出。同时跨境电商服务和监管平台有待加强,海关、税务、外管、邮管等部门间的数据不互通,从事跨境电商的企业底数和线上交易底数均有待进一步摸清,产业发展监管和引导缺乏抓手。

(三)要素资源配套有待完善

镇江市外贸新业态发展刚刚起步,在扶持政策、园区载体、国际物流、人才培训、金融服务、运营推广等多方面仍需加大投入,相关部门之间的协调联动还不够充分;其中,外贸新业态人才缺口大问题令人担忧。以跨境电商为例,既懂传统外贸又懂电商业务的复合型人才尤为紧俏,而镇江市在跨境电商人才招引培养上还存在缺乏成长时间、传统招聘渠道单一、缺乏实践培训、人才薪资期望过高等短板,怎样培养人才、留住人才,成为目前制约跨境电商发展的重要因素。此外,镇江的薪资水平在周边城市没有竞争力,成熟型的跨境电商人才非常容易流失。

三 固强补弱,推动外贸新业态再提质

(一)突出重点,推动新业态集中集聚发展

镇江发展外贸新业态,必须立足自身产业结构、财力状况等实际,做到有的放矢、精准务实,以跨境电商为主攻业态,积极推进海外仓发展,适时推动其他外贸新业态发展。一是推动传统外贸企业数字化转型。以发展跨境电商为重点,推动传统外贸企业加快商业模式创新,"触网出海"拓展销售渠道,缩短流通环节。支持企业开展线上推介、网络直播,线上线下融合开拓国际市场。支持出口制造企业拓展按需设计、定制生产等新模式,带动传统制造业提升技术、服务、品牌等核心竞争力。二是招引优质龙头企业。借助开展"项目攻坚突破年"的契机,加大外贸新业态项目、企业引力度,重点招引一批

平台型、龙头型企业，大力引进辐射带动能力强的知名跨境电商平台落户，推动设立区域运营中心、创新中心和分拨中心，发展跨境电商总部经济，推动集聚一批销售过亿的跨境电商骨干企业。三是培育服务支撑企业。积极引进仓储物流、支付结汇、网络推广、税务保险、售后维修等跨境电商服务企业落户，以平台、物流、代运营、培训和综合服务等环节为重点，培育一批跨境电商服务示范企业。

（二）示范引领，提高载体平台发展能级

全力提升载体平台发展能级，吸引更多企业落户深耕、驻场服务，构建辐射更广的数字贸易生态圈，是提升新业态发展质效的关键。一是建强跨境电商产业园。持续加大镇江跨境电商产业园、丹阳眼镜跨境电商产业园等建设力度，完善跨境电商孵化中心功能，支持邮政快递企业总部、相关行业商协会等参与产业园建设，完善线下产业园区基础设施和综合服务体系，吸引一批优质企业入驻发展，孵化一批创业团队和出海品牌；支持句容、扬中、丹徒等各板块依托本地特色产业，打造以 B2B（商对商）出口、B2B2C（商对商对客）出口模式为主要特色的跨境电商产业园。二是充分发挥综合保税区作用。加强资源统筹整合，发挥镇江综合保税区跨境电商监管中心作用，积极推动孚能科技海外仓通过海关备案，帮助中国远洋海运筹备建设海外仓，支持孚能科技等更多企业采用"出口海外仓"模式销售产品、开拓市场；支持综合保税区开展特殊区域出口业务试点和网购保税"新零售"模式试点，推进跨境电商零售进口退货中心仓模式，积极探索保税维修、保税租赁、保税检测等新业态，促进镇江综合保税区加快进档升位。三是完善公共服务平台。结合镇江电子口岸建设，推动将跨境电商公共服务平台建设成为"单一窗口"，为进出口电商和支付、物流、仓储等企业提供数据交换服务，为海关、税务、外管等部门提供信息共享平台，提高口岸监管便利化程度，探索符合跨境电商发展模式的统计体系。支持有实力的跨境电商企业在主要出口市场建立或合作建立公共海外仓，为镇江跨境电商企业提供仓储、配送、售后等服务。

（三）优化服务，为新业态发展提供良好要素保障

新业态的发展离不开政策的支持，要加强政策集成，从财税金融、人才引培、国际合作、平台建设等多个方面持续推进新业态发展。一是强化人才引培。充分用好人才赋能计划、青年人才"归雁"计划、人才平台提升计划相关政策，举办跨境电商人才专场招聘会，组织企业赴跨境电商产业发达地区招引高端人才，吸引各类跨境电商人才来镇创业就业。开展精准化、实用性人才培训；开展校企联合招生、订单式培养，推动建立"政、校、协、企"四位一体跨境电商人才培育机制。二是完善监管措施。积极推广零售出口"清单核放、汇总统计"通关模式，持续推进跨境电商 B2B（商对商）出口监管改革，全面复制推广跨境电商出口退货监管措施，优化跨境电商零售进口退货监管措施。推动国际快件监管中心自动化、智能化改造，提升跨境寄递的通关、换装、多式联运能力和服务水平。三是提升服务效能。进一步发挥外贸新业态党员先锋服务队作用，探索建立新业态重点企业挂钩帮促机制，及时跟进企业融资信贷、人才引进、技术应用、知识产权、支付结汇、通关物流、风险防范等实际困难，坚持清单式、项目化闭环推进解决。积极发挥行业协会等作用，加强涉外经贸法律、政策等指导服务，助力企业深度融入全球产业链供应链，不断扩大贸易合作"朋友圈"。

镇江市商务局

泰州市预制菜产业发展路径思考

2023年,中央一号文件和江苏省委一号文件均明确提出"发展预制菜",预制菜产业一路"狂飙"、渐成"风口",有望成为新的经济增长点。泰州市如何发挥比较优势,在预制菜产业"风起潮涌"中"乘风破浪",成为亟须思考的问题。泰州市商务局深入本地企业、参与行业峰会、剖析全产业链,对泰州预制菜产业发展路径进行了认真调研。

一 预制菜产业当前发展情况

(一)产业分类

预制菜起源于20世纪80年代,虽然经过40多年发展,但仍无统一的国家标准和行业标准,一般从以下3方面分类:一是按产品形态分类。根据原材料加工程度和食用便捷程度,主要分为"即配、即烹、即热、即食"4类,其中即烹类和即热类占主要份额。二是按销售渠道分类。根据销售渠道和一级消费群体不同,主要分为面向B端

(Business,企业客户)和面向 C 端(Customer,普通消费者),二者市场占比大致是 8∶2。三是按产业链条分类。上游主要是农、林、牧、渔等初级农产品原料型企业,以及作为基本原料的调味品;中游主要是专业预制菜加工型企业;下游主要是经销商、供应链企业和餐饮企业、商超、电商平台等。

(二)产业规模

据研究机构测算,2022 年中国预制菜市场规模达 4 196.0 亿元,同比增长 21.3%;2026 年市场规模将突破万亿元,年复合增长 26.43%。预计未来较长一段时间内,预制菜市场仍将保持 20% 以上增速高速增长。

(三)主要消费群体及需求

预制菜消费者群体存在"四多"特征:中青年群体居多,女性消费者居多,一、二线城市消费者居多,已婚人群居多。消费者购买预制菜的原因首先是其方便快捷,其次是美味可口和价格实惠。影响消费者对预制菜接受度的最重要因素是食品安全、原料新鲜度及口感还原度。

(四)产业存在问题

我国预制菜产业仍处于初级阶段,主要表现为"两低、一少、一弱"特点:消费端渗透率低,仅有 10%—15%,未来"下沉市场"将是预制菜发展的重点方向;产业技术水平低,限制了预制菜品类开发;行业龙头企业少,龙头企业营收规模不及日本、美国同类企业的 5%;冷链物流基础弱,仅相当于日本 20 世纪 80 年代水平,以冷链物流为重点的供应链可能会成为预制菜产业的核心壁垒。

(五)发展趋势研判

一是市场保持高速增长,C 端消费将会量比齐升。中国预制菜市场仍可能有 3—4 倍增长空间,C 端市场增速将高于 B 端市场,并且在整体预制菜市场的占比可能会超过 80%。

二是产业集中度不高,大企业优势不明显。中餐适合开发为预制菜的菜品多、复杂度高、地区口味差异大,很难出现大量普适口味、"天量"销量的预制菜单品。单批产量需求低,对"柔性生产"要求比较高,大企业的规模优势难以发挥,市场的集中度不会很高。

三是研发无法形成保护壁垒,供应链成为决胜关键。预制菜研发主要靠厨师多次尝试,因而对其知识产权保护难,爆品容易被模仿复制,上市企业研发费用普遍低于营收规模的3%,预制菜产业至少在加工生产端是低技术含量的。从实际调研看,预制菜对供应链的依赖程度非常高,真正可能形成技术壁垒的是供应链,"链主"可能是能整合供应链的平台企业。

四是菜系文化有加成效果,无决定作用。通过消费数据分析发现,预制菜消费"有菜品、无菜系",C端市场对菜系的倾向性并不高,爆款单品产生原因主要还是便捷、健康、口味等。菜系可能在预制菜产品开发、营销等方面有一定的加成作用,但对开拓市场并没有决定性作用。

(六)竞争态势分析

从地区竞争态势看,预制菜产业发展较快的地区主要有广东、山东、河南、上海、福建、江苏等。其中,广东发展水平高,截至2022年底已有预制菜产业园区11个,广东省政府出台了《加快推进广东预制菜产业高质量发展十条措施》;山东企业数量多,截至2022年底,拥有预制菜企业近万家,约占全国预制菜企业总数的13%,其中上市预制菜企业7家,数量为全国最高,并出台了《关于推进全省预制菜产业高质量发展的意见》;江苏发展潜力大,拥有首家预制菜上市公司(苏州市味知香食品股份有限公司),发布了全国首部《预制菜点质量评价规范》团体标准,受益于消费水平高、科技实力强、产业空间大、地理位置优、菜系底蕴厚等因素,未来具有很大发展空间。

从产业链竞争态势看,预制菜产业链的参与者主要分为5类:原材料供应企业、预制菜生产企业、速冻食品企业、连锁餐饮企业和零售企业。从规模上看,即配型的原材料供应和加工企业容易形成较大规模,但净利润率相对较低。从增速上看,即烹型企业增长速度较快,且能保持相对较高的利润率。

从利润上看，C端利润率明显高于B端。从投资上看，资产规模与市场规模成正比，加工型企业和速冻食品企业资产规模一般较大，连锁餐饮企业和零售型企业资产规模一般较小。

二 泰州市发展预制菜产业可行性分析

（一）泰州发展预制菜产业的比较优势

一是区位优势明显。冷链物流主要依靠公路运输，配送距离最远约350公里，泰州在此距离范围内的人口超过1.5亿，占长三角总人口比重超过60%，是粤港澳大湾区总人口数的2倍以上。按照餐饮市场规模和预制菜预期渗透率计算，泰州能覆盖的预制菜市场规模应不低于4 000亿元。可以说，泰州处于中国预制菜最大区域消费市场的地理中心位置。

二是食品工业全面。泰州拥有规模以上食品制造业工业企业35家，列全省第五，营业收入列全省第六。泰州初步形成了国家、省、市三级现代农业园区"2+8+73"发展格局，实现了农业研发、生产、加工、储运、销售等环节协同发展。泰州食品加工产业覆盖门类比较全面，具有一定的竞争力，有发展预制菜产业的基本条件。

三是特色产业发达。泰州是获得江苏省委、省政府支持的"引领全国大健康产业改革发展的先行区""践行健康中国战略的样板城市"，健康食品产业规模接近千亿。预制菜产业上游主要由农产品企业和调味品企业构成，泰州调味品产业规模占全国的18%。泰州河蟹养殖具有较强的竞争力，拥有刀鱼、芋头等一批特色优质产品，为特色预制菜生产提供了有利条件。

（二）泰州发展预制菜产业存在的问题

一是缺少大型龙头企业。泰州目前共有预制菜生产企业88家，其中正常生产的71家，大部分预制菜企业规模偏小，无法发挥龙头带动作用、促进产业集群形成；龙头企业安井食品集团股份有限公司、超越农业有限公司总

部分别在厦门、无锡，对泰州带动作用有限。

二是资源禀赋优势不明显。2021年，泰州农林牧渔业总产值位居全省第八，仅相当于盐城的40%；其中农产品产量位居全省第八，仅相当于盐城的39%；水产品产量位居全省第五，仅相当于盐城的33%，低于连云港和扬州，农产品原材料并无明显竞争优势。泰州饮食文化名气远不如扬州和淮安，市内缺少特别知名的餐饮企业，在预制菜文化底蕴方面也无特殊优势。

三是省内潜在竞争对手多。不少省内城市已经开始发力预制菜产业。南京举办了2023中国（南京）国际预制菜产业博览会暨世界预制菜产业大会；苏州拥有1 200多家预制菜及关联企业，包括"预制菜第一股"味知香食品股份有限公司；淮安正式启动了中国预制菜产业园创新发展工程淮安试点工程；盐城举办了2023盐城市预制菜产业发展大会，江苏省农业农村厅表示将全力支持盐城打造具有全省、全国影响力的预制菜产业集群；扬州举办了2023中国地方特色预制菜专题研讨会暨淮扬风味菜肴工业化发展论坛。

四是部分领域格局已经固化。一些细分预制菜领域（如速冻主食）已经出现了明显向行业龙头集中的态势，已形成较高的行业壁垒，后来者很难进入。泰州在招引预制菜项目时，要重点分析行业特性，聚焦预制菜新兴领域和新兴企业。

（三）泰州发展预制菜产业的潜在机会

一是产业仍处于起步阶段。大部分地区自2022年才开始重视并出台相关扶持政策，目前仍处于摸索阶段，先发优势并不明显。泰州可以发挥"后发优势"，充分研究、学习、借鉴先进国家和地区经验，制定科学有效的发展策略，实现后来居上。

二是发展战略同质化较高。各地发展预制菜产业的政策举措，大多数表现为"大而全"，某种程度说明还没有找到清晰明确的发展方向。泰州如果能谋定而后动，集中资源建立细分领域或环节优势，将能在预制菜产业发展中占据有利位置。

三是行业特性保障生存空间。预制菜产业很难产生超大规模的生产型行业龙头,中小型企业、地方性企业仍有不小生存空间,发展预制菜产业至少能在局部区域形成一定的经济增长点。受限于原材料供应、冷链物流运输等条件限制,大型预制菜企业一般寻求全国布局,泰州有望成为长三角地区重要的预制菜产业节点。

综上,泰州发展预制菜产业仍有机会和空间,但"时间窗口"并不会太长,需要尽快确定发展策略、推出靠实举措。结合比较优势分析,泰州发展预制菜不宜重点发展加工制造环节,需要尽早将发展重点聚焦在消费端和流通端,并积极争取政府发布相应政策支持,形成一定的领先优势。

三 泰州市发展预制菜产业路径建议

立足产业发展,结合泰州实际,建议泰州发展预制菜产业路径为:发挥区位优势,聚焦供应链环节,采取"一枢纽＋一中心"战略,即重点打造长三角预制菜流通枢纽和交易中心。具体可以从以下6方面开展工作。

一是上争优势资源,尽快建立先发优势。建立健全市级层面推动预制菜产业发展体制机制,理顺部门职能分工,组建工作专班,由市政府主要负责人和分管负责人牵头,高位推进相关工作。积极上争试点政策倾斜和资金扶持,力争"江苏省预制菜产业创新联盟"在泰州设立供应链分会、调味品分会等分支机构,全力打造"长三角预制菜之都"。

二是举办专业展会,扩大行业影响力。联合国家、省相关部门、专业机构等,高规格举办全国性乃至国际性的预制菜交易会,吸引预制菜行业头部企业和采购商集聚泰州。大力发展"专、精、特"预制菜产业细分领域峰会、行业论坛等专业性强的精品展会,主动承办国家级和省级预制菜行业和产业活动,以展促产、以展促销。通过发展预制菜展会经济,吸引预制菜企业向泰州集聚,提升泰州在全国预制菜行业的知名度、权威性和影响力。

三是打造产业园区,引培细分领域龙头企业。加快产业园区发展。鼓励各市(区)依托自身特色优势发展预制菜产业。立足泰兴农产品加工园区,积极发展卤制品、速冻面食等细分领域加工产业;依托兴化国际调味品产业集聚区,全力发展预制菜调味品原料产业;依托泰州市城北物流园区和泰州国家农业科技园,大力发展冷链物流、仓储保鲜、集中采购等预制菜供应链管理产业,形成全市预制菜产业南北骨干轴。强化龙头企业引培。发挥交通枢纽优势,依托现有顺丰、百世等物流企业招引冷链物流、冷冻仓储、信息管理等方面的供应链管理龙头企业,培育一批跨区域的预制菜仓储冷链物流龙头企业。积极吸引海底捞、西贝莜面村等头部连锁餐饮企业以及罗森等连锁便利店企业将地区供应链中心落户泰州。加大预制菜产业外资招引力度,积极引入日本餐饮、冷链、供应链管理等领域龙头企业。推动特色产品开发。发挥大闸蟹等水产资源优势,发展水产品深加工预制菜产业,培育知名水产消费品牌。发挥泰州大健康产业优势,鼓励企业开发减盐减糖套餐、糖尿病患者套餐等功能性预制菜产品,打好泰州预制菜"健康牌"。

四是构建线上平台,打造区域交易流通中心。运用市场手段共建交易平台。依托现有市属国企,强化市场化思维,组建专业化团队,联合国内供应链管理龙头企业(如怡亚通供应链股份有限公司)、预制菜产业权威机构(如中国预制菜产业联盟)、细分消费领域国企[如中国职工服务(集团)有限责任公司]、电商平台(如京东)等共建预制菜数字化交易平台,打通预制菜从原材料到成品的上下游全产业链。运用金融手段布局重点环节。建立预制菜产业发展基金,重点布局仓储物流、冷链运输、信息系统等基础设施,以及保鲜技术、冷冻技术、厨具装备、包装材料等技术研发,支持预制菜研发重点实验室、工程技术研发中心建设。

五是推进跨境交易,引导"泰州牌"预制菜走向国际市场。发挥中国(泰州)跨境电子商务综合试验区和兴化市国家外贸转型升级基地(脱水蔬菜)的通道作用,鼓励脱水蔬菜行业龙头企业联合预制菜行业企业发展预制菜出口业务,重点开拓欧盟、美国、韩国、日本、俄罗斯等传统优势市场。积极开展内外贸一体化探索,引入出口转内销预制菜产品和国外进口预制菜原料、特色预制菜产品,把泰州打造为预制菜跨境"重点口岸"。

六是出台地方标准,打响预制菜食品安全"泰州口碑"。加强与江苏省农业科学院、江苏省标准化协会、中国预制菜产业联盟、江苏省预制菜产业创新联盟、高等院校、科研院所等权威机构合作,鼓励指导预制菜社会团体及企事业单位制定出台预制菜团体标准,共同参与预制菜地方标准建设。制定预制菜质量安全规范,探索建立预制菜产业链供应链常态化质量安全评估体系,利用区块链等技术开发预制菜原材料、包装材料检测溯源系统,建立预制菜企业和产品"红黑榜",全方位向消费者宣传预制菜产品泰州品质标准,打造泰州预制菜"五星安全"口碑。

泰州市商务局

省级开发区与乡镇特色园"一区多园"协同发展实践与思考

产业是区域发展、乡村振兴的关键,园区是产业发展的重要载体。推进省级及以上开发区为主体、乡镇特色园为辅助的"一区多园"建设,做实做强基础设施、发展特色产业,是当前宿迁推进"四化"同步集成改革示范区建设的重要一环,也是全面推进中国式现代化宿迁新实践的重要举措。为全面探索省级及以上开发区与乡镇特色园区域联动、优势互补的协同发展新机制,推动"一区多园"高质量发展,宿迁市商务局走访全市7家省级及以上开发区和10个乡镇特色园,召开专题调研会,了解协同发展情况,探究存在的问题及背后的原因,并提出相关对策建议。

一、聚焦"统筹协同"主线 一区和多园发展稳步提速增效

2020年,宿迁市出台《关于推进"一区多园"高质量发展的若干政策措施》,明确"产业特色更加鲜明、集聚效应不断显现、区域带动能力显著增强"的发展目标。2021年,宿

迁市政府结合重点小城镇布点工作,开展试点创建,相继将上塘工业园区、马厂镇产业园等10个乡镇特色园纳入当地省级及以上开发区统一管理。三年来,"一区"和"多园"发展取得了一定成效。

一是规划布局逐步优化。统筹宿迁市开发区产业与空间,编制《宿迁市开发区高质量发展总体规划(2023—2030年)》,打造以省级开发区为主引擎、南北共建园区为支撑、乡镇特色园为新突破口的协同发展体系。各县(区)因地制宜、因园施策,科学编制园区各类规划。开发区、特色园参照当地发展规划,明确了"四至"范围,均不涉及国家级生态红线和省级生态空间管控区域。例如,沭阳县将"一区多园"发展模式纳入县国民经济"十四五"发展规划,构建以沭阳经济技术开发区为主体,高墟镇工业园区、贤官乡村振兴产业园等乡镇特色园区为辅助的"一区多园"规划;宿豫区将来龙特色园纳入宿迁高新区统一规划,推动产业互补、生产协作、错位发展。

二是体制机制不断创新。各开发区积极探索体制机制改革,例如,宿迁经济技术开发区深化人事制度创新和国有企业改革,完成管理机构升格;泗洪经济开发区全面剥离社会事务管理职能,交由属地街道承担。各地同步探索"一区"和"多园"协同管理和运营机制,泗洪县、宿城区等地开发区与乡镇特色园开展人员、资金、招商引资交流,深化协同合作;泗阳县、泗洪县等地成立"一区多园"工作联席会议,及时协调解决各类问题。截至2023年底,4个乡镇特色园获批成立科级产业园管理办公室。强化考核督促,将"一区多园"纳入宿迁市开发园区经济发展水平专项考核评价范围,按月监测主要经济指标,着力提升综合实力。

三是要素保障持续深化。市级层面出台《关于加快推动全市开发区高质量发展的实施意见》,支持宿迁经济技术开发区、宿迁高新技术产业开发区等"一对一"政策措施,以及《宿迁市"一区多园"协同发展方案》,明确向开发区、特色园倾斜土地、能耗和排放指标。县区层面强化土地、金融、基础设施建设等保障措施,支持"一区多园"发展。土地方面,2021—2022年,各县(区)共保障10个乡镇特色园规划指标3 859亩(1亩≈667平方米)、土地指标4 595亩;积极盘活存量用地3 235亩,推进低效用地再开发2 789亩。金融方面,鼓励银行业金融机构加大信贷投放力度,目前10个特色园共有金融网点52个,县(区)层面支持特色园融资43.1亿元。基础设施方面,泗洪县财政拨付上塘特色园1 350万元,帮助界集特色园融资4 200万元,用于标准化厂房建设;宿城经济开发区筹集资金1 000万元支持龙河特色园基础设施建设。

四是主导产业加速集聚。一方面,聚焦产业招商。各开发园区强化大项目招引和服务帮办,接续实施千亿级产业攻坚、优势产业建设和先导产业壮大。2021年以来,10个特色园新竣工项目90个,完成投资额298.5亿元;规模以上工业企业主营业务收入、主导产业产值年均增速均在10%以上。另一方面,加强项目联动。泗阳县2个特色园派出精干力量和开发区专业招商人员共同开展招商;宿城经济开发区将符合龙河特色园产业定位的宿迁中建混凝土有限公司、江苏华兴橡胶科技有限公司等企业迁到特色园;宿迁高新区企业正大食品在来龙特色园投资年产27万吨配套饲料加工厂投产,实现销售额2.79亿元,进一步延伸了产业链。

二 正视"提质转型"瓶颈 多种制约因素交织叠加

当前,"一区多园"发展现状与发展目标还有一定差距,面临总量做大与转型升级双重压力,尚未实现产业统筹布局、创新资源整合协同配置,乡镇特色园提质转型还存在诸多困难。

一方面,特色园自身发展的短板弱项依旧突出。一是规划水平有待提升。调研发现,部分园区总体规划和控制性详细规划不健全,大部分园区未制定产业规划,缺少土地、能耗、环境等指标,部分项目无法落户。二是产业发展质量不高。特色园产业结构层次整体较低,多集中在板材加工、电子件组装、服装加工等低端传统产业,产业结构相对单一,抗风险能力差,项目落户较为随意。2021年以来,新招引项目符合主导产业定位仅53.9%。三是管理机制仍需优化。目前,10个特色园中,8个园区获市、县级编办批复成立管理机构,但存在部分人员编制未配置到位、缺乏专业招商人员等问题;2个园区暂未设立相应机构编制,主要由乡镇经济发展局代行职责,兼职在岗。

另一方面,"一区"和"多园"的协同联动还有所欠缺。一是联动机制不健全。部分县(区)缺乏高位统筹,各开发区与乡镇特色园之间协同互动还停留在较浅层次上,如多采用建群、会议等方式推进阶段性工作。省级开发区仅是协调、服务机构,不具备管辖职能,对特色园的约束力不强,难以执行整体规划,开发区发挥指导作用不明显。二是招商引资联动不足。开发区、特色园一体化综合招商机制还不健全,缺乏项目流转和利益分成规则,大部分开发区和特色园专业招商人员存在"各自为政"现象。三是产业联动需求不足。部分特色园主导产业与开发区关联性较弱,无法实现产业联动。相较于开发区,特色园在区位优势、产业集聚、人才招引、赋权审批等方面并无明显优势,无法享受相应政策,且部分政策兑现门槛较高。

三 借鉴"他山之石"经验　汲取创新发展之道

从全国各地"一区多园"类型来看,主要有建设主导型、半建设主导型和非建设主导型三类。其中,建设主导型指的是省级以上开发区负责"一区多园"所辖区域的开发、建设、运营和管理,实行人、财、物权统一;半建设主导型指的是开发区管理委员会对"一区"进行直接管理,对"多园"管理权限相对较弱;非建设主导型指的是开发区管委会不负责"多园"的开发、建设、运营,对各园区的人财物也不具有决策权,仅是统筹、协调、指导各园区的发展。目前,宿迁市的"一区多园"属于非建设主导型。该类管理模式优势在于开发区管理委员会不承担其他园区的开发建设、运营管理等职能,更能够集中精力履行开发区主责主业;劣势在于开发区管理委员会对"多园"缺乏约束力,不采取有效措施难以发挥实质性指导作用。

中关村国家自主创新示范区、南京高新技术产业开发区、深圳高新技术产业园区等开发区都是典型的非建设主导型"一区多园"模式,这些园区在实际发展中,均进行了很多有益尝试,形成了一批值得借鉴的经验与启示:一是成立高规格协调与领导机构。几个园区的共同特点是成立高规格领导机构或议事协调机构,在更高层面统筹推进"一区多园"各项工作。如深圳高新技术产业园区,成立由市长任组长的深圳自创区(深圳高新区)领导小组,形成强有力的领导架构,一定程度上弥补该模式的缺陷。二是建立一揽子联动机制。各园区探索一系列联动机制,推动"一区多园"联动发展。如南京高新技术产业开发区按照"一个牵头园区、一个管理机构、一个国资平台、一个主导产业"的原则,在全市整合设立15个高新技术产业开发园区,明确高新技术产业开发区管理委员会和分园区管理委员会的职责,并统一支持政策、统一园区品牌、统一管理模式、统一考核体系。三是设立"一区多园"发展专项资金。如中关村设立园区专项资金,将北京市财政每年拨付中关村的发展专项资金的2/3分配给各分园区管理委员会,由各分园区管理委员会具体安排使用。同时,设立中关村园区发展基金,以"国有资本+社会资金"的筹集方式筹集资金,用于建设重点产业领域。

四 把握"高效协同"原则 推动"一区多园"突围突破

"一区多园"协同发展是一项重大制度创新,涉及面广、政策性强、关注度高,需要系统谋划、远近结合、重点突破。

(一)强化高位统筹

充分发挥市开发区建设和发展领导小组作用,深入落实全市"一区多园"协同发展方案,探索出台资金管理办法等政策文件,不定期召开领导小组会议,协调解决协同发展重大事项和问题。各县(区)均要成立"一区多园"领导小组或者建立联席会议制度,明确牵头领导、牵头部门具体负责,实行"一园一策",按照"统一考虑、分步实施、择优试点"的原则分步骤推进。

(二)创新管理体制

一是管理体制方面。建立健全乡镇特色园管理机构,科学合理配置职能、人员,推动开发区与特色园工作人员互相挂职、交流,提升特色园管理水平。二是运营机制方面。明确职责分工,由开发区承担"宏观规划、品牌建设、政策支持、服务支撑"等职责,乡镇特色园负责本园区的基础设施建设及维护、投资服务、安全生产、社会事务等职能,定期召开"1+N"园区主要负责人协商会议,共同商讨解决问题。

(三)协同开展对外招商

整合招商资源,探索建立统一的开发区对外宣传和联合招商机制,将特色园招商人员充实到开发区专业招商队伍中,以开发区名义共同开展招商引资,避免拼资源、拼优惠、抢项目等"内耗"。实施项目策源、跟踪对接、洽谈签约、落地服务、入库投产全流程一体化作战模式,按照项目的产业定位,分类落户开发园区,形成龙头企业、关键项目落地开发区,配套项目在特色园的互补分工布局。

(四)做强产业联盟

各开发区要严格执行"三区三线"划定,以国土空间规划为依据,统筹制定规划,突出特色性、关联性、补链性,形成主体开发区与特色园互补、融合发展局面。鼓励全区域支持特色园加快项目集聚发展,对引进的项目可由引进方和园区按照约定比例对项目投资、产出进行分成。探索实施"飞地"政策,鼓励开发区将不符合本地主导产业项目流转至主导产业相符的特色园,建立健全产业转移机制,推动项目有序平稳转移。

(五)加大政策资金支持

探索符合条件的乡镇特色园可享受国家、省、市出台的支持开发区发展的相关政策措施。优先将"一区多园"的项目列入省、市重大项目,在土地、能耗、排放等指标上给予支持。鼓励各地出台个性化人才引进和激励政策,吸引名校优生到乡镇特色园企业工作。鼓励各地成立"一区多园"协同发展专项资金,用于园区建设、产业发展、科技创新。结合对各园区的考核评价结果,对资金进行差异化分配,引导各园区特色化发展。

（六）持续优化营商环境

鼓励、引导社会资本和有实力的企业参与园区开发建设，进一步提高园区承载力。各开发区会同交通、住建、水利、电力等相关部门帮助特色园完善核心区基础设施建设。支持特色园创新方式，通过债券、融资等方式，加快基础设施建设，根据项目情况，可纳入主体开发区统筹运作。进一步向园区下放行政权力事项，在园区内推行"一窗受理、集成服务、一次办结"的服务模式创新，实现"园内事园内办"。对部分园区无法承接的行政权力事项，可探索开辟绿色通道或选派人员入驻园区办理。

（七）搭建信息共享服务平台

推动各县（区）加快构建"一区多园"大数据平台，推进各园区土地、厂房、创新资源、政策服务等数据信息"上云"，实时感知各园区的经济运行、发展趋势、诉求建议等，推进"一区多园"数据及时统计监测、政策资源共享、产业招商协同、企业联动培育等，实现园区数字化统筹治理。

（八）科技创新共创体系

探索实施协同共建创新工程，省级以上开发区向特色园开放科技创新、项目孵化、科技金融等各类创新平台，重点支持一批创新龙头企业和科技型中小企业。探索建立"一区多园"一体化创新服务中心，统一组织开展企业培育、技术咨询等服务，使"一区多园"成为培育规模企业、高新技术企业的重要载体。

（九）强化市场驱动

发挥好市场驱动产业发展的作用，探索以企业为主体的开发建设模式，支持设立事成后的产业促进机构，鼓励企业等市场主体跨区域布局，依靠市场规律和机制推进"一区多园"产业资源优化配置。鼓励以政府采购服务的方式将能够市场化的服务交由市场机构来提供。

宿迁市商务局

附 录

江苏商务发展2023
Jiangsu Commerce Development 2023

2023年江苏商务重要文件索引

2023年江苏商务重要文件索引表

文 号	标 题
苏政规〔2023〕1号	《省政府印发关于推动经济运行率先整体好转若干政策措施的通知》
苏政规〔2023〕6号	《省政府关于金融支持制造业发展的若干意见》
苏政规〔2023〕9号	《省政府印发关于高标准推进知识产权强省建设若干政策措施的通知》
苏办发〔2023〕25号	《省委办公厅 省政府办公厅关于印发建设具有世界聚合力的双向开放枢纽行动方案的通知》
苏商服〔2023〕1号	《江苏省商务厅等26部门关于推进对外文化贸易高质量发展的若干措施》
苏商运〔2023〕42号	《省商务厅全力做好2023年消费促进重点工作的通知》
苏口组发〔2023〕2号	《江苏省口岸工作领导小组印发关于促进全省口岸数字化转型实施意见的通知》

续表

文　号	标　题
苏自贸办〔2023〕5号	《省自贸办关于印发中国（江苏）自由贸易试验区重点任务督导推进工作办法（试行）的通知》
苏自贸组发〔2023〕1号	《关于印发中国（江苏）自由贸易试验区实施提升战略三年行动方案（2023—2025年）的通知》
苏自贸组发〔2023〕2号	《关于印发中国（江苏）自由贸易试验区营商环境优化提升实施方案（2023—2025年）的通知》
苏商运〔2023〕433号	《省商务厅等14部门关于印发促进家居消费工作实施方案的通知》
苏商规〔2023〕1号	《江苏省商务厅等5部门关于印发〈江苏老字号建设管理办法〉的通知》
苏商建〔2023〕464号	《江苏省商务厅等9部门关于印发〈江苏省县域商业领跑行动三年计划（2023—2025年）〉的通知》
苏商建函〔2023〕960号	《江苏省商务厅关于印发〈江苏省一刻钟便民生活圈建设评价标准指引〉的通知》
苏商规〔2023〕2号	《江苏省商务厅关于印发〈江苏省电子商务示范企业创建规范〉的通知》
苏商规〔2023〕3号	《江苏省商务厅关于印发〈江苏省商务领域行政处罚裁量权适用规定（试行）〉的通知》

2023年江苏商务发展大事记

1月3日,陈涛厅长参加全省领导干部会议。

1月3日,姜昕副厅长召集研究全省商务工作会议筹备工作。

1月3日,郁冰滢二级巡视员在常州出席"第三届常州网上年货节"启动仪式并调研电商集聚区。

1月4日,陈涛厅长参加全国疫情防控工作电视电话会议。

1月5日,周晓阳副厅长出席2023中国(南京)工业品跨境电子商务高峰论坛暨第六届跨境电子商务创业创新大赛颁奖仪式。

1月6日,陈涛厅长参加省委理论学习中心组学习会。

1月9日,陈涛厅长、孙津副厅长参加方伟副省长召开的专题会议。

1月9日,周晓阳副厅长参加省政府交通运输专题会议(研究禄口机场国际客货运事宜)。

1月9日,周晓阳副厅长参加进口物品疫情防控工作会议。

1月9日至10日,王存二级巡视员先后赴扬州、镇江开展市场保供和加油站安全生产检查。

1月10日,陈涛厅长、孙津副厅长会见法国道达尔能源中国区主席赵伟良一行。

1月10日,孙津副厅长在江苏分会场参加中共中央统一战线工作部长

会议。

1月11日,陈涛厅长在江苏会场参加全国安全生产电视电话会议及省安全生产委员会(以下简称"安委会")全体(扩大)会议。

1月11日,陈涛厅长出席省广播电视总台"为时代发声——江苏广电金荔枝之夜"晚会。

1月11日,倪海清副厅长参加全省宣传部长会议。

1月12日,陈涛厅长、郁冰滢二级巡视员在江苏会场参加商务部县域商业体系建设暨农村药品保供工作会议。

1月12日,吴海云副厅长出席2023(第十六届)苏商领袖年会。

1月12日,孙津副厅长赴省人民政府外事办公室对接年度境内外重大活动有关安排。

1月12日,孙津副厅长陪同方伟副省长赴镇江检查商务领域安全生产和市场保供情况。

1月13日,陈涛厅长参加全省安全生产电视电话会议暨省安委会全体(扩大)会议。

1月13日,陈涛厅长参加省委农村工作领导小组会议。

1月13日,陈涛厅长、孙津副厅长参加中韩(盐城)产业园建设工作联席会议第八次会议。

1月13日,陈涛厅长、孙津副厅长出席省商务厅与盐城市政府共建绿色低碳发展示范区合作框架协议签约仪式。

1月13日,吴海云副厅长参加全国贯彻落实习近平总书记关于爱国卫生运动重要指示精神电视电话会议。

1月13日,孙津副厅长与太仓市政府有关负责同志座谈交流。

1月13日,孙津副厅长出席南通市与省海外代表座谈交流会。

1月13日,郁冰滢二级巡视员赴泰州开展商务领域安全生产暨农产品市场保供督查。

1月14日至18日,姜昕副厅长、吴海云副厅长、倪海清副厅长参加中国人民政治协商会议江苏省第十三届委员会第一次会议。

1月15日至19日,陈涛厅长参加江苏省第十四届人民代表大会第一次会议。

1月16日,孙津副厅长在省委参加全国疫情防控工作电视电话会议。

1月16日,朱益民一级巡视员赴南京经济技术开发区(以下简称"经开区")开展安全生产专项整治督查。

1月16日,王存二级巡视员出席省政府新闻发布会。

1月17日,陈涛厅长参加省新冠疫情防控工作领导小组会议。

1月17日,孙津副厅长召开厅安委会工作会议。

1月17日,周晓阳副厅长与国有资产监督管理委员会(以下简称"国资委")有关负责同志和江苏省苏豪控股集团有限公司主要负责同志会商工作。

1月17日,郁冰滢二级巡视员召开电商抗疫药品保供工作座谈会。

1月17日,王存二级巡视员召开成品油专项整治工作推进协调会。

1月17日,王存二级巡视员在省工业和信息化厅参加药品保供相关会议。

1月18日,陈涛厅长主持召开厅海外工作会议,孙津副厅长、驻省商务厅纪检监察组郝建祥组长、朱益民一级巡视员、郁冰滢二级巡视员、王存二级巡视员参加会议。

1月18日,陈涛厅长主持召开2022年度厅机关总结表彰大会,厅领导班子成员参加。

1月18日,吴海云副厅长调研南京药品流通企业,并检查大型商业综合体安全生产工作。

1月18日,孙津副厅长与韩国SK集团(中国)高级副总裁李新明以视频形式交流工作。

1月18日,周晓阳副厅长出席省政府《关于推动经济运行率先整体好转的若干政策措施》新闻发布会。

1月19日,姜昕副厅长召集部署节前安全检查及节日值班等工作。

1月19日,郁冰滢二级巡视员参加全国电子商务工作视频会议。

1月28日,姜昕副厅长召集研究全省商务工作会议筹备有关事宜。

1月28日、1月30日，孙津副厅长参加省政府研究台商反馈诉求专题会议。

1月28日，吴海云副厅长赴省政务服务中心商务厅窗口慰问指导工作并看望窗口一线工作人员。

1月29日，陈涛厅长参加省深入打好污染防治攻坚战指挥部视频会议。

1月29日，方伟副省长出席全省商务工作座谈会并讲话，省政府黄澜副秘书长主持会议，厅领导班子成员参加。

1月29日，全省商务工作会议在南京召开，陈涛厅长作工作报告，姜昕副厅长主持会议，厅领导班子成员参加。

1月29日，吴海云副厅长召集研究商务诚信平台优化工作。

1月29日，吴海云副厅长参加胡广杰副省长主持召开的研究培育壮大市场主体相关举措专题会议。

1月29日，孙津副厅长参加省重大项目建设领导小组会议。

1月30日，陈涛厅长和厅领导班子成员参加2022年全国商务工作电视电话会议。

1月30日，姜昕副厅长、驻省商务厅纪检监察组郝建祥组长参加省纪委全会。

1月30日，姜昕副厅长听取响水口岸工作情况汇报。

1月30日，吴海云副厅长召集研究商务诚信平台优化工作。

1月31日，陈涛厅长参加省政府推动经济运行率先整体好转视频调度会议。

1月31日，姜昕副厅长召集研究口岸能力提升工作。

1月31日，吴海云副厅长召集研究内外贸一体化试点工作。

1月31日，倪海清副厅长参加全国国有企业改革三年行动总结电视电话会。

2月1日，陈涛厅长参加省委农村工作会议。

2月1日，姜昕副厅长参加省委政法工作会议。

2月1日，姜昕副厅长、倪海清副厅长召集研究全省高水平对外开放推进大会筹备工作。

2月1日,姜昕副厅长召集研究服务贸易创新发展工作。

2月1日,周晓阳副厅长与浙江省商务厅调研组座谈交流开放型经济有关工作。

2月1日,朱益民一级巡视员召开研究支持国家级经济技术开发区创新提升更好发挥示范作用政策座谈会。

2月2日,厅党组书记陈涛主持召开2022年度厅党组民主生活会,厅领导班子成员参加。

2月2日,陈涛厅长参加省政府2023年全省重大项目建设动员会。

2月2日,姜昕副厅长召集研究机关党建工作。

2月2日,吴海云副厅长参加胡广杰副省长召开的听取《关于深化电子电器行业管理制度改革的实施意见》起草情况汇报专题会议。

2月2日,周晓阳副厅长召开省中美经贸摩擦暨出口管制应对工作座谈会。

2月3日,姜昕副厅长参加省委考核工作委员会办公室召开的2022年度年终综合考核工作动员部署会。

2月3日,吴海云副厅长参加全省安全防范工作调度会。

2月3日,孙津副厅长陪同方伟副省长赴北京与商务部凌激副部长交流工作。

2月3日,倪海清副厅长参加全省对口支援协作合作工作电视电话会议。

2月3日,倪海清副厅长参加许昆林省长召开的推进中阿(联酋)产能合作示范园建设工作专题会议。

2月3日,省商务厅荣获2022年度省政务服务中心红旗窗口荣誉称号。

2月6日至10日,吴海云副厅长、驻省商务厅纪检监察组郝建祥组长、王存二级巡视员参加第二期省管干部学习贯彻习近平新时代中国特色社会主义思想和党的二十大精神集中轮训。

2月6日,孙津副厅长赴省科学技术厅会商省外资研发中心鼓励政策有关事宜。

2月7日,陈涛厅长在苏州参加省人大组织的全国人大代表调研活动。

2月7日,姜昕副厅长召集研究服务贸易工作。

2月7日,姜昕副厅长召开研究滨海港区中海油江苏液化天然气(LNG)码头对外开放专题会议。

2月7日,孙津副厅长参加省委新春第一会筹备工作会议。

2月7日,孙津副厅长召集研究2023年厅机关出访团组安排有关事宜。

2月7日至9日,周晓阳副厅长陪同商务部对外贸易司张冠彬副司长在苏州开展工作调研。

2月7日,倪海清副厅长出席省工商业联合会2023年江苏省总商会联谊会。

2月8日,姜昕副厅长、倪海清副厅长召集研究全省高水平对外开放推进大会筹备事宜。

2月8日至9日,孙津副厅长赴昆山开展外商投资立法调研。

2月8日,孙津副厅长约谈江苏德龙镍业有限公司常务副总经理吴文南。

2月8日,周晓阳副厅长参加商务部外贸政策座谈会。

2月8日,倪海清副厅长召开省有关部门推进高水平开放文件起草讨论会。

2月8日,朱益民一级巡视员赴苏州参加全省制造业智能化数字化转型工作推进会。

2月9日,陈涛厅长在省委参加省清理和规范庆典研讨会论坛活动工作领导小组会议。

2月9日,姜昕副厅长召开创新服务贸易发展机制工作专班会议。

2月9日,倪海清副厅长参加全省金融工作会议。

2月9日,朱益民一级巡视员在苏州参加全省制造业智能化数字化转型工作推进会。

2月10日,陈涛厅长参加省级机关党的建设工作会议。

2月10日,吴海云副厅长出席"守望平安"——省消防救援总队"向人民报告"活动。

2月10日,孙津副厅长参加2023年全国外资工作暨重点外资项目工作专班电视电话会议。

2月10日,孙津副厅长召开全省外资工作座谈会。

2月10日,周晓阳副厅长召开全省外贸工作座谈会。

2月10日,朱益民一级巡视员陪同方伟副省长会见美国空气产品公司中国区副总裁冯燕一行。

2月13日,陈涛厅长主持召开厅综合考核汇报会,厅领导班子成员参加。

2月13日至17日,周晓阳副厅长、倪海清副厅长参加第二期省管干部学习贯彻习近平新时代中国特色社会主义思想和党的二十大精神集中轮训。

2月14日,陈涛厅长与中国对外贸易中心徐兵副主任座谈交流。

2月14日,姜昕副厅长赴连云港花果山机场调研扩大开放验收准备情况。

2月14日,吴海云副厅长与商务部配额许可证事务局顾战清副局长座谈交流。

2月14日至15日,郁冰滢二级巡视员赴扬州宝应指导开展电子商务进农村综合示范绩效评价等工作。

2月15日,陈涛厅长参加住苏全国政协委员座谈会。

2月15日,陈涛厅长参加省政府研究推进全省新能源汽车行业高质量发展工作专题会议。

2月15日至16日,姜昕副厅长在连云港开展口岸工作调研。

2月15日,吴海云副厅长陪同浙江省商务厅调研组在南京开展商业体系相关工作调研。

2月15日至16日,吴海云副厅长先后参加九三学社江苏省九届三次常委会议、九三学社江苏省第九届委员会第二次全体(扩大)会议。

2月15日,王存二级巡视员参加江苏省消费者权益保护委员会第一届委员会第六次会议。

2月16日,陈涛厅长陪同省委信长星书记在盐城调研。

2月16日,吴海云副厅长参加商务部召开的全国商务领域岁末年初安全

生产重大隐患专项整治线上督导会。

2月16日,王存二级巡视员在无锡召开全省市场运行和消费促进工作会议并调研加油站工作。

2月17日,陈涛厅长会见香港特区政府驻上海经济贸易办事处主任蔡亮一行。

2月17日,姜昕副厅长参加全省组织部长会议。

2月17日,吴海云副厅长召集研究2023年老字号促消费活动安排。

2月17日,孙津副厅长会见加拿大驻沪副总领事孔毅翔一行。

2月17日,孙津副厅长参加江苏发展大会筹备工作动员会议。

2月17日,王存二级巡视员召集研究江苏省参加中国国际消费品博览会有关工作。

2月20日,陈涛厅长参加省疫情联防联控指挥部会议。

2月20日,陈涛厅长会见中国建设银行江苏省分行党委书记、行长刘广良一行。

2月20日,姜昕副厅长召开厅口岸建设提升工作专班会议。

2月20日,姜昕副厅长召开2022年全省商务运行情况新闻发布会。

2月20日至21日,孙津副厅长赴商务部对接沟通江苏德龙镍业有限公司印度尼西亚项目有关工作。

2月20日至25日,郁冰滢二级巡视员参加第二期省管干部学习贯彻习近平新时代中国特色社会主义思想和党的二十大精神集中轮训。

2月20日,王存二级巡视员参加成品油行业综合整治国家督导组见面会。

2月21日,陈涛厅长、朱益民一级巡视员参加方伟副省长召集的有关开发区工作专题会议。

2月21日,陈涛厅长在省人大参加全国人大代表提出议案建议工作座谈会。

2月21日至22日,姜昕副厅长赴东台参加安全生产巡查反馈会。

2月21日,吴海云副厅长参加全国商务领域岁末年初安全生产重大隐患专项整治线上督导会。

2月21日至22日，驻省商务厅纪检监察组郝建祥组长赴如皋调研电子商务进农村综合示范项目中期绩效评价工作。

2月21日，朱益民一级巡视员参加省人大《江苏省科学技术进步条例》贯彻实施座谈会。

2月21日至22日，驻商务厅纪检监察组郝建祥组长赴如皋调研电子商务进农村综合示范项目中期绩效评价工作。

2月22日，陈涛厅长参加省委统一战线工作领导小组会议。

2月22日，陈涛厅长在省委参加全国疫情防控电视电话会议。

2月22日，姜昕副厅长参加全省统一战线工作部部长会议。

2月22日至23日，吴海云副厅长赴商务部参加预付卡管理办法修订工作座谈会。

2月22日，孙津副厅长参加商务部服务业扩大开放综合试点视频推进会议。

2月22日，孙津副厅长陪同方伟副省长在江阴调研外资企业。

2月22日，孙津副厅长会见福特汽车（中国）有限公司副总裁向小芳一行。

2月22日，周晓阳副厅长召集研究厅稳外贸稳外资工作专班（稳外贸）和外贸新业态提升工作专班有关工作。

2月22日，周晓阳副厅长参加全省老干部工作先进集体和先进工作者表彰大会暨全省老干部局长会议。厅离退休处荣获全省老干部工作先进集体。

2月22日，驻省商务厅纪检监察组郝建祥组长参加省纪委监委派驻省级机关纪检监察组2022年度工作总结交流会。

2月22日，倪海清副厅长在省政府参加省数字人民币试点工作领导小组（扩大）会议。

2月22日，王存二级巡视员召开厅自贸试验区提升工作专班会议。

2月23日，陈涛厅长陪同许昆林省长会见通用电气医疗集团全球超声业务首席执行官罗兰德。

2月23日,吴海云副厅长参加商务部市场体系建设司在北京召开的单用途预付卡管理工作座谈会。

2月23日,孙津副厅长陪同方伟副省长在张家港调研外资企业。

2月23日,周晓阳副厅长召开省级集团外贸工作座谈会。

2月24日至28日,陈涛厅长参加学习贯彻习近平新时代中国特色社会主义思想和党的二十大精神研讨班。

2月24日,陈涛厅长参加全省疫情防控工作电视电话会议。

2月24日,吴海云副厅长参加九三学社连云港市九届四次全委会。

2月24日,孙津副厅长赴省人保出席境外人员意外伤害及安全防卫保险项目签约仪式。

2月24日,孙津副厅长陪同方伟副省长分别会见南非共和国驻沪总领事齐朴和法国驻沪总领事王度。

2月24日,倪海清副厅长与宁夏商务厅调研组座谈交流。

2月24日,朱益民一级巡视员会见南非共和国驻沪总领事齐朴。

2月24日,王存二级巡视员召开消费品牌提升专班会议。

2月27日,姜昕副厅长参加省委国家安全委员会办公室专题研判会。

2月27日,孙津副厅长参加省委第三届江苏发展大会嘉宾邀请工作部署会议。

2月27日,孙津副厅长参加省政府研究赴美参加"中国—加州经贸论坛"相关工作筹备情况及赴香港访问工作预案专题会议。

2月27日,孙津副厅长会见西门子(中国)有限公司副总裁兼华东地区总经理何巍一行。

2月27日,倪海清副厅长参加省委财经委员会会议。

2月27日,朱益民一级巡视员召开全省商务领域安全生产工作电视电话会议。

2月27日,朱益民一级巡视员召开开发区优势提升专班会议。

2月27日,王存二级巡视员陪同广西壮族自治区商务厅调研组调研江苏自贸试验区南京片区。

2月28日至3月2日,陈涛厅长参加在苏十四届全国人大代表会前学习活动。

2月28日,姜昕副厅长、吴海云副厅长参加全省重点行业领域安全生产风险专项整治巩固提升年行动部署会。

2月28日,姜昕副厅长召开全省商贸服务业暨安全生产工作座谈会。

2月28日,孙津副厅长陪同方伟副省长会见芬兰总领事嵇安诺一行。

2月28日,孙津副厅长会见新加坡金鹰集团中国区副总裁马康一行。

2月28日,倪海清副厅长出席省数字人民币应用主题展暨项目签约仪式。

2月28日,朱益民一级巡视员召开部分省级以上(含)经开区综合考核集中约谈工作会议。

2月28日,郁冰滢二级巡视员在邳州市出席省商务厅电商公共服务全省行(第六站)活动。

3月1日至3日,姜昕副厅长与上海市商务委(上海市口岸办)张杰副主任共同调研南通、苏州口岸工作,并就深化长三角一体化合作座谈交流。

3月1日,姜昕副厅长参加2023年全国服务贸易和商贸服务业工作电视电话会议。

3月1日,姜昕副厅长为厅机关处级干部学习贯彻党的二十大精神培训班作开训动员。

3月1日,孙津副厅长会见日本丸红株式会社执行董事、丸红中国总代表筱田聪夫。

3月1日至3日,周晓阳副厅长陪同商务部对外贸易司二级巡视员苏斌在南京、苏州开展加工贸易专题调研。

3月1日,王存二级巡视员参加全国消费促进工作电视电话会议。

3月2日,孙津副厅长会见香港贸易发展局内地港商考察团。

3月2日,周晓阳副厅长陪同商务部对外贸易司领导在苏州开展加工贸易专题调研。

3月2日至4月28日,驻省商务厅纪检监察组郝建祥组长、王存二级巡视员参加第 46 期省管干部进修班。

3月3日至13日,陈涛厅长赴北京参加全国两会。

3月3日,孙津副厅长与商务部亚洲司罗晓梅副司长在南京进行工作交流。

3月3日,孙津副厅长会见美国中西部对华商会执行会长陈辽瑞。

3月3日,倪海清副厅长参加全省农业农村重大项目建设视频调度会。

3月3日,郁冰滢二级巡视员赴无锡出席 2023 中国汽车消费太湖论坛暨"苏新消费 汽车享购全省行"无锡春季车展。

3月6日,孙津副厅长参加省人大外资条例起草工作专题会议。

3月6日,朱益民一级巡视员在苏州参加省开放型经济工作领导小组专题会议。

3月6日至7日,朱益民一级巡视员陪同方伟副省长在南通开展工作调研和园区安全生产检查。

3月7日,姜昕副厅长参加全省政府秘书长和办公室(厅)主任会议。

3月7日,姜昕副厅长、郁冰滢二级巡视员率厅机关处级干部学习贯彻党的二十大精神培训班学员赴东部战区军史馆参观。

3月7日,姜昕副厅长参加海港处党支部组织生活会。

3月7日至8日,孙津副厅长陪同方伟副省长赴盐城、连云港开展工作调研,在盐城出席省境外公民和机构安全保护联席会议暨省"一带一路"建设境外安全保障协调小组专题会议。

3月7日,周晓阳副厅长与上海市商务委申卫华副主任座谈交流。

3月8日,姜昕副厅长赴句容了解厅驻村书记工作情况。

3月8日,朱益民一级巡视员赴常州开展支部党建活动并在金坛经开区开展工作调研。

3月9日,姜昕副厅长在无锡召开全省服务贸易条线工作会议暨数字贸易推进会议。

3月9日,姜昕副厅长陪同商务部服务贸易和商贸服务业司领导在苏州开展工作调研。

3月9日,孙津副厅长会见浙江省商务厅石琪琪副厅长。

3月9日至10日,周晓阳副厅长陪同方伟副省长在连云港、扬州调研重点外贸外资企业。

3月9日,倪海清副厅长会见江苏省援助青海省总指挥王凯一行。

3月9日,朱益民一级巡视员在常州召开全省开发区条线工作会议。

3月10日,姜昕副厅长召集研究口岸工作。

3月10日,孙津副厅长召集研究企业家太湖论坛筹备工作。

3月10日,孙津副厅长会见黑龙江省商务厅王居堂一级巡视员。

3月13日,姜昕副厅长、吴海云副厅长分别会见扬州市张礼涛副市长。

3月13日,吴海云副厅长召开第五届中国(江苏)老字号博览会工作会议。

3月14日,吴海云副厅长赴无锡调研内外贸一体化工作。

3月14日,朱益民一级巡视员参加省政府讨论支持苏州工业园区相关文件专题会。

3月14日,孙津副厅长会见戴德梁行华东区董事总经理黎庆文。

3月15日,陈涛厅长参加江苏省传达学习贯彻全国两会精神会议。

3月15日,陈涛厅长、孙津副厅长会见中国对外承包工程商会会长房秋晨。

3月15日,姜昕副厅长与机关党委机关团委研究机关青年工作。

3月15日,倪海清副厅长与伊犁哈萨克自治州商务局有关领导座谈交流援疆受援工作。

3月15日,朱益民一级巡视员出席江苏省开发区协会第四届五次理事(扩大)会议暨第二届江苏开发区高质量发展研讨会。

3月16日,陈涛厅长参加方伟副省长召开的分管领域工作调度会。

3月16日,陈涛厅长出席"2023南京国际消费节·宁享好时光"活动启动仪式。

3月16日,孙津副厅长在南京出席第四届国际工程信息化管理论坛。

3月16日,孙津副厅长陪同方伟副省长分别会见渣打银行(中国)行长张晓蕾和欧绿保集团全球董事长史伟浩。

3月16日至17日,周晓阳副厅长在常州陪同商务部对外贸易司二级巡视员刘晓光开展新能源产业专题调研。

3月16日,朱益民一级巡视员赴商务部外国投资管理司汇报对接工作。

3月16日,郁冰滢二级巡视员赴苏州召开全省市场体系建设工作会议。

3月17日,姜昕副厅长召集研究厅机关纪检工作。

3月17日至18日,孙津副厅长先后在苏州、南通调研重点外资企业,推进"走进跨国公司总部"行动。

3月17日,倪海清副厅长在徐州陪同商务部财务司领导开展外经贸提质增效督导调研。

3月17日,朱益民一级巡视员在商务部外国投资管理司汇报对接工作。

3月17日,郁冰滢二级巡视员在苏州组织召开全省市场体系建设工作会议。

3月19日,姜昕副厅长陪同方伟副省长、黄澜副秘书长在无锡主会场出席全省"苏新消费·春惠江苏"启动仪式。

3月22日,孙津副厅长在无锡参加国家发展和改革委员会主办的首场国际产业投资合作活动。

3月22日,周晓阳副厅长与南京市商务局谈勇副局长座谈交流。

3月22日,倪海清副厅长会见中国进出口银行江苏省分行王新副行长。

3月22日,郁冰滢二级巡视员参加国务委员谌贻琴在南京主持召开就业工作座谈会。

3月23日,孙津副厅长会见俄罗斯莫斯科州州长顾问阿尔乔姆·谢苗诺夫。

3月23日,朱益民一级巡视员赴商务部汇报对接苏州工业园区相关工作。

3月23日,郁冰滢二级巡视员在常州召开2023全省商务系统电商工作会议。

3月24日,陈涛厅长、姜昕副厅长召集研究2022年度商务领域督查激励建议名单。

3月24日，陈涛厅长陪同许昆林省长会见英国阿斯利康全球首席执行官苏博科一行，并主持省政府与阿斯利康战略合作框架协议签约仪式。

3月24日，孙津副厅长陪同省人大常委会周广智副主任在太仓开展《江苏省外商投资条例》立法调研。

3月24日，朱益民一级巡视员召开开发区高质量发展座谈会。

3月27日，孙津副厅长会见美国百事公司大中华区集团事务副总裁张咏清。

3月27日，周晓阳副厅长赴镇江开展外贸专题调研。

3月28日，陈涛厅长陪同许昆林省长会见德国瓦克化学股份有限公司总裁兼首席执行官贺达一行。

3月28日，陈涛厅长参加省委2022年度干部选拔任用"一报告两评议"会议。

3月28日，陈涛厅长参加2023年全省机关作风建设暨优化营商环境大会。

3月28日，吴海云副厅长在上海参加商务部等三部门举办的"棉纺消费季"启动仪式。

3月28日，孙津副厅长在省政府通过视频会议方式参加商务部有关招商引资活动启动仪式。

3月28日，朱益民一级巡视员赴太仓出席太仓市撤县建市三十周年暨德企发展30年大会。

3月29日，陈涛厅长会见中国联通集团公司江苏省分公司总经理彭胜军一行。

3月29日，陈涛厅长陪同许昆林省长会见中国欧盟商会主席伍德克一行。

3月29日，姜昕副厅长召开全省口岸管理办公室主任座谈会。

3月29日，吴海云副厅长在北京参加商务部内外贸一体化试点工作座谈会。

3月29日,孙津副厅长参加第三届江苏发展大会邀请联络组工作调度会。

3月29日,倪海清副厅长参加省政府"在构建新发展格局上走在前"调研专题会议。

3月30日,陈涛厅长参加江苏·宁夏经济社会发展情况交流座谈会。

3月30日,陈涛厅长会见苏州工业园区党工委书记沈觅一行。

3月30日至31日,姜昕副厅长陪同商务部服务贸易和商贸服务业司王志华副司长在南京、镇江调研。

3月30日,吴海云副厅长召集研究2023年老字号"三进三促"活动安排。

3月30日,孙津副厅长在南京走访调研外资企业。

3月30日至31日,周晓阳副厅长在西安参加全国外贸工作会议。

3月30日,倪海清副厅长召开江苏自贸试验区数字人民币创新应用研讨会。

3月30日,倪海清副厅长参加江苏宁夏经贸合作暨企业家恳谈会。

3月31日,陈涛厅长参加省政府全体会议。

3月31日,陈涛厅长在省分会场参加国务院有关会议。

3月31日,陈涛厅长陪同许昆林省长会见德国林德公司全球首席执行官蓝胜杰一行。

3月31日,倪海清副厅长召开贸研所联络员会议。

4月3日,陈涛厅长、孙津副厅长会见荷兰北布拉邦省经济发展署副署长博林柯一行。

4月3日至4日,倪海清副厅长参加江苏省代表团赴辽宁考察交流。

4月4日,陈涛厅长、孙津副厅长参加方伟副省长召集的太湖论坛筹备工作会议。

4月4日,陈涛厅长会见中国欧盟商会南京分会董事会主席安睿史一行。

4月4日、4月6日,孙津副厅长参加省政府落实对柬埔寨有关事项专题会。

4月4日,接省委考核办通知,省商务厅2022年度综合考核被评为第一等次。

4月6日,陈涛厅长参加省委全面深化改革委员会第三十五次会议。

4月6日,姜昕副厅长召集研究学习贯彻习近平新时代中国特色社会主义思想主题教育相关工作。

4月6日,吴海云副厅长召开省商务厅安全生产委员会办公室会议。

4月6日,孙津副厅长出席江苏省香港商会成立十周年庆典活动。

4月6日,孙津副厅长会见美中清洁技术中心总裁安锋。

4月6日至7日,倪海清副厅长赴青海出席海南藏族自治州国家可持续发展议程创新示范区推进会有关活动。

4月7日,吴海云副厅长在省分会场参加全国自建房安全专项整治工作电视电话会议。

4月7日,孙津副厅长参加省国家安全有关会议。

4月7日,郁冰滢二级巡视员在省政府参加省就业工作领导小组暨省农民工工作领导小组扩大会议。

4月7日,郁冰滢二级巡视员出席省经贸学会换届工作会议。

4月7日,郁冰滢二级巡视员出席省广播电视总台"行进江苏 遇见美好"全媒体联动直播首站活动。

4月8日,朱益民一级巡视员在宜兴出席"与江共生 '绿'满新征程——长江经济带及黄河流域省级党报全媒体行"暨"绿色园区 绿色增长"高质量发展主题论坛。

4月10日,陈涛厅长参加全省学习贯彻习近平新时代中国特色社会主义思想主题教育动员会议。

4月10日,姜昕副厅长召集研究学习贯彻习近平新时代中国特色社会主义思想主题教育相关工作。

4月10日,吴海云副厅长出席助力商贸型中小企业数字化转型高峰论坛。

4月10日,孙津副厅长会见普华永道中国全球跨境服务主管合伙人黄耀和。

4月10日,孙津副厅长召开第三届中国—非洲经贸博览会江苏团筹备工作会议。

4月10日,周晓阳副厅长出席省进出口商会四届三次理事会暨2023江苏外经贸企业老总沙龙。

4月10日,郁冰滢二级巡视员在省政府参加"菜篮子"食品管理联席会议。

4月10日至12日,王存二级巡视员在海南出席第三届中国国际消费品博览会有关活动。

4月11日至15日,陈涛厅长陪同方伟副省长率江苏省代表团访问中国香港和中国澳门,出席首届香港国际创科展开幕式、江苏驻港企业座谈会,拜访香港交易所、香港贸易发展局,并出席江苏省与香港商协会交流早餐会。

4月11日,姜昕副厅长召开2023年度省人大代表建议政协委员提案交办会议。

4月11日,吴海云副厅长召开省内外贸一体化协调机制联络员会议。

4月11日,周晓阳副厅长在南京调研新能源行业外贸企业。

4月11日,倪海清副厅长召开"在新发展格局上走在前"省商务厅调研报告讨论会。

4月12日,姜昕副厅长召集研究《省商务厅党组关于深入开展学习贯彻习近平新时代中国特色社会主义思想主题教育的实施方案(讨论稿)》等。

4月12日至13日,姜昕副厅长在启东调研口岸工作。

4月12日,倪海清副厅长赴中国出口信用保险公司江苏分公司开展工作调研。

4月12日,省自由贸易试验区工作办公室(以下简称"自贸办")汤大军副主任在南京出席集成电路EDA创新生态发展高峰论坛。

4月12日,朱益民一级巡视员在南京出席第二届"绿创杯"绿色技术创新大赛决赛暨第六届国家经济技术开发区绿色发展论坛。

4月13日,孙津副厅长参加省委中阿(联酋)产能合作示范园有关工作专题会议。

4月13日,倪海清副厅长参加省政府"在构建新发展格局上走在前"调研工作专题会议。

4月14日,姜昕副厅长召集研究开展学习贯彻习近平新时代中国特色社会主义思想主题教育有关工作。

4月14日,吴海云副厅长参加省政府全省既有建筑暨自建房安全隐患整治工作推进电视电话会议。

4月14日至19日,周晓阳副厅长在广州参加第133届广交会有关活动。

4月14日,倪海清副厅长陪同省领导参加江苏·青海两省座谈会。

4月17日,陈涛厅长主持召开厅深入开展学习贯彻习近平新时代中国特色社会主义思想主题教育动员会议,厅领导班子成员参加会议。

4月17日,姜昕副厅长与省住房和城乡建设厅总工程师路宏伟交流省住房和城乡建设厅拟举办"2023江苏绿色低碳建筑国际博览会"相关事宜。

4月17日,倪海清副厅长出席2023年拉萨市绿色工业招商引资推介会。

4月18日,陈涛厅长参加省委长三角一体化有关工作会议。

4月18日,姜昕副厅长召开厅学习贯彻习近平新时代中国特色社会主义思想主题教育领导小组办公室会议。

4月18日,姜昕副厅长召集讨论口岸工作相关文件。

4月18日,吴海云副厅长召集研究2023年老字号"三进三促"启动仪式和南京站活动筹备工作。

4月18日至19日,孙津副厅长陪同省人大常委会外事委员会主任姜金兵赴泰州开展外商投资立法调研。

4月18日,倪海清副厅长召开2023年部门预算管理暨预算分解会议。

4月18日至19日,倪海清副厅长陪同马欣常务副省长在无锡市调研构建新发展格局工作。

4月18日,省自贸办汤大军副主任召开省自贸办学习贯彻习近平新时代中国特色社会主义思想主题教育专题会议。

4月19日,陈涛厅长参加中央指导组座谈会。

4月19日,陈涛厅长参加省政府第一次廉政工作会议和全省一季度经济运行分析调度会议。

4月19日,陈涛厅长陪同省委信长星书记与台湾工业总会参访团座谈交流。

4月19日,吴海云副厅长在北京参加商务部单用途预付卡管理办法修订工作座谈会。

4月20日,陈涛厅长参加省委举办的省级领导干部主题教育读书班开班式。

4月20日,姜昕副厅长召开2022年度综合考核整改提高工作会议。

4月20日,姜昕副厅长与省贸促会尹建庆会长交流工作。

4月20日,孙津副厅长陪同方伟副省长在南京与台湾工业总会及会员企业台商代表座谈。

4月20日,倪海清副厅长在南京参加全国政协"推进高水平对外开放"调研座谈会。

4月20日,倪海清副厅长与南京师范大学中国法治现代化研究院专家座谈交流。

4月20日,王存二级巡视员在省分会场参加2023年处置非法集资部际联席会议暨网贷整治工作电视电话会议。

4月21日,陈涛厅长陪同省委信长星书记会见韩国SK集团副会长徐镇宇一行。

4月21日,陈涛厅长参加省级领导干部主题教育读书班专题辅导。

4月21日,吴海云副厅长召集研究第五届中国(江苏)老字号博览会有关工作。

4月21日,孙津副厅长参加省人民政府外事办公事对美工作专题会议。

4月21日,孙津副厅长会见美国通用电气医疗集团全球副总裁谢福俊一行。

4月21日,孙津副厅长召集研究在省领导出访哥斯达黎加期间举办配套经贸活动有关工作。

4月21日,孙津副厅长、省自贸办汤大军副主任召开产业链供应链国际合作交流会暨企业家太湖论坛筹备会议。

4月21日,王存二级巡视员召开分管领域省人大重点建议办理第一次专题会议。

4月22日至5月2日,孙津副厅长率江苏省"走进跨国公司总部"投资促进代表团访问欧洲。

4月23日,姜昕副厅长出席"牢记嘱托 感恩奋进"——江苏省女企业家主题活动。

4月23日,吴海云副厅长召集研究老字号掌门人直播活动筹备工作。

4月23日,朱益民一级巡视员参加省南北结对帮扶合作协调小组第一次会议。

4月24日,陈涛厅长参加许昆林省长主持召开省安委会会议。

4月24日,姜昕副厅长在省委参加全国保密工作电视电话会议。

4月24日,姜昕副厅长参加省政府全省安全生产电视电话会议。

4月24日,倪海清副厅长召开"推进高水平开放 加快建设具有世界聚合力的双向开放枢纽"重点调研课题专题学习会议。

4月25日,陈涛厅长召开厅长办公会,审议《2023年全省商务领域安全生产工作要点》和《省商务厅领导班子成员2023年安全生产重点工作清单》等,厅领导班子成员参加会议。

4月25日,姜昕副厅长召开厅学习贯彻习近平新时代中国特色社会主义思想主题教育工作部署会。

4月25日至26日,吴海云副厅长在济南参加全国城市商业体系建设工作现场会暨一刻钟便民生活圈建设推进会。

4月25日,倪海清副厅长在南京江北新区,就主题教育重点调研课题"推进高水平开放加快建设具有世界聚合力的双向开放枢纽"开展实地调研。

4月25日,省自贸办汤大军副主任参加省政府优化营商环境、促进高质量发展专题座谈会。

4月26日,陈涛厅长参加全省2022年度高质量发展总结表彰会议。

4月26日,陈涛厅长陪同省委信长星书记在常州会见美敦力公司全球董

事长兼首席执行官杰夫·马萨一行。

4月26日,姜昕副厅长陪同许昆林省长会见长上海三角科创投资促进会会长王志雄一行。

4月26日,倪海清副厅长出席拉萨市政府在南京举办的"圣洁拉萨·茉莉格桑共芬芳"高铁冠名列车首发仪式。

4月26日,省自贸办汤大军副主任出席中国(江苏)国际知识产权应用暨合作交流大会。

4月26日,省自贸办汤大军副主任召开研究协调解决韩国(SK)集团反映问题诉求专题会议。

4月26日,省自贸办汤大军副主任召集研究中国(江苏)自由贸易试验区工作领导小组第五次全体会议有关上会文件。

4月26日,朱益民一级巡视员召开开发区高质量发展座谈会。

4月27日,陈涛厅长陪同许昆林省长在南京调研。

4月27日,陈涛厅长陪同许昆林省长会见沃尔玛(中国)投资有限公司总裁及首席执行官朱晓静一行。

4月27日,陈涛厅长陪同省委邓修明副书记会见世界共产党理论干部考察团一行。

4月27日,陈涛厅长主持召开厅党组学习贯彻习近平新时代中国特色社会主义思想主题教育研讨交流会,厅领导班子成员参加。

4月27日,受陈涛厅长委托,姜昕副厅长主持厅党组学习贯彻习近平新时代中国特色社会主义思想主题教育专题辅导,厅领导班子成员参加。

4月27日,吴海云副厅长召开全省商务领域安全生产工作电视电话会议暨"生命至上,隐患必除"消防安全专项行动动员部署会议。

4月28日,陈涛厅长主持厅党组学习贯彻习近平新时代中国特色社会主义思想主题教育读书班开班式,厅领导班子成员参加。

4月28日,陈涛厅长、周晓阳副厅长参加方伟副省长召集的有关专题会议。

4月28日,吴海云副厅长出席江宁老字号"三进三促"活动启动仪式。

4月28日,驻省商务厅纪检监察组郝建祥组长参加省纪委常委、省纪委监委办公厅主任祁新来厅召开的省纪检监察干部队伍教育整顿调研座谈会。

4月29日,陈涛厅长、王存二级巡视员在南通出席全省"苏新消费·夏夜生活"启动仪式。

4月29日,吴海云副厅长出席"苏新消费"汽车享购全省行暨江北新区第二届汽车文化节启动仪式。

5月4日,陈涛厅长在省政府参加方伟副省长召开的工作调度会。

5月4日,倪海清副厅长召开高水平开放专家座谈会。

5月5日,姜昕副厅长参加第八巡回指导组召开的有关厅局学习贯彻习近平新时代中国特色社会主义思想主题教育办公室主任工作座谈会。

5月5日,吴海云副厅长在省人大参加《中华人民共和国特种设备安全法》《江苏省特种设备安全条例》执法检查组全体会议。

5月5日,倪海清副厅长召开开放型经济对标找差专题会议。

5月5日,省自贸办汤大军副主任与南京江北新区(南京片区)管理委员会林其坤副主任座谈交流。

5月6日,陈涛厅长与省委主题教育第八巡回指导组孔海燕组长交流工作。

5月6日,陈涛厅长、姜昕副厅长、周晓阳副厅长、倪海清副厅长参加方伟副省长召开的省开放型经济工作领导小组、省口岸工作领导小组会议暨跨境贸易便利化专项行动部署动员会。

5月6日至7日,商务部外国投资管理司先后在南京、苏州调研省内部分重点外资企业,实地考察企业家太湖论坛筹备工作。陈涛厅长与商务部外国投资管理司唐颂二级巡视员座谈交流,省自贸办汤大军副主任参加座谈和调研活动。

5月6日,孙津副厅长参加马欣常务副省长召开的全省投资工作调度会。

5月6日,朱益民一级巡视员召开商务领域行政处罚裁量权基准制定工作专题会。

5月6日,王存二级巡视员参加全国政协副主席、中华全国工商业联合会主席高云龙来江苏省开展的"积极发挥民营企业在恢复和扩大消费中的作用"重点考察调研有关座谈会。

5月8日,陈涛厅长在省委党校参加省委主题教育读书班第二阶段专题辅导。

5月8日,省委主题教育第八巡回指导组赴省商务厅指导学习贯彻习近平新时代中国特色社会主义思想主题教育工作。指导组有关负责同志与厅领导班子成员分别座谈交流。

5月8日,吴海云副厅长召集研究第五届中国(江苏)老字号博览会筹备工作。

5月8日,省自贸办汤大军副主任召集研究中国(江苏)自由贸易试验区工作领导小组第五次全体会议有关上会文件。

5月8日至9日,王存二级巡视员赴无锡陪同商务部电子商务和信息化司李佳路副司长调研工作。

5月9日至10日,陈涛厅长、倪海清副厅长赴苏州开展高水平对外开放专题调研。

5月9日,姜昕副厅长与扬州市商务局副局长张军交流工作。

5月9日至11日,吴海云副厅长赴浙江开展内外贸一体化专题调研。

5月9日,周晓阳副厅长召开省应对美国出口管制协调机制专题会。

5月9日至11日,朱益民一级巡视员先后赴徐州、苏州开展"扎实推进依法行政 保障商务领域高质量发展"专题调研。

5月10日,陈涛厅长在省政府陪同许昆林省长参加外事活动。

5月10日,陈涛厅长参加方伟副省长召开专题会议。

5月10日至11日,姜昕副厅长赴青岛开展口岸工作专题调研。

5月10日,孙津副厅长分别参加中国对外承包工程商会和省商务厅在南京联合主办的2023对外劳务合作行业发展大会和商务部对外投资和经济合作司在省商务厅召开的"走出去"企业座谈会。

5月10日,周晓阳副厅长参加省政府黄澜副秘书长召开的研究第三届中国—东欧国家博览会江苏参会筹备工作会议。

5月10日,王存二级巡视赴中国石化销售股份有限公司江苏石油分公司调研。

5月11日,陈涛厅长参加省推进"一带一路"建设工作领导小组会议。

5月11日,陈涛厅长、王存二级巡视员与湖北省商务厅王济民厅长一行座谈交流。吴海云副厅长、王存二级巡视员分别陪同在南京和常州调研农贸市场改造升级有关工作。

5月11日,孙津副厅长会见英国驻沪总领事胡克定。

5月11日至12日,孙津副厅长赴苏州开展外资总部企业发展情况专题调研。

5月11日,倪海清副厅长召开设区市高质量考核商务指标意见征求会。

5月11日,省自贸办汤大军副主任赴合肥出席长三角自由贸易试验区联盟第三次工作会议。

5月11日,朱益民一级巡视员参加省政府开发区及在港投资企业母公司座谈会。

5月12日,陈涛厅长主持召开商务运行形势分析会,孙津副厅长、周晓阳副厅长、倪海清副厅长、省自贸办汤大军副主任、王存二级巡视员参加。

5月12日,姜昕副厅长在连云港召开提升水运口岸建设发展水平专题调研座谈会。

5月12日至13日,倪海清副厅长在南通开展推进高水平对外开放专题调研。

5月13日,周晓阳副厅长陪同方伟副省长在南京会见哈萨克斯坦贸易和一体化部副部长海拉提·托列巴耶夫。

5月14日至17日,周晓阳副厅长赴宁波出席第三届中国—东欧国家博览会有关活动。

5月15日至17日,陈涛厅长主持省商务厅党组主题教育第二阶段读书班集体学习研讨交流,厅领导班子成员参加。

5月15日,陈涛厅长参加省安委会全体(扩大)会议暨全省重大事故隐患排查整治行动动员部署会和经济形势分析调度会议。

5月15日,陈涛厅长在南京会见日本贸易振兴机构上海代表处首席代表水田贤治一行。省自贸办汤大军副主任参加会见。

5月15日,孙津副厅长赴商务部参加部分省市吸引外资工作座谈会。

5月15日,倪海清副厅长赴镇江开展主题教育有关调研。

5月15日,省自贸办汤大军副主任会见强生中国政府事务有关负责人。

5月15日至16日,王存二级巡视员赴盐城出席第三届"515盐城消费节"启动仪式并开展工作调研。

5月16日,吴海云副厅长在苏州出席2023年苏州首店经济发展大会。

5月16日,省自贸办汤大军副主任参加省委台湾工作办公室对台工作相关协调会。

5月17日至18日,陈涛厅长赴盐城出席中国盐城投资环境说明会暨丹顶鹤黄海湿地生态旅游节开幕式并调研商务工作。

5月17日至19日,姜昕副厅长赴广州调研口岸工作。

5月17日至18日,吴海云副厅长先后赴扬州、泰州调研内外贸一体化工作。

5月17日,孙津副厅长陪同方伟副省长分别会见以色列驻上海总领事白乐潍和新加坡永续发展与环境部兼人力部高级政务部长许宝琨。

5月17日,省自贸办汤大军副主任召开全省外资利用情况分析调度会。

5月17日至18日,省自贸办汤大军副主任在苏州开展统筹推进自贸试验区和综合保税区保税维修高质量发展专题调研。

5月17日,朱益民一级巡视员会见辽宁省商务厅王昱萍副厅长。

5月17日,王存二级巡视员赴连云港调研电商工作。

5月18日,孙津副厅长参加省政协"一带一路"建设集中视察情况汇报会。

5月18日,孙津副厅长召集研究在省领导出访哥斯达黎加期间举办配套经贸活动有关工作。

5月18日至19日,驻省商务厅纪检监察组郝建祥组长赴徐州开展以高质量监督营造党员干部干事创新浓厚氛围专题调研。

5月18日,倪海清副厅长参加2023年中国国际服务贸易交易会省区市视频工作会。

5月18日,省自贸办汤大军副主任赴上海向重点机构和跨国公司推介企业家太湖论坛。

5月18日至19日,朱益民一级巡视员赴海南省商务厅开展依法行政工作和行政处罚裁量权基准制定工作专题调研。

5月18日,王存二级巡视员在连云港出席第四届中国·连云港电商发展大会暨518网络购物季有关活动。

5月19日,陈涛厅长陪同许昆林省长会见中国机械工业集团有限公司张晓仑董事长。

5月19日,陈涛厅长参加江苏发展大会有关活动。

5月19日,吴海云副厅长参加省双拥工作领导小组办公室创建全国双拥模范城(县)动员部署会议。

5月19日,吴海云副厅长参加省政府促进中小企业发展工作领导小组第六次会议。

5月19日,孙津副厅长参加省台湾工作办公室专题会议。

5月19日,孙津副厅长会见新加坡新捷运公司沈维明总裁。

5月19日,省自贸办汤大军副主任会见百盛集团有关负责人。

5月19日,王存二级巡视员与省税务局刘伯羽副局长交流工作。

5月19日,王存二级巡视员赴宜兴调研县域消费和消费促进工作。

5月21日至29日,孙津副厅长陪同方伟副省长出访美国、哥斯达黎加。

5月21日,王存二级巡视员在宿迁出席第五届运河电商大会开幕式。

5月22日,姜昕副厅长会见海关总署国家口岸管理办公室副主任王可一行。

5月22日至26日,省委组织部、省商务厅在南京联合举办"推进高水平对外开放专业能力提升专题培训班",各设区市商务局、部分省开放型经济工作领导小组成员单位、部分省级以上开发区相关负责同志共计50余人参加培训。姜昕副厅长出席开班仪式并作开班动员,倪海清副厅长为培训班作专

题授课。

5月22日,吴海云副厅长参加九三学社江苏省委常委会议。

5月22日,2023年中国—加州经贸论坛在美国加利福尼亚州洛杉矶市举行。江苏省作为论坛受邀主宾省,由方伟副省长带队,组织省代表团及南京、无锡、苏州、连云港四市分团共80余人赴美。方伟副省长出席论坛并发表主旨演讲;孙津副厅长参加活动。

5月23日,商务部、海关总署、财政部联合调研组在江苏开展工作调研。陈涛厅长、周晓阳副厅长参加座谈会,周晓阳副厅长陪同调研组在南京调研。

5月23日,陈涛厅长陪同省委信长星书记会见台湾三三企业交流会江苏经贸参访团。

5月23日,姜昕副厅长参加国家口岸管理办公室在南京召开的国家"十四五"规划口岸相关中期评估工作动员部署会。

5月23日,吴海云副厅长陪同许昆林省长会见中国出口信用保险公司总经理盛和泰一行。

5月23日,吴海云副厅长召开厅机关互联网+监管和"双随机、一公开"监管工作推进会。

5月23日,吴海云副厅长与青岛市商务局副局长王志刚交流工作。

5月23日,倪海清副厅长赴浙江省商务厅开展调研学习。

5月23日,省自贸办汤大军副主任参加省政府外资研发中心鼓励政策专题会议。

5月23日,省自贸办汤大军副主任召集研究企业家太湖论坛场地布置方案。

5月23日,王存二级巡视员参加省政协"大力发展乡村特色产业、推动农业强省建设"情况通报会。

5月24日至25日,陈涛厅长赴苏州开展商务工作调研。

5月24日,姜昕副厅长参加省级机关纪监工委王洪连书记调研省商务厅座谈会。

5月24日,姜昕副厅长参加省级机关部门及南京市主题教育工作座谈会。

5月24日，吴海云副厅长与商务部市场体系建设司有关负责同志交流工作。

5月24日，倪海清副厅长参加省政协政策情况通报会。

5月24日，省自贸办汤大军副主任参加商务部对外投资和经济合作司在江苏调研座谈会。

5月24日至25日，王存二级巡视员陪同省政府黄澜副秘书长赴宿迁调研。

5月25日，陈涛厅长、周晓阳副厅长与中国纺织品进出口商会会长曹甲昌座谈交流。

5月25日，姜昕副厅长在扬州出席第五届中国早茶文化节暨2023中国扬州淮扬菜美食节开幕式，并开展餐饮燃气安全生产督导检查。

5月25日，姜昕副厅长参加省委统战工作有关会议。

5月25日，吴海云副厅长召集研究第五届中国（江苏）老字号博览会有关工作。

5月25日至26日，吴海云副厅长陪同商务部市场体系建设司尹虹副司长在南京、徐州调研内外贸一体化工作。

5月25日，倪海清副厅长在无锡召开全省商务财务工作座谈会。

5月25日，省自贸办汤大军副主任召集研究企业家太湖论坛有关宣传工作。

5月25日，省自贸办汤大军副主任听取中国（江苏）自由贸易试验区研究院工作汇报。

5月26日，孙津副厅长陪同方伟副省长在哥斯达黎加首都圣何塞出席由中国驻哥斯达黎加大使馆、江苏省商务厅共同主办的江苏—哥斯达黎加经贸合作交流会，期间会见哥斯达黎加外贸部副部长德雷霍斯，与哥斯达黎加哥华人华侨团体进行广泛交流，并走访蒙特斯德奥卡县，出席"小而美"民生捐赠仪式。

5月26日，倪海清副厅长在无锡开展信用保险支持外经贸专题调研。

5月26日,倪海清副厅长参加国家乡村振兴有关工作电视电话会议。

5月26日至27日,倪海清副厅长在淮安开展高水平对外开放专题调研。

5月26日,省自贸办汤大军副主任召开《江苏省外商投资条例》一审准备会议。

5月26日、5月30日,省自贸办汤大军副主任多次召集研究企业家太湖论坛分论坛方案。

5月26日,朱益民一级巡视员陪同省委副书记邓修明会见孟加拉国人民联盟干部考察团。

5月29日,陈涛厅长参加省十四届人大常委会第三次会议(第一次全体会议)。

5月29日,陈涛厅长、省自贸办汤大军副主任会见徐州市委副书记、市长王剑锋一行。

5月29日,姜昕副厅长参加省委保密委员会全体会议。

5月29日,姜昕副厅长召开省商务厅主题教育领导小组办公室会议。

5月29日,吴海云副厅长参加省委政法委员会制定健全城乡社区治理体系行动方案专题研讨会。

5月29日,周晓阳副厅长参加省政府研究"新三样"出口专题会议。

5月29日,倪海清副厅长在北京参加中央财办有关会议。

5月29日,省自贸办汤大军副主任参加省十四届人大常委会第三次会议分组讨论(审议《江苏省外商投资条例》)。

5月30日,陈涛厅长参加省政府参事省文史研究馆馆员聘任仪式暨参事馆员履职成果汇报会。

5月30日,陈涛厅长陪同许昆林省长在省政府视频会见安赛乐米塔尔集团高层。孙津副厅长陪同方伟副省长在常州现场会见。

5月30日至6月2日,姜昕副厅长、吴海云副厅长参加省十三届政协第一期委员学习培训班。

5月30日至5月31日,周晓阳副厅长在杭州参加商务部跨境电子商务综合试验区现场会。

5月30日,倪海清副厅长出席省国际经济贸易学会第八次会员代表大会暨"共享新机遇 共谋新发展"学术交流活动。

5月30日,王存二级巡视员召开消费促进工作专家咨询会和分管领域省人大重点建议办理第二次专题会议。

5月31日,陈涛厅长参加省委农村工作领导小组会议。

5月31日,陈涛厅长、倪海清副厅长会见商务部国际经贸关系司余本林司长一行。

5月31日,吴海云副厅长参加国务院安委会办公室、应急管理部召开的2023年全国"安全生产月"活动启动视频会议。

5月31日,孙津副厅长陪同方伟副省长会见韩国驻沪总领事金英俊。

5月31日,孙津副厅长会见斯堪尼亚制造(中国)有限公司副总裁伊诺·莫伯格(Ino Moberg)。

5月31日,孙津副厅长、省自贸办汤大军副主任研究企业家太湖论坛筹备工作。

5月31日,倪海清副厅长参加省政府统计工作有关会议。

5月31日,朱益民一级巡视员参加省政府支持发展海洋经济专题会议。

5月31日,王存二级巡视员参加2023年全国"安全生产月"活动启动视频会议及江苏省续会。

5月31日,王存二级巡视员在省电子商务协会交流工作。

6月1日,陈涛厅长、孙津副厅长参加省政府开发区及在港投资企业母公司座谈会。

6月1日,倪海清副厅长参加商务部在南京举办的RCEP机电产业专题培训开班式并致辞。

6月1日至3日,王存二级巡视员在重庆市开展国际消费中心城市以创促建工作调研。

6月2日,吴海云副厅长出席第五届中国(江苏)老字号博览会开幕式。

6月2日,商务部副部长兼国际贸易谈判副代表凌激与白俄罗斯共和国经济部部长亚历山大·切尔维亚科夫在京共同主持召开中白政府间合作委员会经贸合作分委会第七次会议。孙津副厅长参加会议。

6月2日,周晓阳会副厅长见中国机械国际合作股份有限公司夏闻迪董事长。

6月2日,省自贸办汤大军副主任参加省政府有关专题会议。

6月2日,朱益民一级巡视员参加省委江阴靖江工业园区拆迁安置暨园区建设发展专题会议。

6月5日,陈涛厅长召集研究企业家太湖论坛筹备工作,孙津副厅长、省自贸办汤大军副主任参加。

6月5日,姜昕副厅长召集研究学习贯彻习近平新时代中国特色社会主义思想主题教育相关工作。

6月5日,姜昕副厅长参加省委统一战线工作领导小组专题会议。

6月6日,陈涛厅长赴常州开展商务工作调研。

6月6日,姜昕副厅长召集研究口岸工作有关管理制度。

6月6日至7日,吴海云副厅长在盐城开展商务领域安全生产专项检查,并调研商贸流通领域发展情况。

6月6日,孙津副厅长赴扬州调研外资外经工作。

6月6日,驻省商务厅纪检监察组郝建祥组长在宿迁开展以高质量监督营造党员干部干事创新浓厚氛围专题调研。

6月7日,陈涛厅长、孙津副厅长、省自贸办汤大军副主任与省委杨根平副秘书长商讨企业家太湖论坛有关筹备工作。

6月7日,姜昕副厅长参加全省综合考核业务培训班。

6月7日,姜昕副厅长召开服务贸易工作形势分析会。

6月7日,吴海云副厅长在盐城开展安全生产宣讲并检查调研商务领域安全生产工作情况。

6月7日,孙津副厅长参加商务部对外投资和经济合作司在南京召开的《境外投资管理办法》修订工作座谈会。

6月7日,周晓阳副厅长出席省政府推动外贸稳规模优结构若干措施新闻发布会。

6月7日,倪海清副厅长赴省财政厅交流工作。

6月8日,陈涛厅长陪同省委信长星书记会见香港中华总商会访问团一行。

6月8日,陈涛厅长陪同许昆林省长会见上海华虹(集团)有限公司董事长张素心一行并参加华虹无锡集成电路研发和制造基地二期项目签约仪式。

6月8日,陈涛厅长、孙津副厅长、省自贸办汤大军副主任会见美中全国贸易委员会上海代表处首席代表许子兰一行。

6月8日,陈涛厅长、省自贸办汤大军副主任会见无锡高新区党工委书记、新吴区委书记崔荣国一行。

6月8日,姜昕副厅长参加省委宣传部"努力推动江苏在高质量发展中继续走在前列"系列主题新闻发布会筹备工作协调会。

6月8日,吴海云副厅长赴江苏省商业联合会和江苏省商业经济学会开展专题调研。

6月8日,孙津副厅长会见丸红(上海)有限公司副总代表川上宏。

6月8日,周晓阳副厅长在无锡出席2023第二届长三角跨境电商行业发展峰会暨长三角跨境电商交易会开幕式。

6月8日,周晓阳副厅长在无锡陪同商务部对外贸易司苏斌二级巡视员调研外贸新业态工作。

6月8日至9日,倪海清副厅长按省委统一战线工作部要求带队赴江苏自贸试验区连云港片区调研。

6月8日,王存二级巡视员会见浪潮集团副总裁张帆,双方签署《智慧商务大数据战略合作备忘录》。

6月8日,王存二级巡视员召开省商务厅数字政府建设及网络安全和信息化工作会议。

6月9日,陈涛厅长参加省委国家安全委员会会议和省委对台工作领导小组会议。

6月9日,姜昕副厅长召集研究高质量考核有关事宜。

6月9日,姜昕副厅长召集研究口岸数字化有关工作。

6月9日,吴海云副厅长召集研究老字号评审有关工作和老字号"三进三促"活动(宿迁站)筹备情况。

6月9日,吴海云副厅长在省政府参加省食品安全委员会全体(扩大)电视电话会议和省药品安全委员会全体(扩大)会议暨疫苗管理省级部门联席会议。

6月9日,省自贸办汤大军副主任会见科德宝集团亚太中心政府事务部总经理余珊珊。

6月9日,省自贸办汤大军副主任向省委周进副秘书长汇报中国(江苏)自由贸易试验区工作领导小组第五次会议筹备情况。

6月9日,王存二级巡视员与广东省能源局祖冠军二级巡视员交流成品油流通管理工作。

6月9日,陈涛厅长主持召开商务运行形势分析会,孙津副厅长、周晓阳副厅长、倪海清副厅长、省自贸办汤大军副主任、王存二级巡视员参加。

6月10日至11日,吴海云副厅长陪同商务部流通业发展司赵涛副司长调研江苏省老字号产业投资基金工作。

6月12日,陈涛厅长参加江苏·辽宁两省座谈会。

6月12日,孙津副厅长、省自贸办汤大军副主任赴省委宣传部对接企业家太湖论坛宣传工作有关事宜。

6月12日至18日,驻省商务厅纪检监察组郝建祥组长带队先后赴青海海南州开展农产品产销、赴西藏出席第五届中国西藏旅游文化国际博览会有关活动,并看望省商务厅援青援藏干部。

6月12日,朱益民一级巡视员赴商务部外国资产管理司参加"投资中国年"国家级经开区专场推介活动筹备会。

6月13日,陈涛厅长参加省政府经济运行形势分析调度会议。

6月13日,陈涛厅长陪同许昆林省长会见非洲驻华使节代表团。

6月13日,姜昕副厅长在南京出席美团江苏繁盛论坛暨餐饮数字专项行动启动仪式。

6月13日,吴海云副厅长、周晓阳副厅长参加省委主题教育第八巡回指导组与省商务厅联合调研组分别赴汇通达网络股份有限公司、苏豪控股集团有限公司开展电商产业发展工作调研。

6月13日,吴海云副厅长召集研究老字号"三进三促"活动(宿迁站)筹备工作。

6月13日,孙津副厅长分别会见中国国际经济技术交流中心主任朱小良和德国海外商会联盟大中华区副总裁徐晶波。

6月13日,孙津副厅长在省人大参加全国人大涉外工作专题调研座谈会。

6月13日,倪海清副厅长召开省商务厅重点改革工作推进会。

6月13日,省自贸办汤大军副主任参加省委台湾工作办公室有关工作会议。

6月14日,陈涛厅长会见南京市商务局局长刘永辉。

6月14日至15日,吴海云副厅长陪同省政府崔巍副秘书长赴青海省西宁市出席第三届中国(青海)国际生态博览会开幕式,参加江苏—青海经贸合作洽谈会,并看望省商务厅援青干部。

6月14日,周晓阳副厅长参加省中欧班列高质量发展协调推进小组会议。

6月14日至15日,周晓阳副厅长赴盐城开展主题教育外贸专题调研。

6月14日,倪海清副厅长召开商务援疆工作推进会。

6月14日,朱益民一级巡视员在泰州开展"安全生产月"工作检查并进行安全生产专题宣讲。

6月15日,陈涛厅长陪同省委信长星书记赴苏州常熟开展调研。

6月15日至16日,姜昕副厅长陪同商务部服务贸易和商贸服务业司王东堂司长在苏州调研开展中新数字贸易合作有关事项。

6月15日,朱益民一级巡视员参加省政府长江经济带高质量发展专题会议。

6月15日,朱益民一级巡视员参加省人大财经委员会制造业高质量发展情况座谈会。

6月16日,陈涛厅长、省自贸办汤大军副主任在省委参加中国(江苏)自由贸易试验区工作领导小组第五次全体会议。

6月16日,陈涛厅长参加省委军民融合发展委员会全体会议。

6月16日,吴海云副厅长赴宿迁出席江苏省老字号"三进三促"宿迁站活动启动仪式。

6月16日,孙津副厅长召集研究参加中国—非洲经贸博览会筹备工作。

6月16日,周晓阳副厅长出席2023年中国出口信用保险公司江苏分公司首届数字金融服务节暨第四届小微客户服务节开幕式。

6月16日,倪海清副厅长参加省统计局高质量发展绩效评价考核工作部门联席会议。

6月16日,朱益民一级巡视员参加省委有关工作会议。

6月19日,孙津副厅长、省自贸办汤大军副主任研究企业家太湖论坛筹备工作。

6月19日,周晓阳副厅长在嘉兴参加2023年全国贸易救济工作会议。

6月19日至21日,倪海清副厅长陪同商务部综合司周中国副司长在无锡、南京等地,围绕"十四五"商务发展规划中期评估、当前商务运行形势等开展调研。

6月20日,陈涛厅长参加许昆林省长主题教育专题党课。

6月20日,陈涛厅长、周晓阳副厅长参加许昆林省长召开的外贸企业座谈会。

6月20日,姜昕副厅长在合肥参加全国口岸管理办公室主任会议。

6月20日,吴海云副厅长参加省政协常委会会议。

6月20日,吴海云副厅长召开全省商务领域"生命至上、隐患必除"消防安全集中培训和安全生产会议。

6月20日,孙津副厅长、省自贸办汤大军副主任出席企业家太湖论坛新闻通气会。

6月20日,孙津副厅长会见西门子中国副总裁何巍。

6月20日,倪海清副厅长参加省人大财经委员会上半年经济社会发展情况座谈会。

6月20日,省自贸办汤大军副主任视频参加商务部自贸区港建设协调司中央媒体"自贸行"工作推进会。

6月20日,朱益民一级巡视员参加夏心旻副省长召开的全省城市管理领域行政执法规范化建设专项行动电视电话会议。

6月20日,王存二级巡视员在南京出席抖音"江苏味道"之"一城一味"系列活动启动仪式。

6月21日,陈涛厅长参加江苏发展高层论坛第38次会议。

6月21日,姜昕副厅长召开省商务厅直属机关党委会。

6月21日,孙津副厅长出席"2023南京国际消费节·夜之金陵"活动启动仪式。

6月21日,王存二级巡视员参加省委乡村产业推进交办会。

6月22日,姜昕副厅长在省应急管理厅参加全国安全防范工作紧急视频会议及全省续会。

6月24日,陈涛厅长参加省安委会全体(扩大)会议。

6月24日,姜昕副厅长召开全省商务系统餐饮场所燃气使用安全紧急视频会议。

6月25日,陈涛厅长、省自贸办汤大军副主任参加产业链供应链国际合作交流会暨企业家太湖论坛专题会议。

6月25日,陈涛厅长主持召开省商务厅安委会会议,厅领导班子成员参加。

6月25日,姜昕副厅长陪同夏心旻副省长在南京开展燃气安全检查。

6月25日,周晓阳副厅长参加财政部在江苏省召开的外贸出口形势调研座谈会。

6月25日至26日,朱益民一级巡视员陪同商务部外国资产管理司王亚副司长在江宁开展"投资中国年"国家级经济技术开发区专场推介暨第十届"开发区对话500强"活动筹备工作,会见与会嘉宾。

6月26日,陈涛厅长陪同许昆林省长在苏州调研。

6月26日，姜昕副厅长召开厅主题教育领导小组办公室会议。

6月26日，吴海云副厅长召集研究江苏老字号示范创建管理办法起草工作。

6月26日，孙津副厅长、省自贸办汤大军副主任赴苏州开展产业链供应链国际合作交流会暨企业家太湖论坛筹备工作。

6月26日，周晓阳副厅长在常州陪同商务部对外贸易司肖露副司长出席第30届中国五矿化工行业高质量发展大会有关活动，参加商务部对外贸易司在常州召开的锂矿行业企业座谈会。

6月26日，驻省商务厅纪检监察组郝建祥组长赴镇江开展商务领域安全生产宣讲和调研。

6月26日，倪海清副厅长在省政府参加马欣常务副省长召开的专题会议。

6月26日，朱益民一级巡视员参加全省生态保护工作会议暨深入打好污染防治攻坚战季度推进会。

6月27日，陈涛厅长陪同许昆林省长在苏州调研。

6月27日至28日，以"深化合作互利共赢共同推动高质量发展"为主题的产业链供应链国际合作交流会暨企业家太湖论坛举行，期间在南京举办"投资中国年"国家级经济技术开发区专场推介暨第十届"开发区对话500强"活动，在苏州围绕服务业扩大开放、生物医药及医疗器械、绿色低碳及新能源、装备制造及数字化等举行4场分论坛。商务部陈春江部长助理、省委信长星书记、许昆林省长等出席有关活动。陈涛厅长、孙津副厅长、省自贸办汤大军副主任、朱益民一级巡视员与会。

6月27日，吴海云副厅长听取商务诚信平台优化整合审计情况汇报。

6月27日，孙津副厅长陪同方伟副省长在吴中调研。

6月27日至28日，王存二级巡视员在徐州开展商务领域安全生产检查和宣讲。

6月28日至30日，吴海云副厅长赴长沙参加第三届中国—非洲经贸博览会有关活动。

6月28日,周晓阳副厅长会见阿里巴巴国际站华东大区有关负责人。

6月28日,倪海清副厅长参加省委财经委员会上半年经济形势分析会。

6月29日,陈涛厅长参加省政府南北结对帮扶合作和共建园区建设工作专题会议。

6月29日,陈涛厅长、周晓阳副厅长会见南京海关辛建民关长一行。

6月29日,陈涛厅长陪同许昆林省长会见德国默克集团执行董事会成员、医药健康业务首席执行官顾昆博一行。

6月29日,姜昕副厅长召集研究厅主题教育有关工作。

6月29日,姜昕副厅长召集研究口岸工作。

6月29日,朱益民一级巡视员召开全省商务系统法治建设工作会议。

6月30日,陈涛厅长、姜昕副厅长、周晓阳副厅长、驻省商务厅纪检监察组郝建祥组长、王存二级巡视员出席2023年度厅"七一"表彰活动。

6月30日,陈涛厅长作主题教育专题党课辅导,姜昕副厅长主持,厅领导班子成员参加。

6月30日,吴海云副厅长在省市场监管局出席第二届"全国个体工商户服务月"启动仪式。

6月30日,孙津副厅长赴无锡出席华虹无锡集成电路研发和制造基地二期项目开工仪式。

6月30日,倪海清副厅长出席第九届"紫金奖"文创设计大赛颁奖典礼。省商务厅作为"老字号企业定制设计赛"主办方获省委宣传部、大赛组委会颁发的"组织促进奖"。

6月30日,省自贸办汤大军副主任参加省政协"推动长三角地区自贸试验区合作发展"专项调研情况通报会。

6月30日,朱益民一级巡视员参加省民兵工作领导小组全体会议。

6月30日,王存二级巡视员参加全国成品油专项整治工作总结视频会议。

7月3日,陈涛厅长、王存二级巡视员参加许昆林省长主持召开的研究当前全省经济工作专题视频会议。

7月3日至7日,孙津副厅长、省自贸办汤大军副主任在连云港、淮安、常州陪同商务部外国资产管理司王亚副司长开展外资信息报告和统计工作检查。

7月3日至4日,周晓阳副厅长在宿迁调研外贸运行情况。

7月3日,驻省商务厅纪检监察组郝建祥组长召开驻厅纪检监察组支部党员大会并作专题党课辅导。

7月3日至5日,倪海清副厅长在安徽金寨县参加省委统一战线工作部组织的党外人士暑期研讨会。

7月4日,陈涛厅长、姜昕副厅长参加省人大常委会听取和审议部分任命人员履职情况报告工作协调会。

7月4日,姜昕副厅长为分管部门作主题教育专题党课辅导。

7月4日,吴海云副厅长召开省商务诚信公众服务平台优化整合工作第二次专题会议。

7月4日,吴海云副厅长参加分管部门党支部主题教育学习交流活动。

7月5日,姜昕副厅长召开省开放码头运营管理绩效评价工作座谈会。

7月5日至6日,吴海云副厅长在无锡陪同商务部市场运行和消费促进司徐兴锋司长调研报废机动车回收拆解企业。

7月5日,朱益民一级巡视员、王存二级巡视员分别为分管部门作主题教育专题党课辅导。

7月5日,王存二级巡视员召开厅消费促进工作专家咨询会。

7月6日,省商务厅党组召开主题教育集中学习会,厅党组书记、厅长陈涛主持,厅领导班子成员参加。

7月6日,姜昕副厅长分别召集研究厅先进处室目标考核评比办法和开放码头运营管理绩效评价办法。

7月6日,吴海云副厅长在无锡参加商务部市场运行和消费促进司召开的长三角三省一市报废机动车回收拆解工作座谈会。

7月6日,周晓阳副厅长会见韩国贸易协会上海代表处首席代表辛仙荣。

7月6日,倪海清副厅长参加分管部门党支部主题教育学习交流活动。

7月6日,朱益民一级巡视员参加省政府杨新忠副秘书长召开的支持发展海洋经济工作专题会议。

7月7日,陈涛厅长陪同许昆林省长会见哈萨克斯坦州长联合代表团。

7月7日,姜昕副厅长参加省委主题教育办公室召开的主题教育调查研究工作座谈会。

7月7日,周晓阳副厅长召开江苏·广西开放型经济工作交流会,与广西壮族自治区商务厅刁卫宏副厅长座谈交流。

7月7日,周晓阳副厅长为分管部门党支部作主题教育专题党课辅导。

7月7日,倪海清副厅长在省政府参加国务院第五次全国经济普查电视电话会议。

7月7日,王存二级巡视员召开成品油流通行业工作交流会。

7月10日,陈涛厅长参加全省领导干部会议。

7月10日至12日,姜昕副厅长陪同海关总署国家口岸管理办公室党晓红副主任对江苏盐城港口岸响水港区扩大开放进行验收并开展调研。

7月10日,孙津副厅长、省自贸办汤大军副主任分别为分管部门党支部作主题教育专题党课辅导。

7月10日至11日,倪海清副厅长赴武汉参加商务部财务司和财政部经济建设司联合组织的外经贸提质增效示范工作交流。

7月10日,省自贸办汤大军副主任与中央媒体"自贸行"采访报道组座谈交流。

7月11日,吴海云副厅长参加商务部服务贸易和商贸服务业司来苏开展安全生产风险隐患专项整治督导座谈会并陪同服务贸易和商贸服务业司朱光耀二级巡视员在南京检查。

7月11日至12日,周晓阳副厅长在上海出席第31届华东进出口商品交易会有关活动。

7月11日,朱益民一级巡视员参加全省行政复议行政应诉与行政审判府院联席会议。

7月11日,王存二级巡视员参加省政府新闻办"努力推动江苏在高质量发展中继续走在前列"主题新闻发布会第二场——积极服务全国构建新发展格局专场发布会。

7月12日,陈涛厅长在省政府参加方伟副省长召开的研究落实中央深改委会议精神等事宜会议。

7月12日,陈涛厅长陪同省委信长星书记分别会见日本贸易振兴机构理事长石黑宪彦一行和所罗门群岛总理梅纳西·索加瓦雷一行。

7月12日,孙津副厅长参加省政府江苏省与中亚国家合作专题会。

7月12日,倪海清副厅长召开厅落实国务院有关文件专题会议。

7月12日,朱益民一级巡视员出席省广播电视总台我苏国际传播中心成立仪式。

7月12日至13日,王存二级巡视员赴昆山参加中国国际进口博览会(以下简称"进博会")路演活动并开展安全生产检查。

7月13日,陈涛厅长出席南京市服务业扩大开放综合试点推进会并致辞。

7月13日,陈涛厅长、倪海清副厅长在省政府参加方伟副省长召开的研究推动建设具有世界聚合力的双向开放枢纽行动方案制订工作专题会议。

7月13日,吴海云副厅长在重庆参加商务部市场体系建设司召开的内外贸一体化试点工作交流会。

7月13日,孙津副厅长、省自贸办汤大军副主任与部分设区市外资处负责同志研究讨论外资政策。

7月13日,朱益民一级巡视员在省政府参加马欣常务副省长召开的支持海洋经济发展专题会议。

7月13日,王存二级巡视员参加江苏省推进使用正版软件工作领导小组会议。

7月14日,省商务厅党组召开主题教育调研成果交流会,厅党组书记、厅长陈涛主持,厅领导班子成员参加。

7月14日,陈涛厅长主持召开建设具有世界聚合力的双向开放枢纽行动方案起草工作会议,姜昕副厅长、孙津副厅长、倪海清副厅长、朱益民一级巡视员参加。

7月14日,周晓阳副厅长召开省相关部门跨境电商新零售试点协调会。

7月14日,省自贸办汤大军副主任在省政府参加黄澜副秘书长召开的专题会议。

7月17日,省商务厅党组召开主题教育集中学习会,厅党组书记、厅长陈涛主持,厅领导班子成员参加。

7月17日,陈涛厅长在省委参加全国生态环境保护有关工作电视电话会议。

7月17日,孙津副厅长与省人民政府外事办公室刘建东副主任对接省领导赴中国香港地区和新加坡访问有关事宜。

7月17日,周晓阳副厅长参加省政府外贸工作专题会。

7月17日至19日,倪海清副厅长在北京参加全国商务财务工作会议。

7月17日,朱益民一级巡视员召开苏州工业园区深化开放创新综合试验工作专班会议。

7月17日至18日,王存二级巡视员陪同省人大魏国强副主任赴盱眙开展农村电商发展重点处理代表建议督办调研。

7月18日至19日,姜昕副厅长在太仓陪同商务部服务贸易和商贸服务业司朱光耀二级巡视员调研服务贸易国际合作相关工作。

7月18日,吴海云副厅长召集研究内外贸一体化领跑行动重点联系企业推荐工作。

7月18日,孙津副厅长在省委参加有关专项整治工作会议。

7月18日,省自贸办汤大军副主任在苏州调研自贸试验区数据跨境流动相关工作。

7月19日,陈涛厅长参加省委常委会主题教育调研成果交流会。

7月19日至24日,王存二级巡视员在西宁出席第24届中国·青海绿色发展投资贸易洽谈会并看望慰问省商务厅援青人员。

7月20日,省商务厅党组书记、厅长陈涛主持召开厅民主推荐干部会议,厅领导班子成员参加。

7月20日至21日,陈涛厅长在无锡陪同商务部李飞副部长开展工作调研。

7月20日,姜昕副厅长参加江苏·黑龙江两省座谈会。

7月20日,吴海云副厅长参加国务院积极稳步推进超大特大城市"平急两用"公共基础设施建设动员部署电视电话会议。

7月20日,孙津副厅长、周晓阳副厅长、省自贸办汤大军副主任赴盐城参加方伟副省长召开的苏中苏北片区外贸外资工作座谈会。

7月21日,陈涛厅长陪同许昆林省长会见乌兹别克斯坦卡什卡达里亚州州长穆罗特詹·阿齐莫夫和乌兹别克斯坦驻华大使法尔霍德·阿尔济耶夫一行。

7月21日,姜昕副厅长召开跨境贸易便利化暨开放码头运营管理绩效评价工作会议。

7月21日至22日,吴海云副厅长在省委党校参加第178期领导干部(安全生产)专题研究班。

7月21日,孙津副厅长先后赴上海市商务委、浙江省商务厅调研。

7月21日,周晓阳副厅长参加省属贸易企业重组整合动员部署会及领导小组第一次会议。

7月21日,倪海清副厅长参加省政府建设具有世界聚合力的双向开放枢纽专题会议。

7月21日,省自贸办汤大军副主任参加省政府推动做好省领导出访哈萨克斯坦、乌兹别克斯坦前期筹备工作专题会议。

7月24日,省商务厅党组组织主题教育"牢记嘱托、感恩奋进、走在前列"大讨论,厅党组书记、厅长陈涛主持,厅领导班子成员参加。

7月24日,陈涛厅长出席江苏省妇女第十四次代表大会开幕式。

7月24日至27日,省委组织部、省商务厅联合举办第179期领导干部(商务工作创新发展)专题研究班,方伟副省长出席开班式并作动员讲话,省委组织部季振华副部长主持开班式,陈涛厅长出席结业式并作结业讲话,姜昕副厅长、吴海云副厅长分别出席有关活动,商务部市场体系建设司周强司长、商务部政策研究室何亚东副主任、省商务厅孙津副厅长等分别作专题授课。期间，陈涛厅长、吴海云副厅长与商务部市场体系建设司周强司长座谈交流，吴海云副厅长陪同商务部市场体系建设司周强司长先后在南京、扬州、南通调研内外贸一体化工作。

7月24日，姜昕副厅长参加省城市地下管网和燃气安全专业委员会会议。

7月24日，倪海清副厅长召开2024年厅部门预算编制工作会议。

7月25日，陈涛厅长赴商务部汇报对接有关工作。

7月25日，姜昕副厅长参加省政务服务管理办公室"政风热线"协调会。

7月25日，孙津副厅长与香港贸易发展局会商苏港合作联席会议有关事宜。

7月25日，倪海清副厅长参加省第五次全国经济普查动员部署电视电话会议。

7月25日，倪海清副厅长召开厅"建设具有世界聚合力的双向开放枢纽行动方案"讨论会。

7月25日，省自贸办汤大军副主任赴上海与西门子公司、哈萨克斯坦驻上海总领事馆沟通省领导出访事宜。

7月25日，王存二级巡视员视频参加全国消费促进工作年中推进会。

7月26日，陈涛厅长参加省委理论学习中心组学习会。

7月26日，周晓阳副厅长在山东调研稳外贸稳外资工作。

7月26日，省自贸办汤大军副主任会见宝马集团中国副总裁吴燕彦。

7月26日，省自贸办汤大军副主任召开省领导出访德国等国期间有关活动筹备工作会议。

7月26日至27日，王存二级巡视员在南通出席省商务厅与省统计局联合举办的全省贸易统计业务培训活动。

7月27日，姜昕副厅长在省委参加国家安全有关工作专题会议。

7月27日，吴海云副厅长出席"2023长三角（南京）国际旅游装备博览会暨苏新消费·首届江苏汽车消费节"启动仪式。

7月27日,吴海云副厅长在南京参加商务部东部沿海六省市城市一刻钟便民生活圈建设现场会。

7月27日,孙津副厅长、省自贸办汤大军副主任视频参加商务部"投资中国年"服务业扩大开放推介大会筹备工作会议。

7月27日,孙津副厅长参加商务部重点外资项目工作专班地方成员会议。

7月27日,周晓阳副厅长参加省政府研究做好江苏省被美国列入"实体清单"企业法律服务相关工作专题会议。

7月27日,省自贸办汤大军副主任参加省委主题教育整改整治推进会。

7月28日,陈涛厅长参加中共江苏省委十四届四次全会。

7月28日,陈涛厅长参加省政府研究江苏省与美国加利福尼亚州、得克萨斯州工作有关事项专题会议。

7月28日,姜昕副厅长召开厅保密工作会议。

7月28日,孙津副厅长、省自贸办汤大军副主任参加厅外资企业座谈会。

7月28日,吴海云副厅长陪同商务部流通业发展司李羿副司长出席商务部在南京召开的东部沿海六省市城市一刻钟便民生活圈建设现场会有关活动。

7月28日,王存二级巡视员会见中化石油江苏有限公司总经理朱军。

7月30日,陈涛厅长参加全国安全生产电视电话会议。

7月31日,陈涛厅长、姜昕副厅长参加全省组织工作会议。

7月31日,陈涛厅长陪同省委信长星书记会见新加坡驻华大使陈海泉一行。

7月31日,省商务厅安委会主任、厅长陈涛主持召开专题会议,传达学习全国安全生产电视电话精神,研究部署近期全省商务领域安全生产工作。

7月31日,孙津副厅长出席省广播电视总台"一带一路"十周年跨国新闻行动之"一带一路 缘结天下"出发仪式。

7月31日,孙津副厅长会见新加坡企业发展局中国司司长胡丽燕。

7月31日,省自贸办汤大军副主任召开省领导出访德国等国期间有关活动筹备会议。

7月31日,王存二级巡视员视频参加市场监管总局综合治理加油机作弊专项行动动员部署会。

8月1日,陈涛厅长参加许昆林省长召开的平台经济工作座谈会。

8月1日,陈涛厅长参加省国土空间规划委员会会议。

8月1日,吴海云副厅长参加全省打击非法电视网络接收设备专项整治会议。

8月1日,孙津副厅长、省自贸办汤大军副主任与省广播电视总台研究江苏宣传片制作有关事宜。

8月1日,倪海清副厅长赴省发展和改革委员会对接交流《建设具有世界聚合力的双向开放枢纽行动方案》起草有关工作。

8月1日,省自贸办汤大军副主任召开省领导出访德国等国期间有关活动筹备工作会议(企业家团)。

8月2日,陈涛厅长主持召开厅民主推荐干部会议,厅领导班子成员参加。

8月2日,陈涛厅长参加省安委会全体(扩大)会议。

8月2日,陈涛厅长会见扬州市张礼涛副市长一行。

8月2日,吴海云副厅长参加省委农村工作领导小组会议。

8月2日,姜昕副厅长、孙津副厅长出席"马克思主义·青年说"厅专场活动。

8月2日,倪海清副厅长带队赴江苏自贸试验区南京片区开展无党派人士重点课题调研。

8月2日,省自贸办汤大军副主任召开江苏自贸试验区生物医药"白名单"试点座谈会。

8月3日至7日,陈涛厅长参加江苏省党政代表团赴青海、新疆对接对口支援协作工作。

8月3日至4日,姜昕副厅长在宜兴参加全省燃气安全工作现场推进会议。

8月3日,周晓阳副厅长陪同方伟副省长在杭州开展外贸工作专题调研。

8月3日,倪海清副厅长在无锡召开建设具有世界聚合力的双向开放枢纽部分设区市座谈会。

8月7日,省商务厅党组召开主题教育集中学习会,厅党组书记、厅长陈涛主持,厅领导班子成员参加。

8月7日,姜昕副厅长参加省政府研究世界银行新一轮营商环境评估江苏省迎评工作专班组建等专题会。

8月7日,孙津副厅长召集研究省领导访问中国香港地区和新加坡有关活动筹备工作。

8月7日,倪海清副厅长在徐州召开建设具有世界聚合力的双向开放枢纽专题座谈会。

8月7日至11日,省自贸办汤大军副主任率团赴哈萨克斯坦对接省政府主要领导出访事宜。

8月8日,陈涛厅长会见美国威森集团董事长罗杰一行。

8月8日,陈涛厅长参加省人大调研厅主要负责同志履职情况座谈会,厅领导班子成员参加。

8月8日,孙津副厅长参加省政府关于省委主要领导出访筹备事宜专题会。

8月8日至10日,孙津副厅长陪同省人大法制委员会侯学元主任先后在盐城、无锡开展外商投资条例立法调研。

8月8日,王存二级巡视员与辽宁省商务厅郭斌副厅长座谈交流。

8月9日,陈涛厅长、姜昕副厅长、王存二级巡视员会见省统计局王显东局长一行。

8月9日,陈涛厅长召集研究《建设具有世界聚合力的双向开放枢纽行动方案》,倪海清副厅长参加。

8月9日,姜昕副厅长召集研究厅先进处室考评办法修订工作。

8月9日,姜昕副厅长召集研究在马来西亚举办首届江苏国际文化贸易展览会的有关事宜。

8月9日,朱益民一级巡视员在徐州召开国家经济技术开发区参加商务部综合考核评价动员会并对经济技术开发区安全生产进行检查。

8月9日,王存二级巡视员赴省电子商务协会召开工作对接会。

8月10日,陈涛厅长在省政府参加江苏省国土空间规划委员会会议。

8月10日,陈涛厅长、倪海清副厅长参加省政府建设具有世界聚合力的双向开放枢纽专题会议。

8月10日至11日,周晓阳副厅长在常熟先后召开全省外贸新业态新模式推进会和全省外贸年中座谈会。

8月10日,王存二级巡视员出席2023第十二届中国(南京)国际糖酒食品交易会有关活动。

8月11日,陈涛厅长召集研究"两稳一促"有关工作,孙津副厅长、周晓阳副厅长、倪海清副厅长、王存二级巡视员参加。

8月11日,姜昕副厅长召集研究主题教育有关工作。

8月11日,吴海云副厅长赴省委政法委员会参加特许经营有关会议。

8月11日,吴海云副厅长召集研究老字号"三进三促"常州站活动有关事宜。

8月11日,王存二级巡视员赴徐州参加运行处党支部与中石化经管党支部共建活动。

8月14日,陈涛厅长参加省政府研究促进全省经济持续回升向好有关政策专题会议。

8月14日,陈涛厅长参加省政府经济形势分析调度会议。

8月14日,陈涛厅长参加节目《政风热线》录制。

8月14日,吴海云副厅长召集研究老字号示范创建管理办法。

8月14日,孙津副厅长会见金拱门(中国)有限公司首席影响官顾磊。

8月14日,朱益民一级巡视员参加苏陕协作共建"区中园"联席会议。

8月14日,王存二级巡视员参加省人大推进农村电商发展相关重点处理代表建议督办会。

8月15日,陈涛厅长参加省委主题教育第八巡回指导组来厅开展的民主

生活会前谈心谈话和民主测评,厅领导班子成员参加。

8月15日至16日,陈涛厅长陪同许昆林省长在连云港调研。

8月15日,吴海云副厅长视频参加全国一刻钟便民生活圈建设工作推进会。

8月15日,孙津副厅长赴省人大修改外商投资条例。

8月15日,周晓阳副厅长与内蒙古自治区财政厅王凌副厅长及商务厅一行对接中蒙博览会江苏主宾省参展事宜。

8月15日,倪海清副厅长赴省委研究室交流讨论《建设具有世界聚合力的双向开放枢纽行动方案》。

8月16日,陈涛厅长参加省国防动员委员会有关会议。

8月16日至19日,吴海云副厅长在新疆参加商务部棉纺织产销对接会和内外贸一体化座谈会,并赴喀什调研棉纺织产业内外贸一体化工作。

8月16日,孙津副厅长赴北京参加商务部专题会议并与外国资产管理司对接工作。

8月16日,省自贸办汤大军副主任赴省人民政府外事办公室会商省领导出访有关事宜。

8月16日,王存二级巡视员出席2023江苏电商直播节新闻发布会。

8月16日至17日,王存二级巡视员在商务部对接电商、消费等工作。

8月17日,陈涛厅长参加省委理论学习中心组学习会。

8月17日,姜昕副厅长在省分会场参加全国城镇燃气专项整治工作部署推进视频会议。

8月17日至18日,省自贸办汤大军副主任在连云港出席2023中国—上合组织国际物流圆桌会议,并召开江苏—哈萨克斯坦经贸交流会筹备工作会议。

8月17日,朱益民一级巡视员召开苏州工业园区深化开放创新综合试验工作专班会议。

8月18日,陈涛厅长参加省委有关专项整治工作推进会。

8月18日,陈涛厅长、周晓阳副厅长参加省政府跨境电商专题会议。

8月18日,孙津副厅长召集研究省领导赴新加坡和中国香港地区访问期间有关活动筹备工作。

8月18日,王存二级巡视员参加省委农村工作领导小组专题会议。

8月20日至27日,周晓阳副厅长出访日本、新加坡并出席第二十四届江苏出口商品展览会(日本大阪)等活动。

8月21日,省商务厅党组召开主题教育专题民主生活会。厅党组书记、厅长陈涛主持会议并作总结讲话,期间代表厅领导班子做对照检查并带头做个人对照检查,厅党组成员逐一进行对照检查,开展批评与自我批评。省委主题教育第八巡回指导组到会指导,孔海燕组长作会议点评。省委组织部干部二处负责同志到会指导。

8月22日,陈涛厅长、姜昕副厅长、驻省商务厅纪检监察组郝建祥组长参加省纪委监委常委游已春一行来厅调研座谈会。

8月22日,陈涛厅长、孙津副厅长在省人大参加省外商投资条例立法协商座谈会。

8月22日,陈涛厅长、王存二级巡视员在徐州出席2023江苏电商直播节启动仪式。

8月22日,姜昕副厅长召集研究口岸工作。

8月22日,吴海云副厅长召集研究江苏老字号评价指标设计和进博会人文交流活动筹备工作。

8月22日,孙津副厅长与南京市商务局研究服务业扩大开放试点工作。

8月22日,倪海清副厅长赴商务部有关部门就《建设具有世界聚合力的双向开放枢纽行动方案》起草工作座谈对接。

8月22日,省自贸办汤大军副主任会见中国银行江苏省分行营业部总经理董军。

8月22日,王存二级巡视员召开厅消费促进品牌提升专班工作会议。

8月23日,陈涛厅长、姜昕副厅长在宿迁出席省商务厅与宿迁市政府合作协议签约仪式。

8月23日至24日,孙津副厅长在常州召开全省外资工作座谈会。

8月23日,倪海清副厅长在北京与商务部有关部门就《建设具有世界聚合力的双向开放枢纽行动方案》起草工作座谈对接。

8月23日至24日,省自贸办汤大军副主任赴商务部自贸区港建设协调司对接工作。

8月23日,朱益民一级巡视员参加省政府优化营商环境专题会议。

8月23日,王存二级巡视员陪同商务部电子商务和信息化司李佳路副司长在徐州调研。

8月23日至24日,王存二级巡视员在镇江召开全省成品油流通管理工作会议。

8月24日,驻省商务厅纪检监察组郝建祥组长参加驻厅纪检组党支部主题教育专题组织生活会。

8月24日,倪海清副厅长在省人大参加开放型经济发展情况座谈会。

8月25日,孙津副厅长召集研究参加第二十三届中国国际投资贸易洽谈会筹备工作和加强外资吸引政策举措。

8月25日,陈涛厅长、省自贸办汤大军副主任参加省领导赴德国、哈萨克斯坦、乌兹别克斯坦访问筹备工作专题会。

8月25日,孙津副厅长陪同方伟副省长会见意大利里米尼省长兼市长贾米尔·萨德戈尔瓦德一行。

8月25日,倪海清副厅长召开建设具有世界聚合力的双向开放枢纽行动方案厅相关处室会议。

8月25日,王存二级巡视员参加运行处党支部主题教育专题组织生活会。

8月25日,王存二级巡视员会见江苏艾佳家居用品有限公司有关负责人。

8月25日,王存二级巡视员会见中国银联股份有限公司江苏分公司副总经理(主持工作)单文欣。

8月26日至30日,朱益民一级巡视员参加省委组织部举办的第二期小班化、拉练式专题培训班(沿海经济带高质量发展)。

8月28日,陈涛厅长参加省政府出访团组赴德国驻上海总领事馆办理相关手续。

8月28日,姜昕副厅长参加海港处党支部主题教育专题组织生活会。

8月28日,孙津副厅长参加合作处党支部主题教育专题组织生活会。

8月28日,省自贸办汤大军副主任参加研究省领导出访乌兹别克斯坦事宜专题会议。

8月28日,王存二级巡视员赴省机关事务管理局沟通工作。

8月28日,王存二级巡视员视频参加第六届进博会全国交易团组织工作电视电话会议。

8月28日至29日,王存二级巡视员在武汉出席全省商务系统电商专题培训班开班式并在湖北省商务厅走访调研。

8月29日,陈涛厅长参加省政府关于全省外贸工作会议暨跨境电商培训会筹备情况专题会议。

8月29日,厅党组书记、厅长陈涛主持召开厅全面从严治党暨警示教育大会,厅领导班子成员参加。

8月29日,陈涛厅长陪同许昆林省长会见美国能源传输公司、卫星化学股份有限公司高管。

8月29日,姜昕副厅长出席省政府"深入推进改革开放"专场新闻发布会。

8月29日,孙津副厅长与中国欧盟商会南京分会主席及董事会成员座谈并调研会员企业扬子石化—巴斯夫有限责任公司。

8月29日,省自贸办汤大军副主任召开江苏自贸试验区生物医药全产业链开放创新发展试点工作讨论会。

8月30日,陈涛厅长陪同省委信长星书记在苏州调研。

8月30日至9月1日,商务部在苏州市举办2023年自贸试验区制度创新成果复制推广工作专题培训班。陈涛厅长、省自贸办汤大军副主任与商务部自贸试验区生物医药全产业链创新发展调研组座谈交流。省自贸办汤大军副主任出席培训开班式并陪同商务部自贸区港建设协调司何咏前副司长先后调研江苏自贸试验区苏州片区、南京片区生物医药全产业链创新发展工作。

8月30日,吴海云副厅长在南京调研汽车流通信息服务(二手车)系统推广应用情况。

8月30日,孙津副厅长出席省政协政企协商座谈会。

8月30日至31日,周晓阳副厅长赴北京参加商务部第134届广交会筹备工作会议。

8月30日,省自贸办汤大军副主任参加省领导出访重要经贸筹备团组赴德国驻上海总领事馆办理相关手续。

8月30日,王存二级巡视员赴淮安调研督查消费促进工作。

8月31日,陈涛厅长召开建设具有世界聚合力的双向开放枢纽行动方案专题会议,倪海清副厅长参加。

8月31日,姜昕副厅长在北京出席国家口岸管理办公室2023年跨境贸易便利化专项行动阶段工作新闻通报会。

8月31日至9月2日,吴海云副厅长在连云港出席第四届中国(连云港)丝绸之路国际物流博览会有关活动。

8月31日,孙津副厅长在常州与日本丸红株式会社中国总代表筱田聪夫开展联合调研。

8月31日,倪海清副厅长参加国务院发展研究中心课题组来江苏调研专题座谈会。

8月31日,朱益民一级巡视员参加全省燃气安全专项整治部署推进电视电话会议。

8月31日,王存二级巡视员在江宁出席第六届进博会招商路演(江苏)活动。

8月31日,王存二级巡视员出席省政府《关于促进经济持续回升向好的若干政策措施》新闻发布会。

9月1日,陈涛厅长陪同省委信长星书记会见北京字节跳动董事长。

9月1日,陈涛厅长主持召开建设具有世界聚合力的双向开放枢纽行动方案专题会议,倪海清副厅长参加。

9月1日,陈涛厅长、王存二级巡视员会见中国石油化工股份有限公司江苏石油分公司董事长韩雪岭一行。

9月1日至3日,姜昕副厅长在北京出席2023年中国国际服务贸易交易会有关活动。

9月1日,吴海云副厅长召开第六届进博会人文交流活动筹备工作会议。

9月1日,吴海云副厅长参加全省文化产业高质量发展推进会。

9月1日,孙津副厅长、省自贸办汤大军副主任分别召集研究省领导出访期间有关活动筹备工作。

9月1日,周晓阳副厅长在雄安新区参加商务部2023全国出口管制工作会议。

9月1日,倪海清副厅长与省财政厅张国栋副厅长座谈交流。

9月3日,姜昕副厅长陪同方伟副省长出席商务部在南京举办的"投资中国年"服务业扩大开放推介大会。

9月3日至11月3日,姜昕副厅长参加省委组织部举办的第48期省管干部进修班。

9月4日,省商务厅党组召开厅机关学习贯彻习近平新时代中国特色社会主义思想主题教育总结会议,厅党组书记、厅长陈涛主持,厅领导班子成员参加。

9月4日,陈涛厅长陪同许昆林省长在南京调研跨境电商平台企业。

9月4日至5日,吴海云副厅长在北京参加商务部举办的《深化长三角区域市场一体化商务发展合作协议》签字仪式暨推进长三角区域市场一体化专题新闻发布会。

9月4日至6日,孙津副厅长先后陪同省人大常委会曲福田副主任、省人大法制委侯学元主任委员就《江苏省外商投资条例(草案)》修改工作分别赴上海、广东学习考察。

9月4日,周晓阳副厅长参加国务院督查调研组见面会。

9月4日,省自贸办汤大军副主任参加"江苏省优秀企业、企业家"评比表

彰工作领导小组第一次会议。

9月4日,省自贸办汤大军副主任陪同方伟副省长赴无锡调研。

9月5日,陈涛厅长会见日本爱知产业振兴机构理事长兼松启子。

9月5日至7日,许昆林省长在苏州召开全省外贸工作会议暨跨境电商培训会。陈涛厅长、周晓阳副厅长参加有关活动。

9月5日至7日,吴海云副厅长在内蒙古出席第四届中国—内蒙古国博览会有关活动。

9月5日,倪海清副厅长参加省属贸易企业重组整合领导小组第二次会议。

9月5日,省自贸办汤大军副主任参加省委关于研究省委主要领导出访事宜专题会。

9月5日至8日,朱益民一级巡视员陪同省人大常委会副主任周广智先后在南通、苏州、无锡调研外向型经济发展情况。

9月5日,王存二级巡视员参加全国商务系统餐饮燃气安全专项整治部署推进视频会。

9月6日至8日,省自贸办汤大军副主任多次召集研究省领导出访期间有关事宜。

9月6日,省自贸办汤大军副主任参加省委中欧班列国际合作论坛筹备工作会议。

9月7日,陈涛厅长陪同许昆林省长会见金拱门(中国)有限公司首席执行官张家茵一行。

9月7日,陈涛厅长陪同省人大常委会副主任张宝娟在江苏自贸试验区南京片区调研。

9月8日,陈涛厅长陪同许昆林省长先后会见菲尼克斯电气公司股东代表、南非自由州省省长恩肖利西·杜克瓦纳一行。

9月8日,吴海云副厅长召集研究老字号"三进三促"常州站活动筹备工作。

9月8日至11日,孙津副厅长在厦门出席第二十三届中国国际投资贸易洽谈会有关活动。

9月8日，王存二级巡视员在南京出席中石化易捷第六届"易享节"。

9月8日，王存二级巡视员赴苏州出席"夜ZUI苏州"消费活动启动仪式。

9月11日，吴海云副厅长参加省安全生产委员会重大事故隐患专项排查整治行动调度暨中秋国庆节日安全防范视频部署会。

9月11日，周晓阳副厅长在南京出席第十届中国公平竞争政策国际论坛暨全国公平竞争大会。

9月11日，周晓阳副厅长与商务部驻南京特派员办事处特派员李党会会商专项工作。

9月11日，朱益民一级巡视员在南京出席第二届江苏产学研合作对接大会。

9月11日，王存二级巡视员参加省成品油行业专项整治工作领导小组会议。

9月11日，王存二级巡视员检查厅属房产安全生产工作。

9月12日，陈涛厅长专题研究省人大任命人员履职情况报告筹备工作，孙津副厅长、周晓阳副厅长、倪海清副厅长、朱益民一级巡视员参加。

9月12日，陈涛厅长听取省委主要领导出访有关工作筹备情况汇报，孙津副厅长参加。

9月12日，陈涛厅长参加省政府经济形势分析调度会议。

9月12日，孙津副厅长召开部分设区市委主要负责同志随省委主要领导出访筹备会议。

9月12日，省自贸办汤大军副主任参加省政府关于省领导出访期间有关工作筹备工作专题研究会。

9月12日，王存二级巡视员赴南京市商务局调研消费促进工作。

9月12日至13日，王存二级巡视员在盐城出席2023江苏电商直播节助农专场活动并开展节前加油站（点）安全生产检查。

9月13日，陈涛厅长、朱益民一级巡视员参加全省生态环境保护大会。

9月13日至14日,陈涛厅长在盐城出席中韩(盐城)产业园发展工作协调小组第六次会议。

9月13日,倪海清副厅长出席省社会主义学院秋季开学典礼。

9月14日至15日,陈涛厅长在连云港出席中欧班列国际合作论坛有关活动。

9月14日,孙津副厅长参加省十四届人大法制委员会第九次全体会议(审议研究《江苏省外商投资条例(草案修改稿)》)。

9月14日,孙津副厅长、周晓阳副厅长参加全国稳外贸稳外资电视电话会议。

9月14日,周晓阳副厅长与南京江北新区投资促进和商务局对接跨境电商工作。

9月14日,倪海清副厅长参加省人大审议意见交办会。

9月14日,王存二级巡视员召开第六届进博会江苏交易团秘书处工作会议。

9月14日,王存二级巡视员召开赴柬埔寨、马来西亚投资促进团组行前会。

9月15日,吴海云副厅长与江苏老字号产业投资基金负责人杨东升交流工作。

9月15日至18日,吴海云副厅长陪同方伟副省长赴广西南宁出席中国—东盟博览会有关活动并开展工作调研。

9月15日,孙津副厅长召集研究吸引外商投资政策举措。

9月15日,孙津副厅长赴上海出席上海美国商会第二十届政府交流活动。

9月15日,周晓阳副厅长会见福建省商务厅钟木达副厅长。

9月15日,倪海清副厅长召开落实省人大审议意见工作部署会。

9月16日至24日,陈涛厅长、省自贸办汤大军副主任陪同省政府主要领导出访德国、哈萨克斯坦和乌兹别克斯坦。

9月18日,孙津副厅长会见韩国驻沪总领事馆商务领事金根模。

9月18日,周晓阳副厅长出席全省进出口公平贸易工作会议暨专题培训会有关活动。

9月18日,朱益民一级巡视员召开商务部在南京主办的第九次全国商务法律工作会议承办工作筹备会议。

9月18日至27日,王存二级巡视员率团赴柬埔寨、马来西亚开展投资促进活动。

9月19日,孙津副厅长会见香港贸易发展局华东华中首席代表吕剑。

9月19日至20日,孙津副厅长在上海出席中国(上海)自由贸易试验区建设10周年主题论坛有关活动。

9月19日,周晓阳副厅长出席江苏省贸促会建会60周年大会暨境外机构、跨国公司合作交流会。

9月19日,倪海清副厅长在句容宝华调研乡村振兴有关工作并看望厅驻村干部。

9月20日,吴海云副厅长与江苏扬子晚报有限公司总经理赵成君座谈交流。

9月20日至21日,吴海云副厅长在扬州出席首届江苏(扬州)二手车消费节并开展有关工作调研和节前安全生产检查。

9月20日,周晓阳副厅长出席省政府加快建设制造强省新闻发布会。

9月20日,周晓阳副厅长参加商务部对外贸易司召开的七省一市商务主管部门视频座谈会。

9月20日,倪海清副厅长出席2023南京跨境电商高质量发展论坛。

9月20日,朱益民一级巡视员出席2023中国南京金秋经贸洽谈会开幕式暨数字经济论坛。

9月21日,吴海云副厅长参加省政府第六届进博会江苏交易团工作会议。

9月21日至22日,孙津副厅长召开稳外贸稳外资专项督查工作会议,与周晓阳副厅长分别赴镇江、扬州和徐州开展稳外贸稳外资工作情况专项督查。

9月21日,倪海清副厅长在南京出席2023全球服务贸易大会开幕式。

9月21日,朱益民一级巡视员在常州开展经济开发区安全生产督察检查。

9月22日,吴海云副厅长在苏州参加全省生活垃圾分类工作现场推进会。

9月22日,孙津副厅长视频参加新苏合作理事会新方秘书处有关工作会议。

9月22日,倪海清副厅长参加省委理论学习中心组学习会。

9月22日,倪海清副厅长参加省委民主协商会。

9月25日,陈涛厅长参加省十四届人大五次会议第一次全体会议,姜昕副厅长、孙津副厅长、周晓阳副厅长、倪海清副厅长、朱益民一级巡视员参加省十四届人大五次会议第一次全体会议分组会议。

9月25日,吴海云副厅长召集研究2023年江苏省老字号"三进三促"常州站直播活动有关事宜。

9月25日,省自贸办汤大军副主任赴太仓出席江苏省政府与德资企业圆桌会议及2023江苏—德国经贸合作交流会。

9月26日,陈涛厅长在北京参加商务部自贸试验区建设十周年座谈会。

9月26日,吴海云副厅长参加全省秋冬季森林防灭火工作部署暨当前安全防范视频调度会。

9月26日,吴海云副厅长召开全省商务领域安全生产工作电视电话会议。

9月26日,孙津副厅长视频参加商务部欧亚司中国—白俄罗斯地方经贸合作工作组第三次会议。

9月26日,倪海清副厅长参加省委常委会会议和省委财经办部分成员单位负责人会议。

9月26日,倪海清副厅长陪同省委信长星书记会见中国出口信用保险公司党委书记、董事长宋曙光一行。

9月26日,朱益民一级巡视员在常州出席金坛经济开发区成立30周年暨高质量发展大会。

9月27日,陈涛厅长参加省十四届人大常委会第五次会议第三次全体会议。

9月27日,陈涛厅长参加全省网络安全和信息化工作会议。

9月27日,陈涛厅长、孙津副厅长参加省政府专题会议。

9月27日,陈涛厅长、周晓阳副厅长会见中国五矿化工进出口商会会长江辉一行,周晓阳副厅长参加有关调研座谈活动。

9月27日,陈涛厅长、王存二级巡视员赴淮安出席"苏新消费·金秋惠购"消费促进主题系列活动启动仪式。

9月27日,吴海云副厅长参加全国商务系统节日保供和安全生产视频会议。

9月27日,孙津副厅长出席省人大《江苏省促进和保护外商投资条例》新闻发布会。

9月27日,孙津副厅长召开赴中国香港地区、新加坡经贸团组行前会议。

9月27日,倪海清副厅长赴宿迁出席2023江苏电商直播节颁奖典礼。

9月27日,省自贸办汤大军副主任召集研究赴德国、哈萨克斯坦、乌兹别克斯坦经贸团组出访总结工作。

9月27日,朱益民一级巡视员陪同夏心旻副省长在南京开展节前安全生产检查。

9月28日,陈涛厅长陪同许昆林省长在镇江开展节前安全生产检查并调研商贸流通企业市场保供情况。

9月28日,陈涛厅长参加省委关于研究省委主要领导出访相关事宜专题会议。

9月28日,吴海云副厅长视频参加第七次全国妇女儿童工作会议。

9月28日,倪海清副厅长参加省政协习近平新时代中国特色社会主义思想学习座谈第一小组2023年第三季度学习座谈。

9月28日,省自贸办汤大军副主任召开省自贸办学习习近平总书记自由贸易试验区建设重要指示精神专题会议。

9月28日,王存二级巡视员出席"苏新消费·绿色节能家电促消费专项活动"暨江苏省第二届"苏新消费·家电家居购物季"启动仪式。

9月28日,王存二级巡视员出席"苏新消费·绿色节能家电促消费专项活动"动员会。

10月7日至15日,陈涛厅长、孙津副厅长陪同省委信长星书记赴新加坡、中国香港地区和中国澳门地区访问。

10月7日,省自贸办汤大军副主任参加省政府营商环境专题会议。

10月8日,倪海清副厅长参加马欣常务副省长召开的专题会议。

10月8日,省自贸办汤大军副主任在常州出席2023中国常州科技经贸洽谈会开幕式并启动常州市走出去综合服务平台。

10月8日,省自贸办汤大军副主任在常州参加省政府召开的中国以色列常州创新园工作推进会。

10月8日至9日,王存二级巡视员赴海安开展电子商务进农村综合示范整改工作督查。

10月9日,吴海云副厅长召集研究老字号"三进三促"泰州站活动有关事宜。

10月9日,周晓阳副厅长陪同商务部对外贸易司李兴乾司长在南京开展专题调研。

10月9日,省自贸办汤大军副主任参加省政府深化与中亚国家合作专题会议。

10月9日,朱益民一级巡视员陪同许昆林省长会见商务部王受文副部长一行。

10月9日至10日,王存二级巡视员在海安参加全省农业产业高质量发展现场推进会。

10月10日,商务部王受文副部长一行在南京调研出口管制工作,并召开外资外贸企业座谈会。周晓阳副厅长参加活动。

10月10日,倪海清副厅长在常州调研当前商务运行情况。

10月10日至11日,朱益民一级巡视员参加商务部在南京召开的全国商务法律工作会议。

10月10日,省自贸办汤大军副主任参加省人大财政经济委员会利用外资和产业外移情况座谈会。

10月11日,吴海云副厅长会见江苏省联合征信有限公司董事长徐彦武一行。

10月11日,吴海云副厅长召集研究第六届进博会人文交流活动筹备工作。

10月11日,吴海云副厅长与山西省商务厅副厅长焦育峰交流工作。

10月11日,周晓阳副厅长参加省政府外贸有关工作专题会议。

10月11日,倪海清副厅长参加省政府三季度经济形势分析专题会。

10月11日至13日,省自贸办汤大军副主任在拉萨开展自由贸易区和综合保税区业务工作交流。

10月12日,吴海云副厅长在常州调研重点商贸流通企业。

10月12日,倪海清副厅长召开前三季度商务运行分析专题会议。

10月12日,朱益民一级巡视员出席江苏外经企业高质量发展论坛暨省进出口商会外经分会换届大会。

10月12日至13日,王存二级巡视员在南通陪同商务部市场运行和消费促进司副司长安保军调研茧丝绸工作。

10月13日,姜昕副厅长召开厅综合考核推进会。

10月13日,吴海云副厅长在常州出席2023新时代江苏旅游发展论坛。

10月14日至19日,周晓阳副厅长在广州出席第134届秋季广交会有关活动。

10月16日至17日,陈涛厅长参加江苏省党政代表团在广东省学习考察。

10月16日至17日,吴海云副厅长陪同省政协张乐夫副主席赴南通围绕"推进江苏现代商贸流通体系建设和促进消费"议题开展经济界委员界别调研活动。

10月16日,孙津副厅长参加省政府巴以冲突应对专题会议。

10月16日,倪海清副厅长召开厅机关援疆工作交流会。

10月16日,王存二级巡视员召开全省消费促进工作视频调度会。

10月17日至19日,驻省商务厅纪检监察组郝建祥组长在广州出席第134届秋季广交会有关活动。

10月17日,倪海清副厅长参加省发展和改革委员会专题会议。

10月17日,倪海清副厅长参加省政府专题会议(研究2023年提请协调支持江苏省苏豪控股集团有限公司高质量发展有关事项)。

10月17日,省自贸办汤大军副主任召集研究江苏自贸试验区生物医药全产业链有关工作。

10月17日,王存二级巡视员出席2023中国(南京)首店经济发展大会。

10月18日,陈涛厅长参加江苏·吉林两省座谈会。

10月18日至21日,吴海云副厅长在中国澳门参加第28届澳门国际贸易投资展览会(MIF)江苏形象展示馆及第十三届江苏—澳门·葡语国家工商峰会相关活动。

10月18日,孙津副厅长陪同方伟副省长会见美国驻沪总领事王汉。

10月18日,孙津副厅长会见韩国驻沪副总领事韩相国。

10月18日,省自贸办汤大军副主任在苏州出席2023苏州吴中(第23届)太湖经贸合作洽谈会。

10月18日,王存二级巡视员赴进博局和省政府驻上海办事处进行工作拜访。

10月18日至19日,王存二级巡视员在盐城出席石化杯江苏省首届加油站点安全生产技能大比武活动。

10月19日,孙津副厅长会见韩国SK集团中国事务秘书长安正勋。

10月19日,孙津副厅长召集研究第六届进博会期间有关活动事宜。

10月19日,省自贸办汤大军副主任在泰州出席第十四届中国(泰州)国际医药博览会。

10月19日,朱益民一级巡视员在苏州出席吴中经济技术开发区成立30周年高质量发展大会。

10月19日至20日，朱益民一级巡视员赴徐州出席2023全国农商互联暨乡村振兴产销对接大会。

10月20日，姜昕副厅长在南京主持召开优化口岸营商环境暨世行营商环境新评估体系"国际贸易"政策宣讲会。

10月20日，孙津副厅长在苏州出席2023苏州相城国际经贸恳谈周开幕式。

10月20日，孙津副厅长召开赴新加坡和中国香港地区经贸团组访问工作总结会。

10月20日至22日，倪海清副厅长在南通参加省委宣传部组织的加快构建新发展格局主题研讨会。

10月20日，王存二级巡视员召开第六届进博会江苏交易团秘书处工作会议。

10月21日，陈涛厅长、周晓阳副厅长参加省政府全省稳外贸工作电视电话会议。

10月21日，孙津副厅长出席"美美与共 和而不同"香港建筑师巡回展南京站在南京金鹰世界盛大开幕。

10月23日，陈涛厅长参加全省新型工业化推进会议。

10月23日，吴海云副厅长召集研究老字号"三进三促"常州站活动和第六届进博会人文交流活动筹备工作。

10月24日至26日，陈涛厅长陪同许昆林省长在南通、苏州、无锡调研。

10月24日，孙津副厅长出席台湾工商企业经营发展协会江苏考察团座谈交流会。

10月24日至25日，周晓阳副厅长陪同马欣常务副省长先后在南京、苏州、无锡调研。

10月24日，省自贸办汤大军副主任与省委研究室专题交流自贸试验区有关工作。

10月24日，朱益民一级巡视员出席洋口港建设20年奋进新征程高质量发展论坛。

10月24日,王存二级巡视员出席省电子商务协会第二届第四次理事会会议。

10月25日,孙津副厅长会见杜邦中国集团有限公司总经理陈新。

10月25日,倪海清副厅长召开第四季度商务财务重点工作推进会。

10月26日,陈涛厅长召集研究参加进博会及迎接省政府主要领导来厅调研等相关事宜,孙津副厅长、倪海清副厅长、王存二级巡视员参加。

10月26日,吴海云副厅长视频参加全国中小微商贸企业"创特色、创品质、创品牌"活动月动员会。

10月26日至27日,吴海云副厅长在南通出席全国家纺消费节暨第二届中国南通国际家纺交易会有关活动,并陪同商务部市场体系建设司周强司长调研。

10月26日,孙津副厅长参加商务部外国资产管理司在南京召开的部分地市外资工作座谈会。

10月26日,倪海清副厅长与广西壮族自治区商务调研组座谈交流。

10月26日,省自贸办汤大军副主任参加省政府知识产权专题会议。

10月26日,王存二级巡视员参加第六届进博会全国交易团组织工作电视电话会。

10月26日至27日,王存二级巡视员赴南通出席电商公共服务全省行(海门站)专场活动。

10月27日,陈涛厅长出席2023年江苏质量大会。

10月27日,吴海云副厅长赴泰州出席促进老字号"三进三促"有关活动。

10月27日,孙津副厅长赴南通调研外资企业并出席如皋科技人才洽谈会开幕式。

10月27日,省自贸办汤大军副主任出席2023中国南京美食节开幕式。

10月30日至31日,吴海云副厅长在连云港出席全省报废机动车回收行业培训有关活动并开展工作调研。

10月30日至11月1日,孙津副厅长赴大连出席第21届泛黄海中日韩经济技术交流会议。

10月31日,厅党组书记、厅长陈涛与省应急管理厅党委书记、厅长蒋锋座谈交流。

11月1日,陈涛厅长会见淮安市副市长张冲林一行。

11月1日,吴海云副厅长出席省消防安全月活动启动仪式。

11月1日,吴海云副厅长参加全省安全防范工作视频调度会。

11月1日,省自贸办汤大军副主任参加省委海外统战会议。

11月2日,陈涛厅长陪同省委信长星书记会见韩国驻华大使郑在浩一行。

11月2日,陈涛厅长赴盐城出席第五届中韩投资贸易博览会有关活动。

11月2日,吴海云副厅长参加全国城镇燃气安全专项整治集中攻坚中期推进视频会议。

11月2日至3日,吴海云副厅长在扬州出席2023中国(扬州)国际创意美食博览会暨东南亚美食节有关活动。

11月2日,孙津副厅长参加省委人才工作领导小组办公室召开的发挥省海外经贸网络科技教育人才作用工作推进会。

11月2日,省自贸办汤大军副主任赴连云港出席2023建行全球撮合节——"智建苏贸"江苏跨境电商主题活动并调研中华药港生物医药全产业链相关工作。

11月2日至5日,王存二级巡视员在上海筹备江苏交易团参加第六届进博会有关工作。

11月3日,陈涛厅长在盐城出席第五届中韩投资贸易博览会有关活动。

11月3日,陈涛厅长在上海出席美中贸易全国委员会50周年庆典活动。

11月3日,姜昕副厅长召集研究迎接省委巡视有关工作。

11月3日,姜昕副厅长召集研究2023江苏国际文化贸易展览会(马来西亚)有关工作。

11月3日,吴海云副厅长会见省现代供应链协会常务副会长江志平。

11月3日至7日,孙津副厅长在上海出席第六届进博会有关活动。

11月5日至10日,陈涛厅长、姜昕副厅长、吴海云副厅长、孙津副厅长、

驻省商务厅纪检监察组郝建祥组长、省自贸办汤大军副主任、王存二级巡视员分别按计划在上海出席第六届进博会有关活动。

11月6日,陈涛厅长参加十四届省委第四轮巡视动员部署会暨业务培训班。

11月6日,朱益民一级巡视员在昆山出席昆山开发区开放创新合作大会。

11月7日,陈涛厅长听取迎接十四届省委第四轮巡视准备工作情况汇报,姜昕副厅长、倪海清副厅长、朱益民一级巡视员参加。

11月7日,孙津副厅长参加商务部对外投资和经济合作司在上海举办的跨境投资高质量发展圆桌会议。

11月7日,朱益民一级巡视员陪同方伟副省长在南京会见澳大利亚维多利亚州财长、工业关系部长和经济促进部长蒂姆·帕拉斯一行。

11月8日,陈涛厅长、驻省商务厅纪检监察组郝建祥组长参加十四届省委第四轮巡视对接会。

11月8日,陈涛厅长、吴海云副厅长会见江苏支援新疆伊犁州前方指挥部党委书记、总指挥赵庆红一行。

11月8日,陈涛厅长陪同许昆林省长会见巴西米纳斯吉拉斯州州长罗梅乌·泽马并签署深化友好省州关系谅解备忘录。

11月8日,姜昕副厅长召开2024年商务厅贸易促进计划协调会。

11月8日,姜昕副厅长出席江苏新闻频道全新开播仪式。

11月8日,姜昕副厅长陪同方伟副省长与海关总署署长俞建华座谈交流。

11月8日,孙津副厅长会见马来西亚中华总商会总会长卢成全。

11月8日,孙津副厅长出席新加坡—南京经贸交流对接会。

11月8日,倪海清副厅长参加省第五次全国经济普查工作推进会议。

11月8日,倪海清副厅长参加全省金融支持科技型企业高质量发展暨数字人民币试点推进会议。

11月8日,省自贸办汤大军副主任在无锡出席2023中欧(无锡)产业创新合作大会。

11月9日,陈涛厅长参加中组部调研谈话。

11月9日,陈涛厅长参加江苏省政府与海关总署签约仪式。

11月9日,陈涛厅长陪同省委、省政府主要领导会见海关总署署长俞建华。

11月9日,姜昕副厅长迎接省委第二巡视组入驻。

11月9日,姜昕副厅长召开2023江苏国际文化贸易展览会(马来西亚)行前工作会。

11月9日,吴海云副厅长陪同省政协张乐夫副主席在南京开展加快发展网络零售和跨境电商调研。

11月9日,孙津副厅长陪同许昆林省长会见巴斯夫集团执行委员会成员凯礼一行。

11月9日,倪海清副厅长出席省政府建设具有世界聚合力的双向开放枢纽行动方案新闻发布会。

11月9日,省自贸办汤大军副主任在苏州出席第二十一届中国(苏州)电子信息博览会开幕式和配套"线上电博会"发布仪式。

11月10日,陈涛厅长参加全省立法工作会议。

11月10日,陈涛厅长陪同许昆林省长会见德国驻华大使傅融一行。

11月10日,陈涛厅长参加省政府党组理论学习中心组学习会。

11月10日,孙津副厅长参加江苏—美国清洁技术经贸合作交流会。

11月10日,孙津副厅长陪同方伟副省长赴太仓会见德国工商大会代表团一行。

11月11日,根据省委关于巡视工作的统一部署,省委第二巡视组对省商务厅党组开展推动开发园区高质量发展专项巡视工作动员会召开。省委第二巡视组蔡骏组长作动员讲话,省商务厅党组书记、厅长陈涛主持会议并作表态发言。省委第二巡视组于11月11日至12月29日对省商务厅党组开展专项巡视。

11月12日,王存二级巡视员在浙江省绍兴市参加全国茧丝绸产业高质

量发展现场推进会。

11月13日,陈涛厅长在北京参加全国商务厅局长培训班。

11月13日,陈涛厅长、省自贸办汤大军副主任赴国家药品监督管理局和商务部自贸区港建设协调司对接工作。

11月13日,姜昕副厅长参加省政府经济形势分析调度会议。

11月13日,吴海云副厅长参加国务院安全生产考核谈话。

11月13日,孙津副厅长在南京出席江苏(南京)—香港经贸交流对接会。

11月13日至14日,驻省商务厅纪检监察组郝建祥组长先后在南通、扬州调研服贸工作。

11月13日至17日,倪海清副厅长在北京参加全国商务厅局长培训班。

11月14日,陈涛厅长陪同许昆林省长会见柬埔寨西哈努克省省长郭宗仁一行。

11月14日,陈涛厅长会见商务部台港澳司樊世杰司长一行,孙津副厅长参加有关调研座谈会。

11月14日,姜昕副厅长召集研究配合巡视有关工作。

11月14日至23日,姜昕副厅长率经贸团组赴马来西亚举办首届江苏国际文化贸易展览会,并在马来西亚、日本开展贸易促进活动。

11月14日,吴海云副厅长参加国务院安委会2023年度省级政府安全生产和消防工作考核巡查见面会。

11月14日,孙津副厅长陪同方伟副省长与中欧(亚)班列沿线友好城市交流合作圆桌会议主要外宾集体座谈交流。

11月14日,周晓阳副厅长参加商务部产业安全与进出口管制局在南京召开的出口管制企业警示教育座谈会。

11月14日,省自贸办汤大军副主任赴国家药品监督管理局和商务部自贸区港建设协调司对接生物医药全产业链开放创新发展试点工作。

11月14日,王存二级巡视员在常州出席"网安2023"国家级网络空间联合演习暨省级网安行动和应急实战演练复盘演示现场会。

11月15日,许昆林省长一行来厅调研座谈,陈涛厅长率厅领导班子成员参加。

11月15日至21日，陈涛厅长、吴海云副厅长、孙津副厅长、周晓阳副厅长、驻省商务厅纪检监察组郝建祥组长、省自贸办汤大军副主任、王存二级巡视员分别参加省委巡视组谈话。

11月15日至16日，孙津副厅长在盐城召开第十五届中国(江苏)企业跨国投资研讨会。

11月15日，驻省商务厅纪检监察组郝建祥组长赴法国驻上海总领事馆办理签证相关事宜。

11月15日至16日，朱益民一级巡视员在无锡参加全省开发区人大工作推进会。

11月16日，陈涛厅长会见省人民政府国有资产监督管理委员会谢正义主任一行。

11月16日，吴海云副厅长参加全省妇女儿童工作会议。

11月16日，王存二级巡视员出席2023中国(南京)电子商务大会。

11月17日，陈涛厅长参加省大运河文化带和大运河长江国家文化公园建设工作领导小组会议。

11月17日，吴海云副厅长出席2023长三角供销合作社名优农产品展销会。

11月17日，王存二级巡视员赴苏宁易购集团股份有限公司调研。

11月20日，陈涛厅长、倪海清副厅长会见省委第六专项督查组一行。

11月20日，陈涛厅长陪同省委信长星书记会见并宴请乌兹别克斯坦卡拉卡尔帕克斯坦自治共和国最高议会主席欧伦巴耶夫一行。

11月20日，吴海云副厅长在苏州出席全省境外投资备案业务培训活动。

11月20日，倪海清副厅长会见审计署南京特派办2023年中央外经贸资金专项审计组。

11月21日，陈涛厅长参加江苏发展论坛第39次会议。

11月21日，陈涛厅长参加省委巡视汇报会，厅领导班子其他成员参加。

11月21日，吴海云副厅长赴江苏省苏豪控股集团有限公司调研。

11月22日,陈涛厅长和厅领导班子其他成员参加省委第二巡视组、省商务厅党组联动巡察动员会。

11月22日,陈涛厅长、倪海清副厅长参加全省宣传思想文化工作会议。

11月22日,吴海云副厅长陪同方伟副省长在连云港调研。

11月22日至23日,王存二级巡视员在昆山出席2023江苏电商大会有关活动。

11月23日,陈涛厅长陪同省委信长星书记会见中国欧盟商会主席彦辞一行。

11月23日,陈涛厅长陪同马欣常务副省长会见德勤中国首席执行官曾顺福一行。

11月23日,陈涛厅长参加全国安全生产电视电话会议。

11月23日,陈涛厅长会见新任英国驻沪总领事包迈岫一行。

11月23日,吴海云副厅长陪同方伟副省长会见香港特区政府政治委任官员国家事务研修班叶文娟一行。

11月23日,孙津副厅长陪同许昆林省长会见英中贸易协会主席古沛勤爵士一行。

11月23日,周晓阳副厅长参加商务部产业安全与进出口管制局在南京召开的专项工作座谈会。

11月23日,周晓阳副厅长出席团省委在南京举办的青年企业家培养"新动力"计划工作推进会。

11月23日,倪海清副厅长陪同省委仲红岩副秘书长会见商务部国际贸易经济合作研究院院长顾学明。

11月23日,省自贸办汤大军副主任陪同俄罗斯萨拉托夫州州长罗曼·布萨尔金在南京调研。

11月24日,省委举办学习报告会,厅领导班子全体成员参加。

11月24日,姜昕副厅长参加省政协经济委员会浦宝英副主任来省商务厅走访调研座谈会。

11月24日,吴海云副厅长出席省委宣传部举办的"何以长江——长江文化数字大展"开幕式。

11月24日,孙津副厅长与盐城市大丰区区长戴勇座谈交流。

11月24日,孙津副厅长会见米其林中国区高级副总裁王兆华一行。

11月26日至28日,周晓阳副厅长在北京参加全国地方世界贸易组织工作会议。

11月26日至12月3日,驻省商务厅纪检监察组郝建祥组长赴德国经贸代表处和法国经贸代表处开展工作检查。

11月27日,陈涛厅长、倪海清副厅长分别参加省十四届人大常委会第六次会议第一次全体会议和分组会议。

11月27日,陈涛厅长主持召开厅安委会会议,厅领导班子成员参加。

11月28日,陈涛厅长陪同商务部王文涛部长在苏州调研。

11月28日,姜昕副厅长参加省委国家安全委员会办公室专题会议。

11月28日,吴海云副厅长在无锡出席2023中国农产品批发市场行业年会。

11月28日,孙津副厅长出席省外商投资企业协会第九届二次会员代表大会暨江苏外资政策宣讲会。

11月28日至30日,孙津副厅长在北京参加商务部中美省州和城市间经贸合作培训,并与商务部对外投资和经济合作司对接推动江苏德龙镍业有限公司有关项目事宜。

11月28日至30日,王存二级巡视员在北京参加商务部召开的全国市场运行和消费促进会议。

11月29日,陈涛厅长参加省政府工作调度会。

11月29日,姜昕副厅长在省分会场参加全国安全生产电视电话会议。

11月29日,姜昕副厅长出席厅服务贸易处党支部、南京市商务局服务贸易处党支部、江苏通信服务有限公司本部委员会第四党支部共建签约仪式。

11月29日,姜昕副厅长召开省委第二巡视组、省商务厅党组联动巡察协调会。

11月29日,吴海云副厅长在无锡出席2023年中国农产品批发市场行业

年会。

11月29日,吴海云副厅长参加全省安全生产工作视频会议。

11月29日,周晓阳副厅长与环球资源有关负责人交流工作。

11月30日,周晓阳副厅长参加省市场监督管理局2023年度省公平竞争审查联席会议全体会议。

11月30日,省自贸办汤大军副主任召开江苏自贸试验区生物医药研发用物品进口"白名单"制度试点工作座谈会。

11月30日,朱益民一级巡视员主持厅新《中华人民共和国行政复议法》专题讲座。

12月1日,吴海云副厅长与江苏汇鸿国际集团会展股份有限公司田勇董事长交流工作。

12月1日,孙津副厅长在北京参加商务部部分省市对美经贸工作会议。

12月1日,省自贸办汤大军副主任出席南京跨境电商(玄武)产业园开园仪式。

12月1日,厅领导班子成员参加中共中央组织部年轻干部调研组谈话会。

12月4日,姜昕副厅长召集研究建设具有世界聚合力的双向开放枢纽推进会会务筹备工作。

12月4日,王存二级巡视员与青海省商务厅调研组座谈交流。

12月4日,王存二级巡视员会见江苏省石油流通行业协会会长张有根。

12月5日,姜昕副厅长参加省政府常务会议。

12月5日,孙津副厅长陪同许昆林省长会见爱尔兰科克郡郡长富兰克·奥费林一行。

12月5日,孙津副厅长会见香港贸易发展局中国内地总代表钟永喜。

12月5日,倪海清副厅长参加江苏省2023年财政收支情况等事项审计进点电视电话会议。

12月5日至6日,倪海清副厅长带队赴扬州开展第五次全国经济普查调研指导工作。

12月6日,陈涛厅长召集研究"两稳一促"情况,周晓阳副厅长、王存二级巡视员参加。

12月6日,陈涛厅长参加省政府推动长江经济带发展领导小组会议。

12月6日,陈涛厅长参加省委经济形势分析会。

12月6日,姜昕副厅长调研南京江北新区服务贸易创新发展情况。

12月6日至7日,吴海云副厅长赴常熟召开全省县域商业体系建设现场推进会。

12月6日,孙津副厅长在南京出席2023世界智能制造大会。

12月6日,周晓阳副厅长与阿里巴巴国际站华东大区总经理侯野座谈交流。

12月6日,省自贸办汤大军副主任与连云港市宋波副市长交流自贸试验区工作。

12月6日至7日,朱益民一级巡视员陪同方伟副省长在天津出席中新双边合作机制会议及调研活动。

12月7日,姜昕副厅长参加省知识产权和商标战略实施工作领导小组专利转化运用专题会议。

12月7日,姜昕副厅长召开省委第二巡视组、省商务厅党组联动巡察推进会。

12月7日,周晓阳副厅长出席省进出口商会四届三次理事会暨2023江苏外贸企业老总沙龙。

12月8日,陈涛厅长参加省政府党组会议有关议程。

12月8日,姜昕副厅长参加省政府全省住房城乡建设领域安全生产工作电视电话会议。

12月8日,吴海云副厅长陪同商务部配额许可证事务局金虹副局长在南京调研。

12月8日,孙津副厅长在江阴召开部分设区市外资工作会议。

12月8日,孙津副厅长在太仓参加商务部中德产业园经验交流。

12月8日,周晓阳副厅长、驻省商务厅纪检监察组郝建祥组长、倪海清副厅长、省自贸办汤大军副主任、朱益民一级巡视员、王存二级巡视员参加省委统一战线工作部提名推荐省欧美同学会第二次会员代表大会代表和第二届理事会副会长候选人人选谈话。

12月9日,王存二级巡视员在南京出席2023江苏新消费创新发展论坛。

12月10日至16日,倪海清副厅长参加省住房和城乡建设厅团组赴越南、柬埔寨开展江苏建设领域推介活动。

12月10日至12日,朱益民一级巡视员在南宁参加商务部沿边临港地区承接产业转移暨国家级经开区协同发展对接会。

12月11日,陈涛厅长参加全省学习运用"千万工程"经验加快构建新时代鱼米之乡推进会。

12月11日至13日,吴海云副厅长陪同商务部流通业发展司吴凤武副司长在宿迁、无锡、常州开展工作调研。

12月11日,孙津副厅长参加省委统一战线工作部专题会议。

12月11日,省自贸办汤大军副主任会见新加坡企业发展局张俊荣副局长一行。

12月11日至12日,王存二级巡视员在宿迁出席"苏新消费·冬季购物节"全省启动仪式。

12月12日至13日,姜昕副厅长在徐州出席2023中国(徐州)国际服务外包合作大会开幕式及有关活动。

12月12日,吴海云副厅长在南京出席全省现代商贸流通体系示范创建现场会暨全省步行街联盟第二次会议并开展有关调研活动。

12月12日,孙津副厅长陪同方伟副省长在北京会见沙特阿拉伯王国投资大臣哈立德·法利赫并见证合作项目签约。

12月13日,陈涛厅长参加省政府经济形势分析调度会议。

12月13日,孙津副厅长参加省人大《江苏省促进和保护外商投资条例》贯彻实施座谈会。

12月13日,孙津副厅长会见吉尔吉斯斯坦驻华使馆商务参赞托罗玛玛托夫一行。

12月13日,省自贸办汤大军副主任参加省政府研究全年经济社会发展目标预计完成情况及2024年计划预安排专题会议。

12月13日至14日,省自贸办汤大军副主任在无锡出席2023年江苏省网络安全发展大会有关活动。

12月14日,陈涛厅长主持召开江苏省与韩国SK集团战略合作机制第四次会议,孙津副厅长参加。

12月14日至17日,吴海云副厅长在北京参加九三学社第十五届中央委员会第二次全体会议。

12月14日至15日,孙津副厅长在无锡出席江苏省本土跨国先行企业发布仪式。

12月14日,周晓阳副厅长与扬州市政府有关负责同志交流外贸专项工作。

12月15日,陈涛厅长参加全省金融工作会议。

12月15日,陈涛厅长陪同省委信长星书记会见韩国SK集团副会长徐镇宇一行。

12月15日,姜昕副厅长召集研究机关党委有关工作。

12月15日,王存二级巡视员与中国农业银行江苏省分行陈鹏副行长交流工作。

12月15日,王存二级巡视员出席"南京国际消费节·宁好2024"活动启动仪式。

12月16日至24日,朱益民一级巡视员率团出访日本和马来西亚。

12月18日,陈涛厅长在无锡出席无锡新加坡工业园合作开发30周年暨无锡新加坡科创城高质量建设大会。

12月18日,陈涛厅长参加中央调研组座谈会。

12月18日,陈涛厅长陪同省委信长星书记会见越南同奈省委副书记、省人民议会主席管明强一行。

12月18日至19日,孙津副厅长赴苏州陪同商务部李飞副部长调研。

12月18日,周晓阳副厅长参加省政府全省打击走私综合治理工作电视电话会议。

12月18日,倪海清副厅长出席中国出口信用保险公司江苏分公司2023年家电及消费类电子产业链高质量发展"信贸强苏"研讨会。

12月18日,王存二级巡视员参加省人大《江苏省家庭农场促进条例》贯彻实施座谈会。

12月19日,吴海云副厅长与江苏省老字号产业投资基金负责人杨东升交流工作。

12月19日,王存二级巡视员赴省电子商务协会交流工作。

12月20日,陈涛厅长主持召开商务工作务虚会,厅领导班子成员参加。

12月20日,陈涛厅长陪同许昆林省长出席连云港经济技术开发区与江苏长电科技股份有限公司战略合作协议签约仪式。

12月20日,姜昕副厅长召集研究厅机关党建工作。

12月20日,孙津副厅长参加省政府新苏合作专题会议。

12月20日,周晓阳副厅长与中国纺织品进出口商会张新民副会长交流工作。

12月20日,倪海清副厅长参加省级机关知联会理事会会议。

12月21日,陈涛厅长参加江苏省第十四届委员会第五次全体会议。

12月21日,陈涛厅长参加省委经济工作会议。

12月21日,姜昕副厅长赴江苏省电子口岸有限公司调研。

12月21日至22日,王存二级巡视员在南通出席江苏省蔬菜协会第五届二次会员大会暨江苏省农产品行业高质量发展论坛。

12月21日,厅党组印发《关于贯彻落实进一步激励干部在推动高质量发展中担当作为的实施办法》。

12月22日,姜昕副厅长、驻省商务厅纪检监察组郝建祥组长召开2023年度厅机关党支部书记述职(责)述廉会议。

12月22日,姜昕副厅长召开厅机关年度综合考核工作部署会。

12月22日,吴海云副厅长在南京出席省现代供应链协会第四次会员大会。

12月22日,省自贸办汤大军副主任在扬州开展调研并召开部分综合保税区整改工作推进会。

12月22日,倪海清副厅长在南京参加首届江苏拉萨周暨第四届南京墨竹周相关活动。

12月22日,厅领导班子成员参加省委组织部省级机关部门管理单位正职人选考察有关活动。

12月25日,陈涛厅长参加省委全面深化改革委员会第三十八次会议。

12月25日,陈涛厅长参加全国政协远程协商会。

12月25日,姜昕副厅长与省委第二巡视组对接意识形态有关工作。

12月25日至26日,吴海云副厅长分别参加九三江苏省第九届委员会第九次常委会议第四次全委扩大会议。

12月25日,孙津副厅长参加省重大项目建设领导小组会议。

12月25日,孙津副厅长陪同方伟副省长会见雀巢集团执行副总裁、大中华区董事长兼首席执行官张西强。

12月26日,陈涛厅长参加省政府党组理论学习中心组学习会。

12月26日,姜昕副厅长参加省委组织部召开的2023年度高质量发展综合考核暨优秀年轻干部专题调研工作动员部署会和全省公务员工作座谈会。

12月26日,姜昕副厅长参加全省干部教育培训工作会议。

12月27日,陈涛厅长、姜昕副厅长、孙津副厅长、周晓阳副厅长、驻省商务厅纪检监察组郝建祥组长、省自贸办汤大军副主任、朱益民一级巡视员、王存二级巡视员出席中共江苏省商务厅直属机关第四次党员代表大会。

12月27日,陈涛厅长参加省委第二巡视组意见反馈专题会。

12月27日,吴海云副厅长参加省政协第四季度学习会并作交流发言。

12月27日,孙津副厅长与中国出口信用保险公司江苏分公司孙瑁总经理助理交流走出去统保平台有关事宜。

12月27日,孙津副厅长会见三菱日联银行(中国)有限公司无锡分行、苏州分行有关负责人。

12月27日,倪海清副厅长参加省委党外人士情况通报会。

12月28日,姜昕副厅长参加省级口岸查验单位国际航行船舶进出口岸监管联席会。

12月28日至29日,吴海云副厅长赴连云港出席2023苏新消费·东部沿海(连云港)汽车博览会暨"数赢创联 智驭前行"江苏汽车流通行业发展大会。

12月28日,王存二级巡视员参加省政府元旦春节期间有关工作专题部署视频会议。

12月29日,陈涛厅长出席江苏省各界人士新年茶话会。

12月29日,陈涛厅长出席省政府建设具有世界聚合力的双向开放枢纽推进会,厅领导班子成员参加。

12月29日,姜昕副厅长参加省领导元旦假期安全防范和应急值守视频调度会。

12月29日,倪海清副厅长参加省人大促进经济运行率先整体好转政策措施落实情况座谈会暨计划初审会。

12月29日,省自贸办汤大军副主任参加国家税务总局在江苏召开的"健全现代财税体制"座谈会。

12月29日,朱益民一级巡视员参加中央依法治国办涉外法治建设江苏专题调研座谈会。

2023年江苏省相关经贸数据

2023年全省国民经济主要指标

金额单位：亿元

指　　标	12月		1—12月	
	绝对值	同比	绝对值	同比
1. 规模以上工业增加值	—	8.2%	—	7.6%
2. 全社会用电量（亿千瓦时）	732.1	10.7%	7 833.0	5.9%
工业用电量	481.4	12.4%	5 377.2	7.2%
3. 固定资产投资	—	—	—	5.2%
基础设施投资	—	—	—	7.0%
房地产开发投资	—	—	11 891.3	−4.2%
4. 限额以上社会消费品零售总额	2 012.8	7.2%	18 168.2	5.8%
5. 一般公共预算收入	—	—	—	—

续表

指　　标	12月		1—12月	
	绝对值	同比	绝对值	同比
税收收入	—	—	—	—
6. 一般公共预算支出	—	—	—	—
7. 金融机构人民币存款余额（月末）	—	—	239 679.6	12.9%
8. 金融机构人民币贷款余额（月末）	—	—	233 995.7	14.7%
9. 居民消费价格指数（上年同期＝100）	99.8	下降0.2个百分点	100.4	上涨0.4个百分点
10. 工业生产者出厂价格指数	96.7	下降3.3个百分点	96.7	下降3.3个百分点

2023年沿海兄弟省市商务主要指标完成情况

指　标		广　东	上　海	浙　江	山　东	江　苏	全　国
社会消费品零售总额（亿元）	1—12月	47 494.9	18 515.5	32 550.2	36 141.8	45 547.5	471 495.2
	同比	5.8%	12.6%	6.8%	8.7%	6.5%	7.2%
	占全国比重	10.1%	3.9%	6.8%	7.7%	9.7%	100.0%
进出口（亿元）	1—12月	83 040.7	42 121.6	48 998.0	32 642.6	52 493.8	417 568.3
	同比	0.3%	0.7%	4.6%	1.7%	−3.2%	0.2%
进出口（亿美元）	1—12月	11 802.6	5 990.3	6 967.8	4 640.6	7 461.3	59 368.3
	同比	−5.0%	−4.3%	−0.9%	−3.6%	−8.4%	−5.0%
	占全国比重	19.9%	10.1%	11.7%	7.8%	12.6%	100.0%
出口（亿元）	1—12月	54 386.5	17 377.9	35 665.5	19 430.2	33 719.1	237 725.9
	同比	2.5%	1.6%	3.9%	1.1%	−2.5%	0.6%
出口（亿美元）	1—12月	7 731.0	2 471.2	5 073.0	2 761.8	4 794.4	33 800.2
	同比	−2.9%	−3.4%	−1.7%	−4.1%	−7.7%	−4.6%
	占全国比重	22.9%	7.3%	15.0%	8.2%	14.2%	100.0%
进口（亿元）	1—12月	28 654.2	24 743.7	13 332.5	13 212.4	18 774.6	179 842.4
	同比	−3.6%	0.1%	6.7%	2.7%	−4.3%	−0.3%
进口（亿美元）	1—12月	4 071.6	3 519.1	1 894.8	1 878.7	2 666.9	25 568.0
	同比	−8.8%	−4.9%	1.1%	−2.7%	−9.6%	−5.5%
	占全国比重	15.9%	13.8%	7.4%	7.3%	10.4%	100.0%
实际使用外资（亿美元）	1—12月	228.6	240.9	202.3	175.3	253.4	1 632.5
	同比	−18.0%	0.5%	4.8%	−23.4%	−16.9%	−13.7%
境外中方投资（亿美元）	1—12月	150.4	69.3	168.3	—	111.6	—
	同比	46.7%	−19.6%	29.1%	—	15.5%	—

注：广东、上海、浙江、江苏为协议投资额。

2023年江苏省社会消费品零售总额

金额单位:亿元

指　标	1—12月		
	绝对值	同比	比重
社会消费品零售总额	45 547.5	6.5％	100.0％
限额以上社会消费品零售总额	18 168.2	5.8％	39.9％
其中:通过公共网络实现的零售额	3 671.4	7.4％	8.1％
1. 粮油、食品类	1 961.9	7.9％	4.3％
2. 饮料	239.4	19.9％	0.5％
3. 烟酒	543.3	8.3％	1.2％
4. 服装、鞋帽、针纺织品类	1 520.7	8.1％	3.3％
5. 化妆品类	284.9	1.4％	0.6％
6. 金银珠宝类	406.3	9.0％	0.9％
7. 日用品类	773.1	−8.7％	1.7％
8. 五金、电料类	208.2	6.5％	0.5％
9. 体育、娱乐用品类	145.6	12.2％	0.3％
10. 书报杂志类	175.7	7.7％	0.4％
11. 家用电器和音像器材类	1 060.8	−3.0％	2.3％
12. 中西药品类	641.6	4.9％	1.4％
13. 文化办公用品类	449.1	0.5％	1.0％
14. 家具类	132.2	4.8％	0.3％
15. 通讯器材类	599.2	19.2％	1.3％
16. 石油及制品类	2 122.0	7.3％	4.7％
17. 建筑及装潢材料类	316.4	−8.9％	0.7％
18. 汽车类	4 918.2	5.0％	10.8％

2023 年江苏各设区市及地区进出口情况

金额单位：亿元

指标	进出口			出口			进口		
	累计金额	同比	比重	累计金额	同比	比重	累计金额	同比	比重
全省	52 493.8	−3.2%	100.0%	33 719.1	−2.5%	100.0%	18 774.6	−4.3%	100.0%
苏州市	24 514.1	−4.6%	46.7%	15 081.6	−2.5%	44.7%	9 432.5	−7.9%	50.2%
无锡市	7 065.3	−4.1%	13.5%	4 658.1	−3.9%	13.8%	2 407.2	−4.5%	12.8%
南京市	5 659.9	−9.3%	10.8%	3 333.1	−11.8%	9.9%	2 326.8	−5.6%	12.4%
南通市	3 500.3	−4.3%	6.7%	2 289.7	−2.4%	6.8%	1 210.6	−7.8%	6.5%
常州市	3 183.6	−1.3%	6.1%	2 498.4	−0.3%	7.4%	685.3	−4.8%	3.6%
盐城市	1 452.4	7.5%	2.8%	1 015.2	12.3%	3.0%	437.2	−2.2%	2.3%
连云港市	1 360.9	27.2%	2.6%	359.3	−8.6%	1.1%	1 001.5	48.0%	5.3%
泰州市	1 344.4	2.8%	2.6%	938.1	4.7%	2.8%	406.3	−1.4%	2.2%
徐州市	1 207.6	1.8%	2.3%	997.4	−1.0%	3.0%	210.2	17.4%	1.1%
扬州市	1 055.8	−3.9%	2.0%	851.4	−2.0%	2.5%	204.4	−10.9%	1.1%
镇江市	986.4	−5.0%	1.9%	741.5	−4.3%	2.2%	244.9	−7.3%	1.3%
宿迁市	620.7	15.5%	1.2%	558.7	16.3%	1.7%	61.9	9.0%	0.3%
淮安市	542.4	27.1%	1.0%	396.6	24.0%	1.2%	145.9	36.4%	0.8%
苏南地区	41 409.4	−5.0%	78.9%	26 312.5	−3.9%	78.0%	15 096.7	−6.9%	80.4%
苏中地区	5 900.5	−2.7%	11.2%	4 079.2	−0.8%	12.1%	1 821.2	−6.8%	9.7%
苏北地区	5 183.9	13.4%	9.9%	3 327.2	7.1%	9.9%	1 856.8	26.6%	9.9%

注：按各市进出口规模排序。

2023年江苏各设区市及地区外商直接投资情况

金额单位:万美元

省辖市	实际使用外资			本期外商投资企业		
	1—12月金额	同比	占比	企业数	同比	占比
全省	2 534 155	−16.9%	100.0%	3 481	5.4%	100.0%
苏州市	690 482	−6.9%	27.2%	1 326	6.6%	38.1%
南京市	493 982	1.9%	19.5%	541	7.6%	15.5%
无锡市	412 009	7.7%	16.3%	342	15.2%	9.8%
南通市	199 049	−32.6%	7.9%	261	−5.4%	7.5%
常州市	206 377	−27.1%	8.1%	213	1.4%	6.1%
徐州市	35 039	−71.4%	1.4%	108	−26.0%	3.1%
扬州市	122 029	−20.5%	4.8%	156	45.8%	4.5%
盐城市	93 814	−20.7%	3.7%	103	4.0%	3.0%
宿迁市	47 294	−59.8%	1.9%	94	59.3%	2.7%
泰州市	92 907	−18.4%	3.7%	67	−8.2%	1.9%
连云港市	43 631	−44.1%	1.7%	79	−1.3%	2.3%
淮安市	54 920	−46.1%	2.2%	121	−14.8%	3.5%
镇江市	42 622	−24.9%	1.7%	70	4.5%	2.0%
苏南地区	1 845 472	−5.3%	72.8%	2 492	7.4%	71.6%
苏中地区	413 985	−26.4%	16.3%	484	6.1%	13.9%
苏北地区	274 698	−49.0%	10.8%	505	−4.0%	14.5%
沿海地区	336 494	−31.5%	13.3%	443	−2.6%	12.7%

注:沿海地区包括:南通市、连云港市、盐城市。

2023年江苏省各设区市及直管县(市)境外投资累计情况

金额单位：万美元

指标	新批项目数			中方协议投资		
	1—12月	同比	比重	1—12月	同比	比重
全省	1 242	46.1%	100.0%	1 116 131	15.5%	100.0%
南京市	130	25.0%	10.5%	66 481	20.1%	6.0%
无锡市	191	21.7%	15.4%	265 999	−34.0%	23.8%
徐州市	33	65.0%	2.7%	58 515	948.8%	5.2%
常州市	116	114.8%	9.3%	149 986	34.5%	13.4%
苏州市	528	38.6%	42.5%	270 292	5.5%	24.2%
南通市	69	86.5%	5.6%	25 171	−16.6%	2.3%
连云港市	10	−37.5%	0.8%	3 165	−92.2%	0.3%
淮安市	12	71.4%	1.0%	7 262	122.9%	0.7%
盐城市	21	110.0%	1.7%	72 862	3 095.8%	6.5%
扬州市	40	53.9%	3.2%	44 767	84.2%	4.0%
镇江市	32	113.3%	2.6%	74 122	163.2%	6.6%
泰州市	37	184.6%	3.0%	43 047	955.1%	3.9%
宿迁市	23	130.0%	1.9%	34 462	1 239.1%	3.1%
昆山	55	129.2%	4.4%	21 385	−35.3%	1.9%
泰兴	7	250.0%	0.6%	13 020	795 257.4%	1.2%
沭阳	6	200.0%	0.5%	1 510	0.5%	0.1%
苏南地区	997	40.2%	80.3%	826 880	−3.2%	74.1%
苏中地区	146	92.1%	11.8%	112 984	92.9%	10.1%
苏北地区	99	57.1%	8.0%	176 266	225.9%	15.8%

2023年江苏省各设区市及直管县(市)对外承包工程累计情况

金额单位：万美元

指标	新签合同额			完成营业额		
	1—12月	同比	比重	1—12月	同比	比重
全　省	842 909	96.3%	100.0%	615 869	9.9%	100.0%
南　京	430 609	158.9%	51.1%	231 757	9.8%	37.6%
无　锡	—	—	—	—	—	—
徐　州	6 111	−84.3%	0.7%	6 558	42.7%	1.1%
常　州	25 144	28.8%	3.0%	29 689	−18.9%	4.8%
苏　州	94 188	90.5%	11.2%	83 349	80.3%	13.5%
南　通	241 166	145.1%	28.6%	180 210	8.0%	29.3%
连云港	—	—	—	99	−65.7%	—
淮　安	566	—	0.1%	1 936	−40.7%	0.3%
盐　城	7 503	—	0.9%	660	36.5%	0.1%
扬　州	4 810	−80.4%	0.6%	30 094	40.2%	4.9%
镇　江	5 468	−20.7%	0.6%	26 950	27.0%	4.4%
泰　州	27 342	8.2%	3.2%	24 567	−48.8%	4.0%
宿　迁						
昆　山	60 730	88.2%	7.2%	39 586	54.0%	6.4%
泰　兴	—	—	—	—	—	—
沭　阳	—	—	—	—	—	—
苏南地区	555 409	129.3%	65.9%	371 746	17.9%	60.4%
苏中地区	273 319	84.5%	32.4%	234 871	−0.6%	38.1%
苏北地区	14 181	−63.6%	1.7%	9 253	7.2%	1.5%

2023年江苏省各设区市及直管县(市)对外劳务合作累计情况

金额单位:万美元

指标	新签劳务人员合同工资总额			劳务人员实际收入总额		
	1—12月	同比	比重	1—12月	同比	比重
全 省	58 178	85.3%	100.0%	57 088	30.0%	100.0%
南 京	12 693	152.3%	21.8%	18 101	41.7%	31.7%
无 锡	114	-7.8%	0.2%	142	-10.2%	0.2%
徐 州	—	—	—	—	—	—
常 州	1 292	207.5%	2.2%	532	45.9%	0.9%
苏 州	553	43.2%	1.0%	2 486	-25.9%	4.4%
南 通	36 129	107.6%	62.1%	28 044	69.7%	49.1%
连云港	1 129	-81.2%	1.9%	3 322	-10.6%	5.8%
淮 安	62	—	0.1%	406	70.0%	0.7%
盐 城	94	-32.4%	0.2%	645	-45.8%	1.1%
扬 州	5 187	232.9%	8.9%	2 728	-35.7%	4.8%
镇 江	551	132.6%	0.9%	459	54.3%	0.8%
泰 州	37	—	0.1%	6	-98.2%	—
宿 迁	338	673.6%	0.6%	217	-69.4%	0.4%
昆 山	—	—	—	—	—	—
泰 兴	—	—	—	—	—	—
沭 阳	—	—	—	—	—	—
苏南地区	15 203	145.3%	26.1%	21 720	28.1%	38.0%
苏中地区	41 353	118.1%	71.1%	30 778	45.9%	53.9%
苏北地区	1 623	-74.0%	2.8%	4 591	-21.6%	8.0%